Dostojewskij · Erzählungen

Fjodor Dostojewskij

Erzählungen

Herausgegeben von
Birgit Harreß

Philipp Reclam jun. Stuttgart

Umschlagabbildung: Dostojewskij.
Bleistiftzeichnung von K. Grunowskij, 1847.

Universal-Bibliothek Nr. 2486 [5]

Gesamtherstellung: Reclam, Ditzingen. Printed in Germany 1991

ISBN 3-15-002486-2

Herr Prochartschin

In der Pension der Ustinja Fjodorowna hatte den dunkelsten und bescheidensten Winkel Semjon Iwanowitsch Prochartschin inne, ein schon älterer, zuverlässiger Mann und kein Trunkenbold. Da Herr Prochartschin nur ein geringes Amt bekleidete und daher auch nur ein seinen amtlichen Fähigkeiten genau entsprechendes Gehalt bezog, so konnte Ustinja Fjodorowna auf keine Weise mehr als fünf Rubel monatlich für diese Schlafstelle von ihm verlangen. Manche sagten, sie hätte hierbei ihre besondere Berechnung gehabt; aber wie dem auch sein mochte, jedenfalls war Herr Prochartschin, gleichsam zur Widerlegung aller seiner Verleumder, zu ihrem Liebling geworden, welche Auszeichnung jedoch nur in anständigem und ehrbarem Sinne zu verstehen ist. Hierzu sei bemerkt, daß Ustinja Fjodorowna eine sehr ehrenwerte und wohlbeleibte Dame war, die eine besondere Vorliebe für fettes Essen und Kaffeetrinken hatte und nur mit Mühe die Fastentage durchhielt. Sie hatte bei sich etliche solcher Winkelmieter und Pensionäre aufgenommen; darunter waren sogar mehrere, die das Doppelte von dem zahlten, was sie von Semjon Iwanowitsch bekam, die aber, da sie alle nicht friedlich und ausnahmslos »boshafte Spötter« waren, sich auch über ihre »Weiberart« und angebliche Schutzlosigkeit ständig lustig machten, in ihrer Achtung sehr niedrig standen. Ja, wenn diese Herren nicht pünktlich ihren Monatsbetrag für Kost und Logis bezahlt hätten, so wäre ihnen nicht nur schon längst gekündigt worden, sondern Ustinja Fjodorowna hätte ihnen auch noch zu verstehen gegeben, daß sie sie nie wieder in ihrer Wohnung zu sehen wünsche. In diesen Rang des Bevorzugten oder »Favoriten«, wie die Spötter boshaft sagten, war Semjon Iwanowitsch Prochartschin aber erst aufgerückt, nachdem man seinen Vorgänger auf den Wolkowo-Friedhof hinausgetragen hatte, als ein Opfer seiner Leidenschaft für starke Getränke. Er war ein Beamter außer Diensten gewesen, oder vielleicht wäre es richtiger zu sagen: ein aus dem Dienst entlassener Mensch. Trotzdem hatte es dieser Mensch, ungeachtet seines Entlassenseins und seiner Leidenschaft für den Alkohol und obgleich er ein Auge und ein Bein eingebüßt, die er nach seinen Worten alle beide infolge seiner Tapferkeit verloren – hatte es dieser Mensch verstanden, die Geneigtheit Ustinja Fjodorownas zu erringen. Wahrscheinlich hätte er auch noch lange bei ihr als ihr treuester Gehilfe und Dauergast weitergelebt, wenn er sich nicht tiefbedauerlicherweise zu Tode getrunken hätte. Aber das hatte sich schon vor Jahren zugetragen, noch im östlichen Stadtteil Peski, wo von Ustinja Fjodorowna erst nur drei Pensionäre betreut worden waren. Von ihnen war ihr nach dem Umzug in eine neue Wohnung, in der sie ihr Unternehmen stark erweiterte und gegen zehn neue Pensionäre aufnahm, nur Herr Prochartschin gefolgt.

Ob nun Herr Prochartschin allein unverbesserliche Mängel besaß, oder ob von seinen Wohngenossen ein jeder gleichfalls welche aufzuweisen hatte, jedenfalls konnte man sich beiderseits von Anfang an offenbar nicht gut verstehen. Hier sei nun gleich bemerkt, daß alle diese neuen Pensionäre Ustinja Fjodorownas unter sich so einmütig lebten wie leibliche Brüder. Einige von ihnen waren bei derselben Behörde angestellt; alle verspielten sie an jedem Ersten des Monats der Reihe nach ihr Gehalt aneinander in Kartenspielen wie Pharo oder Preference oder auf dem Billard. Sie liebten es, in einer vergnügten Stunde alle in einem Haufen »die schäumenden Augenblicke des Daseins zu genießen«, wie sie das nannten; manchmal liebten sie es auch, von erhabenen Dingen zu sprechen. Obschon es dann selten ohne Streit abging, so störte das, da Vorurteile verpönt waren, das allgemeine Einvernehmen zwischen ihnen doch nicht im geringsten.

Von diesen Winkelmietern waren die bemerkenswertesten Mark Iwanowitsch, ein kluger und belesener Mensch; ferner Oplewanijew und Prepolowenko, gleichfalls bescheidene und gute Menschen; dann gab es noch einen Sinowij Prokofjewitsch, dessen Ideal es war, in die höhere Gesellschaft zu gelangen; zuletzt seien noch erwähnt der Schreiber Okeanow – der seinerzeit Herrn Prochartschin beinahe die Siegespalme des Bevorzugten oder »Favoriten« streitig gemacht hätte –, Sudbin, gleichfalls ein Schreiber, Kantarew, der kein Beamter war, und noch andere. Allen diesen Leuten war Herr Prochartschin offenbar kein Kamerad. Böses wünschte ihm zwar keiner von ihnen, um so weniger, als sie ihm alle gleich von Anfang an Gerechtigkeit widerfahren ließen und mit dem Urteil Mark Iwanowitschs vollkommen übereinstimmten, nämlich, daß Herr Prochartschin ein friedfertiger und zuverlässiger Mensch sei, allerdings kein Weltmann, dafür aber auch kein Schmeichler, daß er natürlich auch seine Fehler habe, doch falls es ihm einmal schlecht ergehen sollte, dieses nur wegen gänzlichen Mangels eines persönlichen Vorstellungsvermögens geschehen könnte. Aber das war es nicht allein: abgesehen davon, daß man ihm somit eigene Phantasie absprach, konnte er auch weder mit seiner Erscheinung, noch mit seinen Manieren einen besonders günstigen Eindruck machen (worüber ja Spötter immer gern herfallen); aber auch darüber ging man nachsichtig hinweg. Mark Iwanowitsch, der ja ein verständiger Mensch war, übernahm gewissermaßen offiziell Herrn Prochartschins Verteidigung, indem er recht geschickt und in schönem, blumenreichem Stil erklärte, Herr Prochartschin sei eben ein schon älterer und solider Mensch, der schon längst die Jahre der elegischen Stimmungen hinter sich habe. Also trug denn doch Semjon Iwanowitsch, wenn er sich mit den anderen nicht recht einzuleben verstand, ganz allein die Schuld daran.

Das erste, was allen auffiel, war zweifellos Semjon Iwanowitschs sparsame Lebensweise und sein in mancher Hinsicht nachgerade schmutziger Geiz. Diese Eigenheiten bemerkte man nur zu bald und setzte sie ihm aufs Kerbholz; denn Semjon Iwanowitsch konnte zum Beispiel niemals und niemandem seine Teekanne leihen, sei es auch nur auf kurze Zeit. Das war um so mehr unrecht von ihm, als er selbst so gut wie nie Tee trank, sondern nur ab und zu, im Bedarfsfall, einen ganz angenehm schmeckenden Aufguß von Feldblumen und einigen Heilkräutern, von denen er immer einen bedeutenden Vorrat bei sich aufbewahrte. Übrigens speiste er auch nicht so, wie es alle anderen Kostgänger zu tun pflegen. Zum Beispiel erlaubte er sich niemals, die ganze Portion des Mittagessens zu verzehren, das Ustinja Fjodorowna täglich ihren Kostgängern verabfolgte. Diese ganze Mahlzeit kostete fünfzig Kopeken. Semjon Iwanowitsch aber wollte nur fünfundzwanzig Kopeken in Kupfer ausgeben, niemals mehr als das. Er nahm deshalb von der ganzen Portion immer nur die Hälfte, entweder Sauerkraut mit einer Pastete, oder nur das Rindfleisch. Meist aber aß er weder Kraut noch Fleisch, sondern begnügte sich mit Brot aus gebeuteltem Mehl mit Zwiebeln oder mit Quark oder mit einer Salzgurke oder anderen Zugaben, was weit billiger war. Erst wenn er diese Fastenkost gar nicht mehr aushielt, kehrte er wieder zu seiner halben Portion der Mahlzeit, zu fünfundzwanzig Kopeken, zurück ...

Hier muß der Biograph des Herrn Prochartschin gestehen, daß er sich um keinen Preis entschlossen hätte, von so belanglosen, erbärmlichen und heiklen, ja, für manchen Liebhaber eines edlen Stils sogar peinlichen Einzelheiten zu sprechen, wenn nicht gerade in diesen kleinen Einzelheiten die Besonderheit, oder sagen wir: der vorherrschende Charakterzug des Helden dieser Erzählung läge. Denn Herr Prochartschin war keineswegs so arm dran, wie er selbst manchmal versicherte, um sich nicht ständig richtige und nahrhafte Beköstigung leisten zu können. Sondern er tat, was er tat, ohne das Urteil der Menschen und die Schande zu fürchten, einzig zur Befriedigung seiner seltsamen Lüste, tat es aus knickerigster Sparsamkeit und übertriebener Vorsicht, was sich übrigens erst späterhin deutlich herausstellen wird. Aber wir wollen uns doch davor hüten, den Leser mit der Schilderung aller Lüste Semjon Iwanowitschs zu langweilen. So übergehen wir zum Beispiel nicht nur die merkwürdige und für den Leser reichlich amüsante Wiedergabe aller seiner Mucken. Wir würden auch, wenn uns nicht Ustinja Fjodorownas ausdrückliche Aussage vorläge, selbst das wohl kaum erwähnen, daß Semjon Iwanowitsch sich in seinem ganzen Leben nie richtig dazu entschließen konnte, seine Wäsche zum Waschen zu geben. Wenn er es aber doch einmal tat, so geschah das so selten, daß man in den Zwischenzeiten das Vorhandensein von Wäsche auf seinem Leibe vollkommen vergessen konnte. Nach den Aussagen der Wirtin hatte ihr »liebes Nesthäkchen Semjon Iwanowitsch, das schutzsuchende Seelchen« zwei Jahrzehnte in einem Winkel bei ihr gehaust, ohne jedwedes Schamgefühl. Denn er hatte sich die ganze Zeit nicht nur gegen Socken, Taschentücher und ähnliche Sachen ständig und eigensinnig gesträubt, sondern Ustinja Fjodorowna hatte sogar mit eigenen Augen gesehen, dank der Altersrisse in seinem Bettschirm, daß er, ihr Nesthäkchen, mitunter nicht einmal das Notwendigste gehabt habe, um sein weißes Körperchen zu bedecken. Doch solche Gerüchte kamen erst nach dem Tode Semjon Iwanowitschs in Umlauf. Denn zu seinen Lebzeiten (und das war einer der Hauptanlässe zu Streitigkeiten mit den anderen) konnte er es absolut nicht vertragen, daß jemand, und wäre es auch einer, mit dem er sich sonst kameradschaftlich gut stand, ungefragt seine neugierige Nase in seinen Winkel steckte, sei es auch nur unter Benutzung der Risse im alten Bettschirm. Er war ein völlig unzugänglicher Mensch, schweigsam und für müßige Unterhaltung nicht zu haben. Ratgeber liebte er in keinerlei Gestalt. Vorwitzige konnte er gleichfalls nicht leiden; immer pflegte er die Spötter oder naseweisen Ratgeber auf der Stelle abzukanzeln, und damit war dann der Anschlag abgewiesen.

»Du dummer Bengel, du Tagedieb, willst hier den Ratgeber spielen, das fehlte noch! Schau lieber in deine eigene Tasche, was du da drin hast, mein Herr, zähl lieber nach, aus wieviel Fäden deine Fußlappen bestehen, du Bengel, du unnützer . . . das fehlte noch!« Semjon Iwanowitsch war ein einfacher Mensch und sagte zu allen ausnahmslos du. Auch konnte er es nicht leiden, wenn ihn jemand, der seine Mucken kannte, nur zum Scherz oder aus Ungezogenheit fragte, was er denn eigentlich in seinem Koffer aufbewahre ... Semjon Iwanowitsch besaß nämlich einen Koffer, der unter seinem Bett stand und den er wie seinen Augapfel behütete. Obgleich alle wußten, daß in ihm außer alten Lappen, zwei oder drei Paar zerrissener Stiefel und allem möglichen sonstigen Kram so gut wie gar nichts enthalten war, schätzte Herr Prochartschin dieses sein bewegliches Mobiliar doch sehr hoch. Ja, einmal ließ er sogar etwas von seiner Absicht verlauten, das alte, aber sehr starke Schloß des Koffers durch ein neues Schloß deutscher Arbeit, das verschiedene knifflige Sicherheitsvorkehrungen und heimliche Federn haben sollte, zu ersetzen. Als aber einmal Sinowij Prokofjewitsch infolge seiner jugendlichen Unachtsamkeit einen sehr taktlosen, ja groben Verdacht äußerte, nämlich, daß Semjon Iwanowitsch wahrscheinlich in diesem Koffer seine Ersparnisse aufbewahrte, um sie seinen Nachkommen zu hinterlassen, da waren alle Anwesenden angesichts der außergewöhnlichen Folgen dieser Unbedachtsamkeit Sinowij Prokofjewitschs sprachlos vor Verwunderung. Erstens konnte Herr Prochartschin auf einen so plumpen Gedanken nicht sofort eine angemessene Erwiderung finden. Dann aber stürzten über seine Lippen nur Worte ohne jeglichen Zusammenhang, und erst nach einiger Zeit konnte man endlich erraten, daß Semjon Iwanowitsch den Sinowij Prokofjewitsch wegen einer längst vergangenen schäbigen Angelegenheit beschimpfte. Darauf prophezeite Semjon Iwanowitsch, daß Sinowij Prokofjewitsch nie in die höhere Gesellschaft gelangen und ihn der Schneider, dem er noch einen Anzug schuldete, einfach verprügeln werde, ja, unbedingt gerade verprügeln, da der »dumme Junge« ihn noch nicht bezahlt habe. »Du dummer Junge«, fügte Semjon Iwanowitsch hinzu, »du willst zu den Husaren gehn, aber ich sage dir, das wird dir nie gelingen. Merk dir das, du dummer Junge, und so wie die Obrigkeit von dir alles erfahren wird, wird sie dich zum Schreiber degradieren. Siehst du jetzt, wie's ist, du dummer Junge!« Damit schien sich Semjon Iwanowitsch zunächst zu beruhigen. Aber siehe da, nachdem er fast fünf Stunden wie in Nachdenken versunken dagelegen hatte, fing er plötzlich, zum größten Erstaunen aller, zuerst nur vor sich hin, dann aber wieder zu Sinowij Prokofjewitsch gewandt, zu schelten an. Damit aber war die Sache auch noch nicht abgetan. Denn als am Abend Mark Iwanowitsch und Prepolowenko den Einfall hatten, zusammen Tee zu trinken und den Schreiber Okeanow zum Mittrinken einzuladen, da kletterte auch Semjon Iwanowitsch aus seinem Bett, setzte sich absichtlich zu ihnen, steuerte seine zwanzig oder fünfzehn Kopeken bei und begann unter dem Vorwand, daß er plötzlich auch Tee trinken wolle, sich sehr weitschweifig über dasselbe Thema auszubreiten und auseinanderzusetzen, daß ein armer Mensch eben nur ein armer Mensch sei und sonst nichts weiter und daß ein armer Mensch keine Ersparnisse machen könne. So gestand denn Herr Prochartschin, und zwar einzig deshalb, weil es jetzt zur Sprache gekommen, daß er ein armer Mensch war. Noch vorgestern hätte er diesen verwegenen Menschen bitten wollen, ihm einen Rubel zu leihen, jetzt aber werde er ihn nicht mehr darum angehen, damit der dumme Junge nicht den Gönner spielen könne. Aber sein Gehalt sei in der Tat so gering, daß er sich nicht einmal die nötige Nahrung kaufen könne; schließlich müsse er, dieser arme Mensch, als den ihn doch jeder kenne, allmonatlich noch fünf Rubel seiner Schwägerin nach Twer schicken, und wenn er sie ihr nicht schicken würde, so würde die Schwägerin sterben. Wenn sie aber sterben würde, dann würde er sich sofort neu einkleiden können ... Und lange noch und ausführlich sprach Semjon Iwanowitsch vom armen Menschen, von den fünf Rubeln und von der Schwägerin; er wiederholte dasselbe des stärkeren Eindrucks auf die Zuhörer halber so oft und so lange, bis er endlich selbst ganz wirr wurde und verstummte. Aber nach drei Tagen, als schon niemand mehr ihn anzugreifen beabsichtigte und alle ihn schon vergessen hatten, fügte er plötzlich noch wie zum Abschluß hinzu: Wenn Sinowij Prokofjewitsch zu den Husaren gehe, so werde man diesem dreisten Menschen im Kriege ein Bein abschießen, und wenn er dann mit einem Stelzbein betteln gehen werde und ihn bitten werde: »Gib mir, guter Mensch Semjon Iwanowitsch, doch ein Stückchen Brot!«, dann werde er, Semjon Iwanowitsch, ihm *nichts* geben und werde diesen übermütigen Menschen Sinowij Prokofjewitsch nicht einmal ansehen, und das würde so viel besagen wie: »Da hast du's jetzt!«

Alles das wirkte, wie nicht anders zu erwarten, überaus merkwürdig und zu gleicher Zeit furchtbar komisch. Ohne sich lange zu bedenken, verabredeten sich nun die übrigen Pensionäre und beschlossen, zur weiteren Untersuchung der Sachlage und eigentlich nur aus Neugierde, sich gegen Herrn Prochartschin zusammenzutun und gemeinsam einen entscheidenden Angriff auf ihn zu unternehmen. Herr Prochartschin hatte es sich nämlich in letzter Zeit angewöhnt, das heißt: seitdem er sich am geselligen Leben der anderen beteiligte, sich in jedes Gespräch einzumischen, sie nach allem und jedem auszufragen, sich nach vielem wißbegierig zu erkundigen, was er wahrscheinlich aus besonderen, geheimen Gründen tat. So war der Verkehr zwischen den beiden ursprünglich feindlichen Parteien ohne alle anbahnenden Vorbereitungen und vergeblichen Bemühungen gleichsam zufällig und ganz von selbst in Gang gekommen. Übrigens hatte sich Semjon Iwanowitsch eine sehr schlaue Taktik ausgedacht, mittels der er sich auf anständige Weise abends zu den anderen gesellen konnte, ein Manöver, das dem Leser zum Teil bereits bekannt ist: Wenn er sah, daß die anderen sich irgendwo zusammentaten, um einen Tee mit Likör oder sonstigen Zutaten zu trinken, so kletterte er ganz einfach aus seinem Bett, ging als bescheidener, kluger und liebenswürdiger Mensch zu ihnen und legte seine obligatorischen zwanzig Kopeken auf den Tisch, was bedeuten sollte, daß er sich zu beteiligen wünschte. Die jungen Leute tauschten hierauf heimlich Blicke aus und – Semjon Iwanowitsch wurde einwandlos zugelassen. Man bemühte sich, zuerst ein anständiges und vernünftiges Gespräch zu führen, darauf aber begann einer der helleren Köpfe, als ob nichts dabei wäre, auf verschiedene Neuigkeiten überzugehen. Nun war die Sache die, daß diese Neuigkeiten von dem Erzähler ganz willkürlich erdacht und wiedergegeben wurden. Zum Beispiel erzählte man, wie Seine Exzellenz zu Demid Wassiljewitsch gesagt habe, daß seiner Meinung nach die verheirateten Beamten sich als weit solider erwiesen als die unverheirateten und daher bei der Beförderung den anderen stets vorzuziehen seien; denn erstens wären sie ruhiger, und zweitens entwickle die Ehe in ihnen viel mehr Fähigkeiten. Darum, fügte der betreffende Erzähler der Nachricht von sich aus hinzu, werde auch er hinfort, um sich bequemer auszeichnen zu können und vorwärtszukommen, bemüht sein, sich baldmöglichst mit irgendeiner Fewronja Prokofjewna zu verehelichen. Oder ein anderes Beispiel: Wie alle bemerkt hätten, entbehrten die Unverheirateten unter ihnen jeglicher angenehmen und guten Manieren eines Weltmannes und könnten deshalb in der Gesellschaft und besonders den Damen nicht gefallen. Um nun diesen Mißstand zu beheben, solle unverzüglich jedem Beamten von seinem Monatsgehalt ein Teil abgezogen werden, und für die so gewonnene Summe solle ein Saal eingerichtet werden, in dem man Unterricht im Tanzen erhalten, alle Anzeichen guter Lebensart – wie tadelloses Benehmen, Höflichkeit, Ehrerbietung vor den Älteren, Charakterfestigkeit, Dankbarkeit und Herzensgüte und überhaupt angenehme Manieren – lernen könnte. Bald wiederum begann man davon zu sprechen, daß jetzt ein Plan ausgearbeitet werde, demzufolge gewisse Beamte, und zwar zuerst die ältesten, ein Examen in allen Fächern würden ablegen müssen, um schneller einen vorgesehenen Bildungsgrad zu erreichen. Auf diese Weise, fügte der Erzähler von sich aus hinzu, werde es für viele auf eine große Blamage hinauslaufen, und gar manche Herren würden dann wohl die Karten aus der Hand legen müssen. Kurz, es wurden unzählige frei erfundene

Geschichten von dieser und ähnlicher Art erzählt und erörtert. Und natürlich taten alle, als glaubten sie im Ernst an die Möglichkeit solcher Absichten, und ein jeder schien besorgt zu erwägen, inwieweit das auch ihn angehen könnte. Man erkundigte sich, debattierte, manche nahmen eine traurige Miene an, schüttelten den Kopf oder wiegten das Haupt und baten um Rat, was denn für sie wohl das beste wäre zu tun, wenn es sie beträfe? Selbstverständlich wäre auch manch ein anderer Mensch, selbst von längst nicht so argloser und friedliebender Art wie Herr Prochartschin, angesichts dieser allgemeinen Erörterungen erschrocken und konfus geworden. Überdies konnte man ja aus allen Anzeichen schon unfehlbar schließen, daß unser Semjon Iwanowitsch viel zu stumpfsinnig und schwerfällig war, um einen neuen Gedanken, an den sich sein Verstand noch nicht gewöhnt hatte, zu erfassen. So war er denn, wenn er einmal irgendwo eine Neuigkeit hörte, genötigt, sie erst mal zu verdauen, oder richtiger, an ihr herumzukauen, nach ihrem Sinn zu suchen, dabei sinnlos herumzuirren und sich zu verwickeln. Wenn er dann endlich die Aufgabe bewältigt zu haben glaubte, so geschah das auf irgendeine ganz ungewohnte, nur ihm allein eigene Art ... Da offenbarten sich dann in Semjon Iwanowitsch plötzlich interessante und bislang ihm gar nicht zugetraute Fähigkeiten. Es gab nun allerhand Gerede und Geschwätz, und alles dies fand, mit Zusätzen versehen, schließlich auch seinen natürlichen Weg in seine Kanzlei. Der Eindruck wurde nicht unwesentlich verstärkt durch den Umstand, daß Herr Prochartschin, der seit undenklichen Zeiten fast immer ein und dasselbe Gesicht gehabt hatte, plötzlich und ohne jeden sichtbaren Grund eine ganz andere Physiognomie annahm: Sein Gesicht wurde unruhig, sein Blick ängstlich, zaghaft und ein wenig mißtrauisch; er fing an, leise zu gehen, zusammenzufahren und hinzuhorchen, wenn andere sprachen. Mit einem Mal bekundete er, gewissermaßen zur Krönung aller seiner neuen Eigenschaften, einen erstaunlichen Eifer für die Erkundung der Wahrheit. Diese Liebe zur Wahrheit trieb ihn schließlich so weit, daß er es wagte, sogar zweimal wagte, sich bei Demid Wassiljewitsch persönlich nach der Glaubwürdigkeit gewisser Gerüchte zu erkundigen, die ihm nun täglich massenweise zu Ohren kamen. Wenn wir hier die Folgen dieser seiner Kühnheit verschweigen, so geschieht das nur aus aufrichtigem Mitleid mit seiner Reputation. So kam es denn, daß man alsbald fand, er sei ein Misanthrop und mißachte die gesellschaftlichen Anstandsregeln. Danach fand man, daß in ihm doch auch viel Phantastisches stecke, und auch darin irrte man sich keineswegs; denn es war schon mehrfach bemerkt worden, daß Semjon Iwanowitsch mitunter in vollkommene Selbstvergessenheit verfiel, mit offenem Mund und in die Luft gehaltenem Gänsekiel dasaß, als wäre er erstarrt oder versteinert, und mehr nur der Silhouette eines vernünftigen Wesens als einem vernünftigen Wesen selbst glich. Auch kam es nicht selten vor, daß einer der arglos Maulaffen feilbietenden Schreiber, wenn er plötzlich dem trüben, umherirrenden, gleichsam etwas suchenden Blick Herrn Prochartschins begegnete, erschrak, erzitterte und auf das wichtige Aktenstück, das er vor sich hatte, entweder einen Klecks machte oder irgendein ganz unnötiges Wort hinsetzte. Diese Unzulässigkeit seines Benehmens befremdete und verletzte so manche der wirklich wohlerzogenen Leute ... Als sich aber eines Morgens in der Kanzlei das Gerücht verbreitete, Herr Prochartschin habe sogar seinen Bürochef Demid Wassiljewitsch erschreckt, sich nämlich bei einer Begegnung im Korridor dermaßen eigenartig und sonderbar benommen, daß sein Chef genötigt gewesen war, ihm auszuweichen, da war man allgemein überzeugt, daß die Entwicklung seines Geistes eine gefährliche Richtung eingeschlagen hatte. Dieses Gerücht kam schließlich auch ihm selbst zu Ohren. Nachdem er das gehört hatte, stand er auf, ging vorsichtig an allen Tischen und Stühlen vorbei, erreichte das Vorzimmer, nahm eigenhändig seinen Mantel vom Kleiderständer, zog ihn an, ging hinaus und – verschwand. Warum er verschwand? Wer kann das wissen! Ob er den Mut vollständig verlor oder ihn etwas anderes fortzog, das mag dahingestellt sein. Jedenfalls ließ er sich zunächst weder zu Hause noch in der Kanzlei blicken ...

Wir werden nun nicht das Schicksal Semjon Iwanowitschs einfach durch seine Neigung zum Phantastischen zu erklären versuchen. Aber wir können es doch nicht unterlassen, den Leser darauf aufmerksam zu machen, daß unser Held nichts weniger als ein Weltmann, sondern ein sanfter, stiller Mensch war, und früher, bevor er in diese Gesellschaft der zahlreichen Pensionäre geraten war, in vollständiger, dumpfer, undurchdringlicher Einsamkeit gelebt und sich nur durch sein stilles, ja sogar gleichsam geheimnisvolles Wesen ausgezeichnet hatte. Denn die ganze Zeit seines früheren Lebens im Stadtteil Peski hatte er in seiner Freizeit auf seinem Bett hinter dem Bettschirm gelegen, geschwiegen und mit niemandem verkehrt. Seine beiden alten Wohngenossen hatten das gleiche Leben geführt. In dieser patriarchalischen Windstille waren die glücklichsten, in ruhevollem Dösen verbrachten Tage und Stunden so dahingezogen, eine nach der anderen, und da alles um sie herum in der gleichen Ordnung und Reihenfolge seinen Gang nahm, so konnte sich weder Semjon Iwanowitsch, noch Ustinja Fjodorowna kaum richtig erinnern, wann das Schicksal sie eigentlich zusammengeführt hatte. »Ob es nun zehn Jahre her ist oder schon fünfzehn oder gar fünfundzwanzig, daß er, mein Täubchen, bei mir nistet, das weiß ich nicht«, sagte sie mitunter zu ihren neuen Pensionären. Und so war es denn sehr verständlich, daß der Held unserer Erzählung unangenehm überrascht war, als er sich – genau vor einem Jahr – plötzlich inmitten dieser unruhigen, lärmenden Bande von ganzen zehn jungen Leuten fand, die ihn nun als seine neuen Mitpensionäre und Hausgenossen umgaben.

Das Verschwinden Semjon Iwanowitschs rief in der Wohnung Ustinja Fjodorownas keine geringe Aufregung hervor. Man bedenke schon das allein, daß er doch ihr Musterknabe war; zweitens erwies es sich, daß sein Paß, den sie als Hausfrau aufbewahrte, sich auf einmal zufällig nicht mehr finden ließ. Ustinja Fjodorowna begann zu schluchzen – wozu sie in kritischen Fällen immer ihre Zuflucht nahm. Zwei Tage lang machte sie ihren Pensionären Vorwürfe, schalt sie und fiel über sie her, weil sie ihren ältesten Mieter vertrieben und wie ein armes Küchlein ins Verderben geschickt hätten, »alle diese bösen Spötter«; am dritten Tag aber jagte sie sie alle hinaus auf die Suche nach dem Flüchtling, mit dem Befehl, ihn um jeden Preis, tot oder lebendig, einzufangen. Gegen Abend kam dann als erster Schreiber Sudbin zurück und berichtete, er sei ihm auf der Spur, habe den Flüchtling auf dem Trödelmarkt und noch an anderen Stellen gesehen, er sei ihm gefolgt, habe in seiner Nähe gestanden, aber nicht gewagt, ihn anzureden; auch bei einer Feuersbrunst in der Krummen Gasse, wo ein Haus in Brand geraten sei, habe er sich unweit von ihm aufgehalten. Eine halbe Stunde darauf erschienen Okeanow und Kantarew, der kein Beamter war, und bestätigten Wort für Wort den Bericht Sudbins: sie hätten gleichfalls in seiner Nähe gestanden, aber sich auch nicht getraut, ihn anzureden; beide hätten sie bemerkt, daß Semjon Iwanowitsch mit einem gewissen Simoweikin, einem Trunkenbold und obdachlosen Schmarotzer, zusammen war. Schließlich fanden sich auch die anderen Pensionäre ein, und nachdem sie aufmerksam alle Berichte angehört hatten, meinten sie, also befinde sich Prochartschin schon irgendwo hier in der Nähe und dann werde er wohl bald wieder heimfinden. Im übrigen hatten sie alle schon früher gewußt, daß Semjon Iwanowitsch mit dem Trunkenbold Simoweikin bekannt war. Dieser Simoweikin war ein ganz heruntergekommener Mensch, gewalttätig und geschickt, sich überall einzuschmeicheln; es war wohl anzunehmen, daß er auch unseren Semjon Iwanowitsch irgendwie umgarnt hatte. Erst eine Woche vor dem Verschwinden Semjon Iwanowitschs war er mit seinem Freunde Remnew hier bei uns aufgetaucht, hatte kurze Zeit sogar hier gehaust und erzählt, daß er um des Rechtes willen »zu leiden gehabt habe«. Er habe in der Provinz eine Stellung als Beamter gehabt, aber dann sei ihnen ein Revisor auf den Hals geschickt worden; danach hätte man ihn und seine Genossen sogleich an die Luft gesetzt, angeblich wegen ihres Einstehens für »Recht und Wahrheit«. Hierauf sei er nach Petersburg gekommen und Porfirij Grigorjewitsch zu Füßen gefallen, und auf dessen Fürsprache hin habe man ihm verziehen und ihn wieder bei einer Behörde angestellt. Jedoch infolge des grausamen Schicksals, das ihn leider verfolge, sei er auch hier entlassen worden, weil nämlich gerade diese Behörde alsbald aufgehoben wurde. Nach ihrer Umgestaltung aber habe man ihn in den neuen Beamtenstab nicht mehr aufgenommen, sowohl wegen mangelnder Eignung zu diesem Kanzleidienst als auch aus Gründen seiner besonderen Eignung zu einem ganz andersartigen Dienst – alles in allem jedoch und zugleich wegen seiner Liebe zu Recht und Wahrheit, und schließlich wegen des Ränkespiels seiner Feinde. Nach der Erzählung dieser seiner Geschichte, während der Herr Simoweikin seinen finster dreinblickenden und unrasierten Freund Remnew mehrfach geküßt hatte, war er dazu übergegangen, sich von allen der Reihe nach zu verabschieden, von allen Anwesenden, und auch Awdotja, die Magd, war von ihm nicht übersehen worden. Er hatte sie alle seine Wohltäter genannt und erklärt, er selbst sei ein unwürdiger Mensch, aufdringlich, gemein, aufbrausend und dumm; aber die guten Leute möchten doch keine zu hohen Ansprüche an ihn stellen, angesichts seines jämmerlichen Schicksals und seiner Einfalt, worauf er mit der Bitte um gütige Gönnerschaft geschlossen hatte. Danach aber hatte sich Herr Simoweikin als ein sehr lustiger Spaßmacher erwiesen, war guter Dinge gewesen, hatte auch Ustinja Fjodorowna die Hand geküßt, trotz ihrer bescheidenen Versicherungen, ihre Hand wäre doch nur eine ganz gewöhnliche, keine adelige Hand, und zum Abend hatte er der ganzen Gesellschaft sein Talent in einem bemerkenswerten Charaktertanz zu zeigen versprochen. Doch schon am nächsten Tag hatte sein Auftreten bei uns ein bedauernswert schnelles Ende gefunden, sei es deshalb, weil sein Charaktertanz schon gar zu charakteristisch ausgefallen war, oder sei es, weil er sich Ustinja Fjodorowna gegenüber, nach ihren Worten, »ehrlos und beleidigend« benommen hatte; sie aber wäre doch mit Jaroslaw Iljitsch persönlich bekannt und könnte, wenn sie nur wollte, schon längst die Gattin unseres nächsten Polizeioffiziers sein. Jedenfalls war dem Simoweikin nichts anderes übriggeblieben als sich davonzumachen. Er war also weggegangen, war aber zurückgekehrt, war dann wieder mit Schimpf und Schande davongejagt worden, hatte sich darauf in Herrn Prochartschins Aufmerksamkeit und Gunst einzuschleichen verstanden, hatte ihm so nebenbei die neue Hose geklaut und war nun zu guter Letzt als Semjon Iwanowitschs Verführer von neuem aufgetaucht.

Als die Hausfrau hörte, daß Semjon Iwanowitsch noch lebte und gesund war und daß sie folglich den Paß nicht mehr zu suchen brauchte, ließ sie das Trauern und beruhigte sich bald. Da fiel es aber einigen von den jungen Leuten ein, für den Entlaufenen einen feierlichen Empfang vorzubereiten: Sie murksten an dem Schloß des Bettschirms herum, bis sie es öffnen konnten, rückten dann den Schirm vom Bett des Verschwundenen ab, zerwühlten ein wenig die Kissen, zogen den bekannten Koffer unter dem Bett hervor und stellten ihn am Fußende auf das Bett. Darauf machten sie aus einem alten Umschlagetuch, einer Haube und einem Morgenrock der Ustinja Fjodorowna eine Puppe, die sie als die schlafende Schwägerin auf das Lager legten, »zur Erholung von der Reise«. Diese Puppe war ihnen tatsächlich so gut gelungen, daß man sie ohne weiteres für eine schlafende Frau hätte halten können. Als sie mit ihrer Arbeit fertig waren, warteten sie nur noch auf Herrn Prochartschins Heimkehr, um ihn mit der Nachricht zu empfangen, seine Schwägerin sei aus der Provinz eingetroffen und habe sich in seinem Winkel hinter dem Bettschirm niedergelegt. Aber sie warteten und warteten, warteten wiederum und warteten weiter ... Inzwischen hatte Mark Iwanowitsch schon sein halbes Monatsgehalt an

Prepolowenko und Kantarew verspielt, und Okeanows Nase war schon ganz rot geworden und geschwollen vom Verlieren im Noskispiel, nachdem sie vorher Dreiblatt gespielt hatten. Awdotja, die Magd, hatte sich fast schon ganz ausgeschlafen und war bereits zweimal im Begriff gewesen, aufzustehen, um das Holz herbeizutragen und den Ofen zu heizen. Sinowij Prokofjewitsch war schon bis auf die Haut durchnäßt, da er immer wieder hinausgelaufen war, um nach Herrn Prochartschin Ausschau zu halten. Aber es kam niemand, weder er noch der Trunkenbold und Schmarotzer Simoweikin. Schließlich legten sich doch alle schlafen, aber die Schwägerin ließ man für alle Fälle auf seinem Bett. Erst um vier Uhr morgens ertönte ein Pochen ans Haustor, aber dafür war es ein so gewaltiges Pochen, daß es die Wartenden für alle ihre Mühen vollauf entschädigte. Ja, er war es, er selbst, Semjon Iwanowitsch, Herr Prochartschin, aber in einem solchen Zustand, daß alle nur »Achgott« ausriefen und niemand mehr an die Schwägerin dachte. Der Verlorengegangene erschien bewußtlos. Man brachte ihn, oder richtiger, es trug ihn auf den Schultern ein vollkommen durchnäßter und durchfrorener, zerlumpter Nachtdroschkenkutscher. Auf die Frage der Wirtin, wo sich denn der Arme so betrunken habe, antwortete der Droschkenkutscher: »Er is' ja gar nich betrunken, is' es auch gar nich gewesen, kannst mir scho glauben, ich kenn mich da aus; aber ob's bloß 'ne Ohnmacht is oder 'n Starrkrampf oder ob ihn der Schlag gerührt hat, das weiß ich nu nich . . .«

Man begann ihn zu untersuchen, lehnte ihn an den Ofen, damit er eine Stütze habe, und überzeugte sich, daß er weder betrunken noch vom Schlag gerührt war. Aber irgend etwas mußte ihm doch zugestoßen sein: er konnte auch die Zunge nicht bewegen, und eine Art Schüttelfrost überlief seinen Körper. Nur die Augen klappte er auf und zu, er sah verständnislos bald den einen, bald den anderen der ihn umstehenden Zuschauer in ihren Nachtkostümen an. Man fragte den Droschkenkutscher, wo er ihn denn aufgelesen habe?

»Ja, dort in der Vorstadt haben sie ihn mir aufgeladen«, sagte der Droschkenkutscher, »der Henker weiß, was es für Leute waren, Herren oder nich Herren, aber Müßiggänger jedenfalls, die wohl schon was getrunken hatten und lustig waren; sie haben ihn mir so übergeben, wie er da is; ob sie sich geprügelt haben oder ob ihn sonst was befallen hat, vielleicht 'n Krampf, das mag Gott wissen; aber lustig waren sie schon und freigebig ... *Gute* Menschen!«

Man hob Semjon Iwanowitsch auf, lud ihn auf ein Paar kräftige Schultern und trug ihn auf sein Bett. Als aber Semjon Iwanowitsch auf seine »Schwägerin« unter sich und mit den Füßen an seinen hochheiligen Koffer stieß, da schrie er gleich wie am Spieß auf, kauerte sich hockend zusammen und suchte zitternd und bibbernd mit Händen und Beinen, so gut es ging, den ganzen Raum auf seinem Bett zu bedecken, während sein flackernder, aber seltsam entschlossener Blick, mit dem er die Anwesenden in Schach hielt, sagen zu wollen schien, daß er eher zu sterben bereit sei, als auch nur ein Hundertstel seiner armseligen Habe irgend jemandem abzutreten.

Semjon Iwanowitsch lag zwei oder drei Tage lang auf seinem Bett hinter dem Schirm, war somit dicht isoliert von der ganzen übrigen Gotteswelt und allen ihren nichtigen Aufregungen. Natürlich hatten ihn die anderen alle schon am nächsten Tage vergessen, was ja nur zu verständlich war; die Zeit flog dahin wie sie's gewohnt war, Stunden folgten auf Stunden, Tage auf Tage. Halbschlaf und Fieberphantasien umfingen den schweren und heißen Kopf des Kranken; aber er lag ganz still da, stöhnte nicht und klagte nicht; im Gegenteil, er schwieg und muckste nicht und drückte sich nur flach an sein Bett, wie ein Hase, der sich vor Angst an die Erde drückt, wenn er die Jagd hört. Zu einer gewissen Tageszeit trat in der Wohnung eine langandauernde melancholische Stille ein – das Anzeichen, daß alle Untermieter sich entfernt hatten, zum Dienst gegangen waren. Semjon Iwanowitsch konnte dann, wenn er wach wurde, seine Langeweile nach Belieben damit vertreiben, daß er auf das Geräusch in der nahen Küche achtete, wo die Wirtin herumhantierte, oder auf das gleichmäßige Schlurfen der abgetretenen Schuhe der Magd Awdotja, die in allen Zimmern stöhnend und sich räuspernd aufräumte, den Boden aufwischte und alles wieder in Ordnung brachte. So vergingen ganze Stunden immer in gleicher Weise, schläfrig, faul, langweilig und so eintönig, wie das Wasser in der Küche vom Hahn ins Becken tropfte, immer im gleichen Abstand, mit gleichem Klang. Schließlich kehrten die Untermieter zurück, einzeln oder in Gruppen. Semjon Iwanowitsch konnte dann ganz mühelos hören, wie sie über das Wetter schimpften, ihr Essen verlangten, lärmten, rauchten, sich zankten, wieder versöhnten, Karten spielten und mit den Tassen klapperten, wenn sie sich anschickten, ihren Tee zu trinken. Semjon Iwanowitsch machte ganz mechanisch eine Anstrengung, um aufzustehen und sich herkömmlicherweise an der Herstellung dieses Getränkes zu beteiligen, versank aber sofort in Schlaf und träumte, er sitze schon lange am Teetisch, trinke mit und beteilige sich an der Unterhaltung, und Sinowij Prokofjewitsch habe bereits die Gelegenheit benutzt, um in das Gespräch einen Plan über die Schwägerinnen einzuflechten und besonders über die moralischen Verpflichtungen gewisser guter Leute gegen sie. Da schickte sich Semjon Iwanowitsch schon an, sich zu rechtfertigen und etwas zu entgegnen. Aber siehe da, plötzlich erscholl aus jedem Munde die allmächtige Phrase aller dienstlichen Vorschriften: »wie mehrfach bemerkt worden ist«; damit waren alle seine Entgegnungen abgeschnitten, und Semjon Iwanowitsch konnte sich nichts Besseres ausdenken als schnell von etwas anderem zu träumen, und zwar, daß heute der Erste des Monats sei und er in seiner Kanzlei viele Silberrubel erhalte. Auf der Treppe rollte er das Papier, in dem sie sich befanden, auf, blickte sich schnell um und beeilte sich, die Hälfte der erhaltenen Summe abzuteilen und geschwind in seinem Stiefel verschwinden zu lassen. Darauf nahm er sich vor, immer noch hier auf der Treppe stehend und ohne sich darum zu kümmern, daß er sich in seinem Bett befand und träumte – nahm er sich vor, nach seiner Heimkehr unverzüglich das Nötige für Kost und Logis der Wirtin zu bezahlen, darauf noch einiges Notwendige zu kaufen und dann ein paar Leuten, die sich am besten dazu eigneten, wie zufällig und scheinbar ganz unabsichtlich mitzuteilen, daß er einen Abzug vom Gehalt erlitten habe. So bleibe ihm nun so gut wie nichts übrig, und er könne jetzt auch der Schwägerin nichts mehr schicken. Anschließend hieran aber wollte er noch allerhand Trauriges über diese Schwägerin erzählen, auch morgen und übermorgen sie wortreich bejammern und nach etwa zehn Tagen abermals auf ihre Armut zu sprechen kommen, damit seine Hausgenossen es nur ja nicht vergäßen. Nachdem er sich das so zurechtgelegt und vorgenommen, sah er auf einmal, daß auch Andrej Jefimowitsch, dieses selbe kleine, ewig schweigsame kahlköpfige Männlein, das in der Kanzlei ganze drei Zimmer weit von Semjon Iwanowitschs Platz saß und in zwanzig Jahren noch nie ein Wort mit ihm gewechselt hatte, gleichfalls dort auf der Treppe steht, seine Silberrubel zählt, den Kopf schüttelt und zu ihm sagt: »Ja, ja, das Geld! Gibt es kein Geld, so gibt's auch keinen Brei für die Kinder«, fügt er ernst hinzu, indem er die Treppe hinabsteigt, und erst an der Haustür schließt er: »Ich aber, mein Herr, habe ihrer ganze sieben!« Hierbei zeigt das glatzköpfige Männlein, wahrscheinlich gleichfalls ohne es zu gewahren, daß er hier nur als Wahnbild vorhanden ist und keineswegs in wacher Wirklichkeit, mit der Hand in absteigender Linie die Größe seiner sieben Kinder an und murmelt dazu, der älteste gehe schon aufs Gymnasium, worauf er Semjon Iwanowitsch entrüstet ansieht, ganz als ob dieser daran schuld wäre, daß er ihrer sieben hat, drückt seinen Hut auf die Stirn, rückt sich in seinem Mantel zurecht, wendet sich nach links und ist verschwunden. Semjon Iwanowitsch erschrak sehr, und obschon er von seiner Unschuld an der unangenehmen Ansammlung von ganzen sieben unter einem Dach vollkommen überzeugt war, so war ihm doch, als wäre in Wirklichkeit kein anderer als gerade er allein schuld daran. Er erschrak, wie gesagt, und fing an zu laufen, denn es kam ihm so vor, als ob der kahlköpfige Herr zurückkehre, ihn verfolge, ihn durchsuchen und ihm das ganze Monatsgehalt abnehmen wollte, auf Grund der unumstößlichen Zahl von sieben Kindern und unter Bestreitung irgendwelcher Verpflichtungen Semjon Iwanowitschs für gleichviel welche Schwägerinnen. Herr Prochartschin lief und lief, geriet außer Atem ... neben ihm liefen noch sehr viele andere Menschen, und bei allen klimperte das Geld des Monatsgehalts in den Taschen der gestutzten Frackschöße ihrer Beamtenuniform. Schließlich liefen alle Menschen, die Feuerwehr raste tutend heran, und ganze Menschenwogen trugen ihn nahezu auf den Schultern zu eben jener Brandstätte, wo er vor kurzem mit dem schmarotzenden Trunkenbold gewesen war, um sich die Feuersbrunst anzusehen. Dieser Trunkenbold, sonst Herr Simoweikin genannt, befand sich schon dort, empfing ihn furchtbar geschäftig, nahm ihn an der Hand und führte ihn mitten in das dichteste Gedränge. Ebenso wie damals im Wachen lärmte und rauschte um sie herum eine unübersehbare Menschenmenge, die sich zwischen den beiden Brücken auf dem ganzen Quai der Fontanka und in den umliegenden Straßen und Gassen staute. Ganz wie damals wurden Semjon Iwanowitsch und mit ihm der Trunkenbold hinter irgendeinen Zaun gedrängt, wo sie auf einem riesigen, von Zuschauern überfüllten Holzhof wie in einer Zange zusammengepreßt wurden. Diese Zuschauer strömten unablässig aus den Straßen, vom Trödelmarkt und aus allen umliegenden Häusern, Wirtschaften und Schenken herbei. Semjon Iwanowitsch sah alles und empfand auch alles wie damals in der Wirklichkeit; in diesem Wirbel des Fieberns und Phantasierens begannen vor ihm viele sonderbare Gesichter aufzutauchen. An einige glaubte er sich zu erinnern. Da war ein allen sehr imponierender Herr von unwahrscheinlicher Größe und mit unwahrscheinlich langem Schnurrbart, der während der Feuersbrunst hinter Semjon Iwanowitsch gestanden und ihn noch angefeuert hatte, als dieser seinerseits in eine Art von Begeisterung geraten war und mit seinen kurzen Beinchen zu trampeln begann, um auf diese Weise den Feuerwehrleuten seinen Beifall für ihre geschickte Löscharbeit zu spenden. Ein anderes Gesicht gehörte jenem untersetzten Burschen, von dem unser Held einen schmerzhaften Tritt erhalten hatte, als jener über ihn hinwegkletterte, vielleicht um jemanden zu retten. Desgleichen tauchte vor ihm die Gestalt eines Greises auf, mit dem Gesicht eines Hämorrhoidarius und in einem alten wattierten Schlafrock: der war noch vor dem Ausbruch des Brandes in den Laden gegangen, um für seinen Untermieter Zwieback, Tabak und anderes einzukaufen; jetzt versuchte er sich, mit dem Milchtopf in der Hand und den anderen Sachen, verzweifelt durch das Gedränge durchzuzwängen zu seiner Wohnung, wo seine Frau, seine Tochter und seine Ersparnisse – dreißig und ein halber Rubel in einer Ecke unter dem Federbett – in Gefahr schwebten, zu verbrennen. Aber noch deutlicher sah er ein armes irres Weib vor sich, von dem er schon mehrmals während des Krankseins geträumt hatte, in Bastschuhen, mit einem Krückstock in der Hand, einem geflochtenen Quersack auf dem Rücken und in Lumpen gekleidet. Sie überschrie die Feuerwehr und das Volk, fuchtelte mit dem Krückstock und mit den Armen und schrie, ihre leiblichen Kinder hätten sie von irgendwo hinausgejagt, dabei seien ihr zwei Fünfkopekenstücke abhanden gekommen. Die Kinder und die Fünfkopekenstücke, die Fünfkopekenstücke und die Kinder, das drehte sich in ihrem Geschrei unverständlich und sinnlos durcheinander. Nach vergeblichen Versuchen, sie zu verstehen und ihr zu helfen, wandte man sich von ihr ab; aber das Weib hörte nicht auf zu schreien und zu heulen; es fuchtelte weiter mit den Armen und kümmerte sich offenbar überhaupt nicht um die Feuersbrunst, zu der es wohl nur so vom Gedränge mitgeschoben worden war, kümmerte sich nicht um das Volk ringsum, auch nicht um das Unglück der anderen, auch nicht um die Funken und Feuerbrände, die zugleich mit der Asche die Umstehenden zu überfliegen und zu bepudern begannen. Schließlich aber befiel Herrn Prochartschin ein gewaltiger Schreck: er erkannte auf einmal ganz klar und deutlich, daß alles das jetzt nicht grundlos geschah und daß es ihn nicht verschonen werde. Und tatsächlich, nicht weit von ihm stieg irgendein Kerl auf einen Holzstapel, ein Bauer in einem zerrissenen Kittel und ohne Gurt, mit angesengtem Haar und Bart, und begann das ganze Volk ringsum gegen ihn, Semjon Iwanowitsch, aufzuhetzen. Die Menge wurde dichter und dichter, der Kerl schrie und schrie; plötzlich erinnerte sich Prochartschin, daß dieser Kerl derselbe Droschkenkutscher war, den er vor genau fünf Jahren auf eine menschlich so schofle Weise betrogen hatte, indem er, vor dem Bezahlen der Fahrt, heimlich abgesprungen und in ein Durchgangstor geschlüpft war, und zwar so geschwind, als ob er barfuß über eine glühende Eisenplatte hätte laufen müssen. In seiner Verzweiflung wollte Herr Prochartschin etwas sagen, wollte schreien, aber seine Stimme versagte ... Er fühlte, wie die ganze ergrimmte Menge ihn wie eine bunte Schlange umschlingt, ihn zusammenpreßt, ihn würgt, zu ersticken droht. Er machte eine gewaltige Anstrengung und erwachte. Da sah er, daß es brennt, daß sein ganzer Winkel in Flammen steht, daß sein Bettschirm brennt, die ganze Wohnung brennt, samt Ustinja Fjodorowna und allen ihren Untermietern, daß sein Bett, sein Kissen, seine Decke, sein Koffer und zuletzt auch noch seine kostbare Matratze brennen. Semjon Iwanowitsch sprang auf, krallte die Hände in seine Matratze und lief, sie hinter sich herzerrend, hinaus. Aber im Zimmer der Wirtin, wohin unser Held, so wie er war, barfuß und nur im Hemd, ohne jedes Anstandsgefühl gelaufen war, wurde er ergriffen, überwältigt und siegreich wieder zurückgebracht hinter seinen Bettschirm – dem es, nebenbei bemerkt, gar nicht einfiel zu brennen, da es ja nur im Kopfe Semjon Iwanowitschs brannte –, und man legte ihn ins Bett. So pflegt auch der umherziehende zerlumpte, unrasierte Puppenspieler und Drehorgelmann sein Kasperle, nachdem es gelärmt, getobt, alle verprügelt, seine Seele dem Teufel verkauft hat, wieder in die Schachtel einzupacken, wo es zu guter Letzt sein Dasein bis zur nächsten Vorstellung zusammen mit demselben Teufel, mit dem Mohren, mit Petruschka, mit Mamsell Katrin und deren glücklichem Liebhaber, dem Polizeihauptmann, verbringt.

Alsbald umstanden alle, alt und jung, in geschlossenem Kreise Semjon Iwanowitschs Bettstatt und sahen den Kranken mit erwartungsvollen Gesichtern an. Dieser war inzwischen zu sich gekommen. Aber auf einmal begann er, sei es nun aus Schamgefühl oder aus sonst einem Grunde, die Bettdecke an sich heraufzuziehen, wahrscheinlich um sich vor der Aufmerksamkeit der Mitfühlenden zu verbergen. Schließlich unterbrach Mark Iwanowitsch als erster das Schweigen, und als vernünftiger Mensch begann er in sehr freundlichem Ton: Semjon Iwanowitsch müsse sich beruhigen, denn krank zu sein sei häßlich und eine Schande, das täten meist nur kleine Kinder; man müsse gesund zu werden trachten und danach auch wieder in den Dienst gehen. Und Mark Iwanowitsch schloß mit einem Scherz, indem er sagte, für Kranke sei noch kein festes Gehalt vorgesehen, und da er bestimmt wisse, daß damit auch nur ein sehr geringer Rang verbunden sei, so bringe, wenigstens nach seinem Dafürhalten, ein solcher Beruf oder Zustand keine großen substantiellen Vorteile ein. Mit einem Wort, man sah, daß alle an Semjon Iwanowitschs Schicksal aufrichtig Anteil nahmen und ihn bemitleideten. Er dagegen fuhr mit unbegreiflicher Roheit fort, auf dem Bett zu liegen, zu schweigen und seine Decke höher und höher zu ziehen. Mark Iwanowitsch hielt sich indes noch nicht für besiegt und sagte, seinen Verdruß verbeißend, abermals etwas recht Liebes zu Semjon Iwanowitsch, da er wußte, daß man mit einem kranken Menschen gerade so und nicht anders umgehen müsse. Allein, Semjon Iwanowitsch wollte nicht einmal das empfinden; im Gegenteil, er brummte nur mißtrauisch etwas durch die Zähne und begann auf einmal durchaus feindselig unter der Stirn hervor nach rechts und nach links zu schauen, als hätte er alle diese ihn Bemitleidenden schon mit seinen Blicken einfach vernichten wollen. Da war nun nichts mehr zu wollen. Mark Iwanowitsch gab es auf, sich zu beherrschen, als er sah, daß der Mensch sich offenbar geschworen hatte, seinen Widerstand nicht aufzugeben. Er fühlte sich gekränkt und verärgert und erklärte nun ohne Umschweife und süße Redensarten, daß es Zeit wäre zum Aufstehen, daß es nicht anginge, dauernd auf beiden Seiten zugleich zu liegen, Tag und Nacht von Feuersbrünsten, Schwägerinnen, Trunkenbolden, Schlössern, Koffern und weiß der Teufel wovon noch zu schreien. Das sei dumm, unanständig und beleidigend für die anderen Menschen, denn wenn Semjon Iwanowitsch selbst nicht schlafen wolle, so solle er deshalb doch nicht die anderen daran hindern; schließlich und endlich solle er sich das gefälligst merken. Diese Standrede verfehlte ihre Wirkung nicht: Semjon Iwanowitsch wandte sich sofort dem Redner zu und erklärte standhaft, wenn auch mit schwacher und heiserer Stimme:

»Du dummer Junge, halt deinen Mund! Du müßiger Schwätzer, du Schandmaul! Hast du gehört, du Stiefelknecht? Du glaubst wohl, du bist 'n Fürst? Was verstehst du denn überhaupt?«

Als Mark Iwanowitsch eine solche Ansprache vernahm, wollte er zunächst auffahren, besann sich aber noch rechtzeitig, da er es ja mit einem Kranken zu tun hatte, gab es großmütig auf, sich gekränkt zu fühlen, und versuchte nun, ihn zu beschämen. Aber auch das gelang ihm nicht, denn Semjon Iwanowitsch bemerkte sofort, er werde nicht zulassen, daß man ihn zum besten halte; Mark Iwanowitsch brauche seinetwegen keine Gedichte zu verfassen. Hierauf folgte ein längeres allgemeines Stillschweigen. Als Mark Iwanowitsch aus seiner Verblüffung wieder zur Besinnung kam, sagte er klar, deutlich, rednerisch überlegen und nicht ohne Festigkeit, Semjon Iwanowitsch dürfe nicht vergessen, daß er sich unter wohlerzogenen Menschen befinde und »eigentlich begreifen müsse, daß man sich im Umgang mit einer ehrbaren Persönlichkeit gewisser Manieren zu befleißigen habe«. Mark Iwanowitsch verstand es, sich bei Gelegenheit gewählt auszudrücken, und liebte es, damit den Zuhörern zu imponieren. Semjon Iwanowitsch dagegen sprach und handelte, wahrscheinlich infolge seiner langjährigen Gewohnheit, nur zu schweigen, in einer etwas abrupten Weise. Außerdem kam noch eine besondere Eigenheit hinzu: Wenn er nämlich einmal genötigt war, einen längeren Satz zu sprechen, so war es, als ob jedes Wort schon beim Entstehen noch ein anderes Wort mitgebar, das zweite wieder ein drittes, dieses ein viertes und so weiter, so daß er schließlich, je weiter er in den Satz hineingeriet, den ganzen Mund voll hatte, voll von Worten, die dann unter Atemnot und Hüsteln in der malerischsten Unordnung herauszukollern begannen. Das war der Grund, weshalb Semjon Iwanowitsch, der doch sonst ein vernünftiger Mensch war, mitunter einen so zusammenhanglosen Unsinn vorbrachte.

»Du faselst ja«, sagte er jetzt zu Mark Iwanowitsch, »du grüner Bursche, du Herumstreicher! Wirst noch mal mit dem Quersack betteln gehen, du Freigeist, du Herumtreiber, du liederlicher Liederjahn; das ist's, was dir blüht, du Verseschmied!«

»Sie phantasieren wohl immer noch, oder was sonst, Semjon Iwanowitsch?«

»Da hört doch«, versetzte Semjon Iwanowitsch, »ein Dummkopf phantasiert, ein Trunkenbold phantasiert, ein Köter phantasiert, aber ein Weiser dient dem Vernünftigen. Von Geschäften verstehst du nichts, du liederlicher Mensch, du Gelehrter, du geschriebenes Buch, das du bist! Wenn's aber so kommt, daß du in Brand gerätst, dann wirst du gar nicht merken, wie dir der Kopf abbrennt, hast du's nun verstanden?«

»Ja ... das heißt: wie denn ... wie meinen Sie denn das, Semjon Iwanowitsch, daß mir der Kopf abbrennen soll?«

Mark Iwanowitsch beendete seinen Satz nicht, gab es auf, denn es war ja allen klar, daß der Kranke noch nicht zu sich gekommen war und noch phantasierte. Da konnte denn auch die Wirtin nicht mehr an sich halten und bemerkte, daß das Haus in der Krummen Gasse neulich durch die Unvorsichtigkeit eines glatzköpfigen Dienstmädchens in Brand geraten sei; dieses habe eine Kerze angezündet und dadurch sei der Brand in ihrer Dachkammer entstanden. Bei ihr aber, hier in ihrer Wohnung werde so etwas niemals geschehen, ihre Mieter könnten ganz unbesorgt sein.

»Aber hören Sie mal, Semjon Iwanowitsch«, rief Sinowij Prokofjewitsch, ganz aufgebracht der Wirtin ins Wort fallend, »Sie sind so ein naiver, einfältiger Mensch, daß Sie diesen Scherz mit Ihrer Schwägerin oder mit dem Examen und mit dem Tanzen ernst genommen haben! Das haben Sie doch? Haben Sie das wirklich geglaubt?«

»Nun höre du mal«, versetzte unser Held und richtete sich, seine letzten Kräfte zusammennehmend, im Bett auf, richtig wütend über alle diese mitleidigen Zuschauer ringsum, »wer ist hier der Narr? Du bist selbst ein Narr, du närrischer Mensch. Ich aber werde nicht auf deinen Befehl Narrheiten begehen; hast du's gehört, du dummer Junge, ich bin nicht dein Diener!«

Offenbar wollte Semjon Iwanowitsch noch etwas sagen, fiel aber kraftlos aufs Bett zurück. Die Teilnehmenden waren ratlos, die Münder blieben offen, denn jetzt begann ihnen zu dämmern, worauf Semjon Iwanowitsch anspielen wollte, und niemand wußte, wie die Sache anzufassen wäre. Da knarrte auf einmal die Küchentür, öffnete sich, und der Trunkenbold und Freund, sonst Herr Simoweikin genannt, streckte zaghaft den Kopf ins Zimmer, um gewohnheitsmäßig zunächst die Ortschaft zu beschnuppern. Es war, als hätte man nur auf ihn gewartet: alle winkten ihn sofort herbei, damit er nur schneller nähertrete. Herr Simoweikin aber war hocherfreut bereit, sich unverzüglich, ohne seinen Mantel abzulegen, zum Kranken durchzudrängeln.

Man sah es ihm an, daß er die ganze Nacht in wachem Zustand verbracht und sich irgendwie ernsthaft betätigt hatte. Die rechte Seite seines Gesichts war mit Pflastern beklebt, seine geschwollenen Lider glänzten feucht von verschmiertem Augenschleim; der Frack und die ganze übrige Kleidung waren zerrissen, und die ganze linke Seite seines Mantels war mit irgend etwas Unsauberem bespritzt, vielleicht mit dem Schmutz einer Pfütze. Unter dem Arm trug er eine Geige, die Gott weiß wem gehörte und die er angeblich irgendwo verkaufen sollte. Anscheinend hatte man gut getan, ihn hier zu Hilfe zu rufen, denn kaum vernahm er, um was es sich handelte, da wandte er sich schon mit der Miene und dem Ton des Überlegenen an den übergeschnappten Semjon Iwanowitsch, als wüßte er genau, was mit diesem los war.

»Was fällt dir denn ein, Senka, steh auf! Du weiser Senka Prochartschin, steh auf und diene der Vernunft! Sieh dich vor, sonst schleppe ich dich weg, wenn du dich hier mausig machst; tu's lieber nicht!«

Eine so kurze, aber kräftige Ansprache überraschte die Anwesenden; aber sie wunderten sich noch mehr, als sie bemerkten, daß Semjon Iwanowitsch bei diesen Worten und beim Anblick dieses Gesichtes so erschrak und so verwirrt, so kleinlaut wurde, daß er nur kaum vernehmbar die notwendige Entgegnung durch die Zähne zu flüstern wagte:

»Du Unseliger, geh weg!« hörten sie. »Du bist 'n Unseliger, bist 'n Dieb! Hörst du, verstehst du mich? Spielst dich auf, als wärst du 'n Fürst, du Hochstapler!«

»Ach nee-e, Bruder«, versetzte Simoweikin gedehnt, vollkommen ungerührt und unter Bewahrung absoluter Geistesgegenwart, »das ist nicht schön von dir, du weiser Bruder Prochartschin, du prochartschinscher Mensch«, parodierte Simoweikin ein wenig die Ausdrucksweise des anderen und sah sich mit Vergnügen im Kreise um. »Du, mach dich nicht mausig! Ergib dich, Senja, ergib dich, sonst könnte ich Bericht erstatten, mein Brüderlein, könnte alles erzählen – verstehst du mich wohl?«

Es schien, daß Semjon Iwanowitsch alles verstand, denn er zuckte heftig zusammen, als er den Schluß der Rede vernahm, und begann sich auf einmal ganz verstört umzuschauen. Herr Simoweikin war sehr zufrieden mit dem erzielten Eindruck seiner Worte und wollte fortfahren, aber Mark Iwanowitsch kam schnell seiner Absicht zuvor und verbot ihm aufregende Gespräche. Er selbst begann erst, als der Kranke still geworden und sich fast ganz beruhigt hatte, vernünftig und sanft auf ihn einzusprechen, wobei er ihm unter anderem vorhielt, daß solche Gedanken, wie die, die er jetzt in seinem Kopf hegte, erstens unnütz, zweitens nicht nur unnütz, sondern auch schändlich wären; schließlich wären sie nicht einmal so schändlich als vielmehr vollständig unmoralisch; dies wären sie deshalb, weil Semjon Iwanowitsch alle in Versuchung führe und ein schlechtes Beispiel gebe. Von einer solchen Rede erwarteten alle nur eine vernünftige Wirkung. Zudem war der Kranke jetzt ganz still und antwortete in gemäßigtem Ton. Aus diesem maßvollen Wortwechsel entspann sich ein kleiner Streit. Man wandte sich brüderlich an ihn und erkundigte sich, warum er denn so ängstlich geworden sei? Semjon Iwanowitsch antwortete, aber leider nur gar zu allegorisch. Darauf wurde ihm erwidert, worauf er gleichfalls antwortete. Man entgegnete beiderseits noch einmal, und dann mischten sich bereits alle ein, alt und jung, denn die Rede war plötzlich auf ein so wunderbares und seltsames Thema geraten, daß man wirklich nicht wußte, wie man das alles ausdrücken sollte. Man verlor die Geduld, die Ungeduld führte zu Streit und Geschrei, und das Geschrei führte sogar zu Tränen. Mark Iwanowitsch ging schließlich, mit Schaum vor dem Munde, weg und erklärte, einen so vernagelten Menschen hätte er noch nie erlebt. Oplewanjew spie aus, Okeanow wurde ängstlich, Sinowij Prokofjewitsch weinte Tränen. Ustinja Fjodorowna aber heulte und jammerte, daß sie einen Mieter verliere, weil jener wiederum den Verstand verloren hätte; daß ihr Täubchen ohne Paß sterbe und nicht abzumelden sei, sie aber als einsame Waise hilflos dastehe und die

Polizei ihr endlos zu schaffen machen werde. Mit einem Wort, alle sahen zu guter Letzt klar ein, daß ihre Aussaat gut gewesen war, daß das, was ihnen eingefallen war auszusäen, hundertfältige Frucht trug, daß der Boden gesegnet gewesen und daß es Semjon Iwanowitsch gelungen war, in ihrer Gesellschaft seinen Kopf wunderlich und unreparierbar zu entwickeln. Alle verstummten, denn als sie sahen, daß Semjon Iwanowitsch sich jetzt vor ihnen allen nur noch fürchtete, wurden diesmal auch sie aus Mitgefühl ängstlich ...

»Wie!« schrie Mark Iwanowitsch, »was fürchten Sie denn überhaupt? Weshalb haben Sie denn den Verstand verloren? Wer denkt denn an Sie, mein Herr? Haben Sie überhaupt das Recht, sich zu fürchten? Wer sind Sie? Was sind Sie? Eine Null sind Sie, mein Herr, ein runder Pfannkuchen, und nichts weiter! Wie kommen Sie dazu, Krach zu machen? Weil ein Weib auf der Straße überfahren worden ist, glauben Sie, daß man jetzt auch Sie überfahren werde? Weil man einem Trunkenbold Geld aus der Tasche gestohlen hat, glauben Sie, daß man Ihnen gleich die ganzen Frackschöße abschneiden werde? Ein Haus ist abgebrannt, also wird auch Ihr Kopf gleich abbrennen, wie? Ist es nicht so, mein Herr? Etwa nicht genau so, Väterchen? Etwa nicht?«

»Du-du-du bist dumm!« murmelte Semjon Iwanowitsch. »Man wird dir die Nase abbeißen, und du wirst sie selbst mit deinem Butterbrot verzehren, ohne daß du's merkst ...«

»Gut, mag ich meinethalben dumm sein, dumm wie ein Stiefelabsatz!« schrie Mark Iwanowitsch, der nicht richtig hingehört hatte, »mag es so sein. Aber ich brauche ja kein Examen abzulegen, brauche nicht zu heiraten, nicht tanzen zu lernen; der Boden bricht nicht unter mir ein, mein Herr! Sie haben wohl nicht genügend Platz im Leben? Oder sinkt der Boden unter Ihnen ein, wie?«

»Ja, was? Wird man dich etwa zuvor um Erlaubnis bitten? Man wird sie eben schließen, und dann sind Sie futsch.«

»Was ... was wird man schließen?! Was rumort da wieder in Ihrem Kopf?«

»Und den Trunkenbold hat man doch entlassen ...«

»Entlassen! Aber doch nur, weil er ein Trunkenbold war, Sie dagegen und ich, wir sind doch Menschen!«

»Nun ja, Menschen. Aber steht sie denn noch, ja oder nein? ...«

»Wer das? Wen meinen Sie damit?«

»Nun, eben sie, die Kanzlei ... die Kan-ze-lei!!!«

»Aber, heilige Einfalt! – die braucht man doch, die ist doch notwendig, die Kanzlei.«

»Notwendig! hört doch! Ja, heute ist sie's noch, morgen auch, aber übermorgen kann's dann irgendwie so sein, daß sie nicht mehr nötig ist. Ich habe schon von so einer Geschichte gehört ...«

»Aber Sie beziehen doch ein Jahresgehalt! Sie ungläubiger Thomas, Sie mißtrauischer Mensch! Und an manchen Stellen steigt doch das Gehalt mit dem Dienstalter ...«

»Das Gehalt? Wenn ich aber das Gehalt verzehrt habe oder Diebe kommen und nehmen es mir weg? Ich aber habe eine Schwägerin, weißt du das nicht? Eine Schwägerin! Du Dummkopf ...«

»Die Schwägerin! Mensch, Sie ...«

»Jawohl, ich bin 'n Mensch, du aber, du Belesener, bist dumm; ja, das bist du, ein dummköpfiger Mensch bist du, verstehst du? Ich mache nicht solche Scherze wie du; aber es gibt so eine oberste Behörde, die einfach den Beschluß fassen kann, und dann wird die Kanzlei geschlossen, jawohl, und dann ist sie nicht mehr da, verstehst du. Und auch Demid, hörst du, selbst Demid Wassiljewitsch sagt, daß sie aufgehoben werden kann ...«

»Ach, Sie mit Ihrem Demid, Demid! So ein Versucher, und nichts weiter ...«

»Ja, und dann, bums, ist sie geschlossen, und du sitzt ohne Stellung da; dagegen ist nichts zu machen, jawohl ...«

»Aber Sie reden ja lauter irres Zeug, oder haben Sie schon endgültig den Verstand verloren? Also was ist nun los, nun reden Sie schon! Gestehen Sie es uns doch, wenn Ihnen schon eine Sünde unterlaufen ist! Da braucht man sich doch nicht zu schämen! Bist übergeschnappt, Väterchen, was?«

»Ist tatsächlich übergeschnappt! ... Ist verrückt geworden!« hörte man aus dem Kreise der ihn Umstehenden, und man rang die Hände vor Ratlosigkeit. Die Wirtin aber umfaßte mit beiden Armen den Mark Iwanowitsch, damit er ihren Semjon Iwanowitsch nicht noch weiter »quäle«.

»Sei kein Heide!« beschwor ihn auch Simoweikin, »was du tust, ist ja ein heidnisches Vorgehen, du Neunmalkluger!« Und zum Kranken gewendet, fuhr er beschwichtigend fort: »Senja, du nimmst es ihm doch nicht übel, du Guter, du Liebenswerter! Du bist schlicht, du bist tugendhaft ... hörst du mich? Das kommt alles von deiner Tugendhaftigkeit, der Gewalttätige und Dumme aber bin ich, der Bettler bin ich! Du hast als guter Mensch mich nicht verlassen, aber fürchte nichts, dafür wird dir Ehre zuteil werden; allen hier und der Wirtin sage ich meinen Dank! Siehst du, ich verbeuge mich vor dir bis zur Erde, siehst du, ich tue meine Schuldigkeit, meine Schuldigkeit, meine liebe Frau Wirtin!« Und hierbei machte Simoweikin tatsächlich, und sogar mit einer gewissen pedantischen Würde, eine tiefe Verbeugung nach der anderen vor allen Versammelten.

Hierauf wollte der Kranke wieder weiterreden, aber das wollte man nicht mehr zulassen: alle drangen auf ihn ein, flehten ihn an, sich zu beruhigen, trösteten ihn, und zuletzt erreichten sie auch, daß er sich beschwichtigen ließ und ganz verschüchtert mit schwacher Stimme bat, sich erklären zu dürfen.

»Nun ja; es ist ja richtig«, sagte er, »ich bin freundlich und friedlich, hörst du, und tugendhaft, ergeben und treu; mein Blut, weißt du, auch den letzten Tropfen, hör zu, dummer Junge, du Protz ... Also mag sie bestehen bleiben, die Kanzlei; aber ich bin ja arm; wenn man sie mir nun nimmt, hörst du, Protz – schweige jetzt und höre zu –, sie mir nimmt, und so weiter ... sonst war sie da, dann aber ist sie auf einmal nicht mehr da ... verstehst du? Und ich, Bruder, kann dann mit dem Quersack betteln gehen, verstehst du jetzt?«

»Senka!« brüllte Simoweikin auf, diesmal mit seiner Stimme alle anderen Verlautbarungen übertönend, als geriete er außer sich, »du bist ja ein Freigeist! Ich werde dich sofort anzeigen! Was bist du sonst noch? Wer bist du? Ein Raufbold etwa, du Schafskopf! So einer wird ohne Abschied einfach vor die Tür gesetzt; wer bist du nun?!«

»Aber es ist doch so 'ne Sache ...«

»*Was* ist ›so 'ne Sache‹?«

»Da fang einer nur mit ihm an ...«

»Was soll das heißen ...«

»Er ist ja frei, und ich bin frei; aber wenn man so liegt und liegt und denkt ...«

»Was denkt?«

»Ist man doch ein Freigeist ...«

»Ein Frei-geist! Senka, du und ein Freigeist!!«

»Halt!« rief Herr Prochartschin und erhob die Hand, um dem sich erhebenden Geschrei Einhalt zu gebieten. »Ich rede nicht davon ... Du begreife doch, begreife doch nur, du Hammel: ich bin friedlich, heute bin ich friedlich, morgen bin ich friedlich, dann aber bin ich nicht mehr friedlich, werde grob; dann heißt es: pack dich, Freigeist! ...«

»Aber was reden Sie denn da zusammen!« donnerte schließlich Mark Iwanowitsch, vom Stuhl aufspringend, auf den er niedergesunken war, um sich zu erholen, und erregt, ja, empört vor Ärger lief er ganz aufgebracht zum Bett des Kranken hin. »Wer sind Sie denn überhaupt, Sie Schafskopf! Haben weder Haus noch Hof. Oder glauben Sie, Sie seien ganz allein auf der Welt? Oder ist die Welt nur für Sie geschaffen? Sind Sie etwa ein Napoleon? Oder wer oder was? So sagen Sie es doch, mein Herr, ob Sie ein Napoleon sind oder nicht? ...«

Aber Herr Prochartschin antwortete schon nicht mehr auf diese Frage. Nicht, daß er sich geschämt hätte, ein Napoleon zu sein, oder sich gefürchtet hätte, eine solche Verantwortung auf sich zu nehmen; nein, er war bloß nicht mehr imstande zu streiten oder sachlich etwas zu erörtern. Die Krisis der Krankheit trat ein. Dicke Tränen stürzten plötzlich aus seinen fieberglänzenden grauen Augen. Mit seinen knochigen, von der Krankheit abgezehrten Händen bedeckte er seinen heißen Kopf, richtete sich halbwegs auf im Bett und begann, zwischendurch immer wieder aufschluchzend, zu reden: Er sei eben ganz arm, sei ein so unglücklicher, einfacher Mensch, dumm und unwissend; gute Menschen möchten ihm verzeihen, ihn bewahren und beschützen, ihm zu essen und zu trinken geben, ihn in seiner Armut nicht verlassen, und Gott weiß, was er noch alles vorjammerte. Dabei blickte er während des Jammerns mit einer so maßlosen Angst um sich, als erwartete er, daß jetzt gleich die Decke einstürzen oder der Fußboden sich unter ihm auftun werde. Alle wurden von Mitleid ergriffen beim Anblick des Armen, und allen wurde das Herz weich. Die Wirtin schluchzte wie ein altes Weib und jammerte über ihre eigene Verlassenheit und mühte sich dabei eigenhändig, den Kranken auf seinem Lager besser zu betten. Mark Iwanowitsch sah ein, daß es zwecklos war, die Erinnerung an Napoleon heraufzubeschwören, gab seiner Gutmütigkeit nach und suchte sich gleichfalls hilfreich zu betätigen. Andere, die auch ihrerseits etwas tun wollten, schlugen vor, eine Himbeerlimonade zu stiften, da eine solche, wie sie sagten, unverzüglich und gegen alles helfe und dem Kranken sehr wohltun werde. Aber Simoweikin widersprach sofort und behauptete, bei seiner Verfassung wäre jetzt nichts besser als Kamillentee. Was nun Sinowij Prokofjewitsch anbetrifft, so weinte er, da er ein gutes Herz hatte, aufrichtige Tränen der Reue, weil er Semjon Iwanowitsch mit allerhand erfundenen Geschichten geängstigt hatte, und als er der letzten Worte des Kranken gedachte, daß er ganz arm sei und gute Menschen ihn ernähren möchten, kam er auf die Idee, sofort eine Kollekte zu veranstalten; so setzte er unverzüglich eine Liste auf, die sich fürs erste nur auf die Einwohner der Winkel erstreckte. Alle jammerten und seufzten, alle waren von Mitleid erfüllt und trübselig gestimmt; dabei wunderten sie sich doch zugleich, wie denn das möglich gewesen war, daß ein Mensch sich dermaßen hatte einschüchtern lassen? Und wodurch eigentlich? Ja, wenn er wenigstens ein hohes Amt innegehabt, verheiratet wäre, Kinder in die Welt gesetzt hätte oder wenn er vor Gericht geladen worden wäre! So aber war er doch ein ganz unwesentliches Kerlchen, Besitzer nur eines hölzernen Koffers mit einem deutschen Schloß davor, lag schon seit mehr als zwanzig Jahren hinter seinem Bettschirm, schwieg, kannte die Welt nicht noch ihren Kummer, lebte geizig ... Und auf einmal fällt es diesem Menschen ein, sich durch irgendein belangloses müßiges Wort den Kopf vollständig verdrehen zu lassen und vor Angst zu vergehen, weil das Leben auf Erden plötzlich schwer werden könnte ... Und dabei verfällt der Mensch nicht einmal darauf, daß es doch alle schwer haben!

»Hätte er sich doch nur dies eine überlegt, daß es doch alle Menschen schwer haben«, sagte Okeanow nachher, »dann hätte er ja seinen Kopf vor dem Verrücktwerden bewahrt, hätte keine Dummheiten gemacht und sein Leben irgendwie weitergelebt, entsprechend den Verhältnissen.«

Am ganzen nächsten Tag wurde von nichts anderem gesprochen als von Semjon Iwanowitsch. Man ging zu ihm, erkundigte sich nach seinem Befinden, beruhigte ihn; aber gegen Abend ging es ihm so, daß die Beruhigungen nicht mehr halfen. Der Arme fieberte und phantasierte und verlor von Zeit zu Zeit das Bewußtsein, so daß man schon nach dem Arzt schicken wollte. Die Untermieter beschlossen einstimmig, der Reihe nach beim Kranken die Nachtwache zu übernehmen, ihn zu beruhigen, und falls etwas geschehen sollte, alle sogleich aufzuwecken. In dieser Absicht fingen sie an, um nicht einzuschlafen, Karten zu spielen; sie setzten ans Bett des Kranken dessen Freund Simoweikin hin, der schon den ganzen Tag bei ihnen geblieben war und sie gebeten hatte, auch die Nacht über hierbleiben zu dürfen. Da sie aber auf

Kredit spielten und das Spiel kein besonderes Interesse erregte, so wurde es ihnen bald langweilig. Da gaben sie es auf. Dann gerieten sie über irgend etwas in Streit, wurden laut und hieben mit der Faust auf den Tisch, und schließlich gingen sie nach ihren Schlafstellen auseinander, wo sie lange noch weiterstritten und Worte wechselten; da sie alle plötzlich wütend geworden waren, hatten sie keine Lust mehr, Wache zu halten, und so schliefen sie ein. Bald wurde es in den Winkeln so still wie in einem leeren Keller, um so mehr, als es furchtbar kalt war. Einer von den letzten, die einschliefen, war Okeanow, und wie er später erzählte, hatte er »nicht gerade im Schlaf, aber auch nicht gerade in wachem Zustand« in seiner Nähe kurz vor Morgengrauen zwei Menschen miteinander leise sprechen hören. Okeanow meinte, er habe die Stimme Simoweikins erkannt; dieser habe neben ihm seinen alten Freund Remnew aufgeweckt, worauf sie lange miteinander geflüstert hätten; danach sei Simoweikin hinausgegangen, und es sei zu hören gewesen, wie er versucht habe, die Küchentür mit einem Schlüssel aufzuschließen. Der Schlüssel aber – so versicherte später die Wirtin – hätte unter ihrem Kopfkissen gelegen und wäre in dieser Nacht abhanden gekommen. Zu guter Letzt, so berichtete Okeanow, glaubte er gehört zu haben, daß beide zum Kranken hinter dessen Bettschirm gegangen waren und dort eine Kerze angezündet hätten. »Weiter«, sagte er, »weiß ich nichts mehr, die Augen fielen mir zu.« Aufgewacht aber wäre er erst zugleich mit allen anderen, als alle, soviel ihrer nur in der Wohnung waren, aus den Betten sprangen, weil hinter dem Bettschirm ein Schrei ertönte, der selbst einen Toten aufgeschreckt hätte. Und im gleichen Augenblick, so glaubten manche gesehen zu haben, sei auch das Licht hinter dem Schirm erloschen. Es entstand ein tolles Durcheinander, allen fuhr der Schreck in die Glieder, aber sie stürzten so, wie ein jeder war, nach dem Geschrei hin; doch hinter dem Schirm war nur ein Geraufe, Geschimpfe, eine Prügelei zu hören. Es wurde Licht gemacht, und da sah man, daß Simoweikin und Remnew miteinander rauften und sich gegenseitig beschimpften. Als man sie beleuchtete, schrie der eine:

»Nicht ich bin's gewesen, sondern dieser Räuber da!«, und der andere, nämlich Simoweikin, schrie:

»Rührt mich nicht an! bin unschuldig! kann's sofort beschwören!« Die Gesichter der beiden sahen entstellt aus; aber im ersten Augenblick war es nicht um sie zu tun, denn – der Kranke war verschwunden! Man brachte die Raufbolde auseinander, zog sie weg vom Bett, und da sah man erst, daß Herr Prochartschin unter dem Bett lag, anscheinend völlig bewußtlos. Aber die Bettdecke und das Kopfkissen hatte er mitgerissen, denn auf dem Bett lag jetzt nur noch die nackte, alte, fettige Matratze (Bettücher hatte es auf ihr nie gegeben). Man zog Semjon Iwanowitsch unter dem Bett hervor, hob ihn auf die Matratze, bemerkte aber sofort, daß es mit ihm schon hoffnungslos stand; seine Arme wurden bereits steif, und es war kaum noch Leben in ihm. Man stand um ihn herum. Hin und wieder lief noch ein Zittern oder Beben durch den ganzen Körper, er schien noch mit den Händen nach etwas greifen zu wollen, auch die Zunge ließ sich nicht mehr bewegen. Aber er blinzelte mit den Augen wohl nur noch so, wie nach dem Bericht von Zeugen die Lider des Enthaupteten an dem noch warmen, blutüberströmten und noch lebenden Kopf blinzeln sollen, nachdem das Beil des Henkers ihn schon vom Rumpf getrennt hat.

Allmählich wurde er stiller und stiller, der Todeskampf ließ nach, die Zuckungen und das Beben hörten auf. Herr Prochartschin streckte die Beine aus und fuhr dahin auf seinen guten Taten und Sünden. Ob er nun an einem heftigen Schreck starb oder ob ihm etwas Schreckliches geträumt hat, wie Remnew nachher versicherte, oder ob irgendeine Sünde geschehen war, das ist unbekannt. Die Hauptsache ist nur, daß nunmehr, selbst wenn der Exekutor seiner Behörde persönlich in der Wohnung erschienen wäre und Herrn Prochartschin wegen Freidenkerei, Ruhestörung und Trunksucht seine Entlassung aus dem Dienst mitgeteilt hätte oder wenn jetzt durch eine andere Tür eine schlampige Bettlerin als angebliche Schwägerin eingetreten wäre oder selbst wenn er plötzlich eine Gratifikation von zweihundert Rubeln erhalten hätte oder wenn schließlich das Haus in Brand geraten wäre und Semjon Iwanowitschs Kopf Feuer gefangen hätte – daß er sich selbst dann nicht mehr herabgelassen hätte, auch nur einen Finger zu rühren. Und während nun der erste Schock abzuklingen begann, die Anwesenden die Sprache wiedererlangten und ein Durcheinander von Vorschlägen, Vermutungen und Ausrufen zu hören war, zog Ustinja Fjodorowna den Koffer unter dem Bett hervor und suchte eilig unter dem Kopfkissen, unter der Matratze, ja sogar in den Stiefeln Semjon Iwanowitschs nach dem Schlüssel. Während man aber Remnew und Simoweikin verhörte, bewies der Untermieter Okeanow, der bisher der beschränkteste, bescheidenste und stillste unter ihnen gewesen war, plötzlich die größte Geistesgegenwart, ja, entdeckte vielleicht zum erstenmal seine Begabung oder sein Talent, nahm seine Mütze und schlüpfte bei dem allgemeinen Lärm ganz unbemerkt aus der Wohnung. Und als in den aufgestörten, bisher so friedlichen Winkeln alle Schrecken der Anarchie ihren Höhepunkt erreichten, öffnete sich plötzlich die Tür und in ihr erschien höchst überraschenderweise zunächst ein Herr von anständigem Äußeren mit strengem, aber unzufriedenem Gesicht, ihm folgte der Polizeioffizier Jaroslaw Iljitsch mit seinen Unterbeamten, soweit sie hier erforderlich waren, und hinter allen der verwirrte Herr Okeanow. Der strenge Herr von anständigem Äußern ging geradewegs zu Semjon Iwanowitsch, befühlte ihn, schnitt eine Grimasse, zuckte mit der Schulter und sagte, was alle schon wußten, daß der Tote bereits gestorben sei, worauf er von sich aus noch hinzufügte, daß in diesen Tagen einem sehr hochgestellten und angesehenen Herrn dasselbe im Schlaf passierte. Hierauf trat der Herr von anständigem Äußern und unzufriedener Miene vom Bett zurück, sagte, man habe ihn ganz unnötigerweise herbemüht, und ging hinaus. An seine Stelle trat sofort Jaroslaw Iljitsch, und während

Remnew und Simoweikin den Gerichtsdienern übergeben wurden, bemächtigte er sich geschickt des Koffers, den die Wirtin schon aufzubrechen versucht hatte, stellte die Stiefel auf ihren Platz zurück, mit der Bemerkung, sie seien ja völlig zerrissen und taugten zu gar nichts mehr, verlangte das Kopfkissen zurück, rief Okeanow herbei und fragte ihn nach dem Schlüssel zum Koffer, der sich schließlich in Simoweikins Tasche fand, und öffnete feierlich vor den Augen der erforderlichen Zeugen das Eigentum des Entschlafenen. Da lagen denn allen sichtbar: zwei Lappen, ein Paar Socken, ein halbes Halstuch, ein alter Hut, einige Knöpfe, alte Brandsohlen und Stiefelschäfte, eine Ahle, ein Stückchen Seife, eine weiße Salbe, mit einem Wort: allerlei Schund, Plunder, Kleinkram, der muffig roch; das einzige gute Stück war nur das deutsche Schloß. Okeanow wurde aufgerufen und streng vernommen; aber Okeanow war bereit, unter Eid auszusagen. Man verlangte das Kopfkissen, besah es von allen Seiten; es war nur schmutzig, glich aber sonst in jeder Beziehung einem Kissen. Nun wurde die Matratze vorgenommen; man wollte sie schon aufheben, hielt aber inne, um zu überlegen, was noch zu tun wäre ... als plötzlich, ganz unerwartet, etwas Schweres deutlich hörbar auf den Fußboden plumpste. Man bückte sich, suchte und erblickte eine pralle Papierrolle: in der Papierrolle befanden sich zehn silberne Rubelstücke.

»Aha-a! Aha!« sagte Jaroslaw Iljitsch und wies auf eine morsche Stelle in der Matratze, aus der Roßhaar und Werg heraushingen. Die Öffnung wurde besichtigt und man stellte fest, daß sie soeben erst mit einem Messer aufgeschnitten und etwa eine halbe Elle lang war; man steckte die Hand in den Schlitz und zog ein Küchenmesser hervor, das wahrscheinlich in der Hast dort belassen worden war. Es war ein Messer aus der Küche der Wirtin. Kaum hatte Jaroslaw Iljitsch das Messer herausgezogen und abermals »aha!« gesagt, als gleich darauf eine zweite Rolle herausfiel und nach dieser mehrere einzelne Münzen herausrollten, zwei Halbrubel, ein Viertelrubel, dann noch anderes Kleingeld und ein altertümliches, robustes Fünfkopekenstück in Kupfer. Alles wurde sofort aufgefangen. Da sah man, daß es wohl ratsam wäre, die ganze Matratze mit einer Schere aufzuschneiden. Man verlangte eine Schere ...

Derweil beleuchtete das schon tief heruntergebrannte Talglicht eine für den Betrachter überaus interessante Szene. Ungefähr zehn der Untermieter hatten sich dort am Bett in den malerischsten Gewändern versammelt, alle ungekämmt, unrasiert, ungewaschen, verschlafen, wie sie aus den Betten gesprungen waren. Einige waren kreidebleich, bei anderen perlte der Schweiß auf der Stirn, einige wurden von Frostschauern geschüttelt, andere glühten vor Hitze. Die Wirtin stand wie benommen still auf einem Fleck, hatte die Hände gefaltet und verließ sich auf die Gnade Jaroslaw Iljitschs. Von oben, vom Ofen herab blickten erschrocken und neugierig die Köpfe der Magd Awdotja und der Lieblingskatze der Wirtin; ringsum lagen die Teile des zerbrochenen und zerrissenen Bettschirms. Der offene Koffer ließ seinen schäbigen Inhalt sehen. Daneben lagen die Bettdecke und das Kopfkissen, bedeckt von Wergflocken und Roßhaar aus der Matratze. Aber schließlich glänzte auf einem dreibeinigen Tisch ein stetig wachsender Haufen von silbernen und anderen Münzen. Einzig der tote Semjon Iwanowitsch bewahrte seine Kaltblütigkeit, lag reglos auf dem Bett und schien seinen Ruin gar nicht vorausgeahnt zu haben. Als die Schere gebracht war und der Gehilfe Jaroslaw Iljitschs in seinem Diensteifer ein wenig zu hastig die Matratze anhob, um sie unter dem Rücken ihres Besitzers leichter hervorziehen zu können, da trat ihnen Semjon Iwanowitsch wohl aus Höflichkeit ein wenig von seinem Platz ab, indem er sich auf die Seite drehte, seinen Rücken den Suchenden zukehrend; dann, nach einem zweiten Ruck, legte er sich auf den Bauch, und als er schließlich noch weiter rücken wollte, geschah es, daß er, da das andere Seitenbrett am Bett fehlte, ganz plötzlich und unverhofft mit dem Kopf voran auf den Boden plumpste, so daß nur seine beiden knochigen, mageren und blauen Beine wie zwei verkohlte Äste eines verbrannten Baumes emporragten. Da Herr Prochartschin sich an diesem Morgen schon zum zweitenmal unter das Bett begab, so erregte das sofort Verdacht, und ein paar der Untermieter krochen sogleich, unter der Anführung von Sinowij Prokofjewitsch, gleichfalls dorthin, um nachzusehen, ob nicht auch dort noch etwas verborgen war. Aber die Suchenden stießen umsonst nur mit den Köpfen zusammen, und da Jaroslaw Iljitsch sie anschrie und ihnen befahl, den Toten aus seiner häßlichen Lage zu befreien, so packten zwei von den Vernünftigeren mit beiden Händen je ein Bein und zogen den unerwarteten Kapitalisten wieder an die Oberfläche und legten ihn quer über das Bett. Währenddessen flogen Roßhaar und Werg ringsum, der Silberhaufen wuchs und, o Gott! was kam da nicht alles zum Vorschein! ... Edle Rubelstücke, solide, feste Anderthalbrubelmünzen, der nette kleine Halbrubel, plebejische Viertelrubel, Zwanzigkopekenstücke ... sogar wenigversprechendes Altweiberkleingeld wie silberne Zehn- und Fünfkopekenstücke – alles in besondere Papierchen eingewickelt, in methodischster, solidester Ordnung. Es waren auch Seltenheiten dabei: zwei Spielmarken, ein Napoleondor, eine unbekannte, aber jedenfalls sehr seltene Münze ... Auch einige der Silberrubel waren von hohem Alter; es gab auch abgewetzte und zerhackte Elisabethanische deutsche Kreuzrubel, Münzen aus der Zeit Peters und Katharinas, auch zum Beispiel heute sehr seltene kleine Münzen, auch alte Fünfzehnkopekenstücke in Kupfer, durchlocht, zum Tragen als Ohrgehänge, alle stark abgewetzt, aber mit dem gesetzlich vorgeschriebenen Feingehalt; sogar Kupfergeld fand sich, nur war es bereits ganz grün und verrostet ... Man fand auch einen roten Zehnrubelschein – aber das war dann auch alles. Als man endlich die ganze Operation beendet und nach mehrfachem Schütteln des Matratzenüberzuges feststellte, daß nichts mehr darin klapperte, setzte man sich an den Tisch, um das Geld zu zählen. Auf den ersten Blick konnte man sich sogar sehr täuschen und den Geldhaufen womöglich auf eine

Million schätzen, so groß war er! Aber eine Million war es dann doch nicht, obschon es keine geringe Summe war: genau 2497 Rubel und 50 Kopeken. Wenn die Einnahme der Kollekte, welche Sinowij Prokofjewitsch tags zuvor zur Unterstützung des armen Kranken entworfen hatte, schon bar vorhanden gewesen wäre, so wäre vielleicht die runde Summe von 2500 Rubeln zusammengekommen. Das Geld wurde beschlagnahmt, der Koffer des Verstorbenen versiegelt, die Klagen der Wirtin wurden angehört. Man sagte ihr, wann und wo sie ihren Anspruch auf das Sümmchen, das der Verstorbene ihr schuldig geblieben war, anzumelden hätte. Das Protokoll wurde von den zuständigen Personen unterschrieben; die Pensionäre erwähnten nun auch die Schwägerin, aber da man sich gegenseitig überzeugte, daß diese Schwägerin in gewissem Sinne nur ein Mythus gewesen war, das heißt: ein Produkt der Unterentwicklung der Vorstellungskraft Semjon Iwanowitschs, was man auf Grund von Erkundigungen dem Verstorbenen auch schon mehrfach vorgehalten hatte, so kam man denn gleich hier überein, von einer weiteren Verfolgung dieser Idee Abstand zu nehmen, zumal sie ja doch zwecklos, schädlich und für den guten Namen des Herrn Prochartschin nachteilig wäre; damit war die Sache abgetan. Als aber der erste Schreck abzuklingen begann, als man sich an den Kopf griff und zu begreifen versuchte, was der Verstorbene eigentlich gewesen war, da wurden sie alle schweigsamer, wurden still und begannen einander ab und zu mit einem gewissen Mißtrauen anzusehen. Einige nahmen sich Semjon Iwanowitschs Verhalten sehr zu Herzen und schienen sich sogar gewissermaßen beleidigt zu fühlen ... Ein solches Kapital! Soviel hat der Mensch zusammengespart! Mark Iwanowitsch versuchte zwar, ohne seine Geistesgegenwart einzubüßen, den anderen zu erklären, warum Semjon Iwanowitsch es plötzlich so mit der Angst bekommen hatte; aber die anderen wollten es schon gar nicht mehr hören. Sinowij Prokofjewitsch wurde auffallend nachdenklich; Okeanow betrank sich ein bißchen; die übrigen duckten sich gleichsam, als wollten sie sich kleiner machen und anschmiegen; aber das kleine Männlein Kantarew, das sich sonst nur durch sein schnabelspitzes Spatzennäschen auszeichnete, kündigte der Wirtin und verließ die Wohnung schon gegen Abend, nachdem er alle seine Köfferchen und Bündelchen überaus sorgfältig verschlossen und zugeklebt, verknotet und verschnürt hatte; er antwortete den Neugierigen auf ihre Fragen kühl, die Zeiten wären schwer, hier aber müsse er mehr bezahlen als sein Einkommen ihm gestatte. Die Wirtin weinte ohne Unterlaß und jammerte und verwünschte diesen Semjon Iwanowitsch, weil er ihre schutzlose Verwaistheit ausgenutzt hatte.

Man fragte Mark Iwanowitsch, warum denn der Verstorbene seine Gelder nicht auf die Leihbank getragen, die ihm doch Zinsen gezahlt hätte.

»Dazu war er zu beschränkt, Mütterchen, dazu reichte sein Denkvermögen nicht aus«, antwortete Mark Iwanowitsch.

»Na, aber auch Sie, Mütterchen, haben sich als schön naiv erwiesen«, schaltete sich Okeanow ein, »zwanzig Jahre lang hat sich der Mensch bei Ihnen durchgefuttert, und ein einziger Nasenstüber hat genügt, um ihn umzuwerfen! Aber Sie hatten natürlich keine Zeit, sich um ihn zu kümmern, die Kohlsuppe, die gerade kochte, war wichtiger! ... Ach, Sie ... Wirtschafterin! ...«

»Nun hör aber auf, du Milchbart!« fuhr die Wirtin ihn an. »Und wozu war da eine Leihbank nötig! Hätte er seine Handvoll Geld zu mir gebracht und gesagt: ›Da hast du was, Ustinjuschka, tu ein gutes Werk damit, gib mir Kost und Logis dafür, solange wie mich die feuchte Mutter Erde trägt‹, und ich schwöre dir vor dem Heiligenbild, ich hätte ihn gepäppelt, getränkt und bedient bis an sein Lebensende! Ach, so ein Verführer zur Sünde, so ein Betrüger! Betrogen, beschummelt hat er mich Waise!«

Schließlich trat man doch wieder ans Bett Semjon Iwanowitschs, um ihn sich anzusehen. Jetzt lag er bereits aufgebahrt, wie es sich gehört, in seinem besten, allerdings auch einzigen Anzug, das erstarrte Kinn in der etwas ungeschickt umgebundenen Halsbinde verborgen, gewaschen und gekämmt, bloß nicht rasiert, da ein Rasiermesser in der Wohnung nicht vorhanden war; das einzige, das Sinowij Prokofjewitsch gehört hatte, war schartig geworden und schon im vorigen Jahr auf dem Trödelmarkt vorteilhaft verkauft worden. Die anderen pflegten alle zum Barbier zu gehen. Das Zimmer aufzuräumen, hatte man noch keine Zeit gehabt. Der zerbrochene Bettschirm lag noch am Boden und ließ die Einsamkeit Semjon Iwanowitschs unverhüllt sehen, wie ein Sinnbild dessen, daß der Tod den Vorhang vor allen unseren Geheimnissen, Intrigen und Machenschaften wegreißt. Die Füllung der Matratze war auch noch nicht weggeräumt und lag noch in einem großen Haufen da. Ein Dichter hätte diesen ganzen so plötzlich erkalteten Winkel mühelos mit dem zerstörten Nest einer Hausschwalbe vergleichen können: alles zerschlagen und zerrissen vom Sturm, die junge Brut und die Mutter tot und das warme Bettchen aus Flaum und Federn und Flöckchen ringsum verstreut ... Übrigens sah Semjon Iwanowitsch doch eher wie ein alter diebisch-egoistischer Spatz aus. Er war jetzt ganz still geworden, schien sich verstellen zu wollen, als ob er an nichts schuld wäre, als ob nicht er den Schwindel erdacht hätte, um schamlos und gewissenlos, in unanständigster Weise alle guten Leute zu betrügen und hinters Licht zu führen. Er hörte jetzt schon nicht mehr das Schluchzen und Weinen seiner verlassenen und gekränkten Wirtin. Im Gegenteil, als erfahrener und durchtriebener Kapitalist, der auch im Grabe keinen Augenblick untätig verlieren möchte, war er anscheinend ganz absorbiert von irgendwelchen spekulativen Berechnungen. In seinem Gesicht erschien der Ausdruck eines tiefen Nachdenkens, und seine Lippen waren mit einem so bedeutenden Zug um den Mund zusammengepreßt, wie man ihn zu Lebzeiten des Toten niemals ihm zugetraut hätte. Man hatte den Eindruck, als sei er klüger geworden. Das rechte Äuglein war fast pfiffig zusammengekniffen; es schien so, als wolle er etwas sagen, etwas Notwendiges mitteilen und erklären, und zwar ohne Zeit zu verlieren, möglichst schnell, da die Geschäfte drängten und er keine Zeit hatte ... Und es war einem, als hörte man ihn sagen: »Was fehlt dir denn? Hör doch auf, du dummes Weib! Heule nicht! Du, schlafe dich aus, Alte, hörst du! Ich bin sozusagen gestorben; jetzt brauche ich nichts mehr; wirklich nicht! Es ist schön, so dazuliegen ... Eigentlich wollte ich etwas anderes sagen; du bist ein tüchtiges Weib, das bist du, versteh das doch. Es ist nur, daß man jetzt gestorben ist; das ist nun mal so, nun ja ... aber wenn es nun nicht so wäre – hörst du? – und ich auferstünde, was wäre wohl dann, was meinst du ...«

Ein schwaches Herz

Unter einem Dach, in einer Wohnung im dritten Stock, hausten zwei junge Amtskollegen: Arkadij Iwanowitsch Nefedewitsch und Wassja Schumkow ... Der Autor sieht sich schon deshalb genötigt, dem Leser auseinanderzusetzen, warum er den einen der beiden Helden mit vollem Namen nennt, den anderen dagegen nur mit Vor- und Familiennamen, weil man diese Art der Anrede als ungehörig und bis zu einem gewissen Grade familiär empfinden könnte. Doch dazu müßte man den Leser zunächst mal über den Rang, das Alter, den Titel und den Amtsbereich, ja über den Charakter der handelnden Personen unterrichten; da es aber genug Schriftsteller gibt, die gerade so und nicht anders anfangen, entschließt sich der Autor der hier angebotenen Erzählung, einzig und allein, um sich von ihnen abzuheben (das heißt, wie mancher vielleicht sagen wird, aus grenzenlosem Ehrgeiz), ohne Umschweife mit der Handlung zu beginnen. Darum beendet er das Vorwort und beginnt.

Schumkow fand sich am Silvesterabend gegen sechs Uhr zu Hause ein. Arkadij Iwanowitsch, der auf seinem Bett lag, wurde wach und blinzelte seinen Gefährten an. Er bemerkte, daß er sein bestes Zivil anhatte und ein blitzsauberes Chemisett trug. Das verwunderte ihn natürlich. Wo will Wassja in dieser Aufmachung hin? Er hat auch nicht zu Hause zu Mittag gegessen! Schumkow zündete inzwischen eine Kerze an, und Arkadij Iwanowitsch erriet sogleich, daß sein Kollege ihn scheinbar unbeabsichtigt wecken wollte. Wassja hüstelte tatsächlich zweimal hintereinander, durchmaß zweimal die Stube und ließ versehentlich die Tabakpfeife fallen, die er in der Ofenecke zu stopfen begonnen hatte. Arkadij Iwanowitsch mußte unwillkürlich lachen.

»Wassja, stell dich nicht so an!« sagte er.

»Arkascha, du schläfst nicht?«

»Nun, sicher kann ich dir das nicht sagen; ich glaube allerdings – nicht.«

»Ach, Arkascha! Guten Tag, mein Bester! Nun, mein Freund, mein Verehrtester, du ahnst nicht, was ich dir zu eröffnen habe!«

»Ganz bestimmt nicht; komm doch mal näher!«

Wassja schien nur darauf gewartet zu haben und trat unverzüglich auf Arkadij Iwanowitsch zu, von dem er im übrigen keinerlei Tücke erwartete. Der packte ihn jedoch sehr geschickt an den Handgelenken, drehte ihn zu sich um, begrub ihn unter sich und begann sein Opfer, wie man zu sagen pflegt, zu bearbeiten, was dem frohgemuten Arkadij Iwanowitsch offenbar unerhörtes Vergnügen bereitete.

»Erwischt!« rief er. »Hab ich dich endlich erwischt!«

»Arkascha, Arkascha, was tust du? Laß mich um Gottes willen los, du verdirbst mir den Frack!«

»Und wenn schon! Wozu brauchst du einen Frack? Bist selber schuld, wenn du dich so gutgläubig in die Falle begibst! Sprich: Wo hast du gesteckt, wo hast du zu Mittag gegessen?«

»Arkascha, laß mich um Gottes willen los!«

»Wo hast du zu Mittag gegessen?«

»Gerade davon will ich dir ja erzählen.«

»Dann tu's!«

»Gut, aber laß mich erst los!«

»Nein, das tu ich nicht, bevor du nicht alles erzählt hast.«

»Arkascha, Arkascha! Verstehst du denn nicht, daß es nicht geht, daß es einfach undenkbar ist!« rief der schwächliche Wassja und versuchte sich den starken Pranken seines Gegners zu entwinden. »Es gibt schließlich gewisse Dinge ...«

»Was heißt Dinge?«

»Nun solche, wenn man in dieser Lage von ihnen erzählt, verliert man seine Würde; einfach undenkbar; es würde komisch wirken; die Angelegenheit ist aber keineswegs komisch, sondern sehr wichtig.«

»Hol dich der Teufel mit deiner Wichtigkeit! Da hast du dir was Rechtes ausgedacht! Erzähle mir die Geschichte so, daß ich darüber lachen muß, verstanden? Von Wichtigem oder Ernstem will ich nichts hören. Was wärest du sonst für ein Freund? Was wärest du für ein Freund, frage ich dich! He?«

»Arkascha, das geht bei Gott nicht an!«

»Dann will ich nichts davon hören ...«

»Also gut, Arkascha«, begann Wassja, der quer auf dem Bett lag und seinen Worten möglichst viel Feierlichkeit zu geben versuchte, »Arkascha, meinetwegen, ich verrate es dir; ich habe mich nämlich ...«

»Was heißt – ich habe mich nämlich?«

»Nun, ich habe mich verlobt!«

Arkadij Iwanowitsch verlor kein überflüssiges Wort, nahm Wassja schweigend auf die Arme wie ein kleines Kind, obwohl Wassja keineswegs klein, sondern im Gegenteil ziemlich groß, wenn auch recht mager geraten war, und trug ihn äußerst geschickt aus einer Ecke in die andere, wobei er tat, als wiege er ihn in Schlaf.

»So, du Bräutigam, jetzt wickele ich dich erst mal in Windeln«, erklärte er. Als er dann aber sah, daß Wassja in seinen Armen ruhte, sich nicht rührte und keine Silbe mehr von sich gab, besann er sich eines Besseren und merkte wohl, daß er mit seinen Späßen doch zu weit gegangen war; er setzte ihn mitten im Zimmer ab und küßte ihn aufs ehrlichste, freundschaftlichste auf die Wange.

»Du bist mir doch nicht böse, Wassja?«

»Hör zu, Arkascha ...«

»Also gut, weil Neujahrstag ist.«

»Aber ich kann doch nichts dafür, du selber bist schuld, du führst dich auf wie ein Verrückter. Warum eigentlich? Wie oft habe ich dir gesagt, das ist nicht eben geistreich, keineswegs!«

»Nun gut, aber du bist mir doch nicht böse?«

»Nicht doch! Auf wen bin ich schon einmal böse? Aber du hast mich enttäuscht, verstehst du?«

»Wieso denn enttäuscht? Inwiefern?«

»Ich komme mit übervollem Herzen zu dir, meinem Freund, um meine Seele vor dir aufzutun und von meinem Glück zu erzählen, und du ...«

»Von was denn für einem Glück? Warum sprichst du es nicht endlich aus?«

»Nun ja, ich heirate doch!« entgegnete Wassja verärgert, weil er tatsächlich einigermaßen erbost war.

»Du? Du heiratest? Nein, wirklich?« rief Arkascha mit lauter Stimme. »Nein, nein ... Was soll das? Sagt das so daher, und dabei rinnen ihm die Tränen! Wassja, du mein Wassjuk, mein Sohn, halt ein! Ist das etwa dein Ernst?« Und Arkadij Iwanowitsch stürzte auf ihn zu, um ihn aufs neue zu umarmen.

»Aha! Verstehst du jetzt, warum all das zwischen uns so gekommen ist?« fragte Wassja. »Du bist ein herzensguter Mensch und mein Freund, das weiß ich. Aber da trete ich mit soviel Freude, mit soviel seelischer Verzücktheit vor dich hin, und plötzlich muß ich dir diese Freude, diese ganze Verzücktheit eröffnen, während ich quer auf dem Bett liege und bar jeder Würde herumzapple ... Du verstehst, Arkascha«, fuhr Wassja nun schon schmunzelnd fort, »da bekommt es einen komischen Aspekt; ich war in diesem Augenblick gewissermaßen nicht Herr über mich selbst. Ich konnte die Angelegenheit doch nicht herabwürdigen lassen ... Fehlte gerade noch, du hättest mich dabei nach ihrem Namen gefragt – ich schwöre dir, du hättest mich umbringen können, aber keine Antwort erhalten.«

»Ja, warum hast du denn geschwiegen, Wassja. Hättest du mir früher davon erzählt, wäre ich gar nicht darauf verfallen, damit zu spaßen«, rief, ehrlich verzweifelt, Arkadij Iwanowitsch.

»Schon gut, schon gut, ich bin doch nun so ... Du weißt, woher das alles kommt – ich habe eben ein allzu weiches

Herz. Und da war ich ärgerlich, daß ich es dir nicht so mitteilen konnte, wie ich es mir gedacht hatte, um dich zu erfreuen, dir ein Vergnügen zu bereiten, um es dir vernünftig zu erzählen und dich in alles einzuweihen ... Wahrhaftig, Arkascha, ich habe dich so in mein Herz geschlossen, daß ich, wenn es dich nicht gäbe, einfach nicht heiraten, ja überhaupt nicht auf dieser Welt leben wollte!«

Arkadij Iwanowitsch, der außerordentlich empfindsam war, lachte und weinte, während er Wassja zuhörte. Wassja desgleichen. Beide fielen sich aufs neue in die Arme und vergaßen alles, was geschehen war.

»Ja, aber wie ist denn das, wie ist das alles gekommen? Das mußt du mir erzählen, Wassja! Ich bin, entschuldige, mein Freund, sprachlos, einfach sprachlos; als wäre ich vom Donner gerührt, bei Gott! Aber nein, mein Bester, das hast du dir einfach ausgedacht, bei Gott, nur erfunden; du willst mich hereinlegen!« rief Arkadij Iwanowitsch und sah Wassja mit echtem Zweifel an, als er aber von dessen Gesicht die glänzende Bestätigung des festen Entschlusses ablas, baldmöglichst zu heiraten, warf er sich auf sein Bett und schlug vor lauter Begeisterung Purzelbäume, daß die Wände wackelten.

»Setz dich hierher, Wassja!« rief er, nachdem er sich schließlich auf seinem Bett aufgerichtet hatte.

»Ich, mein Teurer, weiß beim besten Willen nicht, wo und womit ich anfangen soll!«

Beide sahen sich in freudiger Erregung an.

»Wer ist es, Wassja?«

»Eine Artemjewa!« entgegnete Wassja mit vor lauter Glück erstickter Stimme.

»Nein, wirklich?«

»Ja doch, mit denen habe ich dir lange genug in den Ohren gelegen, hörte aber damit auf, weil du nicht Notiz davon nahmst. Ach, Arkascha, was hat es mich für Mühe gekostet, das vor dir zu verheimlichen; ich hatte doch Angst, hatte Angst zu reden! Ich glaubte, es würde noch alles scheitern, und dabei, Arkascha, bin ich doch in sie verliebt! Mein Gott, mein Gott! Hör zu, was das für eine Geschichte ist«, begann er, in einem fort vor Aufregung stockend, »sie war noch vor einem Jahr mit einem anderen verlobt, der wurde aber plötzlich abkommandiert; ich habe ihn gekannt – nun ja, Gott helfe ihm! Kurz und gut, er ließ nichts mehr von sich hören, war wie vom Erdboden verschwunden. Man wartete und wartete; was hatte das zu bedeuten? Plötzlich kehrte er – das liegt vier Monate zurück – als Verheirateter heim, setzte aber keinen Fuß über die Schwelle der Artemjews. Das war gemein und häßlich. Niemand fand sich, der für sie eingetreten wäre. Die Ärmste weinte und weinte, da verliebte ich mich eben in sie ... eigentlich war ich schon längst, schon immer in sie verliebt! Ich versuchte sie also zu trösten, besuchte sie in einem fort ... und da gewann auch sie mich lieb – wieso, weiß ich beim besten Willen nicht; vor einer Woche hielt ich es nicht länger aus, ich weinte und schluchzte und sprach alles aus – daß ich sie eben liebe –, einfach alles! ›Ich bin selber auf dem Wege, Sie liebzugewinnen, Wassilij Petrowitsch, bin jedoch ein armes Mädchen, treiben Sie also keinen Spott mit mir; ich darf mich nicht verlieben.‹ Nun, mein Freund, du verstehst! Verstehst du? Wir waren auf der Stelle verlobt; ich überlegte hin und her; ich fragte: ›Wie sagen wir's der Mama?‹ Sie erwiderte: ›Das ist schwierig, warten Sie noch ein wenig; sie zögert noch; so ohne weiteres wird sie mich Ihnen nicht geben; dabei vergießt sie selber Tränen!‹ Ich, ohne ihr ein Wort davon zu sagen, mit der Tür ins Haus. Das war heute. Lisanka sank vor der Alten auf die Knie, ich ebenfalls ... nun, und sie gab uns also ihren Segen. Arkascha, Arkascha, mein Bester, wir bleiben aber alle zusammen! Von dir trenn ich mich nicht, auf keinen Fall.«

»Wassja, wenn ich dich so ansehe, kann ich es nicht recht glauben, bei Gott, ich glaube es einfach nicht! Nein, wirklich, mir scheint in einem fort ... Hör zu, wieso heiratest du? Wahrhaftig, ich frage mich immerfort ... warum du so plötzlich heiratest? Wieso habe ich nicht davon gewußt? Nein, im

Ernst, Wassja, ich muß dir gestehen, ich trug mich selber mit dem Gedanken zu heiraten, mein Bester. Aber einerlei! Werde also glücklich, werde glücklich!«

»Ach, mein Freund, mir ist auf einmal so leicht, so froh ums Herz«, entgegnete Wassja, erhob sich und schritt erregt im Zimmer auf und ab. »Nicht wahr, nicht wahr? Du fühlst doch genauso wie ich? Wir werden natürlich ärmlich leben, aber glücklich sein; das ist kein Hirngespinst; das Glück ist uns nicht aus irgendwelchen Büchern geweissagt; wir werden einfach glücklich sein.«

»Wassja, Wassja, hör zu!«

»Was hast du?« fragte Wassja und blieb vor Arkadij Iwanowitsch stehen.

»Mir kommt da ein Gedanke; aber wahrhaftig, ich fürchte mich, ihn auszusprechen! ... Verzeih mir, zerstreue meine Bedenken! Wovon wollt ihr leben? Weißt du, ich bin begeistert, daß du heiratest, ganz gewiß bin ich begeistert und kann mich kaum noch beherrschen, aber – wovon wollt ihr leben? Wie?«

»Mein Gott, mein Gott, was du aber auch für einer bist, Arkascha!« sagte Wassja und starrte Nefedewitsch aufs tiefste verwundert an. »Was soll das, in der Tat? Selbst die Alte hat keine zwei Minuten überlegt, als ich ihr alles klipp und klar auseinandersetzte. Frage dich doch, wovon sie bisher gelebt haben! Fünfhundert Rubel Pension im Jahr für drei Personen: das war alles, was der Verstorbene hinterlassen hatte. Davon leben sie – sie, die Alte und ein jüngerer Bruder, für den man auch noch das Schulgeld aufbringen muß, so, jetzt weißt du, wie sie sich durchschlagen! Die Kapitalisten sind doch wir, du und ich! Und bei mir kommen in einem guten Jahr mitunter siebenhundert zusammen.«

»Hör zu, Wassja! Du mußt mich schon entschuldigen; ich bin doch weiß Gott nur besorgt, es könnte schiefgehen. Was denn für siebenhundert? Es sind doch allenfalls drei!«

»Drei! ... Und Julian Mastakowitsch? Den hast du wohl vergessen?«

»Julian Mastakowitsch! Aber das ist doch eine höchst unsichere Sache, mein Freund; das kannst du nicht mit den dreihundert Rubeln deines gesicherten Gehalts vergleichen, wo jeder Rubel gleichsam dein treuer Freund ist. Nun, Julian Mastakowitsch ist natürlich nicht irgendwer, ich achte und verstehe ihn, auch wenn er noch so hoch über mir steht, und, bei Gott, ich liebe ihn, weil er dich in sein Herz geschlossen hat und deine Arbeit entgilt, obwohl er es gar nicht nötig hätte, sondern einen Beamten dazu kommandieren könnte; du wirst indessen zugeben, Wassja ... Aber hör erst mal her: ich rede schließlich kein dummes Zeug; ich gebe zu, es gibt in ganz Petersburg keine Handschrift wie deine, da passe ich«, schloß Nefedewitsch nicht ohne einige Begeisterung, »aber plötzlich, der Herrgott verhüt's, gefällt sie ihm nicht mehr, du sagst ihm auf einmal nicht mehr zu, und mit der Arbeit für ihn ist es aus; er nimmt sich einen anderen – mit einem Wort, es kann da mancherlei passieren! Dann hat es den Julian Mastakowitsch zwar gegeben, aber das war einmal, Wassja ...«

»Hör zu, Arkascha, wenn man das so betrachtet, kann schließlich jeden Augenblick auch die Decke über uns zusammenbrechen ...«

»Gewiß, gewiß ... ich will ja auch weiter nichts gesagt haben ...«

»Nein, hör zu, höre mich erst mal an – es geht um folgendes: Weshalb sollte er sich von mir trennen? Warte, laß mich ausreden! Ich erledige doch alles auf das gewissenhafteste; und schließlich, Arkascha, hat er mir erst heute, freigebig, wie er ist, fünfzig Rubel in Silber in die Hand gedrückt!«

»Wahrhaftig, Wassja? Eine so hohe Gratifikation?«

»Was heißt – Gratifikation? Das bezahlt er aus seiner eigenen Tasche. Er sagte: ›Du hast nun schon den fünften Monat kein Geld mehr von mir bekommen; hier, nimm! Ich danke dir, ich danke dir, ich bin mit dir zufrieden ...‹ Bei Gott, so sagte er! ›Du sollst nicht umsonst für mich gearbeitet haben.‹ Mir kamen die Tränen, Arkascha. Herrgott im Himmel!«

»Hör zu, Wassja, hast du die Akte schon fertiggeschrieben?«

»Nein ... noch nicht.«

»Wa ... assjenka, mein Bester! Was du aber auch alles fertigbringst!«

»Hör zu, Arkadij, geht schon in Ordnung, ich habe noch zwei Tage Zeit, ich schaff es ...«

»Wieso hast du nicht weitergeschrieben?«

»Da hat man's! Du schaust mich mit so hoffnungsloser Miene an, daß sich mir die Eingeweide umdrehen und das Herz zusammenkrampft! Was ist schon dabei? Aber nein, du mußt mich immerzu zur Verzweiflung bringen! Schreist auf einmal los: Ha-a-ah! So überleg doch: Was ist denn eigentlich passiert? Ich schaff es doch noch, bei Gott, ich schaff es ...«

»Und wenn du's nicht schaffst?« rief Arkadij und sprang auf. »Dabei hat er dir doch schon heute dein Entgelt gegeben! Und da heiratest du auch noch ... Oh, oh, oh!«

»Macht nichts, hat nichts zu sagen«, rief Schumkow, »ich gehe sogleich, ich gehe augenblicklich an die Arbeit; wird schon werden!«

»Wie konntest du das nur liegenlassen, Wassjutka?«

»Ach, Arkascha! Wie hätte ich stillsitzen können? Wie wäre ich dazu fähig gewesen? Hielt ich's doch gerade noch in der Kanzlei aus; das Herz ging mit mir durch ... Hach! Jetzt bleibe ich aber die ganze Nacht dabei, die morgige und die von übermorgen, dann hab ich's hinter mir!«

»Ist denn noch viel zu machen?«

»Stör nicht, um Gottes willen stör nicht, schweig ...«

Arkadij Iwanowitsch ging auf Zehenspitzen zu seinem Bett und setzte sich; kurz darauf wollte er sich plötzlich erheben, war aber gezwungen, sich gleich wieder zu setzen; er erinnerte sich, daß er stören konnte; andererseits fiel ihm vor Erregung auch das Stillsitzen schwer; man merkte, die Neuigkeit hatte ihn völlig umgeworfen und die erste Begeisterung war noch nicht verflogen. Er sah Schumkow an, der seinerseits ihn, wobei er lächelte, ihm aber mit dem Finger drohte, gleich darauf schob er finster die Brauen zusammen (als hänge davon der ganze Erfolg der Arbeit ab) und starrte auf die Papiere.

Auch er schien seine Erregung noch nicht bewältigt zu haben, wechselte alle Augenblicke die Feder, rutschte auf dem Stuhl hin und her, setzte sich zurecht und machte sich aufs neue ans Schreiben, doch seine Hand zitterte und versagte ihm den Gehorsam.

»Arkascha! Ich habe ihnen von dir erzählt«, rief er plötzlich, als sei ihm das erst jetzt eingefallen.

»Ja?« rief Arkadij seinerseits. »Und ich wollte dich gerade danach fragen. Nun?«

»Was heißt – nun? Ach, weißt du, das erzähl ich dir später. Bei Gott, ich bin selber daran schuld, wenn ich vergesse, daß ich kein Wort mehr mit dir sprechen wollte, bevor ich die ersten vier Blatt hinter mir habe; aber da erinnerte ich mich an dich und an sie. Ich, mein Bester, komme heute nicht recht voran; ich denke immerfort an euch beide ...« Wassja lächelte.

Sie schwiegen.

»Pfui! Was für eine schauderhafte Feder!« rief Schumkow und knallte sie ärgerlich auf den Tisch. Er griff nach einer anderen.

»Wassja! Hör zu, ein einziges Wort ...«

»Also los! Aber rasch und zum letztenmal!«

»Hast du noch viel zu schreiben?«

»Ach, Bester!« Wassja verzog das Gesicht, als gäbe es für ihn nichts Schlimmeres auf der Welt als diese Frage. »Viel, schrecklich viel!«

»Ich habe da, weißt du, eine Idee ...«

»Und welche?«

»Aber nein, nein, schreib weiter!«

»Ja, was denn für eine Idee? Welche?«

»Die Uhr, Wassja, rückt jetzt auf sieben!«

Hier lächelte Nefedewitsch und zwinkerte Wassja durchtrieben, wenn auch einigermaßen unentschlossen zu, da er nicht wußte, wie der es aufnehmen würde.

»Und worum handelt es sich?« erkundigte sich Wassja, hielt endgültig im Schreiben inne, sah ihm in die Augen und wurde vor lauter Erwartung blaß.

»Weißt du, was?«

»Ja, was denn nun, um Himmels willen?«

»Weißt du, was? Du bist aufgeregt, du wirst nicht allzuviel schaffen ... Warte, warte, warte doch mal – ich seh's, ich seh's dir doch an; hör also zu!« begann Nefedewitsch, schnellte begeistert vom Bett hoch, unterbrach Wassja, der etwas sagen wollte, und trat seinen Bedenken mit aller Macht entgegen. »Vor allem muß man sich beruhigen und Mut fassen, nicht wahr?«

»Arkascha, Arkascha!« rief Wassja und sprang auf. »Ich mache die ganze Nacht weiter, bei Gott, ich tu's!«

»Nun ja doch, nur gegen Morgen schläfst du ein!«

»Nein, ich schlafe nicht ein, auf keinen Fall ...«

»Doch, doch, natürlich schläfst du ein; um fünf Uhr schläfst du ein. Um acht wecke ich dich. Morgen ist Feiertag. Du machst dich an die Arbeit und klierst den ganzen Tag ... Dann kommt die Nacht – ja, wieviel hast du denn noch zu schreiben?«

»Na, das hier, das!«

Wassja wies, vor Begeisterung und Erwartung zitternd, auf ein Heft, das vor ihm lag.

»Das hier!«

»Hör zu, Verehrter, aber das ist doch gar nicht mehr so viel ...«

»Nun, Teuerster, es gibt da noch einiges mehr«, entgegnete Wassja und blickte Nefedewitsch zaghaft an, als habe nur er zu entscheiden, ob sie nun gehen sollten oder nicht.

»Wieviel?«

»So . . . schäbige zwei Bogen . . .«

»Ja, worum geht es dann? Hör zu, das schaffen wir doch, bei Gott, wir schaffen es!«

»Arkascha!«

»Wassja, hör zu! Heute, am Silvesterabend, versammelt sich alles familienweise, nur wir sind obdachlos und verwaist . . . hu, Wassjenka!«

Nefedewitsch umhalste Wassja und preßte ihn in seinen Löwenpranken.

»Arkadij, abgemacht!«

»Wassjuk, das war alles, was ich dir sagen wollte. Jetzt weißt du's, Wassjuk, du mein Tolpatsch! Hör zu, hör zu, schließlich ist heute . . . .

Arkadij blieb mit offenem Munde stehen, denn er wußte vor lauter Begeisterung nicht weiter. Wassja umklammerte seine Schultern, starrte ihn unverwandt an und bewegte die Lippen, als wolle er statt seiner vollenden.

»Also?« fragte er schließlich.

»Stell mich ihnen heute vor!«

»Arkadij! Gehen wir zu ihnen und trinken wir mit ihnen Tee! Aber weißt du, was? Wir warten das neue Jahr nicht bei ihnen ab, sondern gehen schon vorher«, rief, ehrlich begeistert, Wassja.

»Das heißt, wir bleiben zwei Stunden, nicht mehr, nicht weniger!«

»Dann trenne ich mich von ihr, bis alles fertig ist!«

»Wassjuk!«

»Arkadij!«

Arkadij war in drei Minuten in Gala. Wassja bürstete und putzte nur an sich herum, denn er hatte seinen Staat noch gar nicht abgelegt; mit solchem Eifer war er an die Arbeit gegangen.

Sie traten rasch auf die Straße hinaus, einer freudiger als der andere. Ihr Weg führte sie von der Petersburger Seite nach Kolomna. Arkadij Iwanowitsch schritt munter und energisch aus; man erkannte schon an seinem Gang, wie sehr er sich über Wassjas immer offensichtlicher werdendes Glück freute. Wassja trippelte mit immer kürzeren Schrittchen neben ihm her, verlor aber dadurch nicht die Würde. Im Gegenteil, er war Arkadij Iwanowitsch noch nie in einem günstigeren Licht erschienen. Er empfand in diesem Augenblick sogar Achtung vor ihm, und ein gewisser körperlicher Mangel, von dem der Leser noch nichts weiß (Wassja war ein wenig krumm), der in Arkadij Iwanowitschs weichem Herzen immer tiefes Mitgefühl erweckt hatte, verstärkte in diesem Augenblick erst recht seine tiefe Rührung, deren Wassja natürlich in jeder Hinsicht würdig war. Arkadij Iwanowitsch hätte vor Glück am liebsten geweint; doch er beherrschte sich.

»Wohin, wo willst du hin, Wassja?« rief er aus, als er bemerkte, daß Wassja Miene machte, in den Wosnessenskij-Prospekt einzubiegen.

»Halt den Mund, Arkascha, sei still ...«

»Nein, wirklich, hier ist es näher, Wassja!«

»Arkascha, weißt du, was?« begann Wassja geheimnisvoll mit vor Freude stockender Stimme. »Weißt du, was? Ich möchte ein kleines Geschenk für Lisanka erwerben.«

»Und wo?«

»Hier, Verehrter, gleich an der Ecke, in dem entzückenden Laden von Madame Leroux!«

»Also los!«

»Ein Häubchen, Verehrter, ein Häubchen; ich habe da heute ein so entzückendes Häubchen bei ihr gesehen und mich erkundigt, nennt sich façon Manon Lescaut – ein wahres Wunder! Kirschrote Bänder, und wenn es nicht allzu teuer ist ... Ach, Arkascha, selbst wenn es teuer ist ...«

»Du stehst in meinen Augen über allen Poeten, Wassja! Gut, also gehen wir!«

Sie liefen los unb betraten wenige Minuten später den Laden. Eine schwarzäugige Französin mit gelocktem Haar empfing sie und wurde nach dem ersten Blick auf ihre Kunden genauso fröhlich und glücklich wie sie, ja, wenn man so sagen kann, noch glücklicher. Wassja hätte Madame Leroux vor lauter Begeisterung am liebsten geküßt.

»Arkascha!« sagte er mit gedämpfter Stimme nach einem zurückhaltenden Blick auf all das Schöne und Großartige, das auf kleinen hölzernen Ständern auf dem riesigen Ladentisch zur Schau gestellt war. »Lauter Wunderdinge! Das hier zum Beispiel, das hier? Dieser Bonbon da, sieh her!« flüsterte Wassja und zeigte auf ein reizendes Häubchen am äußersten Ende des Tisches, doch keineswegs auf das, was er ursprünglich kaufen wollte; er hatte sich schon von weitem in dieses andere, großartige, wahre Häubchen am anderen Ende des Tisches vergafft und konnte sich nicht davon losreißen. Er starrte es an, als fürchte er, es könne plötzlich gestohlen werden oder sich in die Luft schwingen und davonfliegen, nur damit er es nicht bekomme.

»Hier«, sagte Arkadij Iwanowitsch und zeigte auf ein anderes, »das ist meiner Ansicht nach das hübscheste.«

»Nun, Arkascha, das macht dir alle Ehre! Wirklich, ich fange an, dich deines Geschmackes wegen zu bewundern«, entgegnete Wassja, wobei er Arkascha jedoch in seiner Herzensgüte ein wenig schmeicheln wollte, »dein Häubchen ist zwar entzückend, aber komm doch mal her!«

»Wo könnte es ein hübscheres geben?«

»Schau dir mal das hier an!«

»Das da?« entgegnete Arkadij mit einigem Zweifel.

Als sich Wassja aber nicht länger beherrschen konnte und das Häubchen vom hölzernen Ständer riß, von dem es von selber aufgeflogen zu sein schien, vor lauter Freude, nach langem Warten einen so verständigen Kunden vor sich zu sehen, als es mit all seinen Bändern, Rüschen und Spitzen zu rascheln begann, entrang sich Arkadij Iwanowitschs gewaltiger Brust ein Aufschrei des Entzückens. Selbst Madame Leroux, die ihre ganze Würde und ihre unbestreitbare Überlegenheit in Dingen des Geschmacks während des Auswählens gewahrt und nur aus Nachsicht geschwiegen hatte, belohnte Wassja mit einem Lächeln restloser Anerkennung;

alles an ihr – der Blick, die Gebärden und dieses Lächeln – besagte: Ja, Sie haben es getroffen und sind des Glücks, das Sie erwartet, würdig!

»Da hat es doch in seiner Einsamkeit mit jedermann geliebäugelt und kokettiert!« rief Wassja, der seine ganze Liebe auf das reizende Häubchen übertrug. »Hast dich absichtlich verborgen, mein Freundchen, du kleiner Schelm!« Und er küßte es, oder besser gesagt, die Luft, die es umgab, weil er diese Kostbarkeit nicht zu berühren wagte.

»So verbergen sich die wahre Tugend und das echte Verdienst«, fügte Arkadij zum Spaß in seiner Begeisterung hinzu, indem er eine witzige Zeitung zitierte, in der er am Vormittag geblättert hatte. »Ja, Wassja, was nun?«

»Vivat, Arkascha! Du bist ja heute geradezu geistreich, du wirst bei den Frauen *Furore* machen, wie man so sagt, das prophezeie ich dir. Madame Leroux, Madame Leroux!«

»Sie wünschen?«

Madame Leroux sah zu Arkadij Iwanowitsch hin und lächelte herablassend.

»Sie werden mir nicht glauben, wie sehr ich Sie in diesem Augenblick vergöttere! Gestatten Sie, daß ich Sie küsse ...« Und Wassja gab der Ladenbesitzerin einen Kuß.

Man mußte sich entschieden all seine Würde ins Gedächtnis rufen, um sich mit einem solchen Windbeutel nicht bloßzustellen. Ich behaupte indessen, man mußte obendrein auch noch die ganze angeborene, unverfälschte Liebenswürdigkeit und Grazie besitzen, mit der Madame Leroux Wassjas Hingerissenheit aufnahm. Sie verzieh ihm; und wie klug, mit welcher Anmut sie aus diesem Vorfall herausfand! Wie hätte sie sich auch über Wassja ärgern können!

»Madame Leroux, und der Preis?«

»Fünf Silberrubel«, entgegnete sie, nachdem sie zu sich gekommen war, und lächelte aufs neue.

»Und das hier, Madame Leroux?« erkundigte sich Arkadij Iwanowitsch und zeigte auf den Gegenstand seiner Wahl.

»Acht Silberrubel.«

»Gestatten Sie, gestatten Sie! Sprechen Sie's aus, Madame Leroux, welches von beiden ist hübscher, graziöser, netter, welches wäre Ihr Fall?«

»Jenes ist prächtiger, aber das, das Sie gewählt haben – c'est plus coquet.«

»Gut, dann nehmen wir eben dieses!«

Madame Leroux nahm einen Bogen sehr, sehr feinen Papiers und steckte ihn mit einer Nadel zusammen – das Papier schien mit dem darin eingeschlagenen Häubchen noch feiner, noch leichter geworden zu sein als zuvor. Wassja nahm all das sehr behutsam in Empfang; er wagte kaum zu atmen, verabschiedete sich von Madame Leroux, sagte ihr noch rasch etwas äußerst Liebenswürdiges, und sie verließen den Laden.

»Ich bin ein Lebemann, Arkascha, der geborene Lebemann!« rief Wassja, brach in ein sprudelndes, fast lautloses, nervöses Lachen aus und machte um alle einen Bogen, die ihnen begegneten, weil er sie samt und sonders der unbedingten Absicht verdächtigte, sein kostbares Häubchen zu zerknittern. »Hör zu, Arkascha, hör zu!« begann er eine Minute darauf, und etwas Feierliches, unüberbietbar Liebendes klang aus seiner Stimme. »Arkadij, ich bin so glücklich, so glücklich!«

»Wassjenka, du Bester, wie glücklich bin erst ich!«

»Nein, Arkascha, nein, deine Liebe zu mir ist zwar grenzenlos, das weiß ich, aber du kannst nicht mal den hundertsten Teil von dem empfinden, was ich in diesem Augenblick fühle. Mein Herz ist so voll, übervoll! Arkascha! Ich bin dieses Glücks nicht würdig! Ich fühle, ich empfinde das. Wieso das mir«, fragte er mit von Schluchzen erstickter Stimme, »sage mir, womit habe ich das verdient? Schau dich um, wieviel Menschen, wieviel Tränen, wieviel Leid, wieviel Alltägliches ohne Feiertag es gibt! Und ich? Mich liebt ein solches Mädchen, mich ... aber du wirst sie gleich selber sehen, selber ihr edelmütiges Herz schätzen lernen. Ich bin von niederem Stande, habe aber einen Rang und ein festes

Einkommen – mein Gehalt. Mir haftet von Geburt ein körperlicher Mangel an – ich bin ein wenig krumm. Und siehe da, sie hat mich liebgewonnen – so, wie ich bin. Julian Mastakowitsch war heute so zartfühlend, so aufmerksam und höflich zu mir; er unterhält sich sonst selten mit mir; er trat auf mich zu und sagte: ›Nun, Wassja‹ (bei Gott, er nannte mich einfach Wassja), ›du wirst in den Feiertagen wohl ein bißchen über die Stränge hauen, ja?‹ Und er schmunzelte vor sich hin. ›So und so, Euer Exzellenz‹, entgegnete ich, ›ich habe da noch einiges zu tun.‹ Aber dann faßte ich Mut und fügte hinzu: ›Aber ein bißchen feiern, Euer Exzellenz, werde ich vielleicht doch.‹ Bei Gott, so habe ich gesagt. Und da gab er mir dann das Geld und fügte ein paar Worte hinzu. Ich, Verehrter, brach in Tränen aus, bei Gott, ich konnte nicht anders, und auch er schien gerührt, klopfte mir auf die Schulter und sagte: ›Vergiß es nicht, Wassja, fühle all das immer so, wie du es jetzt empfindest ...‹«

Wassja hielt einen Augenblick inne, Arkadij Iwanowitsch wandte sich ab und wischte sich mit der Faust über die Augen.

»Und dann noch eins, noch etwas ...«, fuhr Wassja fort. »Davon habe ich noch nie zu dir gesprochen, Arkadij ... Arkadij, deine Freundschaft beglückt mich in einem Maße, daß ich ohne dich nicht auf der Welt sein möchte – nein, nein, keine Widerrede, Arkascha! Laß mich deine Hand drücken, laß mich dir ... dan ... ken ...!« Wassja vermochte wiederum nicht zu vollenden.

Arkadij Iwanowitsch wollte sich Wassja schon an den Hals werfen, da sie aber gerade den Fahrdamm überquerten und fast unmittelbar über ihren Ohren ein kreischendes »He-he-he!« gellte, stürzten beide erschrocken und aufgeregt zum gegenüberliegenden Bürgersteig. Arkadij Iwanowitsch war über diesen Zwischenfall sogar froh. Er konnte sich Wassjas Dankbarkeitserguß allenfalls aus der Ausschließlichkeit dieses Augenblicks erklären. Ihm war sein Ausbruch peinlich. Er fühlte, wie wenig er bis dahin für Wassja getan hatte. Er schämte sich sogar, daß Wassja sich für solche Kleinigkeiten bedankte. Aber man hatte das Leben noch vor sich, und Arkadij Iwanowitsch atmete erleichtert auf . . .

Sie wurden keineswegs mehr erwartet. Der Beweis dafür – man saß bereits beim Tee. Und dennoch – mitunter ist ein älterer Mensch scharfsichtiger als die Jugend, selbst scharfsichtiger als die von heute! Lisanka hatte allen Ernstes versichert, er werde nicht kommen. »Er kommt nicht, Mamachen, das sagt mir mein Herz.« Ihr Mamachen jedoch bestand darauf, ihr Herz fühle im Gegenteil, er werde unbedingt kommen, er würde es nicht aushalten, zumal er keine dienstlichen Verpflichtungen habe – und es gehe schließlich auf Neujahr! Lisanka, die ihnen öffnete, war völlig überrascht und traute ihren Augen nicht; sie empfing sie atemlos, ihr Herz flatterte plötzlich wie ein ins Netz gegangenes Vögelchen, sie wurde feuerrot und glich in diesem Augenblick erstaunlich einer Kirsche. Mein Gott, welche Überraschung! Welch freudiges »Ach!« entrang sich ihren Lippen! »Du Spitzbube! Du Liebster mein!« rief sie und umhalste Wassja. Aber stellen Sie sich ihre Verwunderung vor, ihre plötzliche Scham, als sie gleich hinter Wassja den etwas verwirrten Arkadij Iwanowitsch erblickte, der sich offenbar hinter ihm zu verbergen suchte. Man muß gestehen, daß er im Umgang mit Frauen ungeschickt, ja äußerst ungeschickt war und eines Tages sogar . . . Doch davon später! Versetzen Sie sich indessen in seine Lage: sie hatte eigentlich nichts Komisches an sich; er steht im Flur, in Gummiüberschuhen, im Mantel, eine Mütze mit Ohrenklappen auf dem Kopf, die er aber rasch herunterreißt, und auf die scheußlichste Weise mit einem miserablen gestrickten gelben Schal umwickelt, der des größeren Effektes halber auch noch hinten zusammengeknotet ist. All das will aufgebunden oder abgelegt sein, damit man sich möglichst vorteilhaft vorstellen kann, denn es gibt keinen Menschen auf der Welt, der bei solcher Gelegenheit nicht in günstigstem Licht erscheinen möchte. Dazu auch noch dieser unleidliche, unerträgliche, im übrigen natürlich immer so liebe und herzensgute, aber letzten Endes denn doch unmögliche, erbarmungslose Wassja! »Hier«, rief er, »hier, Lisanka, hast du meinen Arkadij! Wie findest du ihn? Er ist mein bester Freund, umarme ihn, Lisanka, und gib ihm einen Kuß auf Kredit; wenn du ihn besser kennenlernst, wirst du ihm von selber einen Kuß geben ...« Was tun? Was sollte, frage ich, Arkadij Iwanowitsch tun? Er hatte seinen Schal gerade erst zur Hälfte abgewickelt! Wahrhaftig, Wassjas übertriebene Begeisterungsfähigkeit versetzt manchmal sogar mich in Verlegenheit: Sie zeugt natürlich von einem empfindsamen Herzen, ist aber ... peinlich und fehl am Platz!

Sie traten schließlich ein. Die Alte war unbeschreiblich erfreut, Arkadij Iwanowitschs Bekanntschaft zu machen; sie habe schon so viel von ihm gehört, so ... doch sie vollendete nicht. Ein freudiges, lautes »Ach!«, das im Zimmer erklang, ließ sie mitten im Satz steckenbleiben. Mein Gott! Lisanka stand vor dem ausgewickelten Häubchen, faltete naiv die Hände und lächelte, lächelte, als habe sie ... Mein Gott, warum hatte Madame Leroux nicht ein noch schöneres Häubchen gehabt!

Du lieber Himmel, wo hätte man ein hübscheres finden können! Das war doch einfach unüberbietbar! Wo hätten Sie ein hübscheres gefunden? Allen Ernstes! Mich bringt diese Undankbarkeit der Verliebten einigermaßen in Harnisch, ja, sie betrübt mich sogar. So schauen Sie, meine Herrschaften, schauen Sie doch selbst, was könnte reizender als dieses Puttenhäubchen sein! Schauen Sie sich's an ... Aber nein, nein, meine Vorwürfe sind gegenstandslos; sie sind alle längst meiner Meinung; es war nur eine augenblickliche Verblendung, ein Irrtum, eine Art Fieberwahn; ich bin bereit, Ihnen zu vergeben ... Aber sehen Sie doch näher hin ... Sie müssen schon entschuldigen, wenn ich immer wieder auf dieses Häubchen zu sprechen komme: Es war aus Tüll, federleicht, unter einer Spitze zog sich zwischen dem Häubchenboden und der Rüsche ein breites kirschrotes Band dahin, und auch hinten waren zwei lange, breite Bänder angebracht; sie reichten bis zum Hals herab ... Nur mußte man dazu das ganze Häubchen ein wenig in den Nacken schieben, so, und nun schauen Sie sich's an! Ich werde Sie danach fragen! Aber ich merke, Sie sehen ja gar nicht hin! ... Es scheint Ihnen gleichgültig zu sein! Sie starren gebannt in eine andere Richtung ... wo in einem pechschwarzen Augenpaar im Nu zwei riesige, an große Perlen erinnernde Tränen hervorquellen, einen Augenblick zitternd an den Wimpern hängen und schließlich auf den Tüll tropfen, der eher Luft als Tüll zu sein scheint und aus dem das Kunstwerk der Madame Leroux besteht ... Und ich finde es wiederum ärgerlich: Die beiden Tränen gelten doch kaum dem Häubchen! Nein, meiner Ansicht nach sollte man einen solchen Gegenstand nur bei kühlem Kopf verschenken oder geschenkt bekommen. Nur dann vermag man ihn richtig einzuschätzen! Ich muß gestehen, Herrschaften, für ein solches Häubchen gäbe ich alles her!

Man ließ sich nieder – Wassja mit Lisanka, die Alte mit Arkadij Iwanowitsch; eine Unterhaltung begann, bei der Arkadij Iwanowitsch durchaus seinen Mann stand. Ich lasse ihm mit Vergnügen Gerechtigkeit widerfahren. Das hätte man kaum von ihm erwartet. Nach ein paar Worten über Wassja verstand er es, das Gespräch äußerst geschickt auf dessen Wohltäter Julian Mastakowitsch zu lenken. Dabei sprach er so klug, so gescheit, daß die Unterhaltung eine volle Stunde lang nicht versiegte. Man hätte hören müssen, mit welchem Geschick, mit wieviel Taktgefühl Arkadij Iwanowitsch gewisse Eigenheiten von Julian Mastakowitsch berührte, die einen mehr oder weniger direkten Bezug auf Wassja hatten! Dafür war die Alte auch bezaubert, restlos bezaubert; sie gestand es ehrlich ein, nahm Wassja beiseite und erklärte ihm, sein Freund sei der vorzüglichste, liebenswürdigste junge Mann auf der Welt und darüber hinaus vor allem so ernst und gesetzt. Wassja hätte vor lauter Seligkeit beinahe losgelacht. Er mußte daran denken, wie ihn dieser so gesetzte Arkascha eine Viertelstunde lang auf dem Bett bearbeitet hatte. Danach zwinkerte die Alte Wassja zu und forderte ihn auf, ihr leise und vorsichtig ins Zimmer nebenan zu folgen. Ich muß gestehen, sie handelte dabei in Hinsicht auf Lisa ein wenig unschön; nun ja, gewiß, sie tat es natürlich im Überschwang der Gefühle, verriet sie indessen und zeigte ihm heimlich das Geschenk, das Lisanka zur Neujahrsfeier für ihn bereithielt. Es war eine mit Glasperlen und Gold bestickte Brieftasche, auf der obendrein auch noch ein wunderschönes Motiv abgebildet war: Auf der einen Seite sah man einen Hirsch, der ausgesprochen natürlich wirkte und äußerst rasch dahinjagte – alles so ähnlich, so wunderbar dargestellt. Auf der anderen Seite erblickte man einen bekannten General, der ebenfalls ausgezeichnet und sehr ähnlich ausgeführt war. Von Wassjas Begeisterung will ich erst gar nicht reden! Inzwischen war auch im Besuchszimmer die Zeit nicht ungenutzt verstrichen. Lisanka war ungeniert auf Arkadij Iwanowitsch zugetreten. Sie griff nach seinen Händen, bedankte sich für irgend etwas, und Arkadij Iwanowitsch erriet, daß es sich um seinen so unschätzbaren Wassja handelte. Lisanka war zutiefst gerührt: Sie hatte gehört, daß Arkadij Iwanowitsch ein so aufrichtiger Freund ihres Verlobten war, ihn so liebte, so besorgt beobachtete, über jeden seiner Schritte wachte und ihn mit so guten Ratschlägen versah, daß sie, Lisanka, beim besten Willen nicht umhinkonnte, sich bei ihm zu bedanken und ihm dankbar zu bleiben; daß sie schließlich die Hoffnung aussprach, Arkadij Iwanowitsch werde sie wenigstens halb so liebgewinnen wie Wassja. Danach erkundigte sie sich, ob Wassja denn auch auf seine Gesundheit achte, äußerte einige Besorgnis hinsichtlich der außerordentlichen Erregbarkeit seines Charakters, seiner unzureichenden Kenntnis der Menschen und des Lebens, wie es nun einmal sei, fügte hinzu, sie werde ihn mit der Zeit mit religiöser Inbrunst beobachten lernen, sein Schicksal überwachen und erleichtern helfen und sie hoffe schließlich und endlich, Arkadij Iwanowitsch werde ihnen nicht nur die Treue bewahren, sondern sogar bei ihnen wohnen.

»Wir werden alle drei ein Herz und eine Seele sein!« rief sie in naivster Begeisterung aus.

Aber nun mußten sie sich empfehlen. Natürlich versuchte man, sie zurückzuhalten, doch Wassja erklärte geradeheraus, das sei unmöglich. Arkadij Iwanowitsch bezeugte es. Man erkundigte sich natürlich, wieso, und erfuhr, daß es da eine Akte gab, die Julian Mastakowitsch Wassja anvertraut hatte, eine eilige, dringliche, schrecklich wichtige Akte, die bis übermorgen früh abgeliefert werden mußte, aber noch keineswegs abgeschlossen war, sondern sogar erheblich im Rückstand. Lisankas Mamachen war außer sich, als sie davon erfuhr, während Lisanka geradezu erschrak, beunruhigt war und Wassja sogar zur Eile antrieb. Der Abschiedskuß büßte indessen nicht im geringsten dabei ein; er war zwar flüchtiger, hastiger, dafür aber auch feuriger und herzhafter. Schließlich trennte man sich, und die beiden Freunde begaben sich auf den Heimweg.

Kaum waren sie auf der Straße, als sie sich ihre Eindrücke mitzuteilen begannen. Und anders konnte es auch gar nicht sein: Arkadij Iwanowitsch war in Lisanka restlos verliebt! Und wem hätte er es anvertrauen sollen, wenn nicht Wassja, diesem Glückspilz in Person? Er gestand es auch und sprach es unumwunden aus. Wassja bog sich vor Lachen und freute sich darüber, ja, er bemerkte sogar, das sei keineswegs übel und sie würden nur desto bessere Freunde werden. »Du verstehst mich, Wassja«, sagte Arkadij Iwanowitsch. »Ja, ich liebe sie, aber nicht anders als dich; sie wird mein Engel sein ebensogut wie deiner, weil euer Glück sich auch über mich ergießen und mich erwärmen wird. Sie wird auch meine Herrin sein, Wassja; mein Glück wird in ihren Händen liegen; soll sie mit mir schalten und walten wie mit dir. Ja, Freundschaft mit dir wie mit ihr; ihr seid für mich von nun an nicht mehr zu trennen; nur daß ich jetzt zwei solche Wesen neben mir haben werde wie dich – zwei statt eines.« Arkadij hielt im Übermaß der Gefühle inne; Wassja war zutiefst ergriffen. Solche Worte hätte er nie im Leben von Arkadij erwartet.

Arkadij Iwanowitsch war im allgemeinen nicht eben redegewandt und ließ sich auch äußerst ungern aufs Träumen ein; in diesem Augenblick jedoch gab er sich sogleich den fröhlichsten, muntersten, heitersten Träumereien hin. »Wie ich euch beide umsorgen und behüten werde«, begann er aufs neue. »Erstens, Wassja, will ich der Taufpate all deiner Kinder sein, ausnahmslos aller, und zweitens muß man auch an die Zukunft denken, Wassja. Man muß sich Möbel anschaffen und eine Wohnung mieten, in der jeder von uns sein Eckchen hat. Weißt du, Wassja, ich stiefele gleich morgen los und sehe mir die Anzeigen an den Haustoren an. Drei ... nein, zwei Zimmer, mehr brauchen wir nicht. Ich glaube sogar, Wassja, daß ich vorhin Unsinn geredet habe; das Geld wird reichen; ja, was denn sonst! Als ich ihr vorhin in die Augen schaute, rechnete ich mir sogleich aus, daß es reichen wird. Für sie bin ich zu allem bereit! Hach, wie wir arbeiten werden! Jetzt, Wassja, können wir es riskieren und fünfundzwanzig Rubel Miete auf uns nehmen! Das eigene Heim, mein Bester, ist alles! Freundliche Zimmer ... nun ja, da ist man eben vergnügt und ergeht sich in himmelblauen Träumen! Und zweitens wird Lisanka unser gemeinsamer Kassenverwalter sein: keine Kopeke an überflüssigen Ausgaben! Ich und nach alledem so mir nichts, dir nichts in eine Gastwirtschaft verschwinden! Ja, für wen hältst du mich? Kommt nicht in Frage! Und hier und da gibt's eine Gehaltszulage oder eine Gratifikation, weil wir fleißig sein werden. Ha, wir werden ackern wie die Bullen beim Pflügen! Und nun stell dir vor«, Arkadij Iwanowitsch versagte vor lauter Begeisterung die Stimme, »es gibt da auf einmal so dreißig oder fünfundzwanzig Rubel je Kopf! Als Gratifikation; das bedeutet doch ein Häubchen, einen Schal oder ein paar Strümpfe! Einen Schal ... den muß sie mir unbedingt stricken; schau dir an, wie miserabel meiner ist: gelb und widerlich; was hat er mir heute für Pein bereitet! Aber auch du, Wassja, bist gut: Stellst mich vor, während ich mich noch wie im Halsjoch befinde ... doch darum geht es mir nicht! Vielmehr um folgendes: Ich, siehst du, nehme das ganze Silberzeug auf mich! Ich fühle mich verpflichtet, euch ein Geschenk zu machen – das ist für mich Ehrensache und schmeichelt mir! Und meine Gratifikation werde ich mir nicht entgehen lassen: Sollen sie sie etwa Skorochodow geben? Dieses Scheusal wirft sie im Handumdrehen zum Fenster hinaus. Ich, mein Bester, erwerbe dafür silberne Löffel für euch, gute Messer, keine silbernen zwar, aber vorzügliche, und dazu eine Weste, die allerdings für mich gedacht ist, weil ich doch die Traukrone über euch halten werde! Aber paß auf, du, paß auf – ich stehe heute, morgen und die ganze Nacht hindurch mit dem Knüppel hinter dir und laß nicht locker: Tu deine Arbeit, mach, und zwar rasch, mein Freund! Und abends gehen wir wieder zu ihnen und sind glücklich; wir spielen Lotto! Wir verbringen unsere Abende bei ihnen – hach, wie schön das sein wird! Pfui Teufel, wie ärgerlich nur, daß ich dir bei deiner Arbeit nicht helfen kann! Sonst würde ich mich statt deiner hineinknien und alles abschreiben ... Warum haben wir nicht dieselbe Handschrift?«

»Ja!« entgegnete Wassja. »Ja, ich muß mich beeilen! Ich glaube, es ist jetzt gegen elf ... Ans Werk also!« Und Wassja, der die ganze Zeit bald gelächelt, bald versucht hatte, die Herzensergießung seines Freundes durch eine ebenso begeisterte Bemerkung zu unterbrechen, mit einem Wort sich durchaus genauso mitgerissen gezeigt hatte, verstummte plötzlich, schwieg still und eilte beinah im Laufschritt die Straße entlang. Es schien, als lasse ein schwerer Gedanke seine erhitzte Kehle plötzlich zu Eis erstarren; als krampfe sich ihm das Herz zusammen.

Arkadij Iwanowitsch war regelrecht beunruhigt; auf seine immer häufigeren Fragen bekam er kaum Antwort; Wassja versuchte, mit ein paar Worten, gelegentlich auch mit einem Ausruf davonzukommen, der manchmal nicht das geringste mit der Sache zu tun hatte. »Was hast du nur, Wassja?« rief er schließlich aus und hatte Mühe, mit ihm Schritt zu halten. »Bist du wirklich so besorgt?« – »Ach, Bester, Schluß mit dem Geschwätz!« entgegnete Wassja geradezu ein wenig kränkend. »Also gut, Wassja, nur gib nicht auf«, unterbrach ihn Arkadij, »ich habe doch gesehen, daß du weit mehr in kürzerer Zeit bewältigen kannst . . . was macht dir das schon aus! Du hast einfach Talent! Im äußersten Fall kann man die Feder sogar gewaltsam beschleunigen: Deine Abschrift soll schließlich nicht lithographiert werden! Du schaffst es! Nur bist du in diesem Augenblick erregt, ja zerstreut, und die Arbeit wird dir vielleicht ein wenig schwer von der Hand gehen . . .« Wassja gab keine Antwort oder murmelte nur etwas vor sich hin, und beide erreichten, äußerst beunruhigt, im Laufschritt ihr Haus.

Wassja setzte sich sogleich an die Papiere. Arkadij Iwanowitsch verstummte, zog sich mucksmäuschenstill aus und legte sich ins Bett, wobei er jedoch kein Auge von Wassja ließ . . . Eine unerklärliche Angst befiel ihn. Was hat er nur? fragte er sich und blickte auf Wassjas blaß gewordenes Gesicht, auf seine funkelnden Augen, auf all die Unruhe, die sich in jeder seiner Bewegungen kundtat. Ihm zittert sogar die Hand . . . Verdammt noch mal! Ob ich ihm rate, sich ein, zwei Stündchen schlafen zu legen? Vielleicht legt sich auf diese Weise seine Gereiztheit . . . Wassja hatte gerade eine Seite geschafft, sah auf, blickte unverhofft zu Arkadij, senkte aber sogleich die Augen und griff aufs neue zur Feder.

»Hör zu, Wassja«, begann plötzlich Arkadij Iwanowitsch, »ist es nicht besser, du schläfst ein Stündchen? Du bist ja wie im Fieber . . .«

Wassja schaute ärgerlich, ja böse zu Arkadij hin und antwortete nicht.

»Hör zu, Wassja, was tust du dir an?«

Wassja besann sich sogleich eines Besseren.

»Ob man ein Gläschen Tee trinkt, Arkascha?« fragte er.

»Wieso denn das? Warum?«

»Weil es ermuntert. Schlafen will ich nicht, auf den Schlaf muß ich eben verzichten. Ich mache weiter. Ich möchte mich jetzt, beim Tee, nur erfrischen und den toten Punkt überwinden.«

»Gut, mein Freund Wassja, famos! Das ist das Richtige. Hätt' ich's dir doch selber vorgeschlagen! Ich wundere mich, wieso ich nicht darauf gekommen bin. Nur, weißt du, was? Ich bezweifle, ob sich Mawra noch einmal vom Bett erhebt; die wird einfach nicht wach.«

»Wohl kaum ...«

»Tut nichts, macht nichts!« rief Arkadij Iwanowitsch und schnellte barfuß aus dem Bett. »Ich heize den Samowar selber an. Ist für mich schließlich nichts Neues ...«

Arkadij Iwanowitsch eilte in die Küche und nahm sich den Samowar vor; Wassja schrieb inzwischen weiter. Arkadij Iwanowitsch zog sich an und eilte sogar noch in den Bäckerladen nebenan, damit sich Wassja für die Nacht ausreichend stärken könne. Eine Viertelstunde später stand der Samowar auf dem Tisch. Sie tranken ihren Tee, aber die Unterhaltung kam nicht recht in Fluß. Wassja war immer noch irgendwie abwesend.

»Ja!« sagte er schließlich. »Und morgen muß man auch noch seine Neujahrsvisiten machen ...«

»Brauchst du gar nicht!«

»Nein, Verehrter, es geht nicht anders!« erwiderte Wassja.

»Aber ich kann mich doch statt deiner in die Gratulantenlisten eintragen ... sei ganz unbesorgt. Arbeite du morgen. Heute halte bis gegen fünf Uhr durch, wie ich dir schon geraten habe, und dann schlaf ein wenig. Wie wirst du sonst morgen aus den Augen schauen? Ich wecke dich Punkt acht ...«

»Aber geht es denn auch, daß du statt meiner unterschreibst?« fragte Wassja, zur Hälfte schon einverstanden.

»Weshalb nicht? Das machen doch alle so!«

»Ich habe wirklich Bedenken ...«

»Aber weshalb denn, wieso nur?«

»Bei den anderen mag es ja hingehen, aber Julian Mastakowitsch ist doch mein Wohltäter, Arkascha; wenn er nun merkt, daß es eine andere Handschrift ist ...«

»Wenn er nun merkt! Hach, Wassjuk, was du aber auch für einer bist! Wie soll er das merken? Ich unterschreibe doch deinen Namen erstaunlich ähnlich und kriege auch den Schnörkel hin, bei Gott! Hör auf, ich bitte dich! Wer soll das schon merken?«

Wassja antwortete nicht und trank eilig den Tee aus ... Danach schüttelte er zweifelnd den Kopf.

»Wassja, mein Bester! Hach, wenn wir es doch hinkriegten! Was hast du nur, Wassja? Du machst mir geradezu Angst! Weißt du, Wassja, jetzt lege ich mich einfach nicht mehr zu Bett; ich finde keinen Schlaf. Zeig mir, was noch zu machen ist!«

Wassja sah Arkadij Iwanowitsch an, daß ihm das Herz stillstand und er innehielt.

»Wassja! Was hast du? Was ist denn? Warum schaust du mich so an?«

»Arkadij, ich gehe morgen wirklich lieber selber hin und beglückwünsche Julian Mastakowitsch.«

»Also gut, meinetwegen, tu das!« entgegnete Arkadij und starrte ihn in qualvoller Erwartung an. »Hör zu, Wassja, schreib einfach ein bißchen schneller! Ich rate dir nichts Schlechtes, weiß Gott nicht! Julian Mastakowitsch hat oft genug gesagt, daß ihm vor allem die Leserlichkeit deiner Handschrift gefällt! Nur Skoropljochin will, daß es nicht nur gut leserlich, sondern auch noch schön und kalligraphisch ist, um das Papier womöglich später beiseite zu schaffen und es den Kindern zum Abschreiben zu geben: Als könne er sich kein Kalligraphiealbum kaufen, der Tropf! Während Julian Mastakowitsch nur eines will, nur eins verlangt: gut leserlich und deutlich, vor allem deutlich! Wozu also mehr tun als nötig? Nein, Wassja, ich weiß wirklich nicht, wie ich mit dir sprechen soll. Ich habe einfach Angst. Du bringst mich mit deinem Kleinmut um.«

»Schon gut, schon gut!« erwiderte Wassja und sank erschöpft auf seinen Stuhl. Arkadij erschrak.

»Soll ich dir Wasser bringen, Wassja? He, Wassja?«

»Nicht doch, nicht doch«, sagte Wassja und drückte ihm die Hand. »Mir fehlt nichts. Mir wurde nur auf einmal schrecklich traurig zumute, Arkadij. Ich weiß selber nicht, warum. Hör zu, reden wir lieber von etwas anderem, nur erinnere mich nicht an ...«

»Beruhige dich, Wassja, um Gottes willen, beruhige dich! Du schaffst es, bei Gott, du schaffst es! Und selbst wenn du es nicht schaffst, was ist schon dabei? Ist schließlich kein Verbrechen!«

»Arkadij«, entgegnete Wassja und sah seinen Freund so vielsagend an, daß der im Innersten erschrak; so beunruhigt hatte er Wassja noch nie gesehen. »Wenn ich alleinstünde wie früher ... Doch nein, ich rede an der Sache vorbei. Ich möchte dir immerfort erklären, dir, meinem Freund, anvertrauen ... Wozu dich im übrigen damit behelligen? Siehst du, Arkadij, dem einen ist viel gegeben, dem anderen wenig – mir zum Beispiel. Wenn man Dankbarkeit, Erkenntlichkeit von dir verlangt und du kannst sie ihnen nicht gewähren?«

»Wassja, ich kann dir entschieden nicht folgen!«

»Ich bin nie undankbar gewesen«, fuhr Wassja leise fort, als spräche er zu sich selbst. »Wenn ich aber nicht imstande bin, all das, was ich fühle, auszusprechen, dann ist das doch wohl ... Mit einem Wort, Arkadij, es läuft darauf hinaus, daß ich in Wirklichkeit undankbar bin, und das bringt mich um.«

»Ja, was denn, was ist dabei? Besteht denn die ganze Dankbarkeit darin, daß du die Abschrift fristgemäß hinkriegst? So überleg doch, Wassja, was du sagst! Drückt sich die Dankbarkeit gerade darin aus?«

Wassja verstummte plötzlich und starrte Arkadij an, als habe dessen überraschendes Argument all seine Bedenken zerstreut. Er lächelte sogar, nahm aber gleich wieder die frühere nachdenkliche Miene an. Arkadij, der dieses Lächeln als das Ende all der Ängste deutete und die neuerliche Unruhe als Entschlossenheit; sich eines Besseren zu besinnen, war äußerst erfreut.

»Nun, Freund Arkascha, wenn du zwischendurch wach wirst, dann schau nach mir«, sagte Wassja, »womöglich schlafe ich ein; das wäre ein wahres Unglück. Aber jetzt gehe ich an die Arbeit ... Arkascha?«

»Was denn?«

»Ach, nichts Besonderes, nichts ... ich wollte dich nur ...«

Wassja setzte sich zurecht und verstummte; Arkadij legte sich zu Bett. Keiner von beiden erwähnte mit einem Wort die in Kolomna. Vielleicht fühlten beide, daß sie im unrechten Augenblick gebummelt und die Zeit vertan hatten. Arkadij Iwanowitsch schlief, obwohl noch immer in Sorge um Wassja, bald darauf ein. Er erwachte zu seinem Erstaunen Punkt acht Uhr morgens. Wassja war auf seinem Stuhl eingenickt – bleich und erschöpft, die Feder in der Hand; die Kerze war niedergebrannt. In der Küche hantierte Mawra mit dem Samowar.

»Wassja, Wassja!« rief Arkadij Iwanowitsch erschrocken. »Wann bist du eingenickt?«

Wassja riß die Augen auf und schnellte vom Stuhl.

»Ach!« sagte er. »Da bin ich doch eingeduselt!«

Er stürzte sich sogleich auf seine Papiere – aber nichts da: alles in bester Ordnung, weder Tinten- noch Talgflecken.

»Ich glaube, ich bin so gegen sechs Uhr morgens eingeschlummert«, meinte Wassja. »Wie kalt es aber auch nachts bei uns ist! Trinken wir Tee, dann mach ich mich aufs neue ...«

»Hat dich der Schlaf ein bißchen erfrischt?«

»Aber ja doch, es geht, jetzt geht es wieder!«

»Meinen Glückwunsch zum neuen Jahr, Freund Wassja!«

»Desgleichen, mein Bester, desgleichen; ich wünsche dir meinerseits alles Gute!«

Sie umarmten sich. Wassja zitterte das Kinn und wurden die Augen feucht. Arkadij Iwanowitsch schwieg; ihm war bitter zumute; beide gossen ihren Tee ein wenig hastig hinunter.

»Arkadij! Ich bin entschlossen, selber zu Julian Mastakowitsch zu gehen . . .«

»Aber er wird es doch gar nicht bemerken . . .«

»Mich quält da irgendwie das Gewissen, mein Bester!«

»Aber du plagst dich doch nur ihm zuliebe, bringst dich nur ihm zuliebe um . . . das geht zu weit! Weißt du was, mein Freund, ich werde mal bei den Deinen hereinschauen!«

»Ja, bei wem denn?« erkundigte sich Wassja.

»Bei den Artemjews, um sie in deinem und meinem Namen zu beglückwünschen.«

»Mein Bester, mein Teuerster! Ich jedenfalls bleibe hier; ich sehe, du hast dir all das gut zurechtgelegt; ich arbeite indessen, vertu nicht meine Zeit. Warte einen Augenblick, ich schreibe ihr rasch ein Briefchen!«

»Tu das, mein Freund, tu das; du brauchst dich nicht zu beeilen; ich muß mich erst waschen, mich rasieren, den Frack ausbürsten. Nun, Freund Wassja, wir werden glücklich und zufrieden sein! Umarme mich!«

»Ach, wenn dem so wäre!«

»Wohnt hier der Beamte Schumkow?« erklang eine Kinderstimme auf dem Treppenflur.

»Ja, Verehrter, hier«, gab Mawra zur Antwort und ließ den Besucher ein.

»Was ist denn? Wer ist da, wer?« rief Wassja, sprang vom Stuhl auf und stürzte in den Flur. »Petjenka, du?«

»Guten Tag, habe die Ehre, Ihnen ein glückliches neues Jahr zu wünschen, Wassilij Petrowitsch«, sagte ein niedlicher Junge von etwa zehn Jahren mit lockigem schwarzem Haar, »meine Schwester und Mamachen lassen Sie grüßen, und meine Schwester hat gesagt, ich soll Ihnen einen Kuß von ihr geben . . .«

Wassja wirbelte den Abgesandten durch die Luft und drückte ihm einen honigsüßen, langen, begeisterten Kuß auf die Lippen, die denen Lisankas erstaunlich ähnelten.

»Gib auch du ihm einen Kuß, Arkadij!« sagte er, reichte Petja weiter, und Petja landete, ohne den Boden berührt zu haben, in der kraftvollen und im wahrsten Sinne des Wortes gierigen Umarmung Arkadij Iwanowitschs.

»Mein Bester, möchtest du ein Glas Tee?«

»Ergebensten Dank! Wir haben schon Tee getrunken. Wir sind heute ziemlich früh aufgestanden. Die Unseren gingen dann zum Mittagsgottesdienst. Meine Schwester hat mir zwei Stunden lang das Haar gekräuselt und es pomadisiert, sie hat mich geschrubbt und meine Hosen geflickt, die ich mir gestern auf der Straße zerrissen hatte, bei einer Schneeballschlacht gegen Saschka ...«

»Nun, nun, und was weiter?«

»Nun ja, sie putzte mich heraus, um mich zu Ihnen zu schicken; dann schmierte sie mir Pomade ins Haar, überschüttete mich mit Küssen und sagte: So, jetzt gehst du zu Wassja, beglückwünschst ihn von mir und fragst, ob er wohlauf ist, ob er gut geschlafen hat und ob ... und ob ... Ich sollte da noch nach etwas fragen ... ach ja, ob auch die Arbeit fertig ist, um die Sie sich gestern ... wie heißt das ... aber sie hat mir doch alles aufgeschrieben«, fuhr der Kleine fort, zog einen Zettel aus der Tasche und las nach. »Ach ja, um die Sie sich gestern Sorgen gemacht haben.«

»Sie wird heute fertig werden, ja das wird sie, sag ihr das, ich schaffe es ganz bestimmt, mein Wort darauf!«

»Da war noch etwas ... ach ja, das hätte ich beinah vergessen; meine Schwester schickt Ihnen ein Briefchen und ein Geschenk; hätt' ich doch fast vergessen!«

»Mein Gott! Ach, du mein Engel! Wo ... wo hast du sie denn? Aha! Hör zu, mein Freund Arkadij! Was sie mir schreibt! Das Herzchen, die Gute! Weißt du, ich habe da gestern eine Brieftasche für mich bei ihr gesehen; sie ist aber noch nicht ganz fertig, und da schreibt sie eben, ich schicke Ihnen dafür eine Haarlocke von mir; das andere entgeht Ihnen nicht. Schau her, mein Bester, schau her!«

Und der von Seligkeit erfüllte Wassja hielt Arkadij Iwanowitsch eine Locke von dichtestem, schwärzestem Haar hin, dem schwärzesten, das es gibt; dann drückte er einen feurigen Kuß darauf und verbarg die Locke in der Brusttasche, möglichst nahe am Herzen.

»Wassja, ich bestelle dir ein Medaillon für diese Locke!« erklärte Arkadij Iwanowitsch entschlossen.

»Und bei uns gibt es heute Kalbsbraten und morgen Bregen; Mamachen will auch Biskuitkuchen backen ... Hirsebrei dagegen wird es nicht geben«, sagte der Junge, nachdem er überlegt hatte, wie er die Unterhaltung abschließen könne.

»Ach, ist das ein nettes Kerlchen!« rief Arkadij Iwanowitsch. »Wassja, du bist der Glücklichste unter den Sterblichen!«

Der Junge trank seinen Tee aus, bekam ein Briefchen mit, wurde mit tausend Küssen überschüttet und trat glücklich und munter wie zuvor den Heimweg an.

»Nun, Verehrter«, begann höchst erfreut Arkadij Iwanowitsch, »du siehst, wie gut sich alles macht! Alles hat sich zum Besten gewendet, mach dir also keine Sorgen und hab keine Angst! Vorwärts! An die Arbeit, Wassja, bring sie zum Abschluß! Um zwei Uhr nachmittags bin ich wieder zu Hause; ich schau nur bei ihnen und danach bei Julian Mastakowitsch herein ...«

»Auf Wiedersehen bis dahin, mein Bester ... Ach, wenn ich es doch ... Aber schon gut, geh nur, geh«, erwiderte Wassja, »ich gehe ganz gewiß nicht zu Julian Mastakowitsch.«

»Leb wohl!«

»Halt, halt, mein Lieber! Sag ihnen ... ach was, sag ihnen, was dir gerade einfällt; gib ihr einen Kuß ... und erzähl mir hinterher alles, du Guter ...«

»Schon recht, schon recht, ich weiß schon! Dich hat das Glück überrumpelt! Es kam zu unerwartet; du bist seit gestern völlig aus dem Häuschen. Du hast dich noch nicht von den gestrigen Eindrücken erholt. Natürlich nicht! Aber nimm dich zusammen, Freund Wassja! Leb wohl, leb wohl!«

Die Freunde trennten sich schließlich. Arkadij Iwanowitsch war den ganzen Vormittag zerstreut und dachte nur an Wassja. Er kannte seinen schwankenden, reizbaren Charakter. Ja, ich habe mich nicht getäuscht, dieses Glück hat ihn umgeworfen! sagte er zu sich selbst. Mein Gott, er hat auch mich in Unruhe versetzt. Woraus dieser Mensch nicht eine Tragödie zu machen versteht! Ein wahrer Fieberwahn! Ach, man muß ihm helfen, muß ihn retten! dachte Arkadij bei sich, wobei er nicht merkte, daß er selber nichtssagende, im Grunde belanglose häusliche Umstände zu einer Katastrophe erhob. Er gelangte erst gegen elf Uhr in der Portierloge bei Julian Mastakowitsch an, um seinen bescheidenen Namen der langen Reihe der achtbaren Personen hinzuzufügen, die sich auf dem stearinbetropften und ringsum bekritzelten Bogen bereits eingetragen hatten. Wie groß war indessen sein Erstaunen, als er die eigenhändige Unterschrift Wassja Schumkows erblickte! Das machte ihn stutzig. Was geht in ihm vor? fragte er sich. Arkadij Iwanowitsch, der noch vor kurzem so hoffnungsvoll gewesen war, verließ beunruhigt Julian Mastakowitschs Haus. Es schien tatsächlich ein Unwetter heraufzuziehen; aber was für eins und aus welcher Richtung?

In düsterer Stimmung traf er in Kolomna ein, war zunächst zerstreut und verließ dann das Haus, nachdem er mit Lisanka geplaudert hatte, mit Tränen in den Augen, da er ehrlich um Wassja bangte. Er wandte sich im Laufschritt heimwärts und stieß an der Newa mit Wassja Schumkow zusammen. Auch der hatte es eilig.

»Wo willst du hin?« rief ihn Arkadij Iwanowitsch an.

Wassja stand still, als hätte man ihn bei einem Verbrechen ertappt.

»Ich, weißt du, ich gehe nur ein bißchen spazieren.«

»Du hast es also nicht ausgehalten? Du wolltest doch nach Kolomna? Ach, Wassja, Wassja! Warum bist du zu Julian Mastakowitsch gegangen?«

Wassja antwortete nicht; schließlich winkte er ab und sagte: »Arkadij, ich weiß nicht, was sich mit mir tut! Ich ...«

»Genug, Wassja, genug! Ich versteh doch, worum es sich handelt. Beruhige dich! Du bist erregt und im Innersten ergriffen von gestern! Aber denk einmal nach: damit sollte man schließlich fertig werden! Alle lieben dich, alle sind um dich bemüht, deine Arbeit kommt voran, und du schaffst sie auch, ja, du schaffst sie unbedingt, das weiß ich; du redest dir nur etwas ein, du siehst Gespenster ...«

»Nein, nein, es hat nichts zu sagen ...«

»Weißt du noch, Wassja, weißt du noch, wie das damals war, als du deine Rangerhöhung bekamst, vor lauter Dankbarkeit und Glückseligkeit deinen Eifer verdoppeltest und eine ganze Woche lang die Arbeit nur verdarbst? Auch jetzt geht etwas Ähnliches mit dir vor ...«

»Ja doch, Arkadij, ja; aber jetzt handelt es sich um etwas anderes, um etwas ganz anderes ...«

»Ich bitte dich, wieso um etwas ganz anderes? Die ganze Angelegenheit ist vielleicht gar nicht so eilig, und du bringst dich unnötig um ...«

»Schon gut, schon gut, das war nur beiläufig bemerkt. Also los, komm!«

»Du willst also nach Hause und nicht zu ihnen?«

»Nein, Verehrter, mit was für einer Miene soll ich bei ihnen auftauchen? Ich hab es mir überlegt. Ich hielt es nur allein, ohne dich, nicht aus. Aber nun bist du bei mir, und ich setze mich an meine Arbeit. Gehen wir!«

Sie machten sich auf den Weg und schwiegen eine Weile. Wassja hatte es eilig.

»Wieso fragst du nicht nach ihnen?« erkundigte sich Arkadij Iwanowitsch.

»Ach ja! Nun, Arkascha, wie war's?«

»Wassja, ich kenne dich nicht wieder!«

»Schon gut, macht nichts! Erzähl mir alles, Arkascha!« bat Wassja mit flehender Stimme, als wolle er allen weiteren Erörterungen ausweichen. Arkadij Iwanowitsch seufzte. Er fand sich, wenn er Wassja ansah, entschieden nicht mehr zurecht.

Der Bericht über die in Kolomna munterte ihn auf. Er wurde sogar gesprächig. Man aß zu Mittag. Die Alte, Lisankas Mutter, hatte Arkadij Iwanowitschs Taschen mit Biskuitkuchen vollgestopft, und die beiden Freunde waren guter Dinge, während sie sie aßen. Wassja versprach, nach dem Mittagessen ein Schlummerstündchen einzulegen, um danach die ganze Nacht hindurch zu arbeiten. Er streckte sich auch wirklich aus. Am Morgen darauf lud jemand, dem man auf keinen Fall einen Korb geben konnte, Arkadij Iwanowitsch zum Tee bei sich ein. Die Freunde trennten sich. Arkadij nahm sich vor, möglichst früh zurückzukommen, wenn es sich irgend machen ließ, noch vor acht Uhr abends. Die drei Stunden der Trennung erschienen ihm wie drei Jahre. Schließlich machte er sich frei. Er betrat Wassjas Zimmer und sah, es brannte kein Licht. Wassja war nicht zu Hause. Er erkundigte sich bei Mawra. Mawra berichtete, er habe die ganze Zeit nicht geschlafen und in einem fort geschrieben, sei dann im Zimmer auf und ab gegangen, vor einer Stunde jedoch davongeeilt, wobei er gesagt habe, er werde in einer halben Stunde wieder dasein; »wenn aber Arkadij Iwanowitsch zurückkehrt, Alte, dann erkläre ihm«, so schloß Mawra, »ich bin spazierengegangen«; das habe er ihr drei- oder gar viermal eingeschärft.

Er ist bei den Artemjews! dachte Arkadij Iwanowitsch und schüttelte den Kopf.

Einen Augenblick später sprang er, von Hoffnung beseelt, auf. Er ist mit seiner Arbeit fertig, entschied er; das ist alles, da hat er es eben nicht ausgehalten und ist dorthin geeilt. Doch nein, das kann nicht stimmen! Er hätte auf mich gewartet ... Ich schau mir mal an, wie's bei ihm steht!

Er zündete eine Kerze an und stürzte zu Wassjas Schreibtisch: Die Arbeit war vorangekommen, allzuviel schien nicht mehr zu fehlen. Arkadij Iwanowitsch wollte der Angelegenheit schon auf den Grund gehen, als plötzlich Wassja eintrat.

»Ha, du hier?« rief er und zuckte vor Schreck zusammen.

Arkadij Iwanowitsch schwieg. Er fand nicht den Mut, Wassja zu befragen. Der hielt die Augen gesenkt und machte sich, ebenfalls schweigend, an das Ordnen der Papiere. Schließlich trafen sich ihre Blicke. Wassjas Blick war so bittend, so flehend und hoffnungslos, daß Arkadij Iwanowitsch zusammenzuckte. Sein Herz war übervoll und bebte.

»Wassja, mein Bester, was hast du nur? Was ist los mit dir?« rief er, stürzte auf ihn zu und schloß ihn in seine Arme. »Sprich dich aus; ich verstehe dich und deine Unruhe nicht mehr; was bedrückt dich, du Märtyrer? Was? Sage es und verheimliche mir nichts! Undenkbar, daß dich nur dieses eine ...«

Wassja schmiegte sich an ihn, vermochte aber kein Wort hervorzubringen. Es hatte ihm die Sprache verschlagen.

»Genug, Wassja, genug! Also gut, du schaffst es nicht, was ist schon dabei? Ich versteh dich nicht; sage mir, was dich quält! Siehst du, ich würde doch für dich ... Ach, mein Gott, mein Gott!« fuhr er fort, durchmaß das Zimmer und griff nach allem, was ihm unter die Hände kam, als suche er nach einem Mittel, das Wassja auf der Stelle helfen könnte. »Ich gehe gleich morgen statt deiner zu Julian Mastakowitsch und bitte ihn, flehe ihn an, dir einen Tag Aufschub zu gewähren. Ich setze ihm alles auseinander, wenn es nur das ist, was dich so quält ...«

»Gott bewahre dich davor!« rief Wassja und wurde kreideweiß. Ihm versagten beinah die Knie.

»Wassja, Wassja ...«

Wassja kam zu sich. Seine Lippen zuckten; er wollte etwas entgegnen, drückte aber nur krampfhaft Arkadij Iwanowitschs Hand. Seine eigene war eiskalt. Arkadij stand vor ihm, voller schlimmer, qualvoller Erwartung. Wassja blickte ihn aufs neue an.

»Wassja! Gott verzeih dir, Wassja! Du zerreißt mir das Herz, du mein Bester, du mein Freund!«

Wassja stürzten die Tränen aus den Augen; er warf sich Arkadij an die Brust.

»Ich habe dich betrogen, Arkadij!« sagte er. »Ich habe dich getäuscht; verzeih mir, vergib mir! Ich bin nicht würdig, dein Freund zu sein ...«

»Ja, was ist, Wassja? Worum handelt es sich denn?« fragte Arkadij, zutiefst erschrocken.

»Um das hier!«

Und Wassja holte aus einem der Schubfächer sechs dicke Hefte, die demjenigen ähnelten, das er abschrieb, und knallte sie mit verzweifelter Gebärde auf den Tisch.

»Was ist das?«

»Das ist das, was bis übermorgen fertig sein soll! Ich habe nicht mal ein Viertel geschafft! Frage nicht, frage mich nicht ... wie das gekommen ist«, fuhr Wassja fort, ging jedoch sogleich auf die Frage ein, was ihn so quäle. »Arkadij, mein Freund! Ich weiß selber nicht, wie das geschehen konnte! Es ist, als erwachte ich aus einem tiefen Traum. Ich habe mich volle drei Wochen nicht darum gekümmert. Ich bin in einem fort ... zu ihr gegangen. Mein Herz war bedrückt, die Ungewißheit quälte mich ... da konnte ich nicht weiterschreiben. Ich dachte einfach nicht mehr daran. Erst jetzt, da mir das Glück winkt, komme ich zu mir.«

»Wassja!« begann Arkadij Iwanowitsch entschlossen. »Wassja! Ich rette dich! Ich versteh das alles. Damit ist nicht zu spaßen! Aber ich helfe dir heraus! Hör zu, hör zu: Ich gehe gleich morgen zu Julian Mastakowitsch ... Nein, schüttle nicht den Kopf, sondern hör zu! Ich erzähle ihm, wie alles gekommen ist; du mußt schon erlauben, daß ich es tu ... Ich erkläre ihm ... ich gehe einfach aufs Ganze! Ich schildere ihm, wie zerquält, wie niedergeschmettert du bist.«

»Weißt du auch, daß du mich schon jetzt damit niederschmetterst?« entgegnete Wassja und erstarrte vor lauter Schreck zu Eis.

Arkadij Iwanowitsch wurde zunächst ganz blaß, überlegte jedoch und lachte gleich darauf los.

»Und das ist alles? Das ist alles?« fragte er. »Ich bitte dich, Wassja, ich bitte dich! Schämst du dich nicht! Hör doch mal zu! Ich sehe, daß ich dich betrübe. Nun ja, ich verstehe dich, ich weiß, was in dir vorgeht. Hausen wir doch, Gott sei Dank, seit nun schon fünf Jahren zusammen! Du bist herzensgut und zartfühlend, aber schwach, unverzeihlich schwach! Das hat auch Lisaweta Michailowna schon bemerkt. Außerdem bist du ein Träumer, und selbst das ist nicht gut: da kann man ganz schön entgleisen, mein Bester! Hör also zu, ich weiß genau, worauf du aus bist! Du möchtest zum Beispiel, daß Julian Mastakowitsch außer sich gerät und womöglich einen Ball gibt, aus lauter Freude darüber, daß du heiratest! Warte, warte, verzieh nicht gleich das Gesicht! Du bist schon gekränkt, nur weil ich Julian Mastakowitsch erwähnt habe! Gut, ich lasse ihn. Schließlich verehre ich ihn nicht weniger als du! Aber du kannst mir nicht weismachen, mir nicht ausreden, daß du dir wünschst, es soll keinen Unglücklichen mehr auf der Welt geben, wenn du heiratest ... Ja, mein Teuerster, so gib doch zu, daß du dich ehrlich freuen würdest, wenn ich, dein bester Freund, plötzlich zu einem Kapital von hunderttausend Rubeln käme; wenn sich alle Feinde, so viele es ihrer auf dieser Erde gibt, plötzlich versöhnen und sich vor lauter Freude mir nichts, dir nichts auf offener Straße in die Arme sinken würden, um hinterher womöglich zu dir zu kommen und deine Gäste zu sein. Mein Freund! Du Lieber! Ich mach mich nicht über dich lustig, es ist einfach so; du hast mir all das schon in den verschiedensten Varianten vorgeführt. Weil du glücklich bist, weil du möchtest, daß alle glücklich werden, ausnahmslos alle! Es bedrückt dich, allein so glücklich zu sein! Weil du dich dieses Glücks als unbedingt würdig erweisen, ja vielleicht sogar zur Beruhigung deines Gewissens eine Heldentat vollbringen willst! Nun, ich verstehe ja, es quält dich, gerade da versagt zu haben, wo es darauf ankam, deinen Eifer, deine Dankbarkeit unter Beweis zu stellen! Dir wird entsetzlich bitter zumute bei dem Gedanken, Julian Mastakowitsch könne das

Gesicht verziehen, ja sogar verärgert sein, wenn er sieht, daß du die Hoffnungen, die er in dich gesetzt hat, nicht gerechtfertigt hast. Es tut dir weh, daran zu denken, daß du dir von jemand Vorwürfe anhören mußt, den du als deinen Wohltäter betrachtest – und in welchem Augenblick! In einem Augenblick, da dein Herz vor Freude überschäumt und du nicht weißt, über wen du deine Dankbarkeit ergießen sollst ... So ist es doch, nicht wahr? Hab ich nicht recht?«

Arkadij Iwanowitsch, dessen Stimme zum Schluß seiner Rede ins Zittern geriet, brach ab und holte Atem.

Wassja sah seinen Freund liebevoll an. Ein Lächeln glitt über seine Lippen.

Sein Gesicht schien sogar von einem Hoffnungsschimmer belebt.

»Hör also zu«, begann Arkadij aufs neue, noch stärker von Hoffnung beseelt als zuvor, »es steht doch noch gar nicht fest, ob Julian Mastakowitsch dir sein Wohlwollen entziehen wird. Stimmt's, mein Bester? Das ist noch sehr fraglich! Wenn dem aber so wäre«, fuhr Arkadij, von seinem Platz aufspringend, fort, »dann opfere ich mich für dich auf. Ich fahre gleich morgen zu Julian Mastakowitsch ... Bitte, widersprich mir nicht! Du, Wassja, machst aus deiner Verfehlung ein Verbrechen. Dabei ist Julian Mastakowitsch großzügig und mitfühlend und darüber hinaus ganz anders geartet als du. Er, Wassja, hört uns an und hilft uns aus der Not. Nun? Bist du endlich beruhigt?«

Wassja drückte Arkadij mit Tränen in den Augen die Hand.

»Genug, Arkadij, genug«, entgegnete er, »beschlossene Sache! Nun ja, ich habe es nicht geschafft, und damit hat sich's; ich habe es eben nicht hingekriegt und basta. Und du brauchst auch gar nicht zu ihm zu gehen; das tu ich selber; ich setze ihm alles auseinander. Ich bin jetzt ruhig, ganz ruhig; nur geh nicht zu ihm ... Höre auf mich!«

»Wassja, du Lieber!« rief Arkadij Iwanowitsch erfreut. »Ich bin doch nur von dem ausgegangen, was du vorhin sagtest; ich freue mich, daß du dich eines Besseren besonnen und dich wieder aufgerichtet hast. Was auch geschehen mag, ich stehe immer zu dir, vergiß das nicht! Ich merke, dich quält der Gedanke, ich könnte Julian Mastakowitsch zuviel verraten; nun, ich sage nichts, ich sage kein Wort, das überlasse ich dir. Du gehst also morgen zu ihm . . . oder nein, das tust du nicht, du schreibst hier weiter, verstehst du? Während ich mich dort erkundige, um was für eine Akte es sich handelt, ob sie eilig ist oder nicht, ob sie fristgemäß vorliegen muß und was geschehen kann, wenn die Frist überschritten wird. Danach eile ich zu dir . . . Du siehst, du siehst, es bleibt uns noch einige Hoffnung; stell dir vor, die Sache ist gar nicht so eilig – dann wären wir doch obenauf! Julian Mastakowitsch würde vielleicht nicht einmal mahnen, und alles wäre gerettet.«

Wassja schüttelte zweifelnd den Kopf. Doch sein dankbarer Blick hing an dem Gesicht des Freundes.

»Schon gut, schon gut! Ich fühle mich so elend, so müde«, erwiderte er schwer atmend, »ich mag einfach nicht mehr daran denken. Reden wir also von etwas anderem! Ich werde jetzt, weißt du, gar nicht weiterschreiben, allenfalls noch zwei Seiten, um zu einem gewissen Schlußpunkt zu gelangen. Hör zu . . . ich wollte dich schon lange danach fragen: Wieso kennst du mich so genau?«

Tränen tropften aus Wassjas Augen auf Arkadijs Hände.

»Wenn du wüßtest, Wassja, wie sehr ich dich in mein Herz geschlossen habe, du hättest mich nicht danach gefragt. Nein, nein!«

»Nun gut, Arkadij, ich weiß es nicht, weil ich . . . weil ich nicht weiß, warum du mich so in dein Herz geschlossen hast! Aber kannst du dir vorstellen, Arkadij, daß selbst deine Liebe mich quält? Kannst du dir vorstellen, wie oft ich, wenn ich mich schlafen legte und an dich dachte (und ich denke, wenn ich mich schlafen lege, immer an dich), wie oft ich also in

Tränen ausbrach und sich mein Herz zusammenkrampfte, weil ich, weil ich ... Nun, einfach, weil du mich so liebhattest und ich mein Herz durch nichts erleichtern, mich dir durch nichts dankbar erweisen konnte.«

»Siehst du, Wassja, siehst du, was du für einer bist! Da, wie es dich aufregt«, fuhr Arkadij fort, der in diesem Augenblick an den gestrigen Auftritt auf der Straße denken mußte und im Innersten betroffen war.

»Genug davon; du willst, daß ich mich beruhige, während ich noch nie so ruhig und glücklich gewesen bin wie jetzt! Weißt du auch ... Hör zu, ich möchte dir alles erzählen, fürchte aber, dich zu enttäuschen ... Du bist immerfort über mich verärgert und herrschst mich an; und da erschrecke ich eben ... schau her, wie ich in diesem Augenblick zittere und selber nicht weiß, warum. Ich möchte dir, weißt du, folgendes sagen. Mir scheint, ich habe mich bisher in mir nicht ausgekannt und – ja! – und auch die anderen habe ich erst gestern erkannt. Ich, mein Bester, habe all das nicht gefühlt, nicht richtig eingeschätzt. Mein Herz war verhärtet ... Hör dir an, woher es kam, daß ich niemand auf der Welt etwas Gutes getan habe – das konnte ich nicht, zumal ich schon äußerlich unangenehm wirke ... Und dabei waren alle so lieb zu mir! Du als erster; als ob ich das nicht einsähe ... Aber ich schwieg nur, ich schwieg mich aus!«

»Hör auf, Wassja!«

»Ja, was denn, Arkascha? Was denn? Ich habe doch nichts ...«, unterbrach ihn Wassja, der vor lauter Tränen kaum sprechen konnte. »Ich habe dir gestern von Julian Mastakowitsch erzählt. Nun, du weißt ja selber, er ist streng, irgendwie rauh, du hast schon mehrmals eine Rüge von ihm einstecken müssen, während er mit mir gestern zu scherzen, mich zu umschmeicheln und mir sein weiches Herz zu offenbaren beliebte, das er vor den anderen wohlweislich verbirgt ...«

»Na und, Wassja? Das beweist doch nur, daß du deines Glücks würdig bist.«

»Ach, Arkascha! Wie gerne hätte ich diese ganze Geschichte abgeschlossen! Aber nein, ich ruiniere mein Glück! Ich habe da so ein Vorgefühl! Nein, nicht darum«, unterbrach sich Wassja, der bemerkt hatte, daß Arkadij zu der hundert Pud schweren, eiligen Akte hinschielte, die auf dem Tisch lag, »das ist weiter nichts als beschriebenes Papier . . . mit einem Wort Unsinn! Darüber brauchen wir uns nicht zu unterhalten. Aber ich . . . ich war . . . heute dort, bei ihnen, Arkascha, trat aber nicht ein. Sie spielte Klavier, und ich lauschte. Siehst du, Arkadij«, fuhr er mit gedämpfter Stimme fort, »ich wagte einfach nicht einzutreten.«

»Hör zu, Wassja, was hast du nur? Du schaust mich so sonderbar an!«

»Was ich habe? Nichts! Ich fühle mich nur ein bißchen elend; mir zittern die Knie; das kommt davon, daß ich die ganze Nacht über die Arbeit gebeugt gesessen habe. Ja. Es flimmert mir vor den Augen. Ich habe hier, in dieser Gegend . . .«

Er zeigte auf sein Herz. Ihm schwanden die Sinne.

Nachdem er wieder zu sich gekommen war, schickte sich Arkadij an, allerlei Zwangsmaßnahmen zu ergreifen. Er versuchte, ihn mit Gewalt ins Bett zu schaffen. Darauf wollte sich Wassja jedoch auf keinen Fall einlassen. Er weinte, rang die Hände, wollte weiterschreiben und unbedingt wenigstens jene zwei Seiten beenden. Arkadij ließ ihn gewähren, um ihn nicht aufzuregen.

»Du siehst«, sagte Wassja und setzte sich zurecht, »du siehst, auch mir ist eine Idee gekommen, es gibt noch Hoffnung.«

Er lächelte Arkadij zu, und tatsächlich belebte so etwas wie ein Hoffnungsstrahl sein blasses Gesicht.

»Es handelt sich um folgendes: Ich bring ihm übermorgen das, was fertig ist. Vom Rest behaupte ich, er sei verbrannt oder naß und unleserlich geworden oder verlorengegangen . . . Was ist schon dabei, wenn ich es nicht geschafft habe; zu lügen versteh ich nun einmal nicht. Ich erkläre ihm – weißt du, was ich ihm erkläre? Daß ich es aus gewissen Gründen nicht zu schaffen vermochte ... und erzähle ihm von meiner Liebe; hat er doch selber erst vor kurzem geheiratet; er wird mich verstehen! Ich bringe all das selbstverständlich sehr respektvoll und zurückhaltend vor; er wird meine Tränen sehen und gerührt sein.«

»Ja, natürlich, geh hin und sprich dich mit ihm aus ... es bedarf da nicht einmal der Tränen! Weshalb denn? Wahrhaftig, Wassja, du hast auch mich ganz verschreckt.«

»Ja, ich gehe hin, mach ich. Aber jetzt laß mich schreiben, laß mich weiterschreiben, Arkascha! Ich tue niemand etwas zuleide, nur laß mich weiterschreiben!«

Arkadij warf sich auf sein Bett. Er traute Wassja nicht, traute ihm nicht im geringsten. Wassja war zu allem fähig. Aber um Verzeihung bitten? Weswegen, wofür? Es ging um etwas anderes. Es handelte sich darum, daß Wassja seine Pflicht nicht erfüllt hatte, daß er sich *schuldig vor sich selber* und undankbar gegenüber dem Schicksal fühlte, daß er bedrückt, durch sein Glück aus dem Gleis geworfen war und sich als seiner unwürdig ansah, daß er letzten Endes nur auf einen Vorwand wartete, in dieser Richtung auszuweichen, und sich von der Überraschung des gestrigen Tages noch keineswegs erholt hatte. Das also ist es, sagte sich Arkadij Iwanowitsch. Man muß ihn retten, ihn mit sich aussöhnen. Er singt sich ja selber den Abgesang! Arkadij Iwanowitsch zerbrach sich lange den Kopf und beschloß am Ende, unverzüglich, gleich am Tage darauf, zu Julian Mastakowitsch zu eilen und ihm alles auseinanderzusetzen.

Wassja saß da und schrieb. Der zerquälte Arkadij Iwanowitsch streckte sich aus, um die Angelegenheit aufs neue zu überdenken, und erwachte erst kurz vor Morgengrauen.

»Ach, verdammt! Schon wieder!« rief er aus und schaute zu Wassja; der saß da und schrieb.

Arkadij Iwanowitsch stürzte zu ihm, umarmte ihn und nötigte ihn ins Bett. Wassja lächelte: Ihm fielen vor Entkräftung die Augen zu. Er konnte kaum noch sprechen.

»Ich wollte mich schon selber schlafen legen«, sagte er. »Weißt du, Arkadij, ich habe da eine Idee; ich schaffe es! Ich *beschleunige* meine Feder! Aber jetzt halte ich es nicht länger aus; weck mich um acht Uhr!«

Und er schlief auf der Stelle ein.

»Mawra!« flüsterte Arkadij Iwanowitsch Mawra zu, die gerade den Tee hereinbrachte. »Er hat mich gebeten, ihn in einer Stunde zu wecken. Aber das kommt nicht in Frage! Soll er meinetwegen zehn Stunden hintereinander schlafen. Verstanden?«

»Ja doch, mein Herr und Gönner!«

»Ein Mittagessen brauchst du nicht zuzubereiten; aber lärm nicht beim Ofenheizen, sonst – wehe dir! Wenn er sich nach mir erkundigt, sagst du ihm, ich sei zur Dienststelle gegangen. Hast du verstanden?«

»Gewiß doch, habe ich, mein Herr und Gönner; soll er doch schlafen, so lange es ihm beliebt; was macht es mir schon aus! Ich freue mich, wenn die Herrschaft gut schläft, und wache über das herrschaftliche Hab und Gut. Als Sie mir aber neulich der zerschlagenen Tasse wegen Vorwürfe gemacht haben – ich war es nicht, es war Maschka, die Katze, ich habe allenfalls nicht gut genug auf sie aufgepaßt. Fort mit dir, Biest, verdammtes, hab ich gesagt!«

»St . . . schweig still, schweig still!«

Arkadij Iwanowitsch schob Mawra in die Küche ab, ließ sich den Schlüssel geben und sperrte sie ein. Danach machte er sich zu seiner Dienststelle auf. Unterwegs überlegte er, wie er sich bei Julian Mastakowitsch präsentieren solle und ob es auch angängig sei und nicht aufdringlich erscheinen könne. Er betrat einigermaßen verschüchtert die Diensträume und erkundigte sich genauso verschüchtert, ob Seine Exzellenz anwesend sei, erfuhr jedoch, dies sei nicht der Fall und er werde auch nicht erwartet. Arkadij Iwanowitsch wollte sich schon schnurstracks zu ihm in die Wohnung begeben, sagte sich aber dann mit Recht, wenn Julian Mastakowitsch nicht im Dienst sei, dann habe er eben anderes zu tun. Und er unterließ es. Die Dienstzeit schien kein Ende zu nehmen. Er erkundigte sich beiläufig nach der Schumkow übertragenen Akte. Aber niemand wußte Bescheid. Man wußte nur, daß Julian Mastakowitsch ihn mit irgendwelchen besonderen Aufträgen zu betrauen beliebte. Mit was für welchen, konnte niemand sagen. Schließlich schlug es drei, und Arkadij Iwanowitsch wollte rasch nach Hause stürzen. Im Flur hielt ihn jedoch ein Schreiber an, der ihm erklärte, Wassilij Petrowitsch Schumkow sei gegen ein Uhr dagewesen und habe sich erkundigt, ob er, also Arkadij Iwanowitsch, und Julian Mastakowitsch im Hause seien. Als Arkadij Iwanowitsch das hörte, nahm er sogleich eine Droschke und gelangte außer sich vor Angst zu Hause an.

Schumkow war da. Er ging äußerst erregt im Zimmer auf und ab. Nach einem Blick auf Arkadij Iwanowitsch kam er offenbar gleich zu sich, riß sich zusammen und beeilte sich, seine Erregung zu verbergen. Er beugte sich schweigend über die Akten. Es schien, als wolle er allen für ihn bedrückenden Fragen seines Freundes ausweichen, als sei er selber auf dies und jenes verfallen, habe aber den festen Willen, es nicht zu verraten, da man sich nicht einmal mehr auf seine besten Freunde verlassen könne. Das machte Arkadij stutzig, und sein Herz krampfte sich schmerzhaft zusammen. Er setzte sich auf sein Bett und schlug ein Buch auf, das einzige, das er besaß, wobei er aber keinen Blick von dem armen Wassja wandte. Wassja schwieg jedoch hartnäckig weiter, schrieb und sah nicht auf. So vergingen mehrere Stunden, und Arkadijs Qual erreichte ihren Höhepunkt. Schließlich, es ging bereits auf elf Uhr, blickte Wassja auf und schaute Arkadij stumpfsinnig und unbeweglich an. Arkadij wartete. Zwei, drei Minuten vergingen; Wassja sagte kein Wort. »Wassja!« rief Arkadij. Wassja antwortete nicht. »Wassja!« wiederholte er und schnellte von seinem Bett. »Wassja, was hast du, was ist denn nur?« rief er und stürzte auf ihn zu. Wassja hob aufs neue den Kopf und starrte ihn mit demselben stumpfsinnigen, unbeweglichen Ausdruck an. Er ist von einem Starrkrampf befallen, sagte sich Arkadij und zitterte vor Schreck an allen Gliedern. Er griff nach der Karaffe, richtete Wassja auf, goß ihm Wasser über den Kopf, befeuchtete seine Schläfen, rieb seine Hände – und Wassja kam zu Bewußtsein. »Wassja, Wassja!« rief Arkadij und ließ den Tränen freien Lauf. »Wassja, richte dich nicht zugrunde, komm zu dir, komm zu dir!« Er verstummte und drückte Wassja liebevoll an sich. Irgendeine bedrückende Empfindung glitt über Wassjas Gesicht; er rieb sich die Stirn und griff sich an den Kopf, als fürchte er, er könne ihm zerspringen.

»Ich weiß nicht, was mit mir los ist«, stieß er schließlich hervor, »ich habe mich wohl überanstrengt. Aber schon gut, schon gut! Mach dir keine Sorgen, Arkadij, beruhige dich!« wiederholte er in einem fort und blickte ihn traurig und erschöpft an. »Wozu sich aufregen? Genug!«

»Ausgerechnet du, ausgerechnet du mußt mich trösten!« rief Arkadij, dem das Herz zu zerspringen drohte. »Wassja«, fügte er hinzu. »Leg dich hin und versuch zu schlafen, ja? Müh dich nicht sinnlos ab! Danach wird dir die Arbeit wieder besser von der Hand gehen!«

»Also gut, gut!« entgegnete Wassja. »Bitte, ich leg mich hin; ja doch, tu ich! Ich wollte, siehst du, erst mal alles hinter mir haben, hab mir's aber überlegt ... nun ja ...«

Und Arkadij nötigte ihn aufs Bett.

»Hör zu, Wassja«, sagte er mit fester Stimme, »wir müssen endgültig entscheiden, wie die Angelegenheit weitergehen soll! Sage mir, was dir vorschwebt!«

»Ach«, entgegnete Wassja, winkte ermattet ab und drehte sich auf die andere Seite.

»Nicht doch, Wassja, nicht doch! Entscheide dich! Ich will nicht als dein Mörder dastehen; ich kann nicht länger dazu schweigen. Du mußt dich entscheiden, eher schläfst du ja doch nicht ein, das weiß ich.«

»Also gut, gut, wie du willst«, wiederholte Wassja einigermaßen rätselhaft.

Er gibt nach, dachte Arkadij Iwanowitsch.

»Hör auf mich, Wassja«, fuhr er fort, »erinnere dich daran, was ich dir versprochen habe, und ich befreie dich morgen aus deiner Not! Ich entscheide morgen über dein Schicksal! Aber was rede ich da von Schicksal! Du hast mir solche Angst eingejagt, daß ich in deine Ausdrucksweise verfalle, Wassja! Was heißt hier Schicksal? Das ist Unsinn, einfach lächerlich! Nun ja, du möchtest das Wohlwollen, meinetwegen die Liebe dieses Julian Mastakowitsch nicht einbüßen! Du büßt sie nicht ein, wirst schon sehen ... Ich ...«

Arkadij Iwanowitsch hätte noch eine ganze Weile so weitergeredet, hätte ihn Wassja nicht unterbrochen. Er richtete sich im Bett auf, umschlang wortlos, mit beiden Armen Arkadij Iwanowitsch und gab ihm einen Kuß.

»Genug!« sagte er mit schwacher Stimme. »Genug jetzt, genug davon!«

Und er drehte sich aufs neue mit dem Gesicht zur Wand.

Mein Gott! dachte Arkadij. Mein Gott, was geht in ihm vor? Er ist völlig aus dem Gleis! Wozu hat er sich entschlossen? Er richtet sich doch zugrunde!

Arkadij starrte ihn verzweifelt an.

Vielleicht wär's besser, er würde krank, dachte Arkadij bei sich, mit einer Krankheit wäre man die Sorge los; danach ließe sich die ganze Geschichte ohne Schwierigkeiten zurechtbiegen. Aber was rede ich mir da ein! Herrgott im Himmel!

Wassja schien inzwischen eingeschlummert zu sein. Arkadij Iwanowitsch freute sich. Ein gutes Zeichen! sagte er sich. Er beschloß, die ganze Nacht bei ihm zu wachen. Wassja selbst war ziemlich unruhig. Er zuckte alle Augenblicke zusammen, warf sich auf seinem Bett hin und her und öffnete hier und da die Augen. Schließlich überwältigte ihn die Müdigkeit; er schien wie ein Toter zu schlafen. Es war gegen zwei Uhr nachts; Arkadij Iwanowitsch nickte, die Ellenbogen auf den Tisch gestützt, auf seinem Stuhl ein.

Er hatte einen sonderbaren und beunruhigenden Traum. Ihm schien in einem fort, er schlafe gar nicht, während Wassja nach wie vor auf dem Bett liege. Und sonderbar genug! Ihm war, als verstelle sich Wassja nur, als führe er ihn regelrecht irre, erhebe sich in aller Stille, beobachte ihn heimlich und schleiche sich zum Schreibtisch. Brennender Schmerz befiel Arkadijs Herz; er war sowohl verärgert als auch bedrückt, da er erkannte, daß Wassja ihm mißtraute, sich vor ihm verbarg, ja regelrecht vor ihm verschanzte. Er wollte ihn packen, anschreien und zurück ins Bett schaffen. Aber da schrie Wassja in seinen Armen auf, und er trug nur einen leblosen Körper zum Bett. Kalter Schweiß trat auf Arkadijs Stirn; sein Herz hämmerte schreckenerregend. Er erwachte und öffnete die Augen. Wassja saß am Tisch und schrieb.

Arkadij, der seinen Sinnen nicht traute, schaute zu Wassjas Bett; aber da war er nicht. Arkadij sprang, noch unter dem Eindruck des Traums, erschrocken auf. Wassja rührte sich nicht. Er schrieb. Plötzlich erkannte Arkadij mit Entsetzen, daß Wassja eine trockene Feder, eine Feder ohne Tinte übers Papier gleiten ließ, die weißen Seiten umschlug und sich beeilte, als täte er seine Arbeit – aufs beste, erfolgreichste. Nein, das ist kein Starrkrampf mehr, sagte sich Arkadij Iwanowitsch und zitterte an allen Gliedern.

»Wassja, Wassja, so antworte mir doch endlich!« rief er und packte ihn an der Schulter. Doch Wassja schwieg, und weiter glitt die trockene Feder übers Papier.

»Jetzt habe ich meine Feder *endlich beschleunigt*«, sagte er, ohne zu Arkadij aufzublicken.

Arkadij packte ihn an der Hand und entriß ihm die Feder.

Ein Stöhnen entrang sich Wassjas Brust. Er ließ die Hand sinken und sah zu Arkadij auf; dann fuhr er sich mit einer qualvoll-bedrückten Geste über die Stirn, als wolle er sich von einem bleischweren Gewicht befreien, das auf ihm lastete, und senkte, gleichsam gedankenverloren, den Kopf.

»Wassja, Wassja!« rief Arkadij Iwanowitsch verzweifelt. »Wassja!«

Eine Minute verging, dann sah Wassja ihn an. Tränen standen in seinen großen blauen Augen, und das sanftmütige blasse Gesicht verriet eine unendliche Qual. Er murmelte etwas vor sich hin.

»Ja, was ist denn nur, was?« rief Arkadij und neigte sich über ihn.

»Womit, womit habe ich das verdient?« murmelte Wassja. »Womit? Was habe ich getan?«

»Wassja! Ich bitte dich! Wovor ängstigst du dich? Wovor?« rief Arkadij und rang verzweifelt die Hände.

»Wofür will man mich unter die Soldaten stecken?« entgegnete Wassja und schaute dem Freund in die Augen. »Wofür? Was habe ich getan?«

Arkadij sträubten sich die Haare; er wollte es nicht glauben. Er stand wie vernichtet da.

Eine Minute später kam er zu sich. Das hat nichts zu bedeuten, das ist im Nu vorüber, sagte er sich und machte sich mit kreideweißem Gesicht und bebenden, bläulich verfärbten Lippen rasch ans Anziehen. Er wollte auf der Stelle zum Arzt. Da rief Wassja nach ihm; Arkadij stürzte zu ihm und umarmte ihn wie eine Mutter, der man das Kind fortnimmt ...

»Arkadij, Arkadij, sprich zu niemand davon! Hörst du? Es ist mein eigenes Leid, und ich allein muß es tragen ...«

»Ich bitte dich, ich bitte dich! Komm zu dir, Wassja, komm zu dir!«

Wassja seufzte, und Tränen rannen langsam über seine Wangen.

»Wozu sie kränken? Was hat sie, was hat sie verschuldet?« murmelte er mit zerquälter, herzzerreißender Stimme. »Ich allein bin an allem schuld, ich, ich selber!«

Er hielt einen Augenblick inne.

»Leb wohl, du meine Liebe! Leb wohl!« flüsterte er und schüttelte den zerquälten Kopf. Arkadij zuckte zusammen, kam zu sich und wollte schon zum Arzt eilen. »Gehen wir! Es ist Zeit!« rief Wassja, von Arkadijs letzter Bewegung angetrieben. »Gehen wir, mein Bester, gehen wir; ich bin bereit!

Begleite mich auf diesem Gang!« Er verstummte und sah Arkadij zu Tode betrübt und mißtrauisch an.

»Wassja, bleib um Himmels willen da und folge mir nicht! Warte hier! Ich bin gleich wieder zurück«, sagte Arkadij Iwanowitsch, der nun selber den Kopf verlor, und griff nach der Mütze, um zum Arzt zu stürzen. Wassja setzte sich sogleich wieder hin; er war still und gehorsam, nur funkelte eine verzweifelte Entschlossenheit in seinen Augen. Arkadij kehrte noch einmal um, nahm das geöffnete Federmesser vom Tisch, sah den Ärmsten ein letztes Mal an und eilte davon.

Es ging auf acht Uhr morgens. Das Licht hatte schon längst die Dämmerung aus dem Zimmer verdrängt.

Arkadij traf niemanden an, obwohl er schon eine volle Stunde herumirrte. Die Ärzte, deren Adressen er von den Hausknechten erfuhr, bei denen er sich erkundigte, ob nicht ein Arzt in ihrem Hause wohne, waren schon alle unterwegs, der eine in dienstlichen Belangen, der andere in eigener Sache. Schließlich fand sich einer, der gerade Sprechstunde hatte. Er fragte den Bedienten, der gemeldet hatte, es sei da ein gewisser Nefedewitsch gekommen, lange und genauestens aus, wer diesen frühen Besucher an ihn verwiesen habe, wer und was er darstelle, in welcher Angelegenheit er komme und welchen Eindruck er vom Äußeren her mache, und entschied, es gehe nicht, er sei überlastet und unabkömmlich, solche Patienten gehörten in ein Krankenhaus.

Danach ließ der niedergeschlagene, erschütterte Arkadij, der eine solche Entscheidung niemals erwartet hatte, alle Doktoren der Welt Doktoren sein und rannte zurück nach Hause, im höchsten Grade besorgt um Wassja. Er betrat eiligst die Wohnung. Mawra fegte, als wäre nichts geschehen, den Fußboden, brach Späne zurecht und schickte sich an zu heizen. Er stürzte ins Zimmer – von Wassja keine Spur: er war ausgegangen.

Wohin? Wo ist er jetzt? Wohin ist der Unglückselige unterwegs? fragte sich Arkadij und erstarrte vor Schreck zu Eis. Er verhörte Mawra. Die wußte von nichts, hatte nicht die geringste Ahnung und nicht mal mitbekommen, daß er gegangen war, der Herrgott verzeih ihm! Nefedewitsch machte sich schleunigst nach Kolomna auf.

Ihm war, Gott weiß warum, der Gedanke gekommen, er müsse bei ihnen sein.

Es ging bereits auf zehn, als er dort eintraf. Man hatte ihn nicht erwartet, wußte von nichts, hatte nicht die geringste Vorstellung. Der Alten wurden die Knie weich, und sie sank aufs Sofa. Lisanka zitterte vor Schreck an allen Gliedern und bemühte sich, herauszubekommen, was denn nun eigentlich geschehen sei. Was war schon darüber zu sagen? Arkadij Iwanowitsch machte es kurz, tischte rasch ein Märchen auf, an das natürlich niemand glaubte, stürzte davon und ließ alle erschüttert und zerquält zurück. Er eilte zur Dienststelle, um wenigstens noch rechtzeitig zu veranlassen, man möge schleunigst die erforderlichen Maßnahmen ergreifen. Unterwegs fiel ihm ein, Wassja könne bei Julian Mastakowitsch sein. Das erschien am wahrscheinlichsten: Arkadij hatte diesen Gedanken noch vor dem Besuch in Kolomna gehabt. Er wollte, als er am Hause Seiner Exzellenz vorbeifuhr, schon halten lassen, befahl dann aber doch weiterzufahren. Jetzt wollte er erst mal in Erfahrung bringen, ob es in der Dienststelle nichts Neues gab, um sich, sofern das nicht der Fall war, bei Seiner Exzellenz zu melden, und sei es nur zwecks Berichterstattung über Wassja. Irgendwem mußte man schließlich Bericht erstatten!

Bereits im Vorzimmer umringten ihn einige jüngere Kollegen, die meisten im gleichen Rang wie er, und erkundigten sich im Chor, was denn mit Wassja sei. Zugleich äußerten alle die Vermutung, Wassja habe den Verstand verloren und bilde sich ein, man werde ihn seiner Dienstversäumnisse wegen unter die Soldaten stecken. Arkadij Iwanowitsch gab bereitwilligst all und jedem Auskunft oder, besser gesagt, niemandem und war nur darauf aus, in die inneren Räume vorzudringen. Mittlerweile hatte er erfahren, daß Wassja sich in Julian Mastakowitschs Arbeitszimmer befand und daß ihm alle dorthin gefolgt waren, einschließlich Esper Iwanowitschs. Er zögerte noch. Da erkundigte sich jemand von den Vorgesetzten, zu wem er wolle und in welcher Angelegenheit. Er merkte nicht, wen er vor sich hatte, murmelte nur etwas von Wassja und trat einfach auf Julian Mastakowitschs Arbeitsraum zu. Er hörte bereits seine Stimme. »Wohin?« fragte jemand unmittelbar an der Türschwelle. Arkadij Iwanowitsch wäre bald aus dem Konzept geraten und umgekehrt, erblickte dann aber durch die halboffene Tür seinen armen Wassja. Er stieß die Tür auf und drängte sich mit einiger Mühe ins Zimmer. Dort herrschte allgemeine Verwirrung und Ratlosigkeit, weil Julian Mastakowitsch offenbar äußerst enttäuscht war. Um ihn herum stand alles, was einigen Rang hatte, redete und kam zu keinem Ergebnis. Wassja hielt sich ein wenig abseits. Das Herz erstarb in Arkadijs Brust, als er ihn sah. Er stand da, blaß, den Kopf in den Nacken geworfen, die Hände an der Hosennaht, und starrte Julian Mastakowitsch ins Gesicht. Nefedewitsch wurde sogleich bemerkt, und jemand, der wußte, daß sie die Wohnung teilten, meldete es Seiner Exzellenz. Man geleitete ihn zu ihm. Er wollte die ihm gestellten Fragen beantworten und blickte Julian Mastakowitsch an; als er sah, daß sich echtes Mitgefühl auf seinem Gesicht malte, erbebte und schluchzte er wie ein Kind. Ja, er tat noch mehr: Er stürzte auf den Vorgesetzten zu, ergriff dessen Hand, führte sie an seine Augen und benetzte sie mit Tränen; Julian Mastakowitsch mußte sie ihm rasch entziehen, er schüttelte sie und sagte: »Schon gut, Verehrter, schon gut; ich sehe, du hast ein weiches Herz.« Arkadij schluchzte und blickte alle flehentlich an. Ihm schien, auch sie fühlten sich als Wassjas Brüder, litten um ihn und weinten wie er. »Wie ist das nur gekommen?« fragte Julian Mastakowitsch. »Wieso hat er den Verstand verloren?«

»Aus lauter Dank ... aus lau ... aus lauter Dankbarkeit!« vermochte Arkadij Iwanowitsch gerade noch hervorzubringen.

Man hörte sich seine Antwort an und stutzte; allen erschien sonderbar und unglaubwürdig, daß ein Mensch aus Dankbarkeit den Verstand verlieren konnte. Arkadij erläuterte es, so gut er es verstand.

»Mein Gott, welch ein Jammer!« ließ sich schließlich Julian Mastakowitsch vernehmen. »Und dabei war die ihm anvertraute Akte durchaus nicht so wichtig und keineswegs eilig. Da ist also ein Mensch für nichts und wieder nichts zugrunde gegangen! Nun ja, man muß ihn in die Heilanstalt schaffen!« Hier wandte sich Julian Mastakowitsch aufs neue an Arkadij Iwanowitsch und fragte ihn nach dem und jenem aus. »Er bittet«, sagte er und zeigte auf Wassja, »man solle nichts davon einem gewissen Mädchen verraten; wer ist das? Etwa seine Braut?«

Arkadij versuchte die Angelegenheit zu erläutern. Wassja schien indessen angespannt über etwas äußerst Wichtiges, ja Entscheidendes nachzudenken, auf das es ihm gerade in diesem Augenblick ankam. Er sah sich hier und da mit Duldermiene um, als hoffe er, jemand würde ihm in Erinnerung bringen, was ihm entfallen war. Sein Blick richtete sich auf Arkadij. Schließlich blitzte etwas wie Hoffnung in seinen Augen auf; er trat, den linken Fuß voran und möglichst stramm, drei Schritte vor, wobei er sogar die Absätze zusammenknallte, wie das Soldaten tun, wenn der Offizier sie zu sich befiehlt. Alle warteten, was weiter kommen würde.

»Ich habe da gewisse körperliche Mängel, Euer Exzellenz, bin schwächlich und klein und für den Dienst beim Militär nicht geeignet«, brachte er mit abgehackter Stimme hervor.

Hier fühlten alle Anwesenden, wie sich ihnen das Herz zusammenkrampfte, und selbst Julian Mastakowitsch tropfte eine Träne aus den Augen, so willensstark er sonst auch war. »Führt ihn hinaus«, sagte er und winkte ab.

»Das nenne ich eine Stirn!« sagte Wassja mit gedämpfter Stimme, machte links um kehrt und verschwand aus dem Zimmer. Alle, die sich für sein weiteres Los interessierten, stürzten ihm nach. Unter ihnen befand sich auch Arkadij.

Wassja wurde in den Warteraum gebracht, wo er auf eine Anordnung und auf die Kutsche warten mußte, die ihn ins Krankenhaus schaffen sollte. Er saß schweigend da und erschien äußerst besorgt. Denen, die er erkannte, nickte er wortlos zu, als nehme er Abschied von ihnen. Er sah sich alle Augenblicke zur Tür um und horchte, ob man ihm nicht mitteilte: Es ist soweit. Um ihn herum bildete sich ein Kreis; man drängte sich zusammen, schüttelte die Köpfe und rätselte hin und her. Viele waren von seiner Geschichte – sie hatte sich rasch herumgesprochen – tief beeindruckt; die einen räsonierten, die anderen bedauerten Wassja; er sei ein so bescheidener, stiller junger Mann gewesen und so vielversprechend; man erzählte sich, wie wißbegierig, wie sehr er bestrebt gewesen war, dazuzulernen und sich fortzubilden. »Er hat sich aus eigener Kraft aus den niederen Ständen emporgearbeitet!« bemerkte jemand. Man sprach mit Rührung von der Anhänglichkeit Seiner Exzellenz an ihn. Der und jener fühlte sich bemüßigt, zu erklären, wieso Wassja gerade auf den Gedanken verfallen war, man werde ihn zur Strafe für die nicht geschaffte Arbeit unter die Soldaten stekken, und wieso er darüber den Verstand verloren hatte. Es wurde erzählt, der Ärmste sei erst vor kurzem aus den steuerpflichtigen Ständen in seinen ersten Beamtenrang aufgestiegen, und auch das nur dank Julian Mastakowitschs Fürsprache, der sein Talent, seinen Gehorsam und seine erstaunliche Sanftmut erkannt habe. Mit einem Wort, es gab da die verschiedensten Gerüchte und Meinungen. Besonders fiel unter den tief erschütterten Männern ein Amtskollege von Wassja Schumkow auf, der sehr klein war und nicht gerade jung, ungefähr dreißig Jahre. Er sah kreideweiß aus, zitterte am ganzen Körper und lächelte sonderbar vor sich hin – vielleicht, weil ihn jede skandalöse Begebenheit oder entsetzenerregende Szene sowohl erschreckte als auch – wie jeden anderen Unbeteiligten – in eine gewisse freudige Erregung versetzte. Er strich in einem fort um den Kreis herum, der sich um Schumkow gebildet hatte, stellte sich, klein, wie er war, auf die Zehenspitzen, hielt sich bei jedermann an den Knöpfen fest, das heißt, natürlich nur bei denjenigen, wo er es durfte, und versicherte immerzu, er wisse, woher das alles komme und daß es sich keineswegs um eine alltägliche, sondern um eine recht wichtige Angelegenheit handele, die man nicht auf sich beruhen lassen könne; danach stellte er sich wieder auf die Zehenspitzen, raunte seinen Zuhörern etwas ins Ohr, nickte kurz und hastete weiter. Schließlich fand alles sein Ende: Der Portier und ein Feldscher vom Krankenhaus erschienen, traten auf Wassja zu und erklärten ihm, es sei soweit, man könne abfahren. Wassja sprang auf, hastete noch rasch hin und her und folgte ihnen, wobei er sich nach allen Seiten umsah. Seine Augen schienen nach jemand zu suchen. »Wassja, Wassja!« rief Arkadij Iwanowitsch und brach in Schluchzen aus. Wassja blieb stehen, und es gelang Arkadij dann doch, sich zu ihm durchzudrängen. Sie fielen sich ein letztes Mal um den Hals und drückten einander ... Ein trauriger Anblick ... Welches eingebildete Unglück entlockte ihnen diese Tränen? Worüber weinten sie? Worin bestand ihr Kummer? Warum verstanden sie sich nicht mehr?

»Hier, nimm das an dich! Verwahr es«, sagte Schumkow und drückte Arkadij eine Art Umschlag in die Hand. »Sie nehmen es mir fort. Verwahr es und gib's mir später zurück ...« Wassja mußte abbrechen, man rief nach ihm. Er eilte die Treppe hinunter, nickte allen zu und nahm von allen Abschied. Verzweiflung malte sich auf seinem Gesicht. Man verfrachtete ihn schließlich in die Kutsche und fuhr davon. Arkadij entfaltete rasch das Papier: Es enthielt Lisas schwarze Locke, von der sich Schumkow getrennt hatte. Heiße Tränen quollen aus Arkadijs Augen.

»Ach, die ärmste Lisa!«

Er machte sich nach Dienstschluß zu denen in Kolomna auf. Ich brauche nicht zu sagen, was sich da alles tat! Selbst Petja, der kleine Petja, der noch nicht ganz verstand, was mit dem guten Wassja geschehen war, verzog sich in eine Ecke, hielt die Händchen vors Gesicht und schluchzte, was sein

Kinderherz hergab. Es herrschte bereits tiefe Dämmerung, als Arkadij nach Hause eilte. Er kam an die Newa, stand eine Weile still und blickte gebannt den Fluß entlang in die frostig-neblige Ferne, die sich plötzlich purpurn färbte – im Widerschein der blutrot untergehenden Sonne, die am düsteren Himmelsrand verglomm. Die Nacht sank auf die Stadt herab, und die ganze unübersehbare, vom Schnee überfrorene Weite der Newa erglitzerte im letzten Abglanz der Sonne mit Myriaden von Funken stachligen Rauhreifs. Zwanzig Grad minus schienen sich einstellen zu wollen. Kalter Dampf stieg von den abgejagten Pferden, von den dahineilenden Menschen auf. Die komprimierte Frostluft erzitterte bei dem geringsten Geräusch, und von beiden Ufern der Newa stiegen Rauchsäulen zum kalten Himmel auf, jagten an ihm dahin, verflochten sich oder strebten auseinander; man glaubte neue Gebäude über den alten, eine neue Stadt über der alten entstehen zu sehen. Im Grunde erinnerte diese ganze Welt mit all ihren Bewohnern, ob nun mit Macht begabten oder schwachen, sowie deren Behausungen – dürftigen Asylen oder goldschimmernden Gemächern, dem Stolz der Mächtigen dieser Erde – in dieser Stunde der Dämmerung an einen phantastischen Wahn, an einen Zaubertraum, der sich sogleich auflösen und als Rauch zum düster-blauen Himmel aufsteigen würde. Ein sonderbarer Gedanke befiel den verwaisten Freund des armen Wassja. Er zuckte zusammen, und im gleichen Augenblick ergoß sich ein heißer Blutstrom über sein Herz, der einem übermächtigen, bisher nicht gekannten Gefühl entsprang. Er begriff gleichsam erst jetzt, was eigentlich geschehen war, die ganze Aufregung drum herum und weshalb Wassja, sein armer Freund, sein Glück nicht zu tragen vermocht und den Verstand verloren hatte. Seine Lippen erbebten, die Augen flammten auf, er erblaßte und sah alles in einem völlig neuen Licht.

Er verfiel in Trübsal, verlor all seinen Frohsinn, und seine bisherige Wohnung wurde ihm verhaßt – er mietete eine neue. Sich bei denen in Kolomna zu zeigen, vermochte er nicht und wollte er auch nicht. Zwei Jahre danach traf er Lisanka in einer Kirche. Sie war bereits verheiratet, und eine Amme nebst einem Säugling begleiteten sie. Man begrüßte einander, vermied aber lange, auf das Verflossene einzugehen. Lisa behauptete, sie sei glücklich und nicht schlecht gestellt, ihr Mann wäre ein guter Mensch und sie liebe ihn ... Aber dann füllten sich ihre Augen, mitten im Reden, plötzlich mit Tränen, ihre Stimme wurde immer leiser und versagte schließlich ganz; sie wandte sich ab und verbeugte sich tief, bis auf das Kirchenpflaster, um ihren Kummer vor den Leuten zu verbergen ...

Eine dumme Geschichte

Diese dumme Geschichte hat sich zu eben jener Zeit zugetragen, als die Auferstehung unseres liebwerten Vaterlandes mit so unaufhaltsamer Stoßkraft einsetzte und das Drängen aller seiner heldenmütigen Söhne zu neuen Bestimmungen und Hoffnungen mit so rührend naivem Eifer gerade erst seinen Anfang nahm. Also damals, an einem klaren, frostigen Winterabend – übrigens ging es schon auf zwölf – saßen in einem behaglich, ja sogar reich ausgestatteten Wohnraum eines schönen zweistöckigen Hauses auf der »Petersburger Seite« drei überaus ehrenwerte Herren beisammen in ernstem und bedeutsamem Gespräch über ein ungemein interessantes Thema. Alle drei hatten es schon bis zur Exzellenz gebracht. Sie saßen um einen runden Tisch in schönen Polstersesseln und schlürften während des Gesprächs dann und wann gemächlich und genüßlich ihren Champagner. Die Flasche stand vor ihnen auf dem Tisch in einem silbernen Kühler. Der Hausherr, Geheimrat Stepan Nikiforowitsch Nikiforow, ein alter Junggeselle von fünfundsechzig Jahren, hatte nämlich zur Einweihung seines neugekauften Hauses und gleichzeitig auch zur Feier seines Geburtstages, den er sonst nie festlich zu begehen pflegte, seine Freunde zum Abend eingeladen. Übrigens war die Feier nicht Gott weiß wie großartig; wie gesagt, es waren nur zwei Herren zu Gast, beides frühere Kollegen und ehemals Untergebene des Hausherrn: der Wirkliche Staatsrat Semjon Iwanowitsch Schipulenko und der ebenfalls Wirkliche Staatsrat Iwan Iljitsch Pralinskij. Sie waren gegen neun Uhr zum Tee gekommen, tranken jetzt Champagner und wußten beide, daß sie sich um Punkt halb zwölf zu erheben und zu verabschieden hatten. Der Hausherr liebte eben, und schon seit jeher, in jeder Lebenslage vor allem die feststehende Ordnung. Bei der Gelegenheit zwei Worte über ihn: Seine Laufbahn hatte er als kleiner, unversorgter Beamter begonnen, hatte ruhig seine Karre fünfundvierzig Jahre lang gezogen, hatte genau gewußt, bis zu welchem Rang er sich hinaufdienen werde, konnte es nicht leiden, »nach den Sternen zu greifen«, obgleich er ihrer schon zwei auf der Brust trug, und liebte es ganz und gar nicht, in gleichviel welcher Angelegenheit seine persönliche Meinung zu äußern. Er war wohl auch ein ehrenhafter Mensch, das heißt: er hatte keine Veranlassung gehabt, irgend etwas besonders Unehrenhaftes zu begehen; er war unverheiratet, da er Egoist war, war keineswegs dumm, konnte es aber, wie gesagt, nicht ausstehen, seinen Verstand leuchten zu lassen. Ganz besonders mißfiel ihm Unordnung und Begeisterung, da er letztere für moralische Unordnung hielt; an seinem Lebensabend versenkte er sich vollständig in einen gewissen süßen, trägen Komfort und in systematische Einsamkeit. Wenn er auch selbst zuweilen bei angeseheneren Leuten zu Besuch war, so empfand er es doch von Jugend auf als äußerst unangenehm, Gäste auch bei sich zu empfangen; in letzter Zeit begnügte er sich, wenn er nicht gerade *Grande patience* legte, mit der Gesellschaft seiner Stutzuhr, deren eigensinnigem Ticken unter dem Glassturz auf dem Kaminsims er, im Lehnstuhl dösend, unerschütterlich ganze Abende lang zuhören konnte. Sein Äußeres war sehr anständig; mit seinem glattrasierten Gesicht schien er etwas jünger zu sein, als er tatsächlich war. Er hatte sich gut erhalten, versprach noch lange zu leben und benahm sich in jeder Hinsicht haargenau nach dem Kodex des Gentleman. Zu arbeiten brauchte er nicht mehr; er bekleidete zwar noch einen Posten, doch hatte er hierbei nur noch zu präsidieren und zu unterschreiben. Mit einem Wort, man hielt ihn für einen vortrefflichen Menschen. Dieser Mensch nun hatte nur eine einzige Leidenschaft, oder sagen wir, einen einzigen heißen Wunsch sein Leben lang gehegt: ein eigenes Haus zu besitzen, und zwar ein herrschaftliches, keine Mietskaserne. Und jetzt endlich war auch dieser Wunsch in Erfüllung gegangen: er hatte ein Haus auf der »Petersburger Seite« entdeckt, das allerdings vom Zentrum der Stadt etwas weit ablag, dafür jedoch vornehm aussah und dazu noch einen Garten hatte; so hatte er es denn gekauft. Ja, der neue Hausherr hielt es sogar für einen entschiedenen Vorzug, daß das Haus etwas weiter ablag; denn bei sich empfangen tat er ungern, und um andere zu besuchen oder zu den Sitzungen zu fahren, dazu hatte er eine schöne zweisitzige Kalesche von schokoladebrauner Farbe, seinen Kutscher Michej und zwei kleine, doch starke und hübsche Pferdchen. Alles war durch vierzigjährige strenge Sparsamkeit erworben, so daß sein Herz sich beim Anblick seiner Habe unwillkürlich freuen mußte. Das war auch der tiefere Grund, weshalb Stepan Nikiforowitsch Nikiforow, nachdem er in sein neues Haus eingezogen war, in seinem ruhigen Herzen eine solche Zufriedenheit empfand, daß er sogar Gäste zu sich einlud und dazu noch sagte, daß er seinen Geburtstag feiern wolle, diesen Tag, den er sonst ängstlich sogar seinen besten Freunden verheimlicht hatte. Und außerdem gab es für diese Einladung noch einen zusätzlichen Grund. Er bewohnte nämlich im neuerworbenen Hause nur den oberen Stock, den unteren aber, der genau wie der obere gebaut war, hätte er gar zu gern vermietet. Nun hoffte er, für diesen unteren Stock Semjon Iwanowitsch Schipulenko als Mieter zu gewinnen, und so brachte er denn an jenem Abend das Gespräch zweimal auf dieses Thema, ohne allerdings das gewünschte Ziel erreichen zu können, denn Semjon Iwanowitsch schwieg sich hartnäckig aus über seine Pläne hinsichtlich eines etwaigen Wohnungswechsels.

Dieser Schipulenko, der sich gleichfalls schon seit langer Zeit mühsam und zäh seinen Weg bahnte, ein Herr mit schwarzem Haar und Backenbart und andauernd galliger Physiognomie, war verheiratet, ein mürrischer Stubenhokker, im Hause ein Despot und im Dienst von großem Selbstbewußtsein. Auch er wußte genau, wie weit er es bringen werde, und noch besser: wie weit er es niemals bringen werde. Inzwischen saß er auf einem guten Posten und saß auf diesem sogar ungewöhnlich fest. Auf die neueinzuführenden Reformen blickte er zwar nicht ohne Galle, regte sich aber ihretwegen doch nicht sonderlich auf: er war, wie bereits angedeutet, sehr selbstbewußt und hörte nicht ohne spöttische Bosheit der Schönrednerei Iwan Iljitsch Pralinskijs zu, der über die neuen Themata nie genug reden konnte. Jetzt waren sie freilich alle schon ein wenig animiert vom Champagner, so daß selbst der Hausherr sich ausnahmsweise zu einem kleinen Disput mit Herrn Pralinskij über die neuen Verordnungen herabließ. Aber zunächst werde ich wohl ein paar Worte auch über Seine Exzellenz Herrn Pralinskij sagen müssen, um so mehr, als gerade er der Held dieser Erzählung ist.

Der Wirkliche Staatsrat Iwan Iljitsch Pralinskij erfreute sich erst seit vier Monaten des schönen Titels »Exzellenz«, war also, mit anderen Worten, eine sehr junge Exzellenz. Auch an Jahren war er noch sehr jung, ungefähr dreiundvierzig, jedenfalls bestimmt nicht mehr, dem Aussehen nach aber erschien er – und wollte er auch scheinen – noch jünger.

Er war ein schöner Mann von hohem Wuchs, elegant, jedoch nicht auffallend, sondern stets gesucht gediegen gekleidet, der es vorzüglich verstand, seinen bedeutenden Orden am Halse zu tragen. Schon als Kind hatte er sich gewisse vornehme Allüren anzueignen gewußt, und da er noch unverheiratet war, träumte er von einer reichen und warum nicht gar aristokratischen Braut. Allerdings träumte er auch noch von manch anderem, obwohl er sonst durchaus nicht dumm war. Bisweilen konnte er sehr gesprächig sein, und dann nahm er gern sogar parlamentarische Posen an. Er stammte aus guter Familie; sein Vater war General gewesen; als Kind hatte man ihn in Batist oder Samt gekleidet; in einer aristokratischen Anstalt war er entsprechend erzogen worden, und wenn er dieses Institut auch nicht mit großen Kenntnissen verlassen hatte, so war ihm im Dienst doch guter Erfolg beschieden gewesen. Er brachte es in Bälde bis zur Exzellenz. Die Vorgesetzten hielten ihn für einen befähigten Menschen und setzten sogar gewisse Hoffnungen auf ihn. Herr Nikiforow aber, unter dem er fast bis zur Exzellenz gearbeitet hatte, hielt ihn dagegen keineswegs für etwas Besonderes und setzte auch keinerlei Hoffnungen auf ihn. Es gefiel ihm nur, daß Herr Pralinskij guter Herkunft war, ein gutes Einkommen hatte, das heißt ein großes Zinshaus mit einem Hausverwalter besaß, nicht mit den letzten Leuten verwandt war und überdies durch seine Haltung und sein Auftreten zu imponieren verstand. Das hinderte ihn indessen nicht, jenen im geheimen wegen übermäßiger Einbildungskraft und Oberflächlichkeit zu tadeln. Ja, Herr Pralinskij fühlte es manchmal sogar selbst, daß er vielleicht doch gar zu viel Eigenliebe besaß und womöglich überempfindlich war. Merkwürdigerweise hatte er nämlich mitunter Anwandlungen geradezu krankhafter Gewissenhaftigkeit, wenn nicht gar so etwas wie einer Art Reue wegen gewisser Dinge. Dann gestand er sich mit heimlichem Herzweh und Kummer, daß er doch wohl kein ganz so großes Tier war, wie er sich selbst einredete. In solchen Augenblicken konnte er dann sogar gewissermaßen melancholisch werden, besonders wenn ihm seine Hämorrhoiden zu schaffen machten; dann nannte er sein Leben »une existence manquée«, hörte im geheimen sogar auf, an seine parlamentarischen Fähigkeiten zu glauben, nannte sich einen Parleur, einen Phraseur, und wenn ihm das auch nur zur Ehre gereichte, so hinderte es ihn doch wieder nicht, schon nach einer halben Stunde sein Haupt von neuem zu erheben und sich um so hartnäckiger, um so hochmütiger zu versichern, er werde es schon noch verstehen, sich hervorzutun und nicht nur ein hoher Würdenträger, sondern ein richtiger Staatsmann zu werden, den Rußland »lange nicht vergessen wird«. Ja, dann konnte es mitunter geschehen, daß die Einbildungskraft ihm womöglich schon seine zukünftigen Denkmäler vorgaukelte. Daraus ist zu ersehen, daß Iwan Iljitsch nach Großem strebte, wenn er auch diese seine unbestimmten Träume und Hoffnungen tief und fast sogar ängstlich in seinem geheimsten Innersten verbarg. Kurz, er war ein guter Mensch und in der Seele sogar ein Dichter. In den letzten Jahren hatten ihn die krankhaften Augenblicke des Enttäuschtseins häufiger heimzusuchen begonnen. Er wurde merkwürdig reizbar, mißtrauisch und geneigt, jeden Widerspruch nahezu als Beleidigung aufzufassen. Aber da setzten die Reformen ein, und die Erneuerung Rußlands verlieh nun plötzlich auch seinen Hoffnungen neuen Auftrieb. Die Verleihung des Titels »Exzellenz« krönte sie gewissermaßen. Er bäumte sich auf; er warf den Kopf in den Nacken. Er begann auf einmal schön und viel zu reden, sprach natürlich nur über die allerneuesten Themata, die er sich überraschenderweise ungemein schnell und bis zur Leidenschaft anzueignen gewußt hatte. Er suchte nach Gelegenheiten, reden zu können, er fuhr in der Stadt umher und machte Besuche, so daß er denn alsbald in den Ruf eines verwegenen Liberalen geriet, was ihm ungemein schmeichelte. An jenem Abend nun kam er nach dem vierten Glas Champagner ganz besonders in Schwung. Er wollte plötzlich den Hausherrn in allem zu seinen Ansichten bekehren. Er hatte ihn nur in letzter Zeit nicht mehr gesehen, bisher ihn jedoch immer sehr geachtet und sogar auf seinen Rat gehört. Plötzlich aber erschien er ihm, Gott weiß weshalb, furchtbar reaktionär, und er begann mit ungewöhnlichem Eifer, über ihn herzufallen. Stepan Nikiforowitsch widersprach ihm kaum und hörte nur mit hintergründigem Lächeln zu, obgleich ihn das Thema interessierte. Iwan Iljitsch dagegen ereiferte sich immer mehr und führte in der Hitze des vermeintlichen Disputs sein Glas weit häufiger, als es nötig gewesen wäre, zu einem Schluck an die Lippen. Und dann griff der Hausherr immer wieder zur Flasche, um das geleerte Glas zu füllen, was Herr Pralinskij auf einmal als beleidigend zu empfinden begann, um so mehr, als Semjon Iwanowitsch Schipulenko, den er ganz besonders verachtete und obendrein noch wegen seines Zynismus und seiner witzigen Bosheit fürchtete, an seiner anderen Seite höchst verdächtig schwieg und gleichfalls häufiger als angebracht zu lächeln beliebte.

›Die beiden scheinen mich ja für einen dummen Jungen zu halten!‹ dachte er eine Sekunde lang.

»Nein, meine Herren«, fuhr er darauf mit noch größerem Nachdruck fort, »es ist Zeit, es ist schon längst höchste Zeit! Wir sind schon gar zu lange einfach zurückgeblieben, und meiner Ansicht nach ist Humanität die erste Bedingung, Humanität in der Behandlung der Untergebenen, denn, nicht zu vergessen, auch *sie* sind Menschen! Humanität wird alles retten und alles auf den richtigen ...«

»Hehehehe!« ertönte es da halblaut aus der Richtung Herrn Schipulenkos.

»Ja, aber, mein Lieber, warum waschen Sie uns denn so den Kopf?« fragte schließlich der Hausherr mit liebenswürdigem Lächeln. »Ich muß gestehen, Iwan Iljitsch, es ist mir bisher noch nicht klargeworden, was Sie uns eigentlich erklären wollen. Sie betonen immer so sehr die Humanität. Damit meinen Sie doch wohl einfach Menschlichkeit, wenn ich Sie recht verstehe?«

»Ja, schön, wenn Sie wollen, meinetwegen auch Menschlichkeit. Ich ...«

»Erlauben Sie! Soweit ich darüber urteilen kann, kommt es aber hierbei nicht nur darauf an. Menschlichkeit sollte immer selbstverständlich sein. Die bevorstehenden Reformen aber beschränken sich nicht darauf. Da haben wir jetzt die Bauernfrage, die Reform der Justiz und der Staatsökonomie, die Fragen der neuen Pachtordnungen, die Ordnung der Sittengesetze und ... und ... sie nehmen ja gar kein Ende, diese Fragen, und sie alle zusammen, und alles zugleich in Angriff genommen, das kann doch, sagen wir, gewaltige Schwankungen hervorrufen. Und nur das ist es, was wir befürchteten, nicht wegen der Humanität allein ...«

»Tja, die Sache liegt etwas tiefer!« meinte Herr Schipulenko trocken.

»Das verstehe ich sehr wohl, und erlauben Sie mir, Semjon Iwanowitsch, Ihnen zu versichern, daß ich keineswegs gewillt bin, Ihnen hinsichtlich der Tiefe der Auffassung dieser Dinge nachzustehen«, bemerkte gereizt und etwas zu schroff Herr Pralinskij; »einstweilen aber möchte ich mir auch Ihnen gegenüber, Stepan Nikiforowitsch, die Bemerkung erlauben, daß Sie mich gleichfalls keineswegs verstanden haben . . .«

»Nein, hab's auch nicht.«

»Indessen halte ich mich an die Idee, die ich auch überall vertrete, daß Humanität, und zwar besonders Humanität den Untergebenen gegenüber – vom Beamten bis zum Schreiber, vom Schreiber bis zum Bedienten, vom Bedienten bis zum Bauern –, daß die Humanität, sage ich, in übertragenem Sinne sozusagen zum Eckstein der bevorstehenden Reformen und der Erneuerung der Dinge überhaupt werden könnte. Wieso, warum? Eben darum. Nehmen wir einen Syllogismus: ich bin human, folglich liebt man mich. Liebt man mich, so hat man Vertrauen zu mir. Vertraut man mir aber, so folgt daraus, daß man an mich glaubt; glaubt man aber an mich, so folgt daraus, daß man mich liebt . . . Das heißt: nein, ich wollte damit nur sagen, daß man, wenn man überhaupt glaubt, dann auch an die Reform glauben wird und daß man dann auch begreifen wird, worin sozusagen das Wesen der Sache eigentlich besteht, daß man sich sozusagen moralisch umarmen und die ganze Sache freundschaftlich und gründlich machen wird! Worüber lachen Sie, Semjon Iwanowitsch? Können Sie das nicht begreifen?«

Herr Schipulenko hatte allerdings gegrinst, während der Hausherr nur die Brauen in die Höhe zog und zu staunen schien.

»Ich glaube, ich muß etwas zu viel getrunken haben«, meinte Herr Schipulenko nicht ohne Bissigkeit, »daher fällt mir wohl das Begreifen ein wenig schwer. Das ist für mein Gehirn momentan etwas zu schleierhaft.«

Herr Pralinskij fühlte einen Stich im Herzen.

»Wir werden nicht durchhalten«, sagte plötzlich der Hausherr nach kurzem Nachdenken.

»Wieso, wie meinen Sie das, nicht durchhalten?« erkundigte sich Herr Pralinskij, den die plötzliche und wortkarge Bemerkung des Hausherrn wunderte.

»Ja, so. Ganz einfach, wir werden eben nicht durchhalten.« Offenbar wollte er sich nicht weiter darüber äußern.

»Wollen Sie damit etwa auf den neuen Wein, der auch neuer Schläuche bedarf, anspielen?« entgegnete Herr Pralinskij nicht ohne Ironie. »Nun, das trifft hierbei wohl nicht zu; für mich jedenfalls garantiere ich.«

Da schlug die Stutzuhr halb zwölf.

»Da sitzen sie nun und sitzen und gehen nicht fort«, sagte Herr Schipulenko, indem er sich anschickte, sich aus dem Sessel zu erheben. Herr Pralinskij jedoch kam ihm zuvor, erhob sich sofort und nahm vom Kamin seine Zobelmütze. Er trug die Miene eines Gekränkten zur Schau.

»Und wobei bleibt es denn nun damit, Semjon Iwanowitsch?« fragte der Hausherr noch einmal, indem er die Gäste begleitete.

»Ach so, Sie meinen, mit der Wohnung? Ich werde sehn, ich werde sehn.«

»Und wenn Sie es sich überlegt haben, dann lassen Sie es mich bald wissen.«

»Immer von Geschäften die Rede?« erkundigte sich in liebenswürdigem Tonfall Herr Pralinskij, indem er mit seiner Mütze spielte. Es war ihm, als werde er übersehen.

Der Hausherr zog wieder die Brauen in die Höhe und schwieg zum Zeichen, daß er die Gäste nicht aufhalten wolle. Herr Schipulenko verabschiedete sich denn auch eiligst.

›Ah ... so ... nun, wie ihr wollt ... wenn ihr nicht einmal einfache Liebenswürdigkeit versteht ...‹, dachte Herr Pralinskij bei sich abschätzig und streckte seine Hand möglichst unbefangen dem Hausherrn entgegen.

Im Vorzimmer hüllte sich Herr Pralinskij in seinen leichten kostbaren Pelz und bemühte sich, Gott weiß weshalb, den abgewetzten Waschbärpelz Herrn Schipulenkos nicht zu bemerken.

Als sie beide die Treppe hinabstiegen, sagte Herr Pralinskij zum schweigenden Schipulenko:

»Unser Alter scheint irgend etwas übelgenommen zu haben.«

»Wieso? Nein, das glaube ich nicht«, meinte ruhig und kühl der andere.

›Prolet‹, dachte Pralinskij bei sich von seinem Begleiter.

Sie traten hinaus auf die Vortreppe. Schipulenkos Schlitten fuhr vor. Sein kleiner grauer Hengst nahm sich recht unansehnlich aus.

»Zum Teufel! Wo mag nur Trifon mit meinem Schlitten stecken!« rief ungeduldig Herr Pralinskij, der sein Gefährt nirgendwo erblicken konnte.

Man sah sich um, schaute hierhin und dorthin, aber der Schlitten war nicht zu sehen. Der Hausmeister konnte auch keine Auskunft geben. Da fragte man schließlich Warlam, den Kutscher Schipulenkos, und erfuhr von ihm, der andere habe die ganze Zeit gleichfalls hier gewartet; jetzt aber sei er nicht mehr da, wie man ja sehen könne.

»Eine dumme Geschichte!« meinte Herr Schipulenko. »Wenn Sie wollen, bringe ich Sie nach Haus?«

»Solch ein Gaunervolk!« rief Herr Pralinskij aufgebracht. »Die Kanaille wollte sich bei mir vorhin die Erlaubnis ausbitten, hier irgendwo in der Nähe eine Hochzeit mitzumachen; eine Verwandte von ihm heirate! Daß sie der Henker hole! Ich verbot ihm strengstens, sich von hier zu entfernen. Ich könnte wetten, daß er dorthin gefahren ist!«

»Jawohl«, bemerkte Warlam, »er ist auf die Hochzeit gefahren, wollte aber gleich wieder zurückkehren und zur befohlenen Zeit hier sein.«

»Da haben wir's! Das ahnte ich ja! Der soll's mir aber büßen!«

»Versohlen Sie ihm lieber den Hintern so ein- bis zweimal, wie es sich gehört, dann wird er schon gehorsamer sein«, meinte Herr Schipulenko, der schon die Schlittendecke hochzog.

»Seien Sie unbesorgt, Semjon Iwanowitsch!«

»So wollen Sie nicht? Ich brächte Sie gern nach Haus.«

»Danke, nein. Und gute Fahrt!«

Schipulenko fuhr fort; Pralinskij aber ging zu Fuß auf den Bretterstegen und fühlte selbst, daß er ziemlich stark erregt war.

›Warte nur, Spitzbube, das sollst du mir aber büßen! Zum Trotz werde ich jetzt zu Fuß gehen, damit du erschrickst! Wenn er zurückkehrt und erfährt, daß sein Herr zu Fuß gegangen ist ... so ein Halunke!‹

Herr Pralinskij hatte innerlich noch nie so geflucht, aber er war doch sehr aufgebracht, und überdies brummte ihm der Schädel. Da er sonst kein Trinker war, wirkten die fünf bis sechs Glas Champagner ziemlich schnell. Aber die Nacht war herrlich. Zwar kalt, aber außergewöhnlich lautlos und vollkommen windstill. Der Himmel war sternklar, und der Vollmond breitete sein mattes Silberlicht über die Erde. Es war so wundervoll, daß Iwan Iljitsch schon nach einigen fünfzig Schritten seinen ganzen Ärger fast vergaß. Es war ihm auf einmal so wunderlich wohl zumut. Es ist ja eine bekannte Tatsache, daß Menschen im Zustande eines leichten Rausches schnell ihre Stimmungen wechseln. Ihm begannen sogar die unscheinbaren Holzhäuschen der öden Straße zu gefallen.

›Es ist doch gut, daß ich zu Fuß gegangen bin‹, sagte er sich, ›für Trifon wird es eine Lehre sein, und für mich ist es ein Vergnügen. Man müßte wirklich öfter zu Fuß gehen ... Nun ja. Auf dem Großen Prospekt werde ich ja sofort einen Schlitten finden. Prachtvolle Nacht! Was das hier für Häuschen sind. Wahrscheinlich lauter kleine Leute ... Subalternbeamte ... vielleicht auch Kaufleute ... Dieser Stepan Nikiforowitsch! Und was für Reaktionäre sie sind, was für alte Schlafmützen! Jawohl, Schlafmützen, c'est le mot. Übrigens ist er ein ganz gescheiter Mensch, hat diesen bon sens, das nüchterne, praktische Verstehen der Dinge. Dafür aber sind es ja Greise, Greise! Es fehlt ihnen dieses ... wie nennt man's doch gleich ... Nun ja, es fehlt ihnen eben etwas ... ›Werden nicht durchhalten!‹ Was mag er damit gemeint haben? Er wurde ja richtig nachdenklich, bevor er's sagte. Übrigens hat er mich überhaupt nicht verstanden. Und wie kann man nur das nicht verstehen? Das *nicht* zu verstehen, ist ja schwerer, als es zu verstehen. Die Hauptsache ist, daß ich überzeugt bin, seelisch überzeugt. Humanität ... Menschlichkeit. Den Menschen zu sich selbst zurückführen ... Das Bewußtsein seiner eigenen Würde in ihm erwecken, und dann ... macht euch dann mit dem neuen Material an die Arbeit! Man sollte meinen, daß das einleuchtet! Tja! Erlauben Sie mal, Exzellenz! Nehmen wir einen Syllogismus: wir treffen zum Beispiel einen Beamten, einen kleinen Subalternbeamten, einen armen, verschüchterten Mann. Nun ... wer bist du? Antwort: ein Beamter. Also gut, ein Beamter. Weiter: was für ein Beamter? Antwort: so und so einer. Du stehst also im Dienst? – Jawohl! – Möchtest du glücklich sein? – Gern. – Was brauchst du zum Glücklichsein? – Das und das. – Warum? – Darum ... Und siehe, der Mensch begreift mich nach zwei Worten, der Mensch ist gewonnen, schwört auf mich, ist sozusagen wie ein Fisch im Netz eingefangen, und ich mache mit ihm, was ich will, das heißt: natürlich nur zu seinem Besten! ... 'n gemeiner Mensch, dieser Schipulenko! Und was für eine gemeine Fratze er hat ... ‚Versohlen Sie ihm den Hintern! ...' Das hat er mit Absicht so gemein gesagt. Nein, mein Bester, das kannst du selbst besorgen; *ich* aber werde es jedenfalls *nicht* tun; ich werde meinen Trifon mit einem einzigen Wort zu erziehen verstehen: ein kurzer Tadel – das genügt, er wird's schon fühlen und sich merken. Was jedoch die Prügelstrafe betrifft, hm! ... ungelöste Frage das ... hm! Oder sollte man nicht unterwegs bei Emerence vorsprechen?! ...‹

»Pfui Teufel, diese verfluchten Bretterstege!« rief er plötzlich wütend aus; er hatte auf den Weg nicht achtgegeben und war gestolpert. »Und das will eine Hauptstadt sein! O Zivilisation! Hier kann man sich ja die Beine brechen!« ›Hm! ... Ich hasse diesen Schipulenko! ’n widerlicher Kerl. Vorhin lachte er über mich, als ich sagte, man würde sich moralisch umarmen. Nun ja, man wird es auch; was geht das dich an? Brauchst keine Angst zu haben, *dich* werde ich nicht umarmen; eher einen Bauern ... Wenn mir jetzt ein Bauer begegnet, so rede ich ihn an. Übrigens war ich vorhin ein wenig berauscht, und vielleicht habe ich mich da nicht ganz richtig ausgedrückt. Vielleicht drücke ich mich auch jetzt nicht ganz richtig aus ... Hm! Werde nie mehr trinken. Was man am Abend schwätzt, das bereut man am nächsten Morgen. Wie!? ich torkele doch nicht etwa ... Aber weiß Gott, sie sind doch alle Spitzbuben!‹

Das waren so die Gedanken, die Herrn Pralinskij fragmentarisch und ohne Zusammenhang durch den Kopf zogen, während er auf den Bretterstegen weiterschritt. Die frische Nachtluft tat ihm gut; sie machte ihn wieder munter, wie man zu sagen pflegt. Nach weiteren etwa fünf Minuten aber hätte sich das gelegt, und er wäre schläfrig geworden. Plötzlich aber, wenige Schritte vor dem Großen Prospekt, hörte er irgendwoher Musik. Er schaute sich um. In einem alten einstöckigen, doch langgestreckten hölzernen Wohnhause an der anderen Straßenseite schien ein tolles Fest gefeiert zu werden: Geigen fiedelten, ein Kontrabaß brummte, und eine Flöte tat in schwungvoll perlenden Tönen ihr Bestes, um tanzlustigen Leuten eine lustig anfeuernde Quadrille aufzuspielen. Unter den Fenstern drängten sich Zuschauer, meist Weiber in wattierten Mänteln und in Kopftüchern, die sich eifrig alle Mühe gaben, durch die Spalten der geschlossenen Fensterläden irgend etwas zu erspähen. Das Gestampf der Tanzenden war selbst auf der anderen Straßenseite zu spüren. Pralinskij erblickte nicht weit vor sich einen Schutzmann und ging auf ihn zu.

»Wem gehört dieses Haus, mein Lieber?« fragte er ihn, indem er seinen kostbaren Pelz am Halse ein wenig lockerte, gerade nur so weit, daß der Schutzmann den bedeutenden Orden des Fragenden erkennen konnte.

»Dem Beamten Pseldonimow, dem Registrator«, antwortete der Schutzmann, der natürlich den Orden sofort erkannt und eine stramme Haltung angenommen hatte.

»Pseldonimow? Hm! Pseldonimow! ... Und was ist denn da los? Heiratet er etwa?«

»Jawohl, Euer Hochgeboren, er heiratet die Tochter eines Titularrats. Mlekopitajew, Titularrat ... hat bei der städtischen Behörde gedient. Dieses Haus bekommt jetzt der Schwiegersohn.«

»Also gehört es jetzt Pseldonimow und nicht mehr Mlekopitajew?«

»Pseldonimow, jawohl, Euer Hochwohlgeboren; Mlekopitajew gehörte es früher, jetzt aber gehört es Pseldonimow.«

»Hm! Ich habe mich nur erkundigt, weil ich nämlich sein oberster Vorgesetzter bin.«

»Zu Befehl, Exzellenz.«

Der Schutzmann nahm eine wenn möglich noch strammere Haltung an. Herr Pralinskij aber schien in Nachdenken zu versinken. Er stand und überlegte ...

Ja, tatsächlich, dieser Pseldonimow gehörte zu seinem Ressort, diente sogar in seiner eigenen Kanzlei, das wußte er ganz genau. Er war ein kleiner Beamter, der etwa zehn Rubel monatlich erhielt. Da Herr Pralinskij erst vor kurzer Zeit sein Amt übernommen hatte, hätte er sich schließlich seiner Untergebenen nicht allzu genau erinnern können; Pseldonimows jedoch erinnerte er sich deutlich, und zwar nur des Namens wegen: der war ihm sofort aufgefallen, und so hatte er sich denn den Eigentümer dieses Namens etwas genauer angesehen. Er erinnerte sich eines noch sehr jungen Menschen mit einer langen gebogenen Nase, mit weißblondem strähnigem Haar, der skrofulös und unterernährt aussah, einen unmöglichen Rock und noch unmöglichere Unaussprechliche trug. Pralinskij erinnerte sich auch noch, daß ihm damals beim Anblick dieser Gestalt der Gedanke gekommen war, dem Armen zu Weihnachten einige zehn Rubel zur Aufbesserung der Garderobe zukommen zu lassen. Da aber das Gesicht dieses Armen gar zu trocken-formell, der Blick recht unsympathisch, ja sogar abstoßend wirkte, so verflüchtigte sich der Gedanke irgendwie ganz von selbst, und Pseldonimow erhielt keine Gratifikation. Um so mehr aber hatte ihn dann dieser selbe Pseldonimow in Erstaunen versetzt, als dieser vor einer Woche um die Erlaubnis einkam, heiraten zu dürfen: Pralinskij erinnerte sich noch, daß er damals keine Zeit gehabt hatte, sich mit der Sache eingehender zu befassen, und so war denn die Heiratsbewilligung obenhin und schnell erledigt worden. Trotzdem wußte er noch, daß Pseldonimow mit der Braut ein einstöckiges Holzhaus und vierhundert Rubel bar erhalten sollte. Dieser Umstand hatte ihn damals gleich in Erstaunen gesetzt; jetzt entsann er sich auch, daß er über die Verbindung der Namen Pseldonimow und Mlekopitajewa [die mit Milch Nährende] einen Witz gerissen hatte. Daran erinnerte er sich vollkommen klar und deutlich. Er erinnerte sich und ... versank mehr und mehr in Gedanken. Bekanntlich können mitunter die umfassendsten Räsonnaden blitzschnell durch unseren Kopf gehen in Form von gewissen Empfindungen, ohne Übertragung in Worte, geschweige denn in literarische Ausdrucksweise. Wir wollen nun versuchen, alle diese Empfindungen unseres Helden in Worte zu übersetzen und dem Leser wenigstens das, was das Wesentliche, sozusagen das Zwangsläufige und Wahrscheinliche an ihnen war, wiederzugeben. Denn es ist doch so, daß viele von unseren Empfindungen, in die gewohnte Sprache übersetzt, vollkommen unwahrscheinlich anmuten. Das ist auch der Grund, warum sie nie ausgesprochen werden, obgleich doch ein jeder sie hat. Natürlich waren die Empfindungen und Gedanken Pralinskijs ein wenig zusammenhanglos. Aber wir wissen ja, warum sie das waren.

›Tja! Da reden wir nun alle und reden‹, zuckte es ihm durch den Kopf, ›kommt es aber zum Handeln, so wird doch nichts getan. Hier haben wir gleich ein Beispiel, meinethalben eben diesen Pseldonimow: da ist er nun von der Trauung heimgekehrt, erregt, voll Hoffnung, in Erwartung der ... hm! ... Dieser Tag ist einer der schönsten seines Lebens ... Jetzt muß er sich mit den Gästen abgeben; das Fest will gefeiert sein ... er ist bescheiden, zwar arm, aber heiter, froh, herzlich ... Wie nun, wenn er jetzt erführe, daß in diesem Augenblick ich, ich, sein Vorgesetzter, sein höchster Vorgesetzter, hierselbst vor seinem Hause stehe und seiner Hochzeitsmusik zuhöre! Nein, tatsächlich, was würde dann mit ihm geschehen? Ja, was würde er tun, wenn ich mich jetzt auf der Stelle einfach entschlösse und plötzlich bei ihm erschiene? Hm! ... zuerst würde er natürlich nur erschrecken, vor Verwirrung kein Wort zu sagen wissen ... Ich wäre für ihn zunächst nur ein Störenfried, würde vielleicht alles verderben ... Ja, so wäre es, wenn eine beliebige andere Exzellenz einträte, nicht aber, wenn ich ... Das ist es ja, daß jeder andere stören würde, bloß ich nicht ...‹

›Ja, mein bester Stepan Nikiforowitsch, vorhin konnten Sie mich nicht verstehen, aber da haben Sie jetzt ein vollendetes Beispiel!‹

›Jawohl, meine Herrschaften, da schreien wir nun alle nach Humanität, aber zu Heroismus, zu Heldentaten sind wir nicht imstande!‹

›Heroismus – inwiefern? Eben zu *diesem* Heroismus! Urteilen Sie doch selbst: bei dem jetzigen Verhalten aller Gesellschaftsklassen zueinander sollte *ich*, ich es mir einfallen lassen, um Mitternacht auf das Hochzeitsfest meines Untergebenen, eines Registrators mit einem Monatsgehalt von etwa zehn Rubeln, zu gehen! – Das wäre doch Umdrehung aller Ideen, wäre der letzte Tag Pompejis, wäre doch einfach Irrsinn! Das würde doch kein einziger verstehen. Stepan Nikiforowitsch stürbe eher, als daß er das begriffe! Er sagte doch noch: wir werden nicht durchhalten. Ja, aber diese ‚wir' sind Sie, meine Herren, sind die alten Leute, die Leute der Lähmung und Stagnation; ich aber, ich werde durch-hal-ten! Ich werde den letzten Tag Pompejis in den herrlichsten Tag meines Untergebenen verwandeln, und der unerhörte Schritt wird zu einem normalen, patriarchalischen und hochmoralischen Vorgehen werden! Wie das? Einfach so! Bitte gefälligst aufzumerken ...‹

›Also ... nehmen wir an, ich trete ein: sie staunen, unterbrechen den Tanz, wundern sich, schauen ratlos drein, drängen zurück. Jawohl; da aber trete ich vor: ich gehe geradenwegs auf den erschrockenen Pseldonimow zu und sage mit dem freundlichsten Lächeln zu ihm: So und so, ich war gerade bei Seiner Exzellenz Stepan Nikiforowitsch Nikiforow; hier in der Nähe, der Ihnen wohl bekannt sein dürfte ... Nun, und dann erzähle ich so leichthin in humoristischem Ton von meinem Pech mit diesem Trifon und wie es kam, daß ich zu Fuß ging ... Nun, und da höre ich denn plötzlich Musik, erkundige mich beim Schutzmann und erfahre, daß Sie, mein Lieber, heute Ihre Hochzeit feiern. Ach, denke ich, da mußt du doch hingehen, mußt doch einmal sehen, wie deine Beamten sich amüsieren und ... heiraten. Ich hoffe, Sie werden mich doch nicht vor die Tür setzen! – Haha! vor die Tür setzen! Und das zu einem Untergebenen gesagt! Toller Gedanke! Ich glaube, er wird ganz aus dem Häuschen geraten, wird Hals über Kopf alle Sessel zusammenschleppen, um mir eine Sitzgelegenheit zu bieten, wird erbeben vor Entzücken, wird es vorderhand gar nicht fassen können! ...‹

›Nun ja, was könnte es Einfacheres, Geschmackvolleres geben als so ein Vorgehen! Warum ich eingetreten bin? Das ist eine andere Frage. Das ist bereits die sozusagen moralische Seite der Sache. Eben darum dreht es sich ja!‹

›Hm ... Woran dachte ich eigentlich? Ach, so!‹

›Natürlich werden sie mich mit dem vornehmsten ihrer Gäste zusammensetzen, mit irgendeinem Titularrat oder Anverwandten, vielleicht einem Hauptmann außer Diensten mit einer roten Nase ... Gogol hat sie doch unvergleichlich geschildert, diese Originale! Nun, selbstverständlich lerne ich auch die Jungvermählte kennen, sage ihr eine Schmeichelei; ermuntere die Gäste, bitte sie, sich nicht stören zu lassen, den Tanz wieder aufzunehmen, mache Bonmots; mit einem Wort – bin bezaubernd liebenswürdig. Ich bin immer bezaubernd liebenswürdig, wenn ich mit mir zufrieden bin ... Hm! ... das ist es eben, daß ich, wie mir scheint, immer noch so ein wenig ... natürlich nicht gerade betrunken, aber so ...‹

›... Selbstverständlich stelle ich mich als Gentleman auf die gleiche Stufe mit ihnen und verlange nicht im geringsten irgendwelche besondere ... Aber moralisch, moralisch – das ist eine andere Sache: sie werden das begreifen und zu würdigen wissen ... Meine Handlungsweise wird auch in ihnen Edelmut erwecken ... Und dann bleibe ich so eine halbe Stunde ... Meinetwegen auch eine Stunde. Gehe natürlich kurz vor dem Essen; sie aber werden gewiß schon alles mögliche zusammenbraten und -backen, mich himmelhoch bitten, doch zu bleiben, ich aber erhebe nur meinen Pokal, spreche meinen Glückwunsch aus und danke für das Essen. Sage einfach: die Arbeit drängt. Und schon dieses eine Wort wird genügen; sofort werden sie alle ehrfürchtig-ernste Gesichter machen. Und damit gebe ich gleichzeitig zartfühlend den Unterschied zu verstehen, daß sie und ich – zwei verschiedene Dinge sind. Himmel und Erde. Ich meine ja nur ... ich sage das nicht, um zu imponieren ... aber man muß doch ... gerade im moralischen Sinne ist das sogar unbedingt nötig, was man sonst auch einwenden mag. Übrigens kann ich ja sofort wieder lächeln, ja, von mir aus sogar lachen, und alle werden wieder munter ... Scherze dann noch ein wenig mit der jungen Frau ... hm! ... könnte ja sogar andeuten, daß ich nach einer gewissen Anzahl Monate wiederkommen würde als Taufpate, hehe ... Sie aber wird dann bestimmt pünktlich zum Termin gebären. Vermehren sich ja wie die Kaninchen. Nun, man wird natürlich lachen, sie wird feuerrot, gefühlvoll küsse ich sie dann auf die Stirn, segne sie womöglich noch ... und morgen ist meine Heldentat schon der ganzen Kanzlei bekannt. Ich aber bin am nächsten Tag wieder streng, bin wieder anspruchsvoll, sogar unerbittlich;

nur wissen sie jetzt alle schon, wie ich im Grunde bin. Kennen mein Innerstes, mein geheimstes Wesen: ‚Als Vorgesetzter ist er streng; aber als Mensch ist er einfach ein Engel!' Und so habe ich denn gesiegt; habe mit einer einzigen kleinen Geste, auf die ihr nie verfallen würdet, alle Herzen erobert. Schon gehören sie mir; ich bin der Vater, sie die Kinder ... Na, was sagen Sie jetzt dazu, Exzellenz Stepan Nikiforowitsch, versuchen Sie doch auch mal, etwas ähnliches zu machen ...‹

›... Ja, und wissen Sie auch, begreifen Sie auch, daß Pseldonimow noch seinen Kindern und Kindeskindern erzählen wird, wie Seine Exzellenz in eigener Person auf seiner Hochzeit erschienen ist! Und diese werden es wiederum ihren Kindern und Enkeln als heiligste Überlieferung ihrer Familiengeschichte berichten, wie der Würdenträger, der große Staatsmann (der ich bis dahin schon sein werde) ihre Familie einst der Ehre gewürdigt hat und so weiter, und so weiter. Aber das bedeutet doch, einen Erniedrigten moralisch erheben, ihn sich wiederfinden lassen ... Er steht sich ja nur auf zehn Rubel im Monat ... Und wenn ich ähnliches noch ein paarmal wiederhole, fünfmal, zehnmal, so bin ich einfach populär ... Werde in aller Herzen sein, und der Teufel weiß, was daraus in Zukunft noch alles entstehen kann, aus so einer Popularität, wie gesagt! ...‹

So oder ungefähr so dachte Herr Pralinskij (meine Herrschaften, was denkt der Mensch zuweilen nicht alles bei sich, und dazu noch, wenn er sich in einer etwas außergewöhnlichen Stimmung befindet!). Alle diese Erwägungen durchzuckten seinen Kopf in vielleicht kaum einer halben Minute, und gewiß hätte er sich mit diesen kleinen Illusionen begnügt und wäre, zufrieden mit der Beschämung Stepan Nikiforowitschs wenigstens in Gedanken, sorglos weitergegangen nach Haus und hätte sich zu Bett gelegt. Und das wäre sehr vernünftig gewesen! Aber das Unglück wollte eben, daß er sich in jenem Augenblick außerhalb des gewohnten Zustands befand.

Und wie vom Schicksal gerade in diesem entscheidenden Augenblick heraufbeschworen, sah er plötzlich die selbstzufriedenen Gesichter Nikiforows und Schipulenkos vor sich.

»Werden nicht durchhalten!« wiederholte der eine mit überlegenem Lächeln.

»Hehehe!« sekundierte ihm der andere mit einem gemeinen Gemecker.

›Das wollen wir mal sehen, ob wir durchhalten!‹ sagte entschlossen Herr Pralinskij, und es stieg ihm sogar heiß zu Kopf.

Er verließ den Brettersteg und ging mit festen Schritten über die Straße auf das Haus seines Untergebenen, des Registrators Pseldonimow, zu.

Sein Stern riß ihn mit sich. Mutig schritt er durch das unverschlossene Hofpförtchen und schob mit dem Fuß voll Nichtachtung den kleinen wolligen Spitz beiseite, der ihm mehr anstandshalber als um der Sache willen mit heiserem Gekläff an die Beine fuhr. Auf den Brettern, die von der Pforte bis zur Haustür führten, schritt er weiter, stieg die drei alten Holzstufen hinan, die unter einem kleinen Giebel einen Vorbau wie etwa ein Wächterhäuschen bildeten, und trat in einen winzigen Flur. Zwar brannte hier irgendwo in einem Winkel ein Lichtstümpfchen oder so etwas wie ein Fettlämpchen, aber das hinderte Herrn Pralinskij nicht, so wie er ging und stand, in Galoschen, mit dem linken Fuß in eine Schüssel mit Sülze, die zum Erkalten herausgestellt war, hineinzutreten. Herr Pralinskij beugte sich vor, um interessiert den Boden zu betrachten, erkannte, was er angerichtet hatte, und bemerkte zugleich, daß daneben noch zwei Schalen mit irgend etwas Eßbarem in Gallert und zwei Formen augenscheinlich mit Blanc-manger standen. Die zerdrückte Sülze verwirrte ihn allerdings ein wenig, und einen kurzen Augenblick lang durchzuckte ihn der Gedanke, ob es nicht besser wäre, sogleich leise umzukehren und sich aus dem Staube zu machen? Aber das erschien ihm doch gar zu charakterlos. Er überlegte, daß ihn doch noch niemand gesehen hatte und man daher auch bestimmt nicht auf ihn als den möglichen Übeltäter verfallen würde, wischte schnell seine Galosche ab, um alle Spuren zu beseitigen, tastete dann an der mit Filz beschlagenen Tür nach der Klinke, öffnete die Tür und trat in ein ganz kleines Vorzimmer. Die eine Hälfte dieses Vorzimmers war mit Mänteln, Pelzjacken, Überziehern, Kapuzen, Muffs und Galoschen vollkommen verbaut, in der anderen hatte man die Musikanten untergebracht: zwei Geigen, eine Flöte und einen Kontrabaß, im ganzen also vier Mann, natürlich von der Straße weg engagiert. Sie saßen um einen kleinen, ungestrichenen Holztisch, auf dem ein einziges Talglicht brannte, und fiedelten, was das Zeug hielt, die letzte Tour der Quadrille herunter. Durch die offene Tür konnte man im Saal die Tanzenden sehen, die sich in Staub-, Rauch- und Dunstwolken drehten. Es ging ausgelassen-lustig zu. Man hörte Lachen, Schreie und Damengekreisch. Die Kavaliere stampften wie eine Eskadron Pferde, und aus dem ganzen Sodom klang das Kommando des Tanzordners, eines anscheinend sehr gewandten Herrn, der ungeniert mit aufgeknöpftem Rock tanzte: »Avancez, Messieurs, chaine de dames, balancez!« usw. usw. Herr Pralinskij warf einigermaßen erregt seinen Pelz von den Schultern, streifte die Galoschen von den Füßen und trat mit der Mütze in der Hand in den Tanzraum. Übrigens hatte er schon aufgehört zu denken.

Im ersten Augenblick bemerkte ihn niemand: alle tanzten in wildem Galopp die Quadrille zu Ende. Pralinskij stand wie betäubt da und konnte in diesem Wirrwarr nichts richtig unterscheiden. Helle Damenkleider, schwingende Röcke, Herren mit einer Zigarette zwischen den Zähnen schwirrten vor seinen Augen, und zwischen ihnen irgendeine vorüberfliegende Dame, deren flatternde, hellblaue Schärpe mit Fransen ihm über die Nase wischte. Ihr setzte in heller Begeisterung ein strubbelköpfiger Student nach, der hierbei den Eingetretenen unsanft stieß. Darauf drehte sich vor ihm irgendein Offizier, der länger als eine Werst lang war. Irgend jemand rief vor lauter Überschwang mit ungewöhnlich hoher Stimme im gemeinsamen Vorüberfliegen: »A-a-ach, Pseldonimuschka!« Herrn Pralinskij schien es, als klebten seine Sohlen am Fußboden: der war mit Wachs gebohnt. In diesem Zimmer, das übrigens nicht sehr klein war, tanzten an die dreißig Menschen.

Doch nach einer Minute etwa ging die Quadrille zu Ende, und fast im selben Augenblick geschah genau das, was Herr Pralinskij sich schon auf dem Bretterstege vorgestellt hatte. Unter den Gästen und Tänzern, die noch nicht Atem geschöpft, noch nicht den Schweiß vom Gesicht gewischt hatten, verbreitete sich plötzlich ein ganz ungewöhnliches Tuscheln. Alle Augen, alle Gesichter wandten sich erschrocken schnell dem eingetretenen Gast zu. Und gleich darauf begann ein allgemeines Zurückweichen; alle schoben und drückten sich nach rückwärts. Die ihn noch nicht bemerkt hatten, wurden an den Kleidern gezupft und eines Besseren belehrt, worauf sie sich umsahen und sich dann gleichfalls dem Rückzug anschlossen. Herr Pralinskij stand immer noch in der Tür und wagte keinen Schritt vorzutreten. Zwischen ihm aber und den Gästen wurde der freie Raum immer größer und größer, und schließlich war das halbe Zimmer leer, abgesehen von den Zigarettenstummeln und Konfektpapierchen, mit denen der Fußboden besät war. Da löste sich aus diesem enggepreßten Publikum schüchtern ein junger Mensch im Uniformrock eines Beamten und trat vor in den leeren Raum; er hatte strähniges weißblondes Haar und eine gebogene Nase. Er schob sich zaghaft näher, machte einen Bückling nach dem anderen und blickte dabei auf den unerwarteten Gast genau so wie ein Hund, der sich seinem ihn rufenden Herrn nähert, um einen Tritt in Empfang zu nehmen.

»Guten Abend, Pseldonimow, erkennen Sie mich?« sagte Herr Pralinskij und fühlte doch im selben Augenblick, daß er es furchtbar ungeschickt sagte und vielleicht im Begriff war, eine unglaubliche Dummheit zu begehen.

»Eu ... Eu ... Euer E-xzellenz«, murmelte Pseldonimow.

»Nun ja, ich bin es! – bin, mein Lieber, ganz zufällig bei Ihnen eingetreten, wie Sie sich wahrscheinlich schon denken können ...«

Pseldonimow aber konnte augenscheinlich überhaupt nicht mehr denken. Er stand mit weit aufgerissenen Augen vor seinem Vorgesetzten in einem erschreckenden Nichtverstehenkönnen ...

»Ich nehme an, daß Sie mich doch nicht vor die Tür setzen werden ... Ob willkommen oder nicht, aber einen Gast muß man doch empfangen! ...« fuhr Herr Pralinskij fort, wobei er wieder fühlte, daß er bis zu unanständiger Ohnmacht verwirrt ist, daß er lächeln will und selbst das nicht mehr kann; daß die humoristische Erzählung vom Ausbleiben seines Trifon immer unmöglicher wird. Pseldonimow aber verharrte wie zum Trotz in seiner Erstarrung und fuhr nur fort, ihn blöde anzusehen. Pralinskij durchzuckte es, er fühlte: ›Noch eine solche Minute, und es geschieht etwas Unmögliches!‹

»Oder habe ich vielleicht gestört ... dann werde ich natürlich sofort ...«, sagte er halb mechanisch, und an seinem rechten Mundwinkel erzitterte ein kleiner Nerv ...

Da aber besann sich Pseldonimow endlich ...

»Euer Exzellenz, ich bitte ... geruhen ... eine Ehre ...«, stotterte er unter erneuten Bücklingen, »geruhen Platz zu nehmen ...« Und noch etwas mehr zu sich gekommen, wies er plötzlich mit beiden Händen auf das Sofa, von dem der Tisch weggerückt worden war, um den Tanzenden nicht im Wege zu sein ...

Herr Pralinskij atmete innerlich auf und ließ sich auf das Sofa nieder; sofort beeilte sich jemand, den beiseite geschobenen Tisch wieder vorzuschieben. Flüchtig blickte er sich um, und da gewahrte er, daß außer ihm niemand saß: alle, auch die Damen, standen. Das war ein schlechtes Zeichen. Aber noch war es nicht an der Zeit, sie zu ermuntern und zum Platznehmen aufzufordern. Die Gäste standen noch immer scheu zurückgedrängt, und vor ihm stand immer noch Pseldonimow allein, krumm vor Ehrerbietung, und begriff immer noch nichts und war immer noch weit entfernt vom Lächeln. Es war einfach schändlich, oder kurz: in diesem Augenblick erlitt unser Held soviel Kummer, daß sein Harûn-al-Raschids würdiges Unternehmen um des Prinzips willen wohl für eine Heldentat angesehen werden könnte. Aber da stand plötzlich neben Pseldonimow noch eine Gestalt, die einen Bückling nach dem anderen machte. Zu seiner unbeschreiblichen Freude, ja, geradezu beglückt erkannte Herr Pralinskij in dieser Gestalt sofort den Tischvorsteher aus seiner Kanzlei, Akim Petrowitsch Subikow, den er zwar nicht gesellschaftlich, dafür aber als tüchtigen schweigsamen Beamten kannte. Voll Freude erhob er sich sofort und streckte Subikow die Hand entgegen, die ganze Hand und nicht nur zwei Finger. Subikow drückte sie vorsichtig in tiefster Ehrfurcht. Exzellenz triumphierte: alles war gerettet!

In der Tat, jetzt war Pseldonimow nicht mehr, sagen wir, die zweite, sondern einfach die dritte Person. Man konnte sich mit der Erzählung direkt an den Tischvorsteher Subikow wenden, ihn in der Not wie einen Bekannten behandeln, sogar wie einen nahen Bekannten; Pseldonimow aber konnte man nun schweigen und vor lauter Respekt zittern lassen, soviel er wollte. Folglich war der Anstand gewahrt. Die Erzählung aber war unbedingt nötig, das fühlte Herr Pralinskij; er sah, daß alle Gäste etwas erwarteten, daß in beiden Türrahmen sich sogar alle Hausbewohner versammelt hatten und fast schon aufeinander kletterten, nur um ihn besser sehen und hören zu können. Unangenehm war bloß, daß der Tischvorsteher sich in seiner Dummheit immer noch nicht setzen wollte.

»Aber so setzen Sie sich doch!« sagte Herr Pralinskij und wies etwas ungeschickt neben sich auf das Sofa.

»Ich ... ich ... ach ... ich kann auch hier ...«, stotterte Akim Petrowitsch Subikow verlegen und setzte sich flink auf einen Stuhl, der ihm im Handumdrehen von Pseldonimow, der selbst nicht Platz zu nehmen wagte, in die Kniekehlen geschoben wurde.

»Denken Sie doch nur, was mir soeben passiert ist«, begann Herr Pralinskij mit einer zwar noch etwas unsicheren, aber immerhin liebenswürdigen Stimme, ausschließlich zu Akim Petrowitsch gewandt. Er zog sogar die Worte möglichst in die Länge, sprach die Silben kokett langsam und das a fast wie ein e aus, kurz, er fühlte und begriff, daß er sich nicht natürlich gab, aber er konnte sich nicht mehr beherrschen: es geschah wie unter dem Einfluß einer äußeren Macht. Und überhaupt erkannte er in jenem Augenblick furchtbar viel und begriff es qualvoll.

»Können Sie sich vorstellen: ich komme von Stepan Nikiforowitsch Nikiforow, dem Geheimrat, Sie haben vielleicht von ihm gehört ...«

Subikow beugte sich ehrerbietig mit seinem ganzen Oberkörper vor, als wollte er sagen: ›Exzellenz, wie sollte ich nicht!‹

»Er ist doch jetzt Ihr Nachbar«, fuhr Herr Pralinskij fort und wandte sich anstandshalber an Pseldonimow, kehrte sich aber sofort wieder von ihm ab, da er an den Augen Pseldonimows nur zu deutlich gesehen hatte, wie vollkommen gleichgültig diesem das war. »Er hat sich ja, wie Sie wissen, immer schon ein Haus kaufen wollen ... Nun, und jetzt hat er es sich glücklich gekauft. Ein sehr hübsches Haus. Ja ... Und da kam dann noch hinzu, daß heute sein Geburtstag ist, und so hat er ihn uns diesmal vor lauter Freude über sein neues Haus nicht verheimlicht, wie er es sonst immer zu tun pflegte, hehe ... Wie gesagt, er hatte uns eingeladen, mich und Semjon Iwanowitsch. Sie kennen ihn doch? – Schipulenko.«

Subikow machte mit seinem Oberkörper wieder eine respektvolle Verbeugung; er tat es mit Diensteifer. Herr Pralinskij beruhigte sich ein wenig, denn er hatte schon gefürchtet, sein Untergebener könnte vielleicht erraten, daß er der einzige rettende Stützpunkt Seiner Exzellenz war. Das wäre doch gar zu abscheulich gewesen.

»Nun, wir saßen zu dritt beisammen, tranken Champagner, sprachen über Regierungssachen ... über dieses und jenes ... über verschiedene Staats-pro-bleme ... disputierten sogar ... Hehe ...«

Subikow machte ein respektvolles Gesicht.

»Aber darum handelt es sich ja nicht! Ich verabschiedete mich schließlich, denn, wissen Sie, der alte Herr ist sehr pünktlich, er geht sehr früh zu Bett, ist ja auch schon be-jahrt. Ich trete also hinaus ... mein Trifon ist nirgends zu sehen! Das regt mich auf; ich erkundige mich: es stellt sich heraus, daß er sich in der Hoffnung, ich würde länger sitzen bleiben, auf eine Hochzeit – zu irgendeiner Verwandten oder Schwester – begeben hat ... gleichfalls hier irgendwo auf der Petersburger Seite. Und auch den Schlitten hat er natürlich mitgenommen.«

Exzellenz blickte anstandshalber wieder Pseldonimow an, was diesen sofort veranlaßte, sich zu verbeugen, doch keineswegs in der Art, wie es Exzellenz ersehnte, und daraus schloß er: ›Dieser Mensch hat ja überhaupt kein Mitgefühl, überhaupt kein Herz!‹

»Nein, so etwas!« sagte tief erschüttert Subikow. Ein leichter Schauer der Verwunderung lief tuschelnd über die dichtgedrängte Schar der übrigen Gäste.

»Nicht wahr? Sie können sich meine Lage denken ...« Herr Pralinskij ließ seinen fragenden Blick flüchtig über alle Anwesenden gleiten. »Da war natürlich nichts zu machen, ich gehe also zu Fuß. Ich denke mir, nun, du gehst bis zum Großen Prospekt, dort wirst du bestimmt noch einen Schlitten finden ... hehe!«

»Hihihi ...«, tönte dienstbeflissen das Echo von Subikow zurück, und wiederum ging ein Getuschel durch die gedrängte Gästeschar. In diesem Augenblick platzte mit lautem Knall der Zylinder einer Wandlampe. Irgend jemand stürzte sofort eilfertig hin, um nachzusehen oder irgend etwas zu retten. Pseldonimow fuhr zusammen und warf einen strengen Blick auf die Lampe. Exzellenz aber beachtete sie überhaupt nicht, und so beruhigte man sich.

»Ich gehe also zu Fuß ... Die Nacht aber ist wunderbar, vollkommen windstill. Da höre ich plötzlich Musik, das Gestampfe Tanzender! Erkundige mich beim Schutzmann und erfahre, daß Pseldonimow seine Hochzeit feiert. Mein Lieber, Ihr Fest ist ja auf der ganzen Petersburger Seite zu hören! Hahaha!«

»Hihihi! Stimmt ...«, meinte auch Subikow; die Gäste flüsterten und bewegten sich wieder; dumm war nur, daß Pseldonimow selbst nach diesem Scherz nicht lächelte, sondern wieder nur seinen Bückling machte – wirklich, als ob er von Holz wäre! ›Der Kerl scheint ja total borniert zu sein!‹ dachte Exzellenz verwundert, ›wenn der Esel doch einmal lächeln wollte, wäre ja alles gut.‹ Die Ungeduld tobte in seinem Herzen.

»Halt! denke ich, wie wär's, wenn du einmal bei deinem Untergebenen vorsprächest? Ob ich ihm willkommen bin oder nicht, er wird mich doch nicht vor die Tür setzen ... Sie verzeihen mir doch, mein Lieber ... Wenn ich jedoch störe, so werde ich selbstverständlich sogleich wieder gehen ... Ich bin ja eigentlich nur gekommen, um einmal zuzusehen ...«

Allmählich aber begann sich schon eine gewisse Entspannung unter den Gästen bemerkbar zu machen. Subikow lächelte verklärt, als wollte er sagen: ›Gütiger Himmel, wie könnte Euer Exzellenz stören!‹ Und auch bei den übrigen Gästen waren die ersten Anzeichen des Zutrauens wahrzunehmen. Die Damen saßen schon fast alle: ein gutes, positives Zeichen. Die Keckeren von ihnen fächelten sich bereits mit den Taschentüchern. Eine von ihnen, in einem abgetragenen Samtkleid, sagte absichtlich einige Worte etwa lauter. Der Offizier, an den sie gerichtet waren, wollte ihr gleichfalls etwas lauter antworten, da sie aber beide die einzigen Mutigen waren, so führte er sein Vorhaben doch nicht aus. Die

Herren, meistens Kanzleibeamte und zwei oder drei Studenten, tauschten untereinander Blicke aus, als wollten sie sich gegenseitig anfeuern, irgend etwas zu unternehmen; vorläufig aber räusperten sie sich nur oder traten von einem Fuß auf den andern, um sich ein wenig zu bewegen. Im Grunde hatte kein einziger Angst; sie waren nur ein wenig schüchtern und, genaugenommen, blickten sie alle feindselig auf den Unglücklichen, der gekommen war, um ihr Vergnügen zu stören. Der Offizier, der sich schließlich seines Kleinmutes schämte, faßte sich ein Herz und näherte sich ein wenig dem Tisch.

»Äh, mein Lieber, gestatten Sie, nach Ihrem und Ihres Vaters Namen zu fragen?« wandte sich Herr Pralinskij an Pseldonimow.

»Porfirij Petrowitsch, Exzellenz«, antwortete der sofort, als ob er Rapport erstatte.

»Nun, Porfirij Petrowitsch, wann werden Sie mich denn mit Ihrer jungen Frau bekannt machen ... Führen Sie mich doch ... ich ...«

Und er bekundete schon die Absicht, sich vom Sofa zu erheben. Pseldonimow stürzte sofort ins Nebenzimmer. Die Neuvermählte stand übrigens an der Tür, als sie aber hörte, daß von ihr die Rede war, schlüpfte sie sofort zurück und versteckte sich. Nichtsdestoweniger führte Pseldonimow sie nach einer Minute an der Hand wieder in den Saal. Man trat sofort auseinander, um ihnen Platz zum Durchgehen zu machen. Exzellenz erhob sich feierlich und wandte sich mit liebenswürdigstem Lächeln an die Neuvermählte: »Es freut mich ungemein, Ihre Bekanntschaft zu machen«, sagte er mit der elegantesten Halbverbeugung, »und dies um so mehr, als es gerade an einem solchen Tage ...« usw. usw.

Er lächelte überaus verschmitzt. Die Damen gerieten in angenehme Wallung.

»Charmant«, sagte fast laut die Dame im abgetragenen Samtkleid. Die Neuvermählte war ihres Gatten wert. Sie war ein mageres Persönchen von siebzehn Jahren, blaß, mit einem kleinen Gesicht, in dem ein spitzes Näschen saß. Ihre kleinen, flink und unstet blickenden Augen verrieten keinerlei Verlegenheit, im Gegenteil, sie sahen jetzt aufmerksam und sogar mit einer gewissen Bosheit den liebenswürdigen Vorgesetzten an. Offenbar hatte Pseldonimow sie nicht ihrer Schönheit wegen geheiratet. Ihr Brautkleid war aus weißem Musselin auf einem rosa Unterkleide. Ihr Hals war erschrekkend mager, die Schlüsselbeine zeichneten sich ab, ihr Körper erinnerte an den eines Kükens. Auf die liebenswürdigen Begrüßungsworte der Exzellenz wußte sie nichts zu antworten.

»Ich kann Ihnen zu Ihrem Geschmack nur gratulieren«, sagte Exzellenz zu Pseldonimow gewandt halblaut, jedoch absichtlich so, daß sie es unbedingt hören mußte.

Pseldonimow antwortete aber auch auf diese Liebenswürdigkeit nur mit Schweigen; ja, diesmal vergaß er sogar, sich zu verbeugen: er rührte sich nicht. Herrn Pralinskij schien es plötzlich, als blitze in seinen Augen etwas Kaltes, wenn nicht Feindseliges auf. Und doch hieß es für ihn, mit aller Gewalt, was es auch koste, die ersehnte gefühlvolle Stimmung zu erzwingen. Nur deswegen war er ja überhaupt eingetreten!

›Das ist mir mal ein Pärchen!‹ dachte er bei sich. ›Übrigens ...‹

Und er wandte sich von neuem an die junge Frau, die sich neben ihm auf das Sofa niedergelassen hatte, erhielt aber auf seine Fragen nur ein »Ja« oder »Nein« zur Antwort, und zuweilen selbst das nicht einmal.

›Wenn sie doch wenigstens verlegen werden wollte!‹ dachte er wütend. ›Ich könnte dann mit ihr scherzen. Aber so ist ja meine Lage einfach aussichtslos!‹

Und auch Subikow schwieg wie zum Trotz; wenn er es auch nur aus Dummheit tat, so blieb es doch unverzeihlich.

»Aber meine Damen und Herren! Ich habe Sie doch nicht in Ihrer Geselligkeit gestört?« wandte er sich an alle Gäste.

Er fühlte schon, daß sogar seine Handflächen transpirierten.

»O nein, Exzellenz, wir werden sofort weitertanzen, augenblicklich ... erholen wir uns ein wenig«, antwortete ihm darauf der lange Offizier, auf dem die Neuvermählte wohlgefällig ihre Blicke ruhen ließ: er war noch nicht alt und trug die Uniform irgendeines Truppenteils. Pseldonimow stand noch immer in der Nähe, und seine Hakennase nahm sich noch größer aus als zuvor. Er stand da und hörte zu wie ein Diener, der mit Pelzen und Mänteln auf dem Arm dem Abschiedsgespräch seiner Herrschaft zuhört. Diesen Vergleich machte Herr Pralinskij in Gedanken beim wiederholten Anblick seines Registrators. Ja, unser Held fühlte sich sehr ungemütlich, er fühlte, wie er den Boden unter den Füßen verlor; er fühlte, daß er irgendwohin hineingeraten war und nun nicht mehr herauskonnte, und saß da wie im Dunkeln.

Da traten die Gäste an der Tür wieder auseinander, um, wie es schien, jemandem Platz zu machen: es erschien eine mittelgroße, stämmige ältere Frau, die einfach, aber doch etwas festlicher angezogen war, ein großes Tuch, das sie auf der Brust festgesteckt hatte, um die Schultern trug und sich an die Haube, die ihren Kopf schmückte, augenscheinlich noch nicht gewöhnt hatte. In den Händen hielt sie ein rundes Tablett, auf dem eine volle, aber schon aufgekorkte Flasche Champagner und zwei Gläser standen – zwei, nicht mehr und nicht weniger. Offensichtlich war die Flasche nur für zwei Personen gekauft worden.

Die Frau kam freundlich auf den Gast zu.

»Bitte, Exzellenz« sagte sie grüßend und herzlich, »wenn Sie uns schon die Ehre erweisen, zur Hochzeit meines Sohnes in eigener Person zu kommen, so bitten wir: begrüßen Sie auch schon das junge Paar mit einem Glas. Nehmen Sie vorlieb, erweisen Sie uns die Ehre.«

Herrn Pralinskij erschien sie wie die Rettung selbst! Sie war noch durchaus nicht alt, vielleicht fünf- oder sechsundvierzig, nicht mehr. Aber sie hatte ein so gütiges, frisches, ein so offenes, rundes russisches Gesicht, sie lächelte so gutmütig, begrüßte ihn so einfach, daß Herr Pralinskij sich sofort beinah getröstet fühlte und wieder Mut schöpfte.

»Also S-s-sie sind die Mutter Ihres Sohnes?« fragte er, sich schnell erhebend.

»Jawohl, Exzellenz, meine Mutter«, bestätigte Pseldonimow, wobei er seinen langen Hals und seine gebogene Nase noch weiter vorstreckte.

»Ah, so! Freut mich! Es freut mich ganz ungemein, Sie kennenzulernen!«

»So erweisen Sie uns schon die Ehre, Exzellenz.«

»Aber gewiß, und mit dem größten Vergnügen!«

Das Servierbrett wurde auf den Tisch gestellt, und Pseldonimow schenkte eilfertig ein. Herr Pralinskij nahm seinen Pokal.

»Ich freue mich, ich freue mich ganz besonders der Gelegenheit ...«, begann er, »daß ich bei der Gelegenheit ... mit einem Wort, als Vorgesetzter mein Wohlwollen bezeugen kann ... Ich wünsche Ihnen, meine Gnädigste« – er wandte sich an die Neuvermählte – »und auch Ihnen, mein lieber Porfirij Petrowitsch, vollkommenes, höchstes und dauerndes Glück!«

Er erhob seinen Pokal und leerte ihn sogar mit tiefem Gefühl auf einen Zug – es war der Zahl nach der siebente an jenem Abend. Pseldonimow blickte ernst und mürrisch drein, und Exzellenz fühlte, daß er ihn schon qualvoll haßte.

›Und diese verfluchte Bohnenstange‹ – er blickte wütend auf den langen Offizier –, ›kann der Kerl denn nicht einmal Hurra schreien!? Damit wäre ja alles gerettet ...‹

»Und auch Sie, Akim Petrowitsch – bitte trinken auch Sie auf das Glück des jungen Paares«, wandte sich die Alte an den Beamten. »Sie sind sein Vorgesetzter, beschützen Sie meinen Sohn; ich bitte Sie darum, wie eine Mutter bittet. Und auch hinfort vergessen Sie uns nicht, Sie Lieber, ich weiß doch, daß sie ein guter Mensch sind, Akim Petrowitsch!«

›Wie reizend doch diese einfachen russischen Frauen sind!‹

dachte Herr Pralinskij bei sich. ›Alle hat sie belebt. Hm, ich habe ja immer gesagt: ich liebe alles Urwüchsige . . .‹

In dem Augenblick wurde noch ein Servierbrett zum Tisch gebracht: eine Magd in einem steifen, noch ungewaschenen Kattunkleide über einem Reifrock trug es herein; doch sie konnte es kaum fassen – so groß war es. Auf ihm standen eine Menge Schalen, Teller und Schüsseln mit Äpfeln, Konfekt, Marmeladen, Kuchen, Nüssen usw. Dieses Servierbrett hatte bis dahin im Nebenzimmer gestanden, zur Bewirtung der Gäste, vornehmlich der Damen. Nun wurde es aber zum Ehrengast gebracht.

»Verschmähen Sie nicht, Exzellenz, nehmen Sie vorlieb mit dem, was wir Ihnen bieten können. Was wir haben, dessen freuen wir uns«, sagte wieder gutmütig die Alte.

»Aber, ich bitte Sie! . . .«, rief Herr Pralinskij und nahm sogar mit Vergnügen eine Walnuß, die er mit den Fingern zerdrückte. Er hatte sich entschlossen, bis zum Schluß populär zu sein.

Plötzlich kicherte die Neuvermählte neben ihm.

»Wie?« erkundigte sich Herr Pralinskij lächelnd, sichtlich sehr erfreut über dies unverhoffte Lebenszeichen.

»Hihi, Iwan Kostenkinytsch scherzt wieder«, entgegnete sie, diesmal mit gesenktem Blick.

Er bemerkte tatsächlich einen hübschen blonden Jüngling, der sich auf einem Stuhl neben dem Sofa niedergelassen und sich halb hinter der Lehne und der jungen Pseldonimowa versteckt gehalten hatte. Der Jüngling erhob sich schüchtern.

»Ich habe ihr nur von einem Traumbuch erzählt, Exzellenz«, sagte er, als wolle er sich entschuldigen.

»Von was für einem Traumbuch?« fragte Herr Pralinskij herablassend.

»Es gibt jetzt ein neues, ein literarisches. Ich habe ihr gesagt, wenn man Herrn Panajew im Traum sieht, bedeute das, daß man sich das Chemisett mit Kaffee bekleckern werde.«

›Himmlische Unschuld!‹ dachte Exzellenz nicht ohne Bosheit bei sich.

Der junge Mann errötete zwar, als er seine Erklärung gab, war aber zugleich unglaublich stolz auf seinen Mut.

»Nun ja, schön, ich habe auch schon so etwas gehört...«, meinte Exzellenz.

»Und was noch amüsanter ist«, sagte plötzlich eine neue Stimme dicht neben Herrn Pralinskij, »es wird ein neues Lexikon herausgegeben, und es heißt, Herr Krajewskij werde dafür *palemische* Artikel schreiben ...«

Der das sagte, war ein junger Mensch, der aber durchaus nicht verlegen schien, sondern eine gewisse Sicherheit in seinem Auftreten hatte. Er war in Handschuhen und weißer Weste und behielt die ganze Zeit seinen Hut in der Hand. Er tanzte nicht, gab aber sonst den Ton an, blickte auf die übrigen Gäste von oben herab, denn er war schon Mitarbeiter an dem satirischen Blatt »Der Feuerbrand« und war gleichsam als Ehrengast zur Hochzeit eingeladen worden, von Pseldonimow selbst, mit dem er sich duzte und mit dem er noch vor einem Jahr ein Hungerleben bei einer deutschen Winkelvermieterin geführt hatte. Jetzt trank er schon Schnaps und war zu diesem Zweck bereits des öfteren in ein bescheidenes Hinterzimmer gegangen, zu dem alle Herren den Weg kannten. Seiner Exzellenz war er äußerst unsympathisch.

»Und das ist nur darum so komisch«, unterbrach ihn plötzlich freudig der blonde Jüngling, der von dem Chemisett erzählt hatte und den der »Mitarbeiter« haßerfüllt anblickte, »so furchtbar komisch, weil der Herausgeber so tut, als ob Herr Krajewskij die Rechtschreibung nicht könne und wirklich glaube, man müsse statt ›polemisch‹ ›palemisch‹... sagen ...« Der arme Jüngling sprach kaum zu Ende, was er sagen wollte. Er erkannte an den Augen seines Zuhörers, daß er eine stadtbekannte Geschichte erzählte, denn Seine Exzellenz wurde gleichfalls verlegen, und das natürlich nur, weil auch er sie schon längst gehört hatte. Der junge Mann schämte sich entsetzlich: er zog sich denn auch so schnell wie möglich zurück, und die ganze Zeit nachher war er tief melancholisch. Dafür aber trat der Mitarbeiter des »Feuerbrand« noch näher an Seine Exzellenz heran und schien die Absicht zu haben, sich irgendwo in der Nähe niederzulassen. Solch eine liebenswürdige Annäherung eines Journalisten von links erschien ihm aber doch etwas zu gewagt.

»Tja! was ich sagen wollte, Porfirij Petrowitsch«, begann er plötzlich zu diesem gewandt, bloß um etwas zu sagen, »warum – ich wollte Sie das schon längst fragen, warum nennen Sie sich Pseldonimow und nicht Pseudonimow?«

»Das kann ich leider nicht genau erklären, Exzellenz«, entgegnete Pseldonimow.

»Das hat man wohl schon früher verwechselt, als sein Vater in den Dienst trat, ich meine, in den Papieren«, bemerkte Subikow. »Das kommt zuweilen vor.«

»Un-be-dingt!« griff Exzellenz eifrig den Gedanken auf. »Unbedingt! Denn, urteilen Sie doch selbst: Pseudonimow würde von dem literarischen Wort Pseudonym herkommen. Was aber bedeutet Pseldonimow? – Überhaupt nichts!«

»Aus Dummheit«, fügte plötzlich Subikow noch hinzu.

»Das heißt, wie meinen Sie das – aus Dummheit?«

»Das einfache Volk verwechselt zuweilen die Buchstaben und spricht überhaupt die Fremdwörter auf seine Art aus. So sagt es zum Beispiel oft Nevalide statt Invalide ...«

»Ach, so ... Nevalide, hehehe ...«

»Auch hört man häufig Mummer sagen, Exzellenz«, fiel der lange Offizier ein, den die Lust, sich gleichfalls irgendwie auszuzeichnen, schon lange plagte.

»Wie das ... Mummer?«

»Mummer statt Nummer, Exzellenz.«

»Ach so, Mummer statt Nummer ... ja ja ... hehehe? ...« Exzellenz war gezwungen, auch dem Offizier Beifall zu zollen.

Der Offizier zupfte an seinem Kragen.

»Und dann sagt man auch noch vurbei«, mischte sich der Mitarbeiter des »Feuerbrand« in das Gespräch. Exzellenz aber tat, als hätte er die Bemerkung ganz überhört. Er konnte doch nicht alle anlächeln!

»*Vurbei* statt *vorbei*«, wiederholte der Mitarbeiter sichtlich gereizt.

Exzellenz blickte ihn streng an.

»Wozu drängst du dich so vor?« flüsterte Pseldonimow dem Mitarbeiter zu.

»Wieso, darf ich denn hier etwa nicht sprechen?!« fragte der flüsternd zurück, schwieg aber doch und verließ mit heimlichem Groll das Zimmer.

Er begab sich wieder in das anziehende Hinterzimmer, in dem für die Herren auf einem kleinen Tisch, der mit einem jaroslawschen bunten Tischtuch bedeckt war, zwei Sorten Schnaps, Hering, Kaviarbrötchen und noch eine Flasche des allerstärksten Sherry von einer russischen Firma zur Erfrischung hingestellt waren. Mit Wut im Herzen goß er sich ein Gläschen ein, als plötzlich der strubbelköpfige Student der Medizin hereinstürmte, hastig die Karaffe ergriff und sich einschenkte.

»Es wird gleich wieder losgehen!« sagte er, der erster Tänzer auf dieser Hochzeit Pseldonimows war. »Komm zusehn: werde ein Solo auf den Händen tanzen, mit den Beinen in der Luft, und nach dem Essen will ich 'nen Fisch riskieren. Der paßt zur Hochzeit: sozusagen unserem Pseldonimow ein freundschaftlicher Wink ... Famoses Weib, diese Kleopatra Semjonowna, man kann bei ihr faktisch alles riskieren.«

»Das ist ja ein Reaktionär«, sagte finster der Mitarbeiter und stürzte sein Glas hinab.

»Wer das?«

»Diese hohe Persönlichkeit, vor der man sämtliche Süßigkeiten plaziert hat! Ein Reaktionär, wie er im Buche steht, sag ich dir!«

»Ach!« rief der Student gleichgültig und stürzte hinaus, da schon die ersten Takte der Quadrille erklangen.

Der Mitarbeiter goß sich, allein zurückgeblieben, ein noch größeres Glas ein, um sich etwas Mut anzutrinken, darauf nahm er ein Kaviarbrötchen – und noch niemals hatte sich der Wirkliche Geheimrat Pralinskij einen schrecklicheren Feind und unerbittlicheren Rächer erworben, als es der von ihm übersehene Mitarbeiter des »Feuerbrand« war, besonders nach dem zweiten Glase Schnaps. Doch wehe! Herr Pralinskij ahnte nichts. Desgleichen ignorierte er völlig noch einen anderen wichtigen Umstand, der aber auf das weitere Verhalten der Gäste zu Seiner Exzellenz einen unheilvollen Einfluß haben sollte. Die Geschichte war nämlich die, daß seine Erklärung, warum er zu seinem Untergebenen gekommen war, niemand befriedigt hatte und die Gäste fortfuhren, sich zu ängstigen oder wenigstens sich bedrückt zu fühlen. Plötzlich aber veränderten sich alle wie durch einen Zauberschlag: alle beruhigten sich und waren sofort bereit, wieder zu tanzen, zu lachen, zu schreien, ganz als ob der unerwartete Gast überhaupt nicht zugegen wäre. Die Ursache dieser Veränderung war das auf unerklärliche Weise entstandene Gerücht, der Gast sei nicht ganz ... nüchtern! Und wenn dieses Gerücht auch den Stempel der schrecklichsten Verleumdung an sich trug, so fand es allmählich doch mehr und mehr Glauben, und bald wurde es allgemein als Tatsache angesehen. Daher ging es denn plötzlich ungemein frei her. Die letzte Quadrille vor dem Essen begann.

Gerade als Herr Pralinskij sich wieder an die Neuvermählte wenden wollte, um diese Festung mit einem Scherz zu stürmen, erschien plötzlich der lange Offizier und ließ sich unverhofft auf ein Knie vor ihr nieder. Sie erhob sich sofort und flog selig mit ihm davon, um sich in die Reihe zu stellen. Der Offizier sagte nicht einmal seine Entschuldigung, als er sie entführte, und sie schenkte Seiner Exzellenz nicht einmal einen Blick, als ob sie froh wäre, ihren Platz verlassen zu können.

›Im Grunde hat sie ja recht‹, dachte Herr Pralinskij, ›aber was ist denn das für ein Benehmen!‹ – »Hm! ... mein lieber Porfirij Petrowitsch«, wandte er sich an Pseldonimow, »vielleicht haben Sie dort irgend etwas anzuordnen ...

das heißt ... ich meine ja nur ... bitte lassen Sie sich dann nicht abhalten ...« – ›Der Kerl tut ja, als müsse er hier auf mich aufpassen‹, dachte er ungehalten.

Dieser Pseldonimow, der mit seinem langen Hals neben ihm stand und seinen Blick nicht von ihm abwandte, wurde ihm unerträglich. Kurz, das war alles nicht das, längst nicht das, was Herr Pralinskij sich gedacht hatte, aber er war noch weit davon entfernt, sich das einzugestehen.

Die Quadrille begann.

»Gestatten Exzellenz?« fragte ehrfürchtig Subikow, der zaghaft die Champagnerflasche in der Hand hielt und sich halbwegs anschickte, Seiner Exzellenz einzuschenken.

»Ich ... wirklich, ich weiß nicht, ob ...«

Doch schon schenkte Subikow mit andächtig strahlendem Gesicht den Champagner ein. Als das Glas bis zum Rande gefüllt war, entschloß er sich, auch sein eigenes Glas zu füllen, doch tat er das gleichsam unter Gewissensbissen, verlegen und betreten und mit dem Unterschied, daß er in sein Glas gut einen Fingerbreit weniger eingoß, was seiner Meinung nach etwas ehrerbietiger war. Er fühlte sich wie eine Frau in Kindsnöten, während er neben seinem hohen Vorgesetzten saß. Wovon sollte er sprechen? Sprechen aber mußte er unbedingt, da er nun einmal die Ehre hatte, neben Seiner Exzellenz zu sitzen: dafür mußte er doch wenigstens unterhaltend sein! Da mußte denn der Champagner retten. Seiner Exzellenz war es sogar angenehm, daß jener einschenkte, nicht des Weines wegen, denn der war warm und überhaupt irgendein widerliches Zeug, sondern gewissermaßen moralisch angenehm.

›Der Alte will natürlich selbst gern trinken‹, dachte Herr Pralinskij, ›allein aber wagt er es nicht. Ich kann ihn doch nicht des Genusses berauben. Und es wäre ja auch lächerlich, wenn die Flasche so unberührt zwischen uns stände.‹

Er nahm einen Schluck, denn das erschien ihm immerhin besser als so dazusitzen.

»Ich bin ja nur her-gekommen«, begann er wieder in seiner vornehm gedehnten Sprechart, »ich bin ja nur ... sozusagen zu-fällig her-gekommen, und vielleicht werden einige finden ... daß ich ... daß es mir ... sozusagen nicht zustehe, in solch einer ... Gesellschaft zu sein.«

Subikow schwieg und hörte nur mit schüchterner Neugier zu.

»Aber ich hoffe, daß wenigstens Sie verstehn, warum ich her-gekommen bin ... Hehe ...«

Subikow wollte zwar gleichfalls ehrerbietig lächeln, doch plötzlich ging es nicht, und Herr Pralinskij hörte wiederum nichts Beruhigendes von ihm.

»Ich bin her-gekommen ... um sozusagen zu ermuntern ... um zu zeigen, daß es ein sozusagen mora-lisches Ziel gibt«, fuhr Pralinskij fort, doch die Stumpfheit seines Zuhörers ärgerte ihn, und plötzlich verstummte auch er. Der arme Subikow wagte nicht einmal aufzublicken, ganz als ob sein Gewissen Gott weiß wie schuldbeladen gewesen wäre. Ein wenig verwirrt nahm Exzellenz das Glas und trank wieder einen Schluck, worauf Subikow wie nach einem letzten Strohhalm wieder nach der Flasche griff und von neuem einschenkte.

›Nun, viel fällt dir nicht gerade ein‹, dachte Herr Pralinskij und betrachtete streng den armen Subikow. Als dieser den strengen Blick seines hohen Vorgesetzten auf sich ruhen fühlte, beschloß er endgültig, den seinen nicht mehr zu erheben. So saßen sie sich denn eine ganze Weile stumm gegenüber, und das war für Subikow eine furchtbare Zeit.

Dieser Subikow war ein Mensch von altem Schrot und Korn. In Ehrerbietung und Gehorsam aufgewachsen, war er friedsam wie ein Huhn, dabei aber ein guter und sogar edler Mensch. Er war ein Petersburger Russe, das heißt: sein Vater und sein Großvater waren in Petersburg geboren, aufgewachsen und schließlich gestorben, ohne diese Stadt auch nur ein einziges Mal verlassen zu haben. Das ist ein ganz besonderer Typ Russen. Von Rußland haben sie nicht die geringste

Ahnung, was sie aber auch nicht im geringsten beunruhigt. Ihr ganzes Interesse ist auf Petersburg beschränkt und hauptsächlich auf den Umkreis ihres Dienstes. Alle ihre Sorgen drehen sich um die Kopekenpréférence, die nächste Kolonialwarenhandlung und ihr Monatsgehalt. Sie kennen keinen einzigen russischen Brauch, kein einziges russisches Volkslied, ausgenommen das eine vom »Kienspanfeuer«, und auch das nur, weil die Drehorgeln auf der Straße diese Melodie immer herunterleiern. Übrigens gibt es zwei bestimmte Anzeichen, an denen man unfehlbar den Petersburger Russen vom echten Russen unterscheiden kann. Erstens: alle Petersburger Russen, alle ohne Ausnahme, sagen »Akademische Nachrichten« und niemals »Petersburger Nachrichten«, wie das Blatt doch eigentlich heißt. Und zweitens: der Petersburger Russe wird, wenn er ›Frühstück‹ sagen will, niemals das russische Wort ›Sawtrak‹ gebrauchen, sondern immer ›Frjüstick‹ sagen, wobei er noch ganz besonders die erste Silbe betont. An diesen beiden eingewurzelten Merkmalen kann man sie genau unterscheiden; mit einem Wort, der Petersburger ist ein gezähmter Beamtenschlag, der sich in den letzten fünfunddreißig Jahren endgültig zum Typ herausgebildet hat. Übrigens war dieser Akim Petrowitsch keineswegs etwa dumm. Hätte Exzellenz ihn nach etwas anderem gefragt, nach Dingen, die in sein Fach schlugen, dann hätte er schon zu antworten und auch das Gespräch in Gang zu halten gewußt, während es doch für ihn als Untergebenen geradezu ungehörig gewesen wäre, auf solche Fragen, wie Exzellenz sie hier zu stellen beliebte, einzugehen, obschon er fast verging vor Verlangen, etwas Bestimmteres über die wirklichen Absichten Seiner Exzellenz zu erfahren ...

Währenddessen aber versank Herr Pralinskij mehr und mehr in Gedanken oder eigentlich in eine Rotation der Gedanken, und in der Zerstreutheit griff er unbewußt immer häufiger nach dem Glase, um wieder einen Schluck zu tun. Und Akim Petrowitsch ergriff dann mit Eifer die Gelegenheit, das Glas wieder bis zum Rand zu füllen. Beide schwiegen. Herr Pralinskij sah geradeaus auf die Tanzenden, und alsbald geschah es, daß sie doch seine Aufmerksamkeit erweckten. Mit einem Male aber setzte ihn ein Umstand in Erstaunen . . .

Die Tanzenden waren allerdings sehr lebhaft bei der Sache. Hier wurde nun wirklich in aller Herzenseinfalt getanzt, um fröhlich zu sein und sich auch auszutoben. An guten Tänzern gab es nur sehr wenige; aber die schlechten drehten sich und stampften dermaßen, daß man auch sie für gewandte Tänzer halten konnte. Vor allen anderen zeichnete sich der Offizier aus: er liebte besonders Figuren, bei denen er allein blieb und gewissermaßen ein Solo tanzen konnte. Dann bog und verrenkte er sich wirklich bewundernswert, und zwar in folgender Weise: groß und eine Werst lang wie er war, bog er sich plötzlich auf eine Seite, so daß man glaubte, er sei in der Taille gebrochen und werde sofort gänzlich umfallen; doch siehe, mit dem zweiten Schritt richtete er sich wieder werstlang auf, und mit dem dritten bog er sich unter demselben schrägen Winkel auf die andere Seite. Der Ausdruck seines Gesichtes blieb dabei unveränderlich ernst, und überhaupt tanzte er sichtlich mit der vollen Überzeugung, daß alle ihn bewunderten. Ein anderer Kavalier, der schon allzu häufig in das Hinterzimmer gegangen war, schlief bei der zweiten Tour neben seiner Dame ein, so daß diese gezwungen war, allein weiterzutanzen. Ein junger Registrator, der den ganzen Abend nur mit einer einzigen Dame tanzte, mit derselben, deren hellblaue Schärpe Seiner Exzellenz über die Nase geflogen war, hatte sich etwas ganz Besonderes ausgedacht: er blieb immer ein wenig hinter seiner Dame zurück, und so konnte er denn in den Touren, beim Vorübergehen usw. auf das schnell aufgefangene Ende dieser Schärpe an die zwanzig Küsse drükken. Die Dame aber schwebte vor ihm einher, als bemerke sie nichts von alledem. Der Student der Medizin tanzte tatsächlich ein Solo auf den Händen und hatte unglaublichen Erfolg: die Begeisterung, die er hervorrief, war unbeschreiblich; man applaudierte und quietschte vor Vergnügen. Kurzum, die ganze Gesellschaft benahm sich vollkommen ungezwungen. Herr Pralinskij, auf den der Wein seine Wirkung tat, ließ sich herab, sogar zu lächeln, doch allmählich schlich sich eine sonderbare Enttäuschung in seine Seele: oh, er liebte zwar natürlich ungezwungenes, gelöstes Benehmen sehr; wie hatte er es herbeigewünscht, als die Gäste noch scheu zurückgewichen waren! Doch plötzlich überschritten die gerufenen Geister alle Grenzen! Die Dame im abgetragenen blauen Samtkleide, das sie vielleicht aus vierter Hand gekauft hatte, steckte sich zum Beispiel in der sechsten Tour den Rock mit Stecknadeln derart auf, daß es aussah, als hätte sie Hosen an. Das war dieselbe Kleopatra Semjonowna, bei der man, nach dem Ausdruck ihres Kavaliers, des Studenten der Medizin, »alles riskieren konnte«. Von diesem Studenten der Medizin aber kann man bloß sagen: er war als Clown und Akrobat einfach ein zweiter Fokin! – Wie kam das nur? Noch vor so kurzer Zeit waren sie scheu vor dem neuen Gast zurückgewichen, und nun mit einem Mal sah er sie so ausgelassen vor sich? Es wäre ja weiter nichts dabeigewesen, aber immerhin, dieser schnelle Übergang war doch recht sonderbar: er schien etwas zu bedeuten. Es hatte wirklich den Anschein, als hätten sie ganz vergessen, daß Exzellenz zugegen war. Versteht sich, Exzellenz war der erste, der lachte, und er ließ sich sogar herab, Beifall zu klatschen. Subikow kicherte pflichtschuldigst mit, tat es aber nicht nur gezwungenermaßen, sondern mit sichtlichem Vergnügen – völlig ahnungslos, daß Exzellenz bereits einen neuen bohrenden Wurm in seinem Herzen zu spüren begann.

»Sie tanzen ja großartig!« sagte Exzellenz, als der Student in der letzten Tour an ihm vorüberging.

Der Student wandte sich hastig zu ihm um, schnitt eine unglaubliche Grimasse und näherte sein Gesicht blitzschnell bis auf eine unhöflich nahe Entfernung und – krähte dann plötzlich aus voller Kehle. Das war aber denn doch zuviel! Exzellenz erhob sich. Eine wahre Lachsalve erschütterte das Haus, denn die Grimasse des Studenten war dermaßen unerwartet gekommen, und er hatte so naturgetreu gekräht, daß das Gelächter nur zu erklärlich war. Exzellenz stand immer noch halb bewußtlos da, als plötzlich Pseldonimow erschien und ihn unter Bücklingen zum Essen bat. Gleich nach diesem kam auch die Mutter.

»Väterchen, Exzellenz«, sagte sie, »erweisen Sie uns die Ehre, verschmähen Sie nicht unser bescheidenes Mahl . . .«

»Ich-ich weiß wirklich nicht . . .«, stotterte Exzellenz, »ich bin doch nicht mit der Absicht . . . ich . . . ich wollte schon längst . . .«

Allerdings hielt er noch seine Zobelmütze in der Hand. Ja, er gab sich sogar im selben Augenblick das Ehrenwort, sich unbedingt sofort zu verabschieden, um nichts in der Welt zum Essen zu bleiben, und . . . und blieb natürlich doch. Nach einer Minute schritt er als erster zu Tisch. Pseldonimow und die Alte gingen vor ihm her, um für ihn den Weg durch das Gedränge frei zu machen. Man wies ihm den Ehrenplatz an, und wieder stand eine volle Champagnerflasche vor seinem Gedeck. Zuerst gab es einen Imbiß: Hering und Schnäpse. Er streckte – nicht ganz sich dessen bewußt, was er tat – die Hand nach der Schnapskaraffe aus und schenkte sich ein großes Glas randvoll ein. Es war ihm, als ob er von einem Berge hinabflöge, er glaubte zu fallen, zu fallen, zu fallen und fühlte, daß er sich an irgend etwas festhalten, anklammern müßte, aber es war dazu gar keine Möglichkeit da.

In der Tat, seine Lage wurde immer exzentrischer. Und nicht nur das: er fühlte bereits so etwas wie den Spott des Schicksals. In dieser einen knappen Stunde war mit ihm bereits Gott weiß was geschehen. Beim Eintreten hatte er sozusagen die Arme ausgebreitet, um die ganze Menschheit und alle seine Untergebenen zu umfangen; und nun, nach kaum einer Stunde, spürte und wußte er unter allen Schmerzen seines Herzens, daß er diesen Pseldonimow haßte und ihn samt seiner Frau und Hochzeit zu allen Teufeln wünschte. Und zum Überfluß erkannte er noch an dessen Gesicht und Augen, daß auch er von ihm gehaßt wurde. Es war fast, als wolle jener es nahezu wortwörtlich aussprechen, was er empfand: ›Wenn dich doch der Henker holte, verwünschter Kerl! Wozu bist du mir hierher auf den Hals gekommen! ...‹ Das hatte er schon längst im Blick des jungen Mannes gelesen.

Selbstverständlich hätte sich Herr Pralinskij auch jetzt noch, als er sich zu Tisch setzte, eher die Hand abhacken lassen, als daß er sich ehrlich die ganze Wahrheit eingestanden hätte, sei es auch nur heimlich im Herzen. Aber der Augenblick, wo das hätte geschehen können, war noch nicht gekommen, und vorläufig gab es erst, wie man zu sagen pflegt, ein moralisches Balancé. Nur das Herz, das Herz ... das tat so weh! Es drängte hinaus, in die Freiheit, an die Luft, zur Erholung ... Er war doch wirklich ein schon gar zu guter Mensch, dieser Iwan Iljitsch Pralinskij!

Er wußte doch, wußte ja ganz genau, daß er schon längst hätte weggehen sollen und nicht nur einfach weggehen, sondern sich geradezu hätte retten müssen; daß sein ganzes Unternehmen vollkommen fehlgeschlagen und keineswegs das war, was er sich auf dem Brettersteg gedacht hatte!

›Wozu bin ich denn hergekommen? Doch nicht, um hier zu essen und zu trinken?‹ fragte er sich, als er in den ersten Happen Hering biß. Er geriet sogar ganz ins Negieren. In seiner Seele regte sich sekundenweise schon Spott über seine Heldenrolle. Ja, es kam sogar so weit mit ihm, daß er allmählich selbst nicht mehr begriff, warum er eigentlich hier eingetreten war.

›Wie hätte ich denn früher weggehen sollen? So einfach wegzugehen, ohne die Sache bis zu Ende durchgeführt zu haben, war doch unmöglich. Was würde man sagen? Man würde sagen, ich triebe mich an unanständigen Orten herum. Und das würde ja auch so sein, wenn ich es, wie gesagt, nicht durchführte. Was wird aber morgen – bis dahin wird es ja schon überall bekannt sein – zum Beispiel Stepan Nikiforowitsch sagen? – und Semjon Iwanowitsch? Und was wird man in der Kanzlei sagen? Und bei Schembels? Und bei Schubins? Nein, ich muß so weggehen, daß sie alle begreifen, warum ich überhaupt gekommen bin, ich muß den moralischen Zweck meines Erscheinens klarlegen ...‹ Und doch wartete er vergeblich auf den pathetischen Moment. ›Sie achten mich ja nicht einmal‹, fuhr er fort zu denken. ›Worüber mögen sie jetzt dort lachen? Sie sind so lustig, als ob sie ganz gefühllos wären ... Ja, ich habe immer schon den Verdacht gehegt, daß die ganze neue Generation vollkommen gefühllos ist! Ich muß bleiben, was es auch koste, ich muß! ... Bis jetzt haben sie getanzt, hier aber bei Tisch sind sie alle beisammen ... Ich werde einfach von den Tagesfragen reden, hm! ... von den Reformen, der Größe Rußlands ... oh! ich werde sie schon mitreißen! Ja! Vielleicht ist überhaupt noch nichts verloren ... Vielleicht ist es in der Wirklichkeit immer so. Womit soll ich nur beginnen, um sie sofort zu fesseln? Hm! Man müßte so einen besonderen Modus erfinden ... Ich weiß wirklich nicht ... Und was wollen sie nur, was verlangen sie eigentlich? ... Wie ich sehe, lachen sie dort schon wieder. Sollten sie etwa über mich ...? Grundgütiger Himmel! Aber was will ich denn ... warum bin ich denn hier, warum gehe ich nicht weg, was will ich eigentlich? ...‹

Und während er das noch dachte, begann eine tiefe, unerträgliche Scham sein Herz immer noch mehr zu peinigen.

Aber es war schon nichts mehr zu machen; das eine kam zum anderen hinzu.

Genau zwei Minuten, nachdem er sich zu Tisch gesetzt hatte, überfiel ihn ein furchtbarer Gedanke, ein Gedanke, der sich seines ganzen Wesens bemächtigte. Er fühlte plötzlich, daß er furchtbar betrunken war, das heißt: nicht so wie vorher, sondern wirklich total betrunken, und zwar infolge des einen Schnapses, den er nach dem vielen Champagner hinuntergestürzt hatte, und der alsbald seine Wirkung tat. Er spürte es mit seinem ganzen Bewußtsein, daß ihn alle Kräfte verließen. Natürlich, die Courage verlor er deswegen nicht, im

Gegenteil, die nahm sogar noch zu, aber sein Bewußtsein verließ ihn keinen Augenblick und schrie ihm ununterbrochen zu: ›Das ist schlecht, sehr schlecht und sogar ganz unanständig!‹ Selbstverständlich konnten die widerstandsunfähigen trunkenen Gedanken nicht bei diesem einen Punkt stehenbleiben: in ihm tat sich plötzlich, fast greifbar für ihn selbst, eine Spaltung seines Ichs kund, eine Aufteilung gleichsam in zwei Seiten. Auf der einen Seite war Mut, das Verlangen zu siegen, die Widerstände zu brechen und die tollkühne Überzeugung, daß er sein Ziel noch erreichen werde. Die andere Seite tat sich kund durch qualvollen, dumpfen Seelenschmerz und ein eigenartiges Saugen am Herzen. – ›Was wird man sagen? Wie wird das enden? Was wird morgen geschehen, morgen, morgen! ...‹

Anfangs hatte er nur gewissermaßen stumpf vorausgefühlt, daß er unter den Gästen Feinde hatte. ›Das kommt daher, daß ich bestimmt auch vorhin schon betrunken war‹, dachte er, noch qualvoll zweifelnd. Wie groß aber war sein Entsetzen, als er jetzt an unbestreitbaren Anzeichen erkennen mußte, daß er hier am Tisch tatsächlich Feinde hatte und daß daran zu zweifeln nicht mehr möglich war.

›Und weswegen nur? Weswegen?‹ fragte er sich.

An diesem Tisch hatten alle Gäste, etwa dreißig an der Zahl, Platz genommen, aber von diesen waren etliche schon endgültig erledigt. Andere führten sich mit einer seltsam fahrlässigen und doch zugleich bösartigen Ungezwungenheit auf, schrien, sprachen laut durcheinander, meldeten voreilig Toaste an, schossen mit Brotkügelchen in keckem Scharmützel auf die ihnen gegenübersitzenden Damen und vice versa. Irgendein unansehnlicher Herr in bekleckertem Rock fiel vom Stuhl, als er sich gerade an den Tisch setzen wollte, und blieb dort liegen bis zum Ende des Festmahls. Ein anderer wollte unbedingt auf den Tisch steigen und eine Rede halten, und nur dem Offizier, der ihn an den Rockschößen festhielt, gelang es noch, ihn von einer so verfrühten Begeisterungskundgebung abzuhalten.

Das Essen war, was die Güte anbetraf, sehr verschiedenartig, obgleich man einen Koch, den Leibeigenen eines Generals, engagiert hatte. Es gab Eisbein, gebratene Zunge mit Kartoffelpüree, Koteletts mit grünen Erbsen; dann gab es noch eine Gans und als Abschluß noch Blanc-manger. An Getränken hatte man Bier, Schnaps und Sherry vorgesehen. Eine Champagnerflasche stand nur vor dem Gedeck des Ehrengastes, was diesen zwang, sich wie Subikow selbst einzuschenken, da letzterer bei Tisch nicht mehr aus eigener Initiative zu handeln wagte. Zu den Toasten auf das Wohl des jungen Paares war irgendein roter Wein bestimmt. Die Tafel an und für sich bestand aus mehreren Tischen, unter denen sich auch ein Spieltisch befand, und bedeckt waren sie gleicherweise mit mehreren Tischtüchern, unter denen ein vielfarbig gewebtes jaroslawsches Tischtuch auffiel. Die Gäste saßen in bunter Reihe. Pseldonimows Mutter hatte nicht an der Hochzeitstafel sitzen wollen; sie war als Hilfe und Anordnerin in der Küche unentbehrlich. Dafür erschien ein anderes, jedoch zweifellos bösartiges Frauenzimmer, das sich bisher nicht hatte blicken lassen, eine Gestalt in einem rötlichen Seidenkleide, mit wegen Zahnweh verbundener Backe und mit entsetzlich hoher Haube. Dies war die Mutter der Neuvermählten. Sie hatte sich endlich herabgelassen, zum Essen zu erscheinen; bis dahin war sie nicht zu bewegen gewesen, die Hinterzimmer zu verlassen, und das nur wegen ihrer unversöhnlichen Feindschaft gegen die Mutter Pseldonimows; aber darauf werden wir noch zurückkommen. Exzellenz wurde von dieser Dame gehässig, ja sogar spöttisch betrachtet, und augenscheinlich wollte sie ihm nicht einmal vorgestellt werden. Das erschien ihm überaus verdächtig. Doch abgesehen von ihr, gab es da noch ein paar andere Gesichter, die ihm verdächtig vorkamen und in ihm unwillkürliche Vorsicht erweckten, untermischt mit einem gewissen Beruhigtsein. Es schien ihm sogar, daß sie sich alle untereinander verschworen hatten, und zwar gerade gegen ihn. Wenigstens schien es ihm so, und im Verlaufe des ganzen

Mahles überzeugte er sich immer mehr davon. Vor allen anderen erschien ihm sehr bösartig ein Herr mit einem kleinen Bart – irgendein freier Künstler –, der ihn mehrmals ostentativ betrachtete, um sich dann an seinen Nachbarn zu wenden und diesem etwas zuzuflüstern. Ein anderer Gast in der Uniform der Gymnasiasten war allerdings bereits vollkommen betrunken, aber nichtsdestoweniger schien er, nach einigen Anzeichen zu schließen, nichts für Exzellenz übrig zu haben. Auch vom Studenten der Medizin war wohl nichts zu erhoffen. Und selbst der Offizier war nicht ganz zuverlässig. Doch ganz besonderen und unverhohlenen Haß brachte ihm der Mitarbeiter des »Feuerbrand« entgegen: der saß so nonchalant auf seinem Stuhl, schaute so stolz und anmaßend drein, lachte so überlegen! Und wenn auch die übrigen Gäste diesem Mitarbeiter, der im »Feuerbrand« im ganzen nur vier kleine Gedichte veröffentlicht hatte und deshalb zu den Liberalen hinübergewechselt war, keinerlei Beachtung schenkten, ja, ihn sogar offensichtlich nicht mochten, so war Exzellenz, als plötzlich ein Brotkügelchen neben seinem Teller niederfiel, doch sofort überzeugt und hätte seinen Kopf verwettet, daß der Absender dieses Geschosses niemand anderer als dieser Mitarbeiter gewesen sei.

Alles das beeinflußte ihn natürlich in bedauerlicher Weise.

Besonders unangenehm war auch noch eine andere Beobachtung. Herr Pralinskij überzeugte sich nämlich, daß es ihm bereits einige Schwierigkeiten machte, die Worte auszusprechen, daß er sehr vieles sagen wollte, die Zunge ihm aber nicht recht gehorchte. Ferner, daß er sich manchmal wie in Gedanken verlor und plötzlich mir nichts, dir nichts in Lachen ausbrach, wenn gar kein Grund zum Lachen vorlag. Diese Neigung verging jedoch bald nach einem weiteren Glas Champagner, das er sich zwar selbst eingeschenkt hatte, doch eigentlich überhaupt nicht hatte trinken wollen, und das er dann plötzlich ganz aus Versehen doch hinabstürzte. Danach hätte er am liebsten geweint. Er fühlte, daß er in außergewöhnliche Sentimentalität verfiel, daß er wieder bereit war zu lieben, alle zu lieben, selbst diesen Pseldonimow, selbst den Mitarbeiter des »Feuerbrand«. Er wollte ihnen allen um den Hals fallen, alles vergessen, sich mit allen versöhnen. Ja, er wollte ihnen sogar alles erzählen, alles ganz aufrichtig, alles, das heißt: was für ein guter und lieber Mensch er wäre, welche prachtvollen Gaben er hätte, wie er dem Vaterlande nützlich sein werde, wie er die Damen zu amüsieren verstünde, und vor allem, was für ein Fortschrittler er sei, wie human, wie bereit, zu allen hinabzusteigen, selbst zu den Geringsten, und zu guter Letzt ihnen aufrichtig alle Motive darzulegen, die ihn bewogen hatten, uneingeladen bei Pseldonimow zu erscheinen, bei ihm zwei Flaschen Champagner auszutrinken und ihn mit seiner Gegenwart zu beglücken.

›Wahrheit, heilige Wahrheit vor allen anderen Dingen, und Aufrichtigkeit! Das ist's: gerade durch Aufrichtigkeit werde ich sie gewinnen. Sie werden mir sofort Glauben schenken; das sehe ich schon kommen. Jetzt sehen sie noch feindlich zu mir her, wenn ich ihnen aber alles aufdecke, werde ich sie unwiderstehlich besiegen. Sie werden ihre Gläser füllen und sie mit einem Hoch auf mich leeren. Der Offizier wird sein Glas bestimmt an seinem Sporn zerschlagen. Sie könnten meinetwegen auch Hurra schreien ... Ja, selbst wenn sie mich nach Husarenart auf die Schultern heben wollen, werde ich ihnen auch das nicht verbieten; es würde sich auch gar nicht übel ausnehmen. Die Jungvermählte küsse ich dann auf die Stirn; sie ist doch eigentlich ganz nett. Und dieser Subikow ist auch ein sehr guter Mensch. Pseldonimow wird sich mit der Zeit natürlich bessern. Ihm fehlt vorerst noch sozusagen der gesellschaftliche Schliff ... Und wenn auch der ganzen jungen Generation diese gewisse Herzensbildung abgeht, so ... aber ich werde zu ihnen von der gegenwärtigen Bedeutung Rußlands unter den übrigen europäischen Großmächten reden. Ich werde auch die Bauernfrage erwähnen, ja, und ... und sie werden mich alle plötzlich lieben, und ich werde als Sieger davongehen! ...‹

Diese Träumereien waren freilich sehr angenehm; unangenehm war nur, daß er inmitten all dieser rosaroten Hoffnungen plötzlich eine ganz überraschend neue Eigenschaft an sich entdeckte, nämlich: unbewußt zu spucken. Wenigstens sah er, daß sein Speichel, wenn er sprach, ganz gegen seinen Willen nur so spritzte. Zum erstenmal bemerkte er das im Gespräch mit Subikow, dem er plötzlich die ganze Wange bespritzte und der reglos dasaß und vor lauter Ehrerbietung nicht wagte, sie sich abzuwischen. Da nahm denn Exzellenz seine eigene Serviette und wischte ihm selbst die Wange ab. Doch schon im gleichen Augenblick erschien ihm das, was er da tat, dermaßen ungereimt, dermaßen wider alle gesunde Vernunft, daß er verstummte und sich zu wundern begann. Subikow war wohl auch schon ein wenig berauscht, saß aber jetzt doch wie abgebrüht auf seinem Stuhl. Da kam es Herrn Pralinskij zu Bewußtsein, daß er fast schon seit einer Viertelstunde über ein äußerst interessantes Thema zu ihm sprach, dieser Subikow aber, wenn er auch zuhörte, doch nicht nur verlegen zu sein schien, sondern sich womöglich vor irgend etwas fürchtete. Pseldonimow, der einen Stuhl weiter von ihm saß, streckte auch seinen Hals vor, um mit zur Seite geneigtem Kopf und unangenehmstem Gesichtsausdruck zu horchen. Es hatte wirklich den Anschein, als fühlte sich sein Registrator verpflichtet, ihn zu bewachen. Er überflog die Gäste mit einem Blick und bemerkte, daß viele ihn ansahen und dabei lachten. Das sonderbarste war aber, daß ihn das nicht im geringsten verwirrte, im Gegenteil: er trank noch einen Schluck aus seinem Glas und hob plötzlich laut zu sprechen an:

»Ich habe schon einmal gesagt«, begann er möglichst laut, »meine Damen und Herren, ich habe schon einmal gesagt, und soeben noch zu Akim Petrowitsch, daß Rußland ... ja, gerade Rußland ... mit einem Wort, Sie verstehen, was ich sa-sa-sagen will ... Rußland durchlebt jetzt, wenigstens meiner tiefsten Überzeugung nach, eine Epoche der Hu-Humanität ...«

»Hu-humanität!« tönte es vom andern Tischende zurück.

»Hu-hu!«

»Tu-tu!«

Exzellenz stockte. Pseldonimow erhob sich von seinem Platz und suchte festzustellen, wer das dort gerufen hatte. Subikow schüttelte ein wenig den Kopf, als wolle er die Gäste gleichsam heimlich und leise ermahnen. Exzellenz bemerkte es wohl, sagte aber nichts in seiner Pein.

». . . der Humanität!« fuhr er dann hartnäckig fort, »und vorhin . . . und gerade noch vorhin habe ich zu Stepan Niki-ki-forowitsch . . . ja gesagt . . . daß sozusagen die Erneuerung der Dinge . . .«

»Exzellenz!« ertönte es laut vom anderen Tischende.

»Wie beliebt?« fragte der unterbrochene Redner, bemüht, den Schreier zu entdecken.

»Nichts weiter, Exzellenz, ich habe mich nur hinreißen lassen, fahren Sie fort! Fah-ren-Sie-fort!« ertönte von neuem dieselbe Stimme.

Herrn Pralinskij durchzuckte ein Schmerz.

»Die Erneuerung sozusagen eben dieser Dinge.«

»Exzellenz!« rief die Stimme von neuem.

»Was wünschen Sie?«

»Leben Sie hoch!«

Diesmal hielt Herr Pralinskij nicht mehr stand. Er verstummte und wandte sich mit strenger Miene an den Friedensstörer und Beleidiger. Dieser war ein junger Gymnasiast, der zuviel getrunken hatte und große Befürchtungen erregte. Er hatte schon ein Glas und zwei Teller zerschlagen, unter dem Vorwand, daß es sich auf einer Hochzeitsfeier so gehöre. Als Herr Pralinskij sich ihm zuwandte, war der Offizier schon dabei, den Schreihals abzukanzeln.

»Was fällt dir ein, was schreist du? Hinauswerfen sollte man dich!«

»Nicht von Ihnen, Exzellenz, nicht von Ihnen ist hier die Rede! Fahren Sie fort!« rief der kreuzfidele Schuljunge, sich ungeniert auf seinem Stuhl räkelnd.

»Fahren Sie fort, ich höre zu und bin mit Ihnen fa-abelhaft zufrieden! Fa-abelhaft, fa-abelhaft!«

»Ein betrunkener Bengel!« raunte Pseldonimow seinem Vorgesetzten zu.

»Das sehe ich, daß er betrunken ist, aber ...«

»Ich habe hier vorhin eine Geschichte erzählt, Exzellenz«, begann der Offizier zu erklären, »von einem Leutnant unseres Regiments, der genau so mit seinem Vorgesetzten sprach, und jetzt kopiert er diesen Leutnant. Der sagte auch zu allem, was sein Regimentschef sprach, immer nur ›Fabelhaft, fa-abelhaft!‹ Dafür wurde er dann aus dem Dienst entlassen. Das war schon vor zehn Jahren.«

»Wa-wa-was war denn das für ein Leutnant?«

»Ein Leutnant unseres Regiments, Exzellenz. Er war einfach übergeschnappt. Zuerst bekam er Hausarrest, dann Verweise und dann Karzer ... Der Regimentschef redete ihm wie ein Vater zu, ermahnte ihn gütlich, er aber antwortete ihm ins Gesicht immer nur dieses ›Fabelhaft! Fa–abelhaft!‹ Und merkwürdig: er war ein wirklich mutiger Offizier; war von sehr hohem Wuchs. Man wollte ihn schließlich vor Gericht stellen, aber da kam man darauf, daß er wahnsinnig geworden war ...«

»Also, mit anderen Worten ... ein Schulbub. Für Schulbubenstreiche braucht man nicht gar so streng ... Ich bin zu verzeihen bereit ...«

»... was die Ärzte auch sofort bestätigten, Exzellenz.«

»A-aber er lebte doch noch? Wie ... wie konnte man ihn dann sezieren?«

Eine laute Lachsalve erscholl, und die Gäste, die sich bis dahin in der Mehrzahl noch ganz manierlich benommen hatten, stimmten jetzt fast alle ein.

Exzellenz wurde wütend.

»Meine Herren! Meine Damen und Herren!« Exzellenz rief es zornig und ohne zunächst auch nur ein einziges Mal zu stottern. »Ich weiß sehr wohl, daß man einen lebenden Menschen nicht seziert. Ich nahm nur an, daß er im Wahnsinn nicht mehr ein lebender Mensch war ... Das heißt tot war ... das heißt ... ich wollte nur sagen ... daß Sie mich nicht lieben ... Ich aber liebe Sie alle ... ja, und ich liebe auch Por ... Porfirij ... Ich erniedrige mich, wenn ich so spreche ...«

In diesem Augenblick spritzte aber wieder eine übergroße Speichelflocke von seinen Lippen und flog aufs Tischtuch, gerade auf die sichtbarste Stelle. Pseldonimow schnellte sofort vor, um sie mit der Serviette abzuwischen. Dieses letzte Unglück vernichtete Seine Exzellenz endgültig.

»Nein, das ist zuviel!« rief er verzweifelt aus.

»Nur ein betrunkener Schuljunge, Exzellenz!« flüsterte ihm wieder Pseldonimow zu.

»Porfirij! Ich sehe, daß ihr alle ... alle ... ja! Ich sage, daß ich hoffe ... ja, ich fordere alle auf, zu sagen: wodurch habe ich mich erniedrigt?«

Exzellenz war dem Weinen nahe.

»Aber wie kommen Exzellenz auf so etwas!«

»Porfirij, ich wende mich an dich ... Sag doch selbst, als ich herkam ... jawohl ... ja, auf die Hochzeit, da hatte ich doch ein Ziel. Ich wollte moralisch erheben ... ich wollte, daß man fühle ... Ich wende mich an alle ... an alle Anwesenden: bin ich in Ihren Augen tief gesunken oder ... oder nicht?«

Grabesschweigen. Das war es ja eben, daß nur allgemeines Schweigen die Antwort war, und dies noch dazu auf eine so kategorische Frage. ›Was würde es sie denn kosten, wenigstens jetzt einmal ein Hoch auszubringen!‹ zuckte es Exzellenz durch den Kopf. Aber die Gäste tauschten nur Blicke untereinander aus. Subikow saß mehr tot als lebendig auf seinem Stuhl, und Pseldonimow stellte sich, stumm vor Beklemmung, immer wieder die furchtbare Frage, die ihm schon die ganze Zeit das Herz bedrückte:

›Und was wird dafür morgen mit mir geschehen?‹

Da wandte sich plötzlich der Mitarbeiter des »Feuerbrand«, der schon stark betrunken war, bisher aber nur in verdrossenem Schweigen vor sich hingebrütet hatte, direkt an Seine Exzellenz und antwortete mit blitzenden Augen im Namen der ganzen Gesellschaft: »Jawohl!« rief er mit lauter Stimme, »jawohl, Sie sind tief gesunken, jawohl, Sie sind ein Reaktionär ... ein Re-ak-tio-när!«

»Junger Mann, besinnen Sie sich! – mit wem Sie, sozusagen, sprechen!« rief jähzornig, von seinem Platz aufspringend, Herr Pralinskij.

»Ich weiß: mit Ihnen. Dies erstens. Und zweitens: ich bin kein ›junger Mann‹ ... Sie sind hergekommen, um hier eine schöne Rolle zu spielen, aus Popularitätshascherei.«

»Pseldonimow, was soll das bedeuten!« schrie Exzellenz außer sich. Doch Pseldonimow sprang bei diesem Anschrei so entsetzt in die Höhe, daß er zunächst nur steif stehenblieb und überhaupt nicht zu wissen schien, was er tun solle. Die Gäste verstummten gleichfalls und rührten sich nicht auf ihren Plätzen. Nur der Künstler und der Gymnasiast klatschten Beifall und riefen »Bravo, bravo!« Der Mitarbeiter aber fuhr in unaufhaltsamem Zornesausbruch fort zu schreien:

»Jawohl, Sie sind hergekommen, um mit Ihrer Humanität zu prahlen! Sie haben das allgemeine Vergnügen gestört! Sie haben Champagner getrunken und nicht bedacht, daß Champagner viel zu teuer ist für einen Beamten mit einem Monatsgehalt von etwa zehn Rubeln, und ich habe auch noch den Verdacht, daß Sie zu jenen Vorgesetzten gehören, die auf die jungen Frauchen ihrer Untergebenen scharf sind! Und außerdem bin ich überzeugt, daß Sie Schmiergelder nehmen ... Ja, ja, ja!«

»Pseldonimow, Pseldonimow!« rief Exzellenz und streckte die Arme nach ihm aus. Er fühlte: jedes Wort des Mitarbeiters war ein neuer Dolchstoß in sein Herz.

»Sofort, Exzellenz, bitte sich nicht zu beunruhigen!« rief plötzlich der wieder zu sich gekommene Pseldonimow energisch aus, lief zum Mitarbeiter, packte ihn am Kragen und schleifte ihn weg vom Tisch. So viel physische Kraft hätte niemand dem schwächlichen Pseldonimow zugetraut. Aber der Mitarbeiter war sehr betrunken und Pseldonimow war vollkommen nüchtern. Darauf versetzte er ihm noch ein paar Faust每stöße in den Rücken und knuffte ihn zur Tür hinaus.

»Alle seid ihr Schufte!« schrie der Mitarbeiter hinter der Tür. »Ich werde euch morgen alle im ›Feuerbrand‹ karikieren! ...«

Entsetzt sprangen alle auf.

»Exzellenz, Exzellenz!« riefen Pseldonimow, seine Mutter und noch einige der Gäste, die sich um ihn drängten.

»Bitte! ... Exzellenz! ... Beruhigen Sie sich!«

»Nein, nein!« rief Exzellenz, »ich bin vernichtet ... Ich kam ... ich wollte sozusagen ... meinen Segen ... Und nun das ... für alles, alles! ...«

Er sank wie halb betäubt wieder zurück auf seinen Stuhl, legte beide Hände auf den Tisch und kippte mit dem Kopf vornüber – gerade auf seinen Teller mit Blanc-manger. Es ist wohl überflüssig, das allgemeine Entsetzen zu beschreiben. Nach einer Weile erhob er sich, offenbar in der Absicht wegzugehen, wankte aber, stolperte über ein Stuhlbein, fiel längelang hin und ... begann zu schnarchen. So etwas pflegt vorzukommen bei Nichttrinkern, wenn sie sich zufällig einmal doch angetrunken haben. Sie bleiben bei Bewußtsein bis zum letzten Augenblick, und dann fallen sie plötzlich um wie hingemäht. Exzellenz lag vollkommen bewußtlos am Boden. Pseldonimow fuhr sich in die Haare und erstarrte in dieser Stellung. Die Gäste brachen eilig auf, und ein jeder suchte sich das Vorgefallene auf seine Weise zu deuten. Es war schon gegen drei Uhr morgens.

Das Schlimmste war, daß es sich mit Pseldonimows Verhältnissen weit schlechter verhielt, als man damals hätte annehmen können, ganz abgesehen von der Peinlichkeit seiner Lage am Hochzeitstag. So seien denn hier ein paar aufklärende Worte über diesen Porfirij Petrowitsch Pseldonimow persönlich und seinen Lebenslauf eingeschaltet.

Noch einen Monat vor seiner Hochzeit hatte er in aussichtslosestem Elend gelebt. Er stammte aus der Provinz, wo sein Vater irgendein Beamter gewesen und gestorben war, als er unter Gericht stand. Etwa fünf Monate vor seiner Heirat hatte Pseldonimow, nachdem er sich ein ganzes Jahr lang in Petersburg irgendwie durchgeschlagen, diese Anstellung mit einem Monatsgehalt von zehn Rubeln erhalten. Er wäre körperlich und geistig wiederaufgelebt, wenn sich nicht bald darauf seine Verhältnisse wieder verschlechtert hätten. Es gab im ganzen nur zwei Pseldonimows auf der Welt, ihn und seine Mutter, die nach dem Tode ihres Mannes die Provinz verlassen hatte. Mutter und Sohn waren beide so gut wie obdachlos, froren und nährten sich von zweifelhaften Dingen. Es gab auch Tage, wo Pseldonimow mit einem Krug zum Fontanka-Kanal ging, um sich dortselbst satt zu trinken. Nachdem er die Stelle erhalten hatte, richtete er sich mit seiner Mutter irgendwo in einem Winkel ein. Sie wurde Wäscherin, und er sparte entsetzlich, an die vier Monate lang, um sich ein Paar Stiefel und einen billigen Mantel kaufen zu können. Und wieviel Demütigungen hatte er in seiner Kanzlei zu schlucken gehabt. Vorgesetzte erkundigten sich bei ihm, wann er denn zuletzt eine Badestube aufgesucht? Es verbreitete sich das Gerücht, unterm Kragen seines Uniformrocks nisteten Wanzen. Aber Pseldonimow hatte einen festen Charakter. Dem Aussehen nach war er ein friedlicher und stiller Mensch; seine Schulbildung war nur sehr gering, und sprechen hörte man ihn fast nie. Es ließ sich daher auch nicht feststellen, ob er dachte, ob er Pläne machte und Systeme baute oder von irgend etwas träumte. Dafür aber hatte sich bei ihm so eine instinktive, knorrige, unbewußte Entschlossenheit entwikkelt, sich aus diesem Elend heraufzuarbeiten. Er besaß eine wahrhaft ameisenhafte Zähigkeit: zerstört man den Ameisen ihren Haufen, so fangen sie bekanntlich sofort an, sich einen neuen zu bauen; zerstört man auch diesen, so bauen sie wieder einen neuen, und so geht das unermüdlich weiter. Er war ein aufbauendes und haushaltendes Wesen. Es stand auf seiner Stirn geschrieben, daß er sich doch durchsetzen, sein Nest bauen und vielleicht sogar noch etliche Vorräte aufstapeln werde. Auf der ganzen Welt liebte ihn nur seine Mutter, diese aber liebte ihn über alles. Auch sie war eine Frau von Charakter, unermüdlich arbeitsam und zugleich von großer Güte. So hätten sie beide vielleicht noch fünf oder sechs Jahre bescheiden in ihren Winkeln gelebt, wenn sie nicht mit dem Titularrat außer Diensten Mlekopitajew zusammengetroffen wären, einem ehemaligen Rentmeister, der früher gleichfalls in der Provinz gelebt und erst in letzter Zeit Petersburg zu seinem Wohnsitz erkoren und sich hier mit seiner Familie niedergelassen und häuslich eingerichtet hatte. Mit Pseldonimow war er bekannt, und seinem Vater soll er einmal in irgendeiner Angelegenheit zu Dank verpflichtet gewesen sein. Er war einigermaßen bemittelt, allerdings nicht sehr, doch jedenfalls besaß er Geld, nur, wieviel es war, das wußte niemand, weder seine Frau noch seine älteste Tochter, noch seine Verwandten. Er hatte zwei Töchter, und da er ein schrecklicher Querulant, Trunkenbold, Haustyrann und außerdem noch ein kranker Mensch war, so ließ er es sich plötzlich einfallen, die zweite Tochter mit Pseldonimow zu verheiraten, denn, so sagte er, »ich kenne ihn, sein Vater war ein guter Mensch, also wird auch er ein guter Mensch sein«. Und was Mlekopitajew einmal in den Kopf kam, das hatte auch zu geschehen: gesagt – getan. Er war ein sehr eigenartiger Querkopf. Den größten Teil des Tages brachte er im Lehnstuhl zu, da er sich infolge einer Krankheit kaum seiner Beine bedienen konnte, was ihn indessen nicht hinderte, Schnaps zu trinken. Tagelang konnte er trinken und schimpfen. Er war auch ein böser Mensch; so mußte er immer jemanden haben, den er ununterbrochen quälen konnte. Zu diesem Zweck unterhielt er bei sich einige entfernte Verwandte: seine Schwester, die ebenfalls krank und zänkisch war, zwei Schwestern seiner Frau, die der seinen in nichts nachstanden, und eine alte Tante, die sich einmal bei irgendwelcher Gelegenheit eine Rippe gebrochen hatte. Dann gab es dort noch eine russifizierte Deutsche, die er gleichfalls unentgeltlich bei sich leben ließ, weil sie ihm die Märchen aus »Tausendundeiner Nacht« zu erzählen wußte. Sein größtes Vergnügen bestand darin, unter all diesen armen Freischluckern herumzuschnüffeln, sie gegeneinander aufzuhetzen und sie jeden Augenblick, was das Zeug hält, zu beschimpfen, seine Frau übrigens nicht ausgenommen, die mit Zahnschmerzen bereits auf die Welt gekommen war. Und sie alle wagten nicht, auch nur ein Wort gegen ihn zu mucksen. Er zettelte Streit zwischen ihnen an, erfand und verbreitete Klatschgeschichten, und dann lachte er und freute sich, wenn sie alle sich gegenseitig in die Haare gerieten. Ebenso war er sehr erfreut, als seine ältere Tochter, die mit irgendeinem Offizier verheiratet gewesen war und zehn Jahre in ärmlichen Verhältnissen gelebt hatte, jetzt als Witwe mit drei kleinen kranken Kindern zu ihm übersiedelte. Ihre Kinder konnte er zwar nicht ausstehen, da sich aber durch ihr Hinzukommen das Material zu seinen täglichen Experimenten vergrößerte, so war es ihm schließlich doch sehr recht, daß sie da waren. Dieser ganze Haufen von bösen Weibern und kranken Kindern lebte samt seinem Peiniger zusammengedrängt in dem langgestreckten Holzhause auf der Petersburger Seite, konnte sich weder satt essen – denn der Alte war geizig und gab das Geld nur kopekenweise her, wenn ihm auch die Ausgabe für seinen Schnaps nie leid tat – noch sich ausschlafen, denn der Alte litt an Schlaflosigkeit und wollte unterhalten und zerstreut werden. Kurz, alle darbten und verwünschten ihr Schicksal. Und da geschah es denn, daß er eines Tages diesen Pseldonimow erspähte. Er war erstaunt über dessen lange Nase und ergebenen Gesichtsausdruck. Seine schwächliche und unansehnliche jüngere Tochter hatte gerade das Alter von siebzehn Jahren erreicht. Wenn sie auch früher einmal irgend so eine deutsche Schule besucht hatte, so hatte sie es doch nicht weiter als bis zum Lesen und Schreiben gebracht. Sie wuchs auf, skrofulös und dyskratisch, unter dem drohenden Krückstock des gehbehinderten und besoffenen Vaters, in einem Sodom von häuslichen Klatschereien, gegenseitigen Bespitzelungen und Verleumdungen. Freundinnen hatte sie nie gehabt, ebensowenig wie Verstand. Heiraten aber wollte sie schon längst. In Gegenwart von fremden Menschen sprach sie kein Wort, zu Hause aber, im Kreise von Mamachen und den Freischluckerinnen, war sie zänkisch und bösartig wie eine kleine Viper. Mit Vorliebe kniff und schlug sie die Kinder ihrer Schwester; wenn die Kleinen ein Stück Zucker oder Brot gemaust hatten, ging sie sofort hin, um sie anzuzeigen, weshalb denn zwischen ihr und der älteren Schwester ein ewiges und unersättliches Streiten stattfand. Der Alte selbst bot seine Tochter Pseldonimow an. Dieser bat aber, so schlecht es ihm auch ging, doch um einige Bedenkzeit. Lange berieten Mutter und Sohn miteinander, was ratsamer wäre. Aber das Haus sollte auf den Namen der Tochter überschrieben werden, und wenn es auch ein unansehnliches, einstöckiges Holzhaus war, so hatte es doch immerhin einen gewissen Wert. Außerdem sollte sie noch vierhundert Rubel in barem Geld als Mitgift bekommen – wie lange würde es dauern, bis man selbst so viel zusammengespart hätte! »Ich nehme mir diesen Menschen ins Haus«, schrie der betrunkene Alte, »erstens weil ihr alle Weiber seid, und das Weibervolk allein habe ich nun satt! Ich will, daß auch Pseldonimow nach meiner Flöte tanze, da ich sein Wohltäter bin. Zweitens nehme ich ihn gerade deshalb auf, weil ihr ihn alle nicht wollt und euch darüber ärgert. Also tue ich's mit Absicht euch zur Schikane. Was ich aber einmal gesagt habe, das tue ich auch. Du aber, Porfirka, haue sie, sobald sie deine Frau ist; ihr sitzen von Geburt an sieben Teufel im Leibe. Jage sie alle hinaus; dann saufen wir eins!«

Pseldonimow schwieg, aber er hatte sich schon entschlossen. Man nahm ihn und seine Mutter bereits vor der Hochzeit ins Haus, ließ sie baden, kleidete sie ein, versah sie mit Stiefeln und gab das Geld zur Hochzeit. Der Alte begönnerte sie vielleicht wirklich nur deshalb, weil die ganze Familie sich über sie ärgerte. Aber Pseldonimows Mutter gefiel ihm sogar sehr, so daß er sich ihr gegenüber beherrschte und sie nicht verspottete oder aufzog. Übrigens verlangte er von ihrem Sohn eine Woche vor der Hochzeit, daß er ihm den Kasatschok vortanze. »Nun, genug, ich wollte nur sehen, ob du dich mir gegenüber nicht vergessen wirst«, sagte er nach dem Tanz. Das Geld, das er zur Ausrichtung der Hochzeit gab, reichte eben nur knapp hin, und er lud alle seine Verwandten und Bekannten ein. Von seiten Pseldonimows war nur der Mitarbeiter des »Feuerbrand« und Akim Petrowitsch Subikow, als Ehrengast, eingeladen. Pseldonimow wußte sehr wohl, daß seine Braut für ihn nur Widerwillen empfand und daß sie gar zu gern den langen Offizier heiraten wollte, nicht aber ihn. Er ließ jedoch alles über sich ergehen; das hatte er mit der Mutter schon so verabredet. Den ganzen Hochzeitstag über und selbst noch am Hochzeitsabend hatte der Alte mit den gemeinsten Worten geschimpft und gehörig getrunken. Die ganze Familie hatte sich des Festes wegen in die hinteren Zimmer zurückgezogen, wo es bis zum Ersticken heiß und eng war. Die vorderen Zimmer dagegen waren für den ›Ball‹ und das Festmahl bestimmt. Endlich, als der Alte vollkommen betrunken einschlief, ungefähr gegen elf Uhr abends, entschloß sich die Mutter der Braut, die sich an diesem Tage ganz besonders wutgeladen zur Mutter Pseldonimows verhalten hatte, ihren Zorn in Gnade zu verwandeln und am Festmahl teilzunehmen. Das Erscheinen Seiner Exzellenz verdarb aber alles. Frau Mlekopitajewa geriet außer Fassung, fühlte sich beleidigt und begann zu schimpfen, weil man es ihr nicht gesagt, daß man Exzellenz eingeladen hatte. Man beteuerte, er sei von selbst und völlig uneingeladen gekommen, aber sie war so dumm, daß sie das nicht glauben wollte. Nun mußte man doch Champagner reichen. Bei Pseldonimows Mutter fand sich nur noch ein Silberrubel, er selbst hatte keine Kopeke mehr. Man mußte also die alte wütende Mlekopitajewa anflehen, Geld für die eine und dann noch für die zweite Flasche herzugeben. Man hielt ihr das zukünftige Dienstverhältnis, die Karriere ihres Schwiegersohnes vor, gab ihr zu bedenken, was solche Beziehungen für eine Bedeutung gewinnen konnten. Schließlich gab sie denn auch das Nötige von ihrem eigenen Geld, aber zuvor mußte Pseldonimow noch einen so gallebitteren Kelch leeren, daß er wie ein Irrsinniger in das Zimmer stürzte, wo das Brautbett schon hergerichtet war, sich mit beiden Händen das Haar raufte, sich auf das Bett warf und den Kopf in die Kissen preßte, die doch nur für paradiesische Genüsse bestimmt waren, und vor ohnmächtiger Wut am ganzen Körper zitterte. Ja! Exzellenz ahnte nicht, was diese zwei Flaschen Sekt, die er an diesem Abend getrunken hatte, kosteten! Wie groß war nun noch das Entsetzen Pseldonimows, sein Kummer und seine Verzweiflung, als es mit Exzellenz auf so unvorhergesehene Weise endete! Wieder standen ihm die größten Sorgen bevor und darüber hinaus vielleicht noch die Tränen seiner launischen Jungvermählten und die Vorwürfe ihrer einsichtslosen Verwandten. Ihn schmerzte sowieso schon der Kopf, es wurde ihm ohnehin schon trüb und schwarz vor den Augen. Und nun mußte man doch Exzellenz zu Hilfe eilen, mußte ihm doch um drei Uhr morgens einen Arzt und einen geschlossenen Wagen beschaffen, denn auf einem offenen Schlitten konnte man doch eine solche Persönlichkeit und in solchem Zustand nicht nach Hause schaffen. Und woher das dazu notwendige Geld nehmen, sei es auch nur für den Wagen? Die Mlekopitajewa, die jetzt noch aufgebrachter darüber war, daß Exzellenz mit ihr kein Wort gewechselt noch sie bei Tisch überhaupt angesehen hatte, erklärte einfach, sie hätte keine Kopeke mehr. Vielleicht hatte sie auch wirklich keine mehr. Wo also sollte man das Geld hernehmen? Was tun? Ja, es war wirklich Grund genug vorhanden, sich die Haare zu raufen.

Inzwischen hatte man Exzellenz auf ein kleines Ledersofa gehoben, das gleich dort im Eßzimmer stand. Und während man nun die Hochzeitstafel abräumte und die aneinandergereihten Tische auseinandertrug, lief Pseldonimow von einem zum andern, um Geld aufzutreiben; er versuchte das zunächst in der Küche bei den Dienstboten, nur stellte es sich heraus, daß dort niemand welches hatte. Dann wagte er zaghaft, Akim Petrowitsch Subikow, der noch nicht weggegangen war, damit zu beunruhigen. Der aber geriet, obschon er sonst ein herzensguter Mensch war, als er von Geld reden hörte, sogleich in eine solche Verwirrung und erschrak dermaßen, daß er den unglaublichsten Quark zusammenstotterte:

»Ein anderes Mal ... mit Vergnügen ... gewiß ...«, murmelte er schließlich ratlos, »jetzt aber ... wirklich unmöglich ... Sie müssen mich schon entschuldigen ...«

Und er suchte nach seiner Mütze, und weg war er. Nur der gutherzige Jüngling, der vom neuen Traumbuch erzählt hatte, erwies sich schließlich als hilfsbereit; aber auch das noch zur unrechten Zeit. Er war gleichfalls noch dageblieben, nachdem sich alle schon verlaufen hatten, da er herzlichen Anteil nahm an Pseldonimows Mißgeschick. Zu guter Letzt beschloß man zu dritt – Pseldonimow, seine Mutter und der Jüngling – nach gemeinsamer Beratung, nicht mehr nach einem Arzt zu schicken, sondern nur noch nach einem geschlossenen Wagen, und den Kranken nach Hause zu schaffen; vorerst aber, bis der Wagen zur Stelle war, gewisse Hausmittel anzuwenden, wie zum Beispiel: die Schläfen und den Kopf mit kaltem Wasser behandeln, Eis auf den Scheitel zu tun und ähnliches mehr. Damit hatte übrigens die Mutter Pseldonimows schon begonnen. Der Jüngling lief davon, um einen Wagen aufzutreiben. Da aber um diese Zeit auf der ganzen Petersburger Seite nicht einmal Schlitten zu finden waren, so mußte er sich auf einen weitentfernten Droschkenhof begeben und dort erst die Kutscher aufwecken. Man begann zu handeln, sagte, fünf Rubel für einen geschlossenen Wagen zu dieser Stunde wären noch zu wenig verlangt. Schließlich kam man aber doch auf drei Rubel überein. Als aber der Jüngling gegen vier Uhr morgens mit dem gemieteten Wagen bei Pseldonimow vorfuhr, hatten sie dort ihren

Entschluß schon längst geändert. Es hatte sich herausgestellt, daß Herr Pralinskij, der noch immer nicht zu sich kam, so schwer erkrankt war, so stöhnte und sich krümmte, daß es einfach unmöglich war und sogar viel zu gewagt erschien, ihn in einem solchen Zustand nach Hause zu fahren.

»Was wird das alles noch für Folgen haben?« konnte der vollends entmutigte Pseldonimow nur noch hervorstoßen.

Was sollte man tun? Es ergab sich jetzt eine neue Frage: wenn man ihn nun einmal im Hause behalten mußte, wo sollte man ihn dann betten? Im ganzen Hause gab es nur zwei richtige Betten: das große Doppelbett, in dem der alte Mlekopitajew und seine Frau schliefen, und das neugekaufte zweischläfrige Bett aus imitiertem Nußbaumholz, das für die Neuvermählten bestimmt war. Alle anderen Einwohner oder richtiger Einwohnerinnen des Hauses schliefen in einer Reihe auf dem Fußboden, oder eigentlich auf Bettpfühlen, die aber teilweise schon recht mitgenommen und durchduftet, also durchaus unmöglich waren, aber auch diese waren alle besetzt, sogar mehr als das. Wie nun den Kranken betten? Ein Federunterbett hätte sich zur Not noch finden lassen, man hätte es im äußersten Fall unter einer der Schläferinnen einfach wegziehen können, aber wo und worauf das Lager herrichten? Im Gastzimmer natürlich, da es der vom Familiennest entlegenste Raum war und einen besonderen Ausgang hatte. Aber worauf betten? Doch nicht etwa auf Stühlen? Bekanntlich wird doch nur für Gymnasiasten, die sonnabends aus dem Internat nach Hause kommen und über den Sonntag dableiben, auf Stühlen eine Schlafstelle bereitet, aber so etwas für eine Persönlichkeit wie Exzellenz, das wäre doch unerhört respektlos gewesen. Was würde er am nächsten Morgen sagen, wenn er sich auf Stühlen gebettet fände? Pseldonimow wollte davon kein Wort weiter hören. So blieb nur eines übrig: ihn auf das Bett der Neuvermählten hinüberzutragen. Dieses Brautlager war, wie wir schon erwähnt haben, in einem Zimmerchen gleich neben dem Eßzimmer hergerichtet. Auf diesem Bett gab es eine nagelneue zweischläfrige Matratze, saubere Bettwäsche, vier Kopfkissen aus rosa Kaliko in weißen Musselinbezügen, die ringsum mit einer Rüsche besetzt waren. Die rote Atlasdecke war nach einem Muster gesteppt. An einem goldenen Ring hing von oben eine weiße Musselin-Draperie herab. Mit einem Wort, alles war, wie es sich gehört; die Gäste, von denen sich fast alle das Brautgemach angesehen hatten, waren von der Ausstattung sehr entzückt gewesen. Die Jungvermählte aber schlüpfte im Lauf des Abends, obgleich sie Pseldonimow nicht ausstehen konnte, mehrmals heimlich hierher, nur um den Anblick zu genießen. Man kann sich nun wohl vorstellen, wie groß ihr Unwille, ihre Empörung, ihre Wut war, als sie erfuhr, daß man den Kranken, der an so etwas wie Cholerine erkrankt zu sein schien, auf ihr Brautlager betten wollte! Auch ihre Mutter trat für sie ein, schimpfte gehörig und sagte, sie werde sich gleich am nächsten Tage bei ihrem Mann beklagen. Aber Pseldonimow gab nicht nach und bestand darauf. Exzellenz wurde also aufs Brautlager gebettet, und für die Neuvermählten bereitete man im Gastzimmer ein Lager auf Stühlen. Die Neuvermählte schluchzte zwar immer noch und hätte gern alle gekniffen, wagte aber doch nicht zu widersprechen: sie wußte, daß Papachen einen Krückstock besaß, der ihr nur zu gut bekannt war, und sie wußte, daß Papachen morgen unbedingt einen ausführlichen Rapport über mancherlei verlangen werde. Zu ihrer Beruhigung brachte man ihr wenigstens die rosa Decke und die Kissen mit den Musselinbezügen.

In diesem Augenblick kam der Jüngling mit dem Wagen an. Als er erfuhr, daß der Wagen nicht mehr nötig war, erschrak er furchtbar. Nun mußte er selbst den Wagen bezahlen, er aber hatte doch in seinem ganzen Leben noch nie volle zehn Kopeken besessen. Pseldonimow erklärte sich für vollkommen bankrott. Man versuchte, den Kutscher zu bereden. Aber der begann Krach zu schlagen und an die Fensterladen zu hämmern. Womit das endete, weiß ich nicht genau. Ich glaube, der Jüngling begab sich sozusagen als Gefangener des

Kutschers in dessen Wagen nach dem Stadtteil Peski, in die vierte Roshdestwenskaja-Straße, wo er einen Studenten, der dort bei seinen Bekannten übernachtete, aufzuwecken und anzupumpen gedachte. Es war schon fünf Uhr morgens, als man die Neuvermählten allein ließ und sie im Wohnzimmer einschloß. Am Bett des Kranken blieb nur die Mutter Pseldonimows zurück. Sie bereitete sich auf einem kleinen Teppich ein Lager und deckte sich mit einem alten Pelz zu, aber zum Schlafen kam sie nicht, denn sie war gezwungen, alle Augenblicke aufzustehen: Exzellenz litt nämlich an einem furchtbar verdorbenen Magen. Frau Pseldonimowa, eine tapfere und großmütige Frau, entkleidete den Kranken eigenhändig, pflegte ihn wie einen eigenen Sohn und brachte die ganze Nacht über das nötige Geschirr hinaus und wieder herein. Aber die peinlichen Überraschungen dieser Nacht hatten noch lange nicht ihr Ende erreicht.

Es waren, seitdem man das junge Paar allein gelassen hatte, kaum zehn Minuten vergangen, als man auf einmal einen lauten Schreckensschrei vernahm, keinen Schrei der Lust, sondern einen von unbedingt Unheil ankündender Art. Nach diesem Schrei hörte man Lärm und Gepolter, wie von umfallenden Stühlen, und im nächsten Augenblick stürzte in das noch dunkle Zimmer völlig unerwartet eine ganze Schar von ächzenden und erschrockenen Frauen in den verschiedensten Nachtkostümen herein. Diese Frauen waren: die Mutter der Jungvermählten, deren ältere Schwester, die für diese Zeit ihre kranken Kinder im Stich gelassen hatte, drei Tanten, darunter auch die mit der gebrochenen Rippe, ja, auch die Köchin war dabei und auch die Deutsche, die Märchen erzählen konnte, und der man die Matratze (ihr eigenes und einziges Besitztum), da sie unter den übrigen noch die beste der Matratzen im Hause war, einfach und mit Gewalt weggezogen hatte, um sie dem jungen Paar zu geben, auch die hatte sich mit den anderen eingefunden. Alle diese achtbaren und scharfsinnig kombinierenden Frauen hatten sich schon seit einer Viertelstunde aus der Küche auf den Zehenspitzen über den Korridor herangeschlichen, um aus einer verzehrenden, wenn auch ganz unerklärlichen Neugier vom Vorzimmer aus an der Tür zu lauschen. Jemand beeilte sich, sofort Licht zu machen, und da bot sich denn allen ein ganz unerwartetes Schauspiel.

Die Stühle, von denen die breite Matratze nur an den Rändern gestützt worden war, hatten dem doppelten Gewicht nicht standhalten können und waren, als die Matratze zwischen ihnen auf den Fußboden zu sinken begann, auseinandergerutscht. Die Junge weinte vor Ärger; diesmal war sie wirklich bis ins Herz gekränkt. Der moralisch vernichtete Pseldonimow stand wie ein Verbrecher da, den man der Freveltat überführt hat. Er versuchte nicht einmal, sich zu rechtfertigen. Von allen Seiten rief man ach und weh. Auf den Lärm hin kam auch Pseldonimows Mutter herbeigelaufen; aber die Mutter der Neuvermählten behielt diesmal die Oberhand. Sie begann zunächst, Pseldonimow mit sonderbaren und größtenteils ganz ungerechten Vorwürfen zu überschütten, im Sinne von: »Was bist du denn nach alldem überhaupt für ein Mann? Wozu taugst du denn überhaupt noch nach so einer Blamage?« und so weiter. Sie nahm darauf ihre Tochter in den Arm und führte sie weg von ihrem Gatten zu sich in ihr Zimmer, nachdem sie es auf sich genommen, ihr Vorgehen morgen vor dem tyrannischen Vater zu rechtfertigen. Nach ihr trollten sich ächzend und kopfschüttelnd auch alle die anderen. Bei Pseldonimow blieb nur seine Mutter zurück, die ihn zu trösten suchte. Aber er jagte sie alsbald hinaus.

Er mochte jetzt keine Trostworte hören. Er wankte zum Sofa und setzte sich, so wie er war, im Hemd und barfüßig, dort hin und verfiel in trübseliges Sinnen. Gedanken durchkreuzten seinen Kopf, überschnitten sich und verhakten sich ineinander. Ganz mechanisch sah er sich zwischendurch in diesem Zimmer um, wo sich noch vor so kurzem die Tanzenden ausgetobt hatten und wo der Zigarettenrauch noch in der Luft stand. Zigarettenstummel und Konfektpapierchen lagen auch noch auf dem begossenen und verschrammten Fußboden umher. Das zerstörte Ehelager und die umgefallenen Stühle zeugten von der Vergänglichkeit selbst der besten und beständigsten aller irdischen Hoffnungen und Träume. So verbrachte er fast eine ganze Stunde. Er wurde von lauter bedrückenden Fragen heimgesucht, wie zum Beispiel: was ihn wohl jetzt im Dienst erwarten werde? Es war peinvoll, sich einzugestehen, daß er sich nach einer anderen Anstellung umsehen mußte, um jeden Preis, denn es war doch ganz ausgeschlossen, auf der alten Stelle zu bleiben, eben infolge alles dessen, was an diesem Abend vorgefallen war. Er dachte auch an Mlekopitajew, der ihn vielleicht morgen schon wieder den Kasatschok tanzen lassen werde, um seinen Gehorsam zu erproben. Fünfzig Rubel hatte der Alte zwar für die Hochzeit hergegeben, aber die waren auch bis auf die letzte Kopeke draufgegangen, von den vierhundert Rubeln der Mitgift aber hatte er nichts mehr verlauten lassen, hatte auch noch keinen Rubel davon ausbezahlt, dachte offenbar gar nicht daran. Und selbst die Überschreibung des Hauses war formell auch noch nicht erfolgt. Er begann auch über seine Frau nachzudenken, die ihn in der kritischsten Stunde seines Lebens alleingelassen hatte, dachte an den langen Offizier, der vor seiner Frau auf ein Knie gesunken war, was er wohl bemerkt und sich gemerkt hatte; dachte an die sieben Teufel in seiner Frau, auf die ihn der Schwiegervater selbst aufmerksam gemacht hatte, und an den Krückstock, mit dem sie ausgetrieben werden müßten ... Freilich fühlte er die Kraft in sich, vieles zu ertragen, aber das Schicksal ließ doch solche Überraschungen durch, daß es wohl möglich war, schließlich dem Zweifel zu verfallen, ob die eigene Kraft ausreichen werde.

So trauerte Pseldonimow vor sich hin. Der Lichtstumpf begann zu erlöschen. Sein flackernder Schein fiel gerade auf das Profil Pseldonimows und malte es in gewaltiger Vergrößerung als Schattenbild an die Wand, den vorgestreckten Hals, die Hakennase und die zwei abstehenden Haarbüschel auf dem Kopf, über der Stirn und am Kopfwirbel. Schließlich, als schon die Morgenkälte sich bemerkbar machte, stand er auf vom Sofa, fröstelnd und geistig abgestumpft, wankte zu der Matratze, die zwischen den Stühlen auf dem Boden lag, kroch auf allen vieren zu ihr hin – ohne das Licht auszulöschen, ohne etwas zu ordnen, ohne sich ein Kissen unter den Kopf zu schieben – und fiel in jenen bleiernen Schlaf, in den vermutlich die zum Tode Verurteilten in der Nacht vor der öffentlichen Hinrichtung versinken.

Andererseits: womit hätte man diese qualvolle Nacht vergleichen können, die Iwan Iljitsch Pralinskij auf dem Brautbett des unseligen Pseldonimow verbrachte! Die Kopfschmerzen, das Erbrechen und die übrigen unangenehmsten Anfälle verließen ihn keinen Augenblick. Das waren Höllenqualen. Das Bewußtsein, das sich freilich nur momentweise einstellte, beleuchtete solche Abgründe des Entsetzens, so düstere und widerliche Bilder, daß es für ihn besser war, nicht zu Bewußtsein zu kommen. Übrigens verwirrte sich noch alles in seinem Kopf. Er erkannte zum Beispiel die Mutter Pseldonimows, hörte ihr sanft beruhigendes Zureden, in der Art wie: »Halt aus, mein Täubchen, halt aus, Väterchen, es kommt alles auf Gewohnheit an.« Er erkannte sie, vermochte sich aber doch keine Spur von logischer Rechenschaft zu geben, wie sie hierherkam und nun bei ihm war. Widerwärtige Bilder verfolgten ihn. Am häufigsten glaubte er, Semjon Iwanowitsch Schipulenko vor sich zu sehen; strengte er sich aber an, um ihn deutlicher zu sehen, so war es gar nicht Schipulenko, sondern die Nase Pseldonimows. Ebenso tauchten vor ihm auch der freie Künstler, auch der Offizier und die Frau mit der verbundenen Backe auf. Am meisten aber beschäftigte ihn der goldene Ring, der über seinem Kopf hing und der die Draperie über dem Kopfende des Bettes hielt. Er sah diesen Ring ganz deutlich auch beim kargen Schein des Lichtstümpfchens, welches das Zimmer beleuchtete, und mühte sich gedanklich sehr damit ab, irgendwie herauszubekommen, wozu dieser Ring diente, warum er dort hing, was das zu bedeuten hatte. Er fragte sogar ein paarmal die Alte danach, nur konnte er sich offenbar nicht verständlich ausdrücken, denn sie verstand ihn nicht, wie sehr er sich auch abmühte, verständlich zu fragen. Erst gegen Morgen hörten die Anfälle auf, und er schlief ein, schlief fest und ohne Träume. So schlief er ungefähr eine ganze Stunde, und als er danach aufwachte, da war er fast bei vollem Bewußtsein, fühlte aber nur abscheuliches Kopfweh, und seine Zunge schien sich in ein Stück Tuch von gräßlichem Geschmack verwandelt zu haben. Er stützte sich auf im Bett, sah um sich und dachte nach. Das fahle Licht des beginnenden Tages stahl sich durch einen Spalt der Fensterladen und zitterte als heller Streifen an der Wand. Es war ungefähr sieben Uhr morgens. Als ihm aber plötzlich alles wieder einfiel, was mit ihm in dieser Nacht geschehen war, als er sich auf einmal aller Einzelheiten beim Abendessen erinnerte, seiner fehlgeschlagenen Eroberung, seiner Rede bei Tisch, und als er sich plötzlich mit der erschreckendsten Klarheit alle Folgen vorstellte, die sich daraus ergeben könnten, alles, was man jetzt über ihn sagen und denken werde, und als er sich nun gar noch umblickte und gewahr wurde, in welch traurigen und ekelhaften Zustand er das friedliche Ehelager seines Untergebenen gebracht hatte – oh, da schämte er sich so fürchterlich, da fühlte er so tödliche Qualen sein Herz erfüllen, daß er aufstöhnte, sein Gesicht mit den Händen bedeckte und sich verzweifelt auf das Kissen zurückwarf. Nach einer Weile richtete er sich plötzlich auf, sprang aus dem Bett, erblickte seine Kleider, die schon gesäubert und ordentlich hingelegt gleich hier auf einem Stuhl bereit lagen, und begann sich hastig anzukleiden, wobei er sich furchtbar beeilte und sich zugleich vor irgend etwas schrecklich fürchtete. Dort auf einem anderen Stuhl lagen auch sein Pelz, seine Mütze und in der Mütze seine gelben Handschuhe. Er war im Begriff, sich heimlich aus dem Staube zu machen. Aber da ging eine Tür auf, und die alte Pseldonimowa trat mit einer tönernen Waschschüssel und einem Wasserspender ins Zimmer. Ein sauberes Handtuch hatte sie sich über die Schulter geworfen. Sie stellte die

Waschschüssel hin und erklärte ohne Umschweife, daß er sich unbedingt waschen müsse.

»Wie denn, Väterchen, du mußt dich doch zuerst waschen; so geht das nicht, daß man sich ungewaschen ankleidet ...«

In diesem Augenblick begriff Iwan Iljitsch, daß, wenn es auf der Welt wenigstens ein Wesen gab, vor dem er sich jetzt weder zu schämen noch zu fürchten brauchte, dann war es eben diese alte Frau. Er wusch sich. Und noch lange nachher erinnerte er sich in schweren Augenblicken seines Lebens, unter anderen Gewissensbissen, der ganzen Szene dieses morgendlichen Aufstehens, der tönernen Waschschüssel und des fayencenen Wasserspenders mit dem kalten Wasser, in dem noch Eisstückchen schwammen, und der Seife im rosa Papier, von ovaler Form und mit irgendwelchen eingepreßten Buchstaben darauf, ein Stück Seife zu etwa fünfzehn Kopeken, das für die Neuvermählten gekauft worden war und das nun er, Iwan Iljitsch, als erster in Gebrauch nahm, erinnerte sich der alten Frau mit dem damastenen Handtuch über der linken Schulter. Das kalte Wasser erfrischte ihn, er trocknete sich ab, und ohne ein Wort zu sagen, ohne seiner barmherzigen Schwester auch nur zu danken, griff er nach seiner Mütze, nahm seinen Pelz, den sie ihm hinhielt, um die Schultern und eilte durch den Korridor, durch die Küche, wo die Katze schon miaute und die Köchin sich auf ihrer Lagerstatt aufrichtete und ihm mit geradezu heißhungriger Neugier nachsah, eilte auf den Hof, auf die Straße und warf sich in den ersten Schlitten, den er daherkommen sah. Der Morgen war frostig, ein kalter gelblicher Nebel hüllte noch Häuser und alles übrige ein. Iwan Iljitsch schlug den Pelzkragen hoch. Es war ihm, als ob alle ihn ansähen, alle ihn kennten, alle alles wüßten ...

Acht Tage ging er nicht aus dem Hause und erschien nicht in seiner Kanzlei. Er war krank, qualvoll krank; aber doch mehr moralisch als physisch. In diesen acht Tagen durchlebte er eine ganze Hölle, und es ist anzunehmen, daß sie ihm im Jenseits angerechnet werden. Es gab Augenblicke, wo er daran dachte, Mönch zu werden. Tatsächlich, es gab solche. Selbst seine Phantasie begann mit Vorliebe nach dieser Richtung hin zu spielen. Er stellte sich vor, er höre schon den leisen unterirdischen Gesang, sähe ein offenes Grab vor sich, das Leben in einsamer Zelle, Wälder und die Höhlen der Eremiten; aber sobald er wieder zu sich kam, sah er doch fast sofort ein, daß dies alles ein furchtbarer Unsinn und lauter Übertreibung war, und er schämte sich nun dieser Albernheiten. Danach gab es moralische Anwandlungen, die sich aus seiner vermeintlichen existence manquée ergaben. Dann flammte wieder die Scham in seiner Seele auf, bemächtigte sich ihrer im Nu und brannte und ätzte alles in ihr aus. Er erschauerte bei der Vorstellung verschiedener Bilder. Was wird man von ihm sagen, was denken; wie wird es sein, wenn er wieder in seiner Kanzlei erscheint, was für ein Geflüster wird ihn verfolgen ein ganzes Jahr lang, zehn Jahre lang, das ganze Leben lang! Diese ihm widerfahrene dumme Geschichte wird noch in der Nachwelt fortleben. Manchmal verfiel er sogar in einen solchen Kleinmut, daß er bereit gewesen wäre, sofort zu Semjon Iwanowitsch Schipulenko zu fahren und ihn um seine Verzeihung und Freundschaft zu bitten. Sich selbst versuchte er überhaupt nicht mehr zu rechtfertigen; er verurteilte sich endgültig: er fand keine Rechtfertigung für sich und schämte sich.

Er dachte auch daran, unverzüglich seinen Abschied zu nehmen und sich ganz einfach und auf eigene Faust dem Glück der Menschheit zu widmen. Jedenfalls mußte man unbedingt den ganzen Bekanntenkreis ändern, und zwar gleich so, daß jede Erinnerung an ihn mit der Wurzel ausgerottet wurde. Darauf schien es ihm wieder, daß auch diese Gedanken Unsinn seien und daß man mit größerer Strenge zu den Untergebenen die ganze Sache noch wiedergutmachen könne. Danach begann er wieder zu hoffen und Mut zu fassen. Schließlich, nach Verlauf ganzer acht Tage der Zweifel und der Qual, fühlte er, daß er die Ungewißheit nicht länger ertragen konnte; so kam es, daß er einfach un beau matin beschloß, sich wieder in die Kanzlei zu begeben.

Bis dahin hatte er sich, mit seinem Kummer zu Hause sitzend, tausendmal ausgemalt, wie das sein werde, wenn er seine Kanzlei beträte. Mit Entsetzen redete er sich ein, daß er hinter sich unbedingt ein zweideutiges Getuschel vernehmen, zweideutige Gesichter sehen, das bösartigste Lächeln einheimsen werde. Wie groß war daher sein Erstaunen, als nun in der Wirklichkeit von alledem nichts geschah. Man begegnete ihm ehrerbietig; man grüßte ihn genauso wie früher; alle waren ernst; alle waren beschäftigt. Freude erfüllte sein Herz, als er in seinem Kabinett anlangte.

Er machte sich sofort und mit größtem Ernst an seine Arbeit, hörte ein paar Berichte und Erläuterungen an und traf verschiedene Entscheidungen. Er fühlte es selbst, daß er noch nie so klug, so sachlich überlegt und entschieden hatte wie an diesem Morgen. Er sah, daß man mit ihm zufrieden war, daß man ihn anerkannte, daß man sich mit Achtung zu ihm verhielt. Auch das empfindlichste Mißtrauen hätte nichts anderes bemerken können. Die Zusammenarbeit verlief wunderbar.

Schließlich erschien auch Akim Petrowitsch Subikow mit irgendwelchen Papieren. Bei seinem Erscheinen war es Herrn Pralinskij, als steche ihn irgend etwas gleichsam mitten ins Herz, aber nur auf einen Augenblick. Er befaßte sich also mit Akim Petrowitschs Schriftstücken, besprach die Sache gewichtig, zeigte ihm, wie es gemacht werden mußte, und erläuterte die Gründe. Er gewahrte nur, daß er es gleichsam vermied, Akim Petrowitsch längere Zeit anzusehen, oder besser gesagt, daß Akim Petrowitsch sich scheute, ihn anzusehen. Und als die Sache erledigt war, stand Akim Petrowitsch auf und begann die Papiere einzusammeln.

»Und dann ist hier noch ein Gesuch«, begann er möglichst trocken, »des Beamten Pseldonimow, um seine Versetzung in den – – Verwaltungsbezirk. Exzellenz Semjon Iwanowitsch Schipulenko haben ihm dort eine Anstellung versprochen. Er bittet Exzellenz um gütige Fürsprache.«

»Ach, so, er will versetzt werden«, sagte Iwan Iljitsch und

fühlte, wie eine große Last von seinem Herzen wich. Er sah auf zu Akim Petrowitsch, und in dem Moment begegneten sich ihre Blicke.

»Nun, ich meinerseits ... ich werde natürlich ... ich bin bereit dazu«, antwortete er.

Akim Petrowitsch wollte offenbar möglichst schnell verschwinden. Allein, Iwan Iljitsch entschloß sich plötzlich, in einer Aufwallung edlen Empfindens, sich endgültig darüber auszusprechen. Augenscheinlich überkam ihn wieder eine gewisse Begeisterung.

»Richten Sie ihm aus«, begann er, indem er einen klaren und tief bedeutungsvollen Blick auf Akim Petrowitsch richtete, »übermitteln Sie ihm, daß ich ihm nichts Böses nachtrage; ja, nichts nachtrage! ... Daß ich, im Gegenteil, sogar bereit bin, alles Gewesene zu vergessen, alles zu vergessen, alles ...«

Aber plötzlich brach Exzellenz mitten im Satz ab, verwundert über das merkwürdige Benehmen Akim Petrowitschs, der sich, wer weiß weshalb, aus einem vernünftigen Menschen plötzlich in einen schrecklichen Dummkopf verwandelte. Anstatt aufmerksam anzuhören, was Exzellenz sagen wollte, wurde er auf einmal feuerrot und begann sich, gleichsam überstürzt, mit seltsam kleinen Bücklingen zu verbeugen und sich zur Tür zurückzuziehen. Sein ganzes Aussehen verriet nur den einen Wunsch, in die Erde zu versinken, oder besser gesagt, sich schneller an seinen Tisch zurückzuziehen. Iwan Iljitsch, der allein blieb, erhob sich verwirrt vom Stuhl. Er sah in den Spiegel und sah doch nicht sein eigenes Gesicht.

»Nein, nur Strenge, nichts als Strenge und Strenge!« flüsterte er fast unbewußt vor sich hin, und auf einmal bedeckte heiße Röte sein Gesicht. Er schämte sich plötzlich dermaßen, wie er sich nicht einmal in den schrecklichsten Augenblicken seiner achttägigen Krankheit geschämt hatte. »Habe nicht durchgehalten!« sagte er zu sich selbst und sank kraftlos auf seinen Stuhl zurück.

Das Krokodil

Eine ungewöhnliche Begebenheit oder Eine Passage in der Passage

wahrheitsgetreue Erzählung, wie ein Herr in achtbarem Alter und von achtbarem Äußern in der Passage von einem Krokodil lebendig ganz und gar verschlungen wurde und was dies für Folgen hatte.

Ohé Lambert! Où est Lambert?
As-tu vu Lambert?
Boileau

Erstes Kapitel

Am 13. Januar des laufenden Jahres 1865 um halb ein Uhr mittags sprach Jelena Iwanowna, die Gemahlin meines hochgebildeten Freundes, Kollegen und sogar entfernten Verwandten Iwan Matwejewitsch, den Wunsch aus, das Krokodil zu sehen, das in der Passage gegen Eintrittsgeld gezeigt wurde. Iwan Matwejewitsch hatte bereits die Fahrkarte für eine Reise ins Ausland, die er nicht sowohl wegen Krankheit als aus Neugier unternehmen wollte, in der Tasche und konnte sich daher in amtlicher Hinsicht schon als beurlaubt betrachten; da er somit an jenem Tage vollkommen frei war, so bereitete er dem unwiderstehlichen Wunsche seiner Gemahlin nicht nur keine Hindernisse, sondern entbrannte vielmehr selbst in lebhafter Neugier. »Eine gute Idee!« sagte er sehr zufrieden; »besehen wir uns das Krokodil! Wenn man sich anschickt, nach Westeuropa zu reisen, so ist es zweckmäßig, vorher noch mit den Bewohnern des eigenen Landes Bekanntschaft zu machen.« Mit diesen Worten gab er seiner Gemahlin den Arm und machte sich sogleich mit ihr auf den Weg nach der Passage. Ich für meine Person schloß mich ihnen wie gewöhnlich in meiner Eigenschaft als Hausfreund an. Noch nie hatte ich Iwan Matwejewitsch in vergnügterer Stimmung gesehen als an diesem mir ewig denkwürdigen Mittage – wahrlich, wir wissen unser Schicksal nicht vorher! Beim Eintritt in die Passage geriet er sofort in Entzücken über das prächtige Gebäude, und als wir uns dem Lokale näherten, wo das kürzlich in der Hauptstadt eingetroffene Untier gezeigt wurde, äußerte er aus eigenem Antriebe den Wunsch, für mich das Eintrittsgeld im Betrage von fünfundzwanzig Kopeken an den Besitzer des Krokodils zu entrichten, was früher bei ihm noch nie vorgekommen war. In ein kleines Zimmer tretend, bemerkten wir, daß sich in ihm außer dem Krokodil noch einige Papageien, einige fremdartige Kakadus und in einer Art von Wandschrank eine Gesellschaft von Affen befand. Unmittelbar am Eingang, an der linken Wand, stand ein großer, wannenartiger Blechkasten, oben mit einem starken Drahtnetz überspannt; der Boden war etwa zwei Zoll hoch mit Wasser bedeckt. In dieser seichten Lache lag wie ein Balken ein riesiges Krokodil, völlig regungslos; es schien infolge unseres feuchten, für Ausländer ungastlichen Klimas all seine natürlichen Eigenschaften eingebüßt zu haben. Dieses Untier erweckte zunächst bei keinem von uns besonderes Interesse.

»Also das ist das Krokodil!« sagte Jelena Iwanowna in mitleidigem, halb singendem Tone. »Und ich hatte gedacht, daß es . . . daß es ganz anders wäre.«

Wahrscheinlich hatte sie gedacht, es würde von Brillanten sein. Der Eigentümer des Krokodils, ein Deutscher, trat ins Zimmer und blickte uns mit außerordentlich stolzer Miene an.

»Er ist mit Recht stolz«, flüsterte mir Iwan Matwejewitsch zu; »denn er ist sich bewußt, daß er jetzt in ganz Rußland der einzige Mensch ist, der ein Krokodil zeigt.«

Diese ganz törichte Bemerkung führe ich ebenfalls auf die außerordentlich gute Laune zurück, in der sich Iwan Matwejewitsch befand, da er sich bei anderen Gelegenheiten sehr neidisch zeigte.

»Mir scheint, Ihr Krokodil ist gar nicht lebendig«, fuhr Jelena Iwanowna fort; sie war über die arrogante Haltung des Besitzers pikiert und wandte sich nun an ihn mit einem anmutigen Lächeln, um diesen Grobian zu besiegen – ein bei Frauen sehr häufiges Manöver.

»O doch, Madame!« antwortete dieser in gebrochenem Russisch, hob sogleich das Drahtnetz in halber Länge vom Kasten in die Höhe und fing an, das Krokodil mit einem Stöckchen an den Kopf zu stoßen.

Da begann das heimtückische Ungeheuer, zum Zeichen, daß es lebe, ganz sachte die Pfoten und den Schwanz zu bewegen, hob die Schnauze ein wenig in die Höhe und stieß eine Art von langgezogenem Schnauben aus.

»Nun, nun! Ärgere dich nicht, Karlchen!« sagte der Deutsche freundlich, dessen Ehrgefühl nun befriedigt war.

»Wie widerwärtig dieses Krokodil aussieht! Ich habe ordentlich einen Schreck bekommen!« lispelte Jelena Iwanowna in noch koketterer Manier. »Jetzt werde ich am Ende noch von ihm träumen!«

»Aber es wird Sie im Traume nicht beißen, Madame«, bemerkte der Deutsche galant und lachte als erster über seinen Witz, auf den aber keiner von uns reagierte.

»Kommen Sie, Semjon Semjonowitsch«, fuhr Jelena Iwanowna, sich ausschließlich an mich wendend, fort; »wir wollen uns lieber die Affen ansehen. Ich habe Affen schrecklich gern; manche von ihnen sind allerliebst . . . aber das Krokodil ist entsetzlich!«

»Oh, fürchte dich nicht, liebe Frau!« rief Iwan Matwejewitsch uns nach, der gern vor seiner Gattin den Tapferen spielte. »Dieser schläfrige Bewohner des Reiches der alten Pharaonen wird uns nichts zuleide tun!« Und er blieb bei dem Kasten stehen. Ja noch mehr: er zog einen seiner Handschuhe aus und begann, das Krokodil damit an der Nase zu kitzeln, in der Absicht, wie er nachher gestand, es zu einem nochmaligen Schnauben zu veranlassen. Der Eigentümer ging hinter Jelena Iwanowna her zu dem Affenkäfige, wie das die Höflichkeit gegen eine Dame erforderte.

Auf diese Weise nahm alles seinen guten Verlauf, und niemand konnte etwas Übles vorhersehen. Jelena Iwanowna geriet bei den Affen sogar in die ausgelassenste Laune und schien von ihnen ganz entzückt zu sein. Sie schrie vor Vergnügen auf, wandte sich, als wenn sie den Besitzer gar nicht beachten wollte, unaufhörlich an mich und lachte über die von ihr herausgefundene Ähnlichkeit dieser Meerkatzen mit ihren nächsten Bekannten und Freunden. Auch ich wurde sehr vergnügt; denn die Ähnlichkeit war mitunter wirklich frappant. Der deutsche Besitzer wußte nicht recht, ob er mitlachen sollte oder nicht, und machte daher schließlich ein sehr verdrießliches Gesicht. Und da, gerade in diesem Augenblicke, durchgellte plötzlich ein furchtbarer, ja, ich kann sagen, ein unnatürlicher Schrei das Zimmer. Da ich nicht wußte, was ich davon denken sollte, blieb ich zunächst wie angenagelt auf meinem Flecke stehen; aber als ich sah und hörte, daß auch Jelena Iwanowna aufschrie, wandte ich mich schnell um, und – was erblickte ich! Ich sah, o Gott! – ich sah den unglücklichen Iwan Matwejewitsch in den schrecklichen Kiefern des Krokodils, das ihn mit diesen quer über den Leib gepackt hatte; schon war er horizontal in die Luft gehoben und strampelte dort verzweifelt mit den Beinen. Dann noch ein Augenblick – und er war verschwunden. Aber ich will es ausführlicher schildern; denn ich stand die ganze Zeit über, ohne mich zu regen, da und beobachtete den ganzen Vorgang, der sich da vor mir abspielte, mit einer solchen Aufmerksamkeit und Neugier, wie ich sie sonst meiner Erinnerung nach in meinem ganzen Leben nicht empfunden habe. »Denn«, dachte ich in diesem verhängnisvollen Augenblicke, »wie nun, wenn das alles nicht meinem Freunde Iwan Matwejewitsch, sondern mir selbst passierte? Wie schlimm würde mir dann zumute sein!« Aber zur Sache! Das Krokodil begann damit, den armen Iwan Matwejewitsch in seinen furchtbaren Kinnladen so zu drehen, daß die Beine nach dem Innern des Rachens zu liegen kamen, und schluckte dann zuerst die Beine hinein; darauf schob es zwar durch ein rülpsendes Aufstoßen Iwan Matwejewitsch wieder ein wenig heraus, der sich nun bemühte herauszuspringen und sich mit den Händen an den Kasten klammerte, zog ihn aber gleich wieder von neuem in sich hinein, und zwar bis über die Taille. Nach einem nochmaligen Aufstoßen schluckte es noch einmal und noch einmal. Auf diese Weise verschwand Iwan Matwejewitsch allmählich vor unseren sehenden Augen. Endlich schlang das Krokodil, zum letzten Male zuschluckend, meinen hochgebildeten Freund ganz in sich hinein, und diesmal restlos. An der Oberfläche des Krokodils konnte man wahrnehmen, wie in seinem Innern Iwan Matwejewitsch mit allen seinen Gliedmaßen hinabglitt. Ich öffnete schon den Mund, um von neuem aufzuschreien, als plötzlich das Schicksal sich boshafterweise noch einmal mit uns einen Scherz machen wollte: Das Krokodil, das wahrscheinlich infolge der Größe des verschlungenen Gegenstandes unter großer Anstrengung würgen mußte, öffnete von neuem seinen ganzen furchtbaren Schlund, und aus ihm kam anläßlich eines letzten Aufstoßens auf einmal für eine Sekunde Iwan Matwejewitschs Kopf zum Vorschein, mit dem Ausdrucke der Verzweiflung im Gesichte, bei welcher Gelegenheit ihm die Brille von der Nase glitt und auf den Boden des Kastens fiel. Es schien, als habe dieser verzweifelte Kopf sich nur deswegen herausgestreckt, um noch einmal einen letzten Blick auf alle Dinge zu werfen und in Gedanken von allen irdischen Vergnügungen Abschied zu nehmen. Aber er hatte keine Zeit, diese Absicht auszuführen: Das Krokodil nahm von neuem all seine Kraft zusammen, schluckte zu, und im nächsten Augenblick verschwand der Kopf wieder, und diesmal für immer. Dieses Erscheinen und Verschwinden eines noch lebenden Menschenkopfes war so schrecklich, gleichzeitig aber (sei es deswegen, weil der Vorgang so schnell und unerwartet stattfand, sei es, weil dem Kopfe die Brille von der Nase fiel) lag darin eine solche Komik, daß ich plötzlich ganz unwillkürlich losprustete; aber da ich mir sofort bewußt wurde, daß es sich für mich als Hausfreund nicht schicke, in einem solchen Augenblicke zu lachen, wandte ich mich an Jelena Iwanowna und sagte zu ihr mit teilnahmsvoller Miene:

»Jetzt ist es mit unserm Iwan Matwejewitsch zu Ende!« Ich unternehme es nicht zu schildern, wie groß Jelena Iwanownas Aufregung während dieses ganzen Vorganges war. Anfangs, nach dem ersten Aufschrei, blieb sie wie versteinert auf demselben Fleck stehen und betrachtete die seltsame Szene, die sich ihr darbot, anscheinend gleichmütig, aber mit stark hervortretenden Augen; dann aber brach sie auf einmal in ein herzzerreißendes Klagegeschrei aus. Ich faßte sie bei den Händen. In diesem Augenblicke schlug auch der Besitzer, der anfangs ebenfalls vom Schreck betäubt gewesen war, plötzlich die Hände zusammen und rief, gen Himmel blickend:

»O mein Krokodil, o mein allerliebstes Karlchen! Mutter, Mutter, Mutter!«

Auf diesen Ruf öffnete sich die Hintertür, und es erschien seine schon bejahrte, jedoch rotbackige Frau, mit einer Haube auf dem Kopfe, aber mit strubbligem Haar, und stürzte aufkreischend zu ihrem Manne hin.

Nun begann ein toller Wirrwarr: Jelena Iwanowna schrie wie eine Wahnsinnige immer nur ein und dasselbe Wort: »Aufschneiden, aufschneiden!« und stürzte mit dieser flehenden Bitte zu dem Eigentümer und seiner Frau hin. Diese beiden beachteten aber keinen von uns; sie standen neben dem Kasten und brüllten wie Kälber.

»Es ist verloren; es wird gleich platzen, weil es einen ganzen Menschen verschluckt hat!« schrie der Eigentümer.

»Unser Karlchen, unser allerliebstes Karlchen wird sterben!« heulte seine Frau.

»Unser Ernährer wird uns verlassen; wir sind brotlos!« fiel der Mann wieder ein.

»Aufschneiden, aufschneiden, aufschneiden« rief Jelena Iwanowna, sich an den Rock des Deutschen klammernd.

»Er hat das Krokodil geneckt! Warum hat Ihr Mann das Krokodil geneckt?« schrie der Deutsche, sich losreißend. »Sie müssen mir mein Karlchen bezahlen, wenn es platzt. Das war mein Sohn! das war mein einziger Sohn!«

Ich muß gestehen, ich war empört über diesen Egoismus des zugereisten Deutschen und seiner strubbligen Frau und über die Gefühllosigkeit beider gegenüber dem dringenden Verlangen Jelena Iwanownas.

»Wie?« rief der Deutsche. »Sie wollen, daß mein Krokodil umkommt? Nein, mag zuerst Ihr Mann umkommen und dann das Krokodil! . . . Mein Vater hat das Krokodil gezeigt; mein Großvater hat das Krokodil gezeigt; mein Sohn wird das Krokodil zeigen, und ich werde das Krokodil zeigen! Alle werden wir das Krokodil zeigen. Ich bin in ganz Europa bekannt; aber Sie sind nicht in ganz Europa bekannt und müssen mir Schadenersatz leisten.«

»Ja, ja!« fiel seine Frau grimmig ein. »Wir lassen Sie nicht los; Sie müssen uns den Schaden ersetzen, wenn Karlchen platzt!«

»Und es dürfte auch zwecklos sein, das Krokodil aufzuschneiden«, fügte ich ruhig hinzu, in der Absicht, Jelena Iwanowna zu baldiger Heimkehr zu veranlassen; »denn unser lieber Iwan Matwejewitsch schwebt wahrscheinlich in diesem Augenblicke bereits irgendwo in den Gefilden der Seligen.«

»Mein Freund«, erscholl da plötzlich ganz unerwartet die Stimme Iwan Matwejewitschs, die uns in das äußerste Erstaunen versetzte, »mein Freund, ich meine, du solltest ohne weiteres die Hilfe des Polizeibureaus in Anspruch nehmen; denn ohne Eingreifen der Polizei wird dieser Deutsche nicht zur Vernunft zu bringen sein.«

Diese fest und nachdrücklich gesprochenen Worte, die eine ungewöhnliche Geistesgegenwart bekundeten, versetzten uns zuerst in ein solches Erstaunen, daß wir alle unseren

Ohren nicht trauen mochten. Aber selbstverständlich liefen wir sogleich zu dem Krokodilkasten hin und hörten mit ebenso viel Ehrerbietung wie Mißtrauen an, was der unglückliche Gefangene sagte. Seine Stimme klang erstickt, dünn und dabei sogar schreiend, als ob sie aus sehr weiter Entfernung zu uns dränge. Es war ähnlich, wie wenn ein Spaßvogel in ein anderes Zimmer geht, den Mund in ein Bettkissen drückt und zu schreien anfängt, um dem im andern Zimmer zurückgebliebenen Publikum vorzuspielen, wie zwei Bauern von weitem auf freiem Felde oder durch eine tiefe Schlucht voneinander getrennt sich wechselseitig zurufen, was ich das Vergnügen hatte einmal im Hause einer mir bekannten Familie bei einer Scherzaufführung in der Christwoche anzuhören.

»Iwan Matwejewitsch, lieber Mann, also lebst du noch?« stammelte Jelena Iwanowna.

»Ich lebe und bin gesund«, antwortete Iwan Matwejewitsch; »dank dem Allerhöchsten bin ich ohne jede Beschädigung verschluckt worden. Ich beunruhige mich einzig und allein darüber, wie meine vorgesetzte Behörde diesen Zwischenfall ansehen wird; denn wenn man sich ein Billett zu einer Reise ins Ausland nimmt und dann in ein Krokodil hineingerät, so zeugt das nicht von großem Verstande.«

»Aber, lieber Mann, mach dir doch keine Sorge um großen Verstand! Vor allen Dingen müssen wir dich doch irgendwie von dort herausholen«, unterbrach ihn Jelena Iwanowna.

»Herausholen!« rief der Eigentümer des Krokodils. »Ich gestatte nicht, daß er aus dem Krokodil herausgeholt wird. Jetzt wird das Publikum sehr viel zahlreicher herkommen, und ich werde fünfzig Kopeken nehmen, und Karlchen wird nicht platzen.«

»Gott sei Dank!« fügte seine Frau hinzu.

»Die beiden Leute haben recht«, bemerkte Iwan Matwejewitsch ruhig. »Die nationalökonomischen Maximen gehen über alles.«

»Lieber Freund«, rief ich, »ich will sofort zu deiner vorgesetzten Behörde eilen und Klage führen; denn ich sehe vorher, daß wir allein den Kasus nicht werden erledigen können.«

»Das ist auch meine Ansicht«, erwiderte Iwan Matwejewitsch. »Aber ohne pekuniäre Entschädigung einem Krokodil den Bauch aufzuschlitzen, das wird in unserer jetzigen Zeit der Handelskrisis schwer halten, und dabei entsteht nun die unvermeidliche Frage: Wieviel wird der Besitzer für sein Krokodil nehmen? Und mit dieser Frage zugleich die andere: Wer wird es bezahlen? Denn du weißt, daß ich nicht bemittelt bin ...«

»Vielleicht geht es durch Abzüge vom Gehalte«, bemerkte ich schüchtern; aber der Besitzer des Tieres unterbrach mich sofort: »Ich verkaufe das Krokodil nicht; ich kann dreitausend Rubel für mein Krokodil fordern; ich kann viertausend Rubel für mein Krokodil fordern! Jetzt wird das Publikum sich in Menge einfinden. Ich kann fünftausend Rubel für mein Krokodil fordern!«

Kurz, er brüstete sich in einer unerträglichen Manier; Profitsucht und widerwärtige Habgier leuchteten vergnügt aus seinen Augen.

»Ich fahre hin!« rief ich empört.

»Ich auch! Ich ebenfalls! Ich will zu Andrej Ossipowitsch selbst fahren und ihn durch meine Tränen erweichen«, rief Jelena Iwanowna in kläglichem Tone.

»Tu das nicht, liebe Frau!« unterbrach Iwan Matwejewitsch sie eilig; denn er war schon lange auf Andrej Ossipowitsch wegen seiner Frau eifersüchtig und wußte, daß sie sich darauf freute, zu diesem hochgebildeten Manne hinzufahren und vor ihm zu weinen, weil die Tränen ihr gut standen. »Und auch dir, lieber Freund«, fuhr er, zu mir gewendet, fort, »rate ich nicht, so Hals über Kopf dahin zu fahren; wer weiß, was das für Folgen hat. Weißt du, fahre heute lieber einfach in Form eines Privatbesuches zu Timofej Semjonowitsch; das ist ein Mann nach der alten Mode und von beschränktem Verstande, aber dabei solide und, was die Hauptsache ist, aufrichtig. Bestelle ihm eine Empfehlung von mir und schildere ihm die Lage der Dinge. Da ich ihm von unserer letzten Whistpartie her noch sieben Rubel schuldig bin, so kannst du ihm bei dieser passenden Gelegenheit diese Summe einhändigen; das wird den mürrischen alten Mann freundlicher stimmen. Jedenfalls kann uns sein Rat als Richtschnur dienen. Jetzt aber bringe zunächst Jelena Iwanowna nach Hause ... Beruhige dich, liebe Frau«, fuhr er, sich wieder an sie wendend, fort; »ich bin von all diesem Gerede und Geschrei müde geworden und möchte ein bißchen schlafen. Hier ist es warm und weich, wiewohl ich noch nicht Zeit gehabt habe, mich in dieser mir so unerwarteten Heimstätte umzusehen ...«

»Umzusehen! Hast du es denn dort hell?« rief Jelena Iwanowna erfreut.

»Es umgibt mich undurchdringliche Nacht«, antwortete der arme Gefangene; »aber ich kann umhertasten und sozusagen mich mit den Händen umsehen ... Also leb wohl, sei beruhigt und verzichte nicht auf die gewohnten kleinen Zerstreuungen! Auf morgen! Du aber, Semjon Semjonowitsch, komm doch heute abend wieder zu mir her, und da du ein zerstreuter Mensch bist und es vergessen könntest, so binde dir einen Knoten ins Taschentuch ...!«

Ich muß gestehen: ich war ganz froh wegzukommen; da ich vom Stehen schon recht müde geworden war, zum Teil auch, weil die Sache anfing, mich zu langweilen. Schnell bot ich der betrübten, aber durch die Aufregung noch schöner gewordenen Jelena Iwanowna meinen Arm und verließ eilig mit ihr das Krokodilzimmer.

»Am Abend müssen Sie wieder fünfundzwanzig Kopeken Entree bezahlen« rief uns der Besitzer nach.

»Mein Gott, wie habsüchtig der Mensch ist!« sagte Jelena Iwanowna, die in jeden Wandspiegel in der Passage blickte und sich offenbar dessen bewußt war, daß sie noch schöner geworden war.

»Das sind eben die nationalökonomischen Maximen«, erwiderte ich in leiser Erregung; ich war den Passanten gegenüber stolz auf meine Dame.

»Die nationalökonomischen Maximen ...«, sagte sie gedehnt mit ihrem angenehm klingenden Stimmchen; »ich habe nichts von dem verstanden, was Iwan Matwejewitsch vorhin über diese gräßlichen nationalökonomischen Maximen gesagt hat.«

»Ich werde es Ihnen erklären«, versetzte ich und begann unverzüglich ihr auseinanderzusetzen, welche wohltätige Wirkung die Heranziehung ausländischen Kapitals nach unserm Vaterlande haben werde, worüber ich erst diesen Morgen etwas in den »Petersburger Nachrichten« und im »Golos« gelesen hatte.

»Wie sonderbar das alles ist!« unterbrach sie mich, nachdem sie ein Weilchen zugehört hatte. »Aber hören Sie nur damit auf, Sie langweiliger Mensch; was reden Sie da für törichtes Zeug ... Sagen Sie, ich bin wohl sehr rot?«

»Sie sind nicht sowohl sehr rot, sondern sehr schön!« erwiderte ich, indem ich die Gelegenheit benutzte, ihr ein Kompliment zu machen.

»Sie Schäker!« lispelte sie sehr zufrieden. »Der arme Iwan Matwejewitsch!« fügte sie nach einer kleinen Pause hinzu und legte dabei ihr Köpfchen kokett auf die Schulter; »er tut mir wahrhaftig leid. Ach, mein Gott!« rief sie plötzlich, »sagen Sie nur: wie wird er denn heute dort zu Mittag speisen, und ... und ... was wird er denn tun, wenn ihn ein Bedürfnis ankommt?«

»Das ist eine unvorhergesehene Schwierigkeit«, antwortete ich, ebenfalls ganz verblüfft. »Das war mir wirklich noch nicht eingefallen; da sieht man wieder einmal, daß die Frauen in Fragen des praktischen Lebens klüger sind als wir Männer!«

»Der Arme, wie er nur da hineingeraten ist ... und da hat er nun keinerlei Zerstreuungen, und es ist dunkel ... wie ärgerlich, daß ich keine Photographie von ihm habe ... Und also bin ich jetzt gewissermaßen Witwe«, fügte sie mit einem bezaubernden Lächeln hinzu; ihr neuer Stand war ihr augenscheinlich sehr interessant. »Hm! . . . aber er tut mir dennoch leid! . . .«

Kurz, es kam die sehr begreifliche, natürliche Sehnsucht einer jungen, interessanten Frau nach ihrem umgekommenen Manne zum Ausdruck. Ich brachte sie endlich zu ihrer Wohnung, beruhigte sie, speiste mit ihr zu Mittag, trank noch mit ihr ein Täßchen aromatisch duftenden Kaffee und begab mich dann um sechs Uhr zu Timofej Semjonowitsch, da ich mir sagte, daß um diese Zeit alle Ehemänner, die eine bestimmte Beschäftigung haben, sicher bei sich zu Hause sitzen oder liegen.

Nachdem ich dieses erste Kapitel in einem dem erzählten Ereignisse angemessenen Stile geschrieben habe, beabsichtige ich, mich im folgenden eines zwar nicht so hohen, aber dafür natürlicheren Stiles zu bedienen, wovon ich den Leser im voraus benachrichtige.

Zweites Kapitel

Der hochverehrte Timofej Semjonowitsch empfing mich anscheinend in Eile und gewissermaßen ein wenig verlegen. Er führte mich in sein enges Arbeitszimmer und machte die Tür dicht zu; »damit uns die Kinder nicht stören«, sagte er mit sichtlicher Unruhe. Dann ließ er mich auf einem Stuhle bei seinem Schreibtische Platz nehmen, setzte sich selbst auf einen Lehnsessel, schlug die Schöße seines alten wattierten Schlafrocks übereinander und nahm für jeden Fall eine Art amtlicher, beinahe strenger Miene an, obgleich er gar nicht mein oder Iwan Matwejewitschs Vorgesetzter war, sondern bisher als ein gewöhnlicher Kollege, ja als ein guter Bekannter gegolten hatte.

»Vor allen Dingen«, begann er, »wollen Sie im Auge behalten, daß ich kein Vorgesetzter bin, sondern genau ebenso ein

Untergebener wie Sie und wie Iwan Matwejewitsch ... Ich bin unbeteiligt und beabsichtige nicht, mich in irgend etwas hineinzumischen.«

Ich wunderte mich darüber, daß er anscheinend schon alles wußte. Trotzdem erzählte ich ihm von neuem die ganze Geschichte mit allen Einzelheiten. Ich sprach sogar mit einer gewissen Erregung; erfüllte ich doch in diesem Augenblicke die Pflicht eines wahren Freundes. Er hörte mich ohne besondere Verwunderung, aber mit deutlichen Zeichen des Mißtrauens an.

»Denken Sie sich«, sagte er, nachdem ich geendet hatte, »ich hatte immer vermutet, daß ihm gerade dies einmal passieren werde.«

»Warum denn, Timofej Semjonowitsch? Der Fall ist doch an und für sich ein sehr ungewöhnlicher ...«

»Das gebe ich zu. Aber Iwan Matwejewitsch neigte während seiner ganzen dienstlichen Laufbahn gerade zu einem solchen Endresultat. Er ist zu rasch, geradezu hitzig. Immer redete er von Fortschritt, und dann hatte er so allerlei Ideen; da sieht man's nun, wohin einen der Fortschritt führt!«

»Aber dieser Fall ist doch ein höchst ungewöhnlicher, und man kann ihn doch nicht als eine allgemeine Regel für alle Fortschrittsmänner hinstellen ...«

»Es ist doch, wie ich sage. Sehen Sie, das kommt von der übermäßigen Bildung, glauben Sie mir! Denn die übermäßig gebildeten Leute stecken ihre Nase überall hinein und besonders dahin, wo sie kein Mensch darum ersucht hat. Übrigens verstehen Sie das vielleicht besser als ich«, fügte er hinzu, wie wenn er sich gekränkt fühlte. »Ich bin ein alter Mann und nicht sehr gebildet; ich bin der Sohn eines gemeinen Soldaten und kann in diesem Jahre mein fünfzigjähriges Dienstjubiläum feiern.«

»Nicht doch, nicht doch, Timofej Semjonowitsch, ich bitte Sie! Im Gegenteil, Iwan Matwejewitsch bittet Sie inständig um Ihren Rat, bittet Sie inständig, ihn zu leiten und zu führen. Er bittet Sie darum sozusagen mit Tränen.«

»›Sozusagen mit Tränen!‹ Hm! Nun, diese Tränen werden wohl Krokodilstränen sein, und man kann ihnen nicht so ganz trauen. Aber sagen Sie mir nur: Warum zog es ihn denn so ins Ausland? Und wie wollte er denn die Reise bezahlen? Er besitzt ja doch keine Mittel.«

»Er hatte sich von den letzten Gratifikationen ein Sümmchen zusammengespart, Timofej Semjonowitsch«, antwortete ich in mitleidigem Tone. »Er wollte ja auch nur auf drei Monate wegreisen – nach der Schweiz, in die Heimat Wilhelm Tells.«

»Wilhelm Tells? Hm!«

»In Neapel wollte er den Frühling begrüßen. Er wollte sich die Museen, die Sitten, die Tiere ansehen ...«

»Hm! Die Tiere? Meiner Ansicht nach wollte er einfach aus Stolz dort hin. Was denn für Tiere? Tiere! Als ob wir hier nicht Tiere genug hätten! Wir haben hier Menagerien, Museen, Kamele. Bären kommen dicht bei Petersburg vor. Und da hat er sich nun selbst in ein Krokodil hineingesetzt ...«

»Timofej Semjonowitsch, erbarmen Sie sich! Da ist ein Mensch im Unglück; er nimmt seine Zuflucht zu Ihnen als zu einem Freunde, einem älteren Verwandten; er bittet Sie um Rat, und Sie machen ihm Vorwürfe! ... Haben Sie doch wenigstens mit der unglücklichen Jelena Iwanowna Mitleid!«

»Sie meinen seine Frau? Ein interessantes Dämchen!« sagte Timofej Semjonowitsch, der augenscheinlich in eine sanftere Stimmung hineinkam und mit Genuß eine Prise nahm. »Ein elegantes Persönchen! Und sie hat so eine hübsche Fülle, und das Köpfchen hält sie immer so auf die Seite, auf die Seite ... Sehr nett. Andrej Ossipowitsch sprach noch vorgestern von ihr.«

»Er sprach von ihr?«

»Allerdings, und in sehr schmeichelhaften Ausdrücken. ›Welch eine Büste‹, sagte er, ›welch ein Blick, was für eine schöne Frisur! Ein Dämchen wie von Marzipan!‹, und dabei fing er an zu lachen. Er ist eben noch ein junger Mann.«

Timofej Semjonowitsch schnob sich geräuschvoll die Nase. »Nun, und da ist dieser andere junge Mann, und was schafft sich der für eine Karriere ...«

»Aber das ist doch etwas ganz anderes, Timofej Semjonowitsch!«

»Gewiß, gewiß!«

»Also was meinen Sie denn nun, Timofej Semjonowitsch?«

»Ja, was kann ich denn dabei tun?«

»Geben Sie ihm einen Rat, führen und leiten Sie ihn als erfahrener Mann und als sein Verwandter! Was sollen wir unternehmen? Sollen wir uns an die vorgesetzte Behörde wenden oder ...«

»An die vorgesetzte Behörde? Auf keinen Fall!« erwiderte Timofej Semjonowitsch eilig. »Wenn Sie einen Rat wollen, so würde ich sagen: Vor allen Dingen muß man die Sache vertuschen und sozusagen nur als Privatperson handeln. Es ist ein verdächtiger Fall, ein noch nie dagewesener Fall. Das ist die Hauptsache, daß es ein noch nie dagewesener Fall ist, daß es keinen Präzedenzfall gibt, und das ist eine schlechte Empfehlung ... Darum vor allen Dingen Vorsicht! ... Mag er da still für sich liegenbleiben! Man muß abwarten, abwarten ...«

»Aber wie sollen wir denn abwarten, Timofej Semjonowitsch? Wenn er nun da erstickt?«

»Wie wird er denn? Ich meine, Sie sagten, daß er sich da ganz komfortabel eingerichtet habe?«

Ich erzählte ihm alles noch einmal. Timofej Semjonowitsch dachte ein Weilchen nach.

»Hm!« sagte er dann, seine Tabaksdose in der Hand herumdrehend. »Meiner Ansicht nach ist es sogar ganz gut, daß er dort eine Zeitlang liegt, statt im Auslande herumzureisen. Mag er dort in Muße nachdenken; selbstverständlich soll er nicht ersticken; daher muß er angemessene Maßregeln zur Erhaltung seiner Gesundheit treffen, also z. B. sich vor Husten in acht nehmen usw. ... Was aber den Deutschen anlangt, so befindet sich der nach meiner persönlichen

Ansicht in seinem vollen Rechte, mehr als die Gegenpartei; denn in *sein* Krokodil ist jemand ohne seine Erlaubnis hineingekrochen, und nicht *er* ohne Erlaubnis in das Krokodil Iwan Matwejewitschs, der übrigens, soviel ich mich erinnern kann, überhaupt kein Krokodil besessen hat. Nun aber bildet ein Krokodil einen Besitz; also kann man es nicht ohne Entschädigung aufschneiden.«

»Aber wo es sich um die Rettung eines Menschen handelt, Timofej Semjonowitsch!«

»Nun, das ist dann Sache der Polizei. An die müssen Sie sich wenden.«

»Aber möglicherweise wird Iwan Matwejewitsch im Amte benötigt; vielleicht wird nach ihm geschickt ...«

»Iwan Matwejewitsch im Amte benötigt? Ha-ha! Überdies gilt er ja als beurlaubt; also können wir ihn vollständig ignorieren, und er kann sich da die Länder Westeuropas ansehen. Etwas anderes wäre es, wenn er nach Ablauf seines Urlaubs nicht wieder erschiene; dann allerdings würden wir uns nach ihm erkundigen, Nachforschungen anstellen ...«

»Drei Monate! Ich bitte Sie, Timofej Semjonowitsch!«

»Das ist seine eigene Schuld. Na, wer hat ihn geheißen, da hineinzusteigen? Da müßte ihm der Staat womöglich eine Kinderfrau halten; das ist aber im Etat nicht vorgesehen. Die Hauptsache aber ist: Ein Krokodil ist ein Besitzgegenstand; also treten hier die sogenannten nationalökonomischen Maximen in Aktion. Und die nationalökonomischen Maximen gehen über alles. Noch vorgestern sprach Ignatij Prokofjewitsch auf der Abendgesellschaft bei Luka Andrejewitsch darüber. Kennen Sie Ignatij Prokofjewitsch? Er ist Kapitalist, Geschäftsmann und spricht sehr vernünftig, wissen Sie. ›Wir brauchen gewerbliche Tätigkeit‹, sagte er; ›gewerbliche Tätigkeit gibt es bei uns zu wenig. Wir müssen sie erzeugen. Wir müssen Kapitalien erzeugen; d. h., wir müssen einen Mittelstand, eine sogenannte Bourgeoisie, erzeugen. Da wir aber keine Kapitalien haben, so müssen wir sie aus dem Auslande heranziehen. Wir müssen erstens den ausländischen

Gesellschaften freie Bahn machen, die unser Land in großen Portionen aufkaufen wollen, wie jetzt überall im Auslande versichert wird. Der Gemeindebesitz, das ist für uns Gift‹, sagt er; ›das ist unser Verderben!‹ Und, wissen Sie, er redet mit solcher Wärme; na, ihm steht das gut; er ist eben Kapitalist . . . und ist kein Beamter. ›Beim Gemeindebesitz‹, sagt er, ›kann man weder die gewerbliche Tätigkeit noch die Landwirtschaft in die Höhe bringen. Die ausländischen Gesellschaften‹, sagt er, ›müssen nach Möglichkeit unser ganzes Land in großen Stücken kaufen, und dann müssen sie es parzellieren, parzellieren, parzellieren in möglichst kleine Teile.‹ Und, wissen Sie, das sagt er mit solcher Energie: ›Par-zel-lieren‹, sagt er, ›und dann als persönliches Eigentum verkaufen. Oder auch nicht verkaufen, sondern einfach verpachten. Wenn das ganze Land‹, sagt er, ›in den Händen der herbeigerufenen ausländischen Gesellschaften sein wird, dann kann man jeden beliebigen Pachtpreis ansetzen. Folglich wird der Bauer dreimal soviel arbeiten, um nur sein tägliches Brot zu haben, und sobald man es für zweckmäßig hält, kann man ihn fortjagen. Das wird er schon merken und wird gehorsam und fleißig sein und für dasselbe Geld dreimal soviel arbeiten. Aber jetzt bei der Gemeindewirtschaft, um was braucht er sich da zu kümmern? Hungers wird er nicht sterben; na, da faulenzt er denn und säuft. Aber bei jenem anderen System wird Geld zu uns hergelockt und werden Kapitalien zu uns herangezogen, und es bildet sich eine Bourgeoisie. Da hat die englische politische und literarische Zeitung ‚Times' in einem Artikel über unsere Finanzen neulich auseinandergesetzt, daß unsere Finanzen sich darum nicht bessern, weil bei uns kein Mittelstand und keine großen Portemonnaies und keine arbeitswilligen Proletarier vorhanden sind . . .‹ Ignatij Prokofjewitsch spricht sehr gut. Er ist geradezu ein Redner. Er will selbst ein Promemoria bei der Behörde einreichen und dann in den ›Petersburger Nachrichten‹ drucken lassen. Das ist ein anderes Ding als die Verschen, die Iwan Matwejewitsch schreibt . . .«

»Also wie soll sich denn nun Iwan Matwejewitsch verhalten?« schob ich ein, nachdem ich den alten Mann so lange hatte schwatzen lassen.

Timofej Semjonowitsch erging sich gern manchmal in längeren Reden, um dadurch zu zeigen, daß er nicht rückständig sei und in all diesen Dingen Bescheid wisse.

»Wie sich Iwan Matwejewitsch verhalten soll? Darauf ziele ich ja eben ab. Wir selbst sind eifrig bemüht, ausländische Kapitalien in unser Vaterland zu ziehen, und nun urteilen Sie selbst: Kaum hat sich das Kapital eines herbeigelockten Krokodilbesitzers durch Iwan Matwejewitsch verdoppelt, da möchten wir, statt den ausländischen Besitzer zu protegieren, ganz im Gegenteile seinem Anlagekapitale den Bauch aufschlitzen! Nun, liegt darin Vernunft? Meiner Ansicht nach sollte Iwan Matwejewitsch als wahrer Sohn des Vaterlandes sich sogar darüber freuen und darauf stolz sein, daß er durch seine Person den Wert des ausländischen Krokodils verdoppelt, ja vielleicht verdreifacht hat. Das ist zur Heranziehung von Kapitalien notwendig. Gelingt es einem, dann wird flugs auch ein zweiter mit einem Krokodil herkommen; ein dritter wird gar zwei oder drei zugleich herbringen, und um diese werden sich dann die Kapitalien weiter gruppieren. So entsteht eine Bourgeoisie. Diese Entwicklung muß man befördern.«

»Ich bitte Sie, Timofej Semjonowitsch!« rief ich. »Sie verlangen ja von dem armen Iwan Matwejewitsch eine beinahe unnatürliche Selbstaufopferung!«

»Ich verlange gar nichts und bitte Sie vor allen Dingen, wie ich es schon vorhin getan habe, im Auge zu behalten, daß ich keine vorgesetzte Behörde bin und daher von niemandem etwas zu verlangen habe. Ich rede einfach als Sohn des Vaterlandes. Noch einmal frage ich: Wer hat ihn geheißen, in das Krokodil hineinzukriechen? Er ist ein Mann in soliden Verhältnissen, ein Beamter von achtbarem Range, er lebt in gesetzlicher Ehe, und da begeht er auf einmal einen solchen Schritt! Liegt darin Vernunft?«

»Aber dieser Schritt vollzog sich doch wider seinen Willen.«

»Wer weiß das? Und dann: aus welchem Fonds sollte dem Krokodilbesitzer die Entschädigung bezahlt werden? Das sagen Sie mal!«

»Ginge es nicht durch einen Abzug vom Gehalte, Timofej Semjonowitsch?«

»Wird das reichen?«

»Nein, es wird nicht reichen, Timofej Semjonowitsch«, erwiderte ich traurig. »Der Krokodilbesitzer bekam zuerst einen Schreck, weil er fürchtete, das Tier werde platzen; aber als er sich dann überzeugte, daß alles glücklich abging, setzte er sich aufs hohe Pferd und freute sich, daß er den Eintrittspreis verdoppeln könne.«

»Vielleicht verdreifachen, vervierfachen! Jetzt wird das Publikum scharenweise herbeiströmen, und die Krokodilbesitzer sind ein geriebenes Völkchen. Außerdem ist jetzt gerade die Jahreszeit, wo man sich alle möglichen Amüsements gönnt. Und darum wiederhole ich: Vor allen Dingen mag Iwan Matwejewitsch inkognito beobachten und nichts übereilen! Mögen meinetwegen alle es wissen, daß er in dem Krokodil steckt; aber sie brauchen es nicht amtlich zu wissen. In dieser Hinsicht befindet sich Iwan Matwejewitsch sogar in besonders günstiger Lage, weil er als ins Ausland beurlaubt betrachtet wird. Wenn man uns sagt, daß er sich in dem Krokodil befindet, so werden wir es nicht glauben. Das läßt sich so arrangieren. Die Hauptsache ist, daß er wartet; und was hätte er auch für Grund zur Eile?«

»Aber wenn er nun ...«

»Beunruhigen Sie sich nicht; er hat eine kräftige Konstitution ...«

»Nun, und dann, wenn er wartet?«

»Ja, ich will Ihnen nicht verhehlen, daß es ein äußerst verzwickter Fall ist. Man kann darüber durch alles Nachdenken nicht ins klare kommen, und besonders nachteilig ist der Umstand, daß es bisher noch keinen ähnlichen Präzedenzfall gegeben hat. Hätten wir einen Präzedenzfall, dann könnte man sich durch den noch einigermaßen leiten lassen. Aber so – wie soll man hier zu einer Entscheidung gelangen? Wenn man erst anfängt zu überlegen, dann zieht sich die Sache sehr in die Länge.«

Ein glücklicher Gedanke blitzte in meinem Kopfe auf.

»Könnte man es nicht so einrichten«, sagte ich, »daß, wenn es ihm nun einmal beschieden ist, in den Eingeweiden des Untiers zu verbleiben, und nach dem Willen der Vorsehung sein Leben erhalten bleibt, daß er dann ein Gesuch einreicht mit der Bitte, ihn als Beamten weiterzuführen?«

»Hm! ... vielleicht in Form einer Beurlaubung und ohne Gehalt?«

»Nein, ginge es nicht mit Gehalt?«

»Wie ließe sich das begründen?«

»Man könnte ja sagen, er sei abkommandiert ...«

»Wohin und wozu?«

»In die Eingeweide, in die Eingeweide des Krokodils ... Sozusagen zum Zwecke von Untersuchungen, zur Feststellung von Tatsachen an Ort und Stelle. Das wäre allerdings etwas Neues; aber es wäre doch fortschrittlich und würde gleichzeitig dokumentieren, wie sehr die Behörde für die Aufklärung sorgt ...«

Timofej Semjonowitsch dachte nach. Schließlich sagte er:

»Einen besonderen Beamten in die Eingeweide eines Krokodils abzukommandieren, mit besonderen Aufträgen, das ist meiner persönlichen Ansicht nach abgeschmackt. Im Etat ist so etwas nicht vorgesehen. Und was könnten dort auch für Aufträge auszurichten sein?«

»Nun, sozusagen zum Naturstudium an Ort und Stelle, am lebenden Wesen. Heutzutage sind ja die Naturwissenschaften obenauf, die Botanik usw. ... Er könnte dort wohnen und Berichte erstatten ... sagen wir über die Verdauung oder einfach über die dort herrschenden Sitten. Sein Auftrag könnte lauten: zur Sammlung tatsächlichen Materials.«

»Das fällt in das Gebiet der Statistik. Nun, darin bin ich

nicht stark; und ein Philosoph bin ich auch nicht. Sie sagen: tatsächliches Material; aber wir sind ohnehin schon mit tatsächlichem Material überhäuft und wissen nicht, was wir mit ihm anfangen sollen. Zudem ist diese Statistik gefährlich ...«

»Wieso denn?«

»Ja, sie ist gefährlich. Und dazu kommt noch, daß er dieses tatsächliche Material liefern wird, während er bequem auf der Seite liegt, das müssen Sie selbst zugeben. Aber kann man denn seinen Dienst als Beamter tun, wenn man sich bequem auf die Seite legt? Das wäre wieder eine Neuerung, und zudem eine gefährliche Neuerung; und dafür mangelt es wieder an einem Präzedenzfalle. Ja, wenn Sie uns wenigstens irgendeinen kleinen Präzedenzfall beibringen könnten, dann wäre es meiner Ansicht nach vielleicht möglich, ihn abzukommandieren.«

»Aber es sind ja bisher auch noch keine lebenden Krokodile hergebracht worden, Timofej Semjonowitsch.«

»Hm! Ja ...« Er dachte wieder nach. »Dieser Ihr Einwand hat allerdings eine gewisse Berechtigung und könnte sogar als Grundlage zur weiteren Behandlung der Sache dienen. Aber ziehen Sie wiederum auch dies in Betracht: Wenn mit dem Erscheinen lebender Krokodile die Beamten zu verschwinden anfangen und dann, weil es da warm und weich ist, dorthin abkommandiert zu werden verlangen und sich dann da bequem auf die Seite legen, dann würde das ein schlechtes Beispiel sein, das müssen Sie selbst sagen. Dann wird am Ende jeder da hineinkriechen, um sein Gehalt ohne Arbeit zu bekommen.«

»Bitte, seien Sie uns behilflich, Timofej Semjonowitsch! Apropos: Iwan Matwejewitsch bat mich, Ihnen seine kleine Spielschuld einzuhändigen, sieben Rubel, die er im Whist an Sie verloren hat.«

»Ach ja, das war neulich bei Nikifor Nikiforowitsch! Ich erinnere mich. Und wie lustig er damals war; er brachte uns alle zum Lachen. Und jetzt ...«

Der Alte war aufrichtig gerührt.

»Seien Sie uns behilflich, Timofej Semjonowitsch!«

»Ich will mir alle Mühe geben. Ich will mit den maßgebenden Personen darüber reden, wie wenn ich es rein persönlich täte, so ganz privatim, nur um mich zu erkundigen. Übrigens, bringen Sie doch einmal so ganz inoffiziell, im stillen, in Erfahrung, auf welchen Preis für sein Krokodil der Besitzer eigentlich eingehen würde.«

Timofej Semjonowitsch war augenscheinlich freundlicher geworden.

»Das werde ich unbedingt tun«, antwortete ich, »und dann sogleich mit der Rechnung zu Ihnen kommen.«

»Seine Frau ist wohl jetzt allein? Langweilt sie sich?«

»Sie sollten ihr einen Besuch machen, Timofej Semjonowitsch.«

»Das will ich tun; ich habe schon vorhin daran gedacht, und es ist ja auch ein passender Anlaß ... Wie er nur auf den verdrehten Gedanken gekommen ist, sich das Krokodil anzusehen! Übrigens möchte ich es mir auch selbst ansehen.«

»Besuchen Sie den Armen doch, Timofej Semjonowitsch!«

»Ja, das werde ich. Allerdings möchte ich durch diesen meinen Schritt bei ihm keine Hoffnungen erwecken. Ich werde nur als Privatperson hingehen ... Nun also, auf Wiedersehen! Ich bin heute wieder bei Nikifor Nikiforowitsch; sind Sie auch da?«

»Nein, ich muß zu dem Gefangenen.«

»Ja, ja, da heißt es jetzt Gefangenenbesuche machen ...! Ach, so ein Leichtsinn!«

Ich empfahl mich dem alten Herrn. Mancherlei Gedanken gingen mir durch den Kopf. Timofej Semjonowitsch war ja ein guter, sehr ehrenhafter Mensch; aber als ich von ihm herauskam, freute ich mich doch, daß er schon bald sein fünfzigjähriges Jubiläum feierte und Männer seines Schlages bei uns jetzt eine Seltenheit geworden sind. Selbstverständlich eilte ich sofort nach der Passage, um dem armen Iwan Matwejewitsch alles mitzuteilen. Auch plagte mich die Neugier, wie er sich da in dem Krokodil eingerichtet haben mochte und wie es überhaupt möglich sei, in einem Krokodil zu leben. Manchmal schien es mir wahrhaftig, als ob das nur ein ungeheuerlicher Traum sei, um so mehr, da es sich dabei um ein Ungeheuer handelte ...

Drittes Kapitel

Und doch war es kein Traum, sondern tatsächliche, unzweifelhafte Wirklichkeit. Wie würde ich es denn auch sonst erzählen! Aber ich fahre fort ...

Als ich in die Passage kam, war es schon spät, gegen neun Uhr, und ich mußte in das Krokodillokal durch eine Hintertür gehen, da der Deutsche seine Schaustellung diesmal früher als sonst geschlossen hatte. Er ging in einem alten, schmierigen Hausrock auf und ab, war aber noch weit zufriedener als am Vormittage. Man konnte ihm ansehen, daß er keine Besorgnisse mehr hegte, und daß das Publikum sich zahlreich eingestellt hatte. Seine Frau kam erst später zu uns herein, offenbar um auf mich aufzupassen. Der Deutsche flüsterte häufig mit ihr. Obwohl die Schaustellung schon geschlossen war, nahm er mir doch fünfundzwanzig Kopeken Eintrittsgeld ab. Was für eine unnötige Ordnungsliebe!

»Sie müssen jedesmal bezahlen; das Publikum bezahlt einen Rubel, Sie aber nur fünfundzwanzig Kopeken, weil Sie ein guter Freund Ihres guten Freundes sind und ich vor einem Freunde Respekt habe ...«

»Lebt er, lebt mein hochgebildeter Freund noch?« rief ich laut, indem ich an das Krokodil herantrat; ich hoffte, meine Worte würden von weitem zu Iwan Matwejewitschs Ohr gelangen und seiner Eitelkeit schmeicheln.

»Ich lebe und bin gesund«, antwortete er. Es klang, als spräche er aus weiter Ferne oder hinter einem Bettkissen hervor, obwohl ich dicht neben ihm stand. »Ich lebe und bin gesund; aber davon nachher; wie steht die Sache?«

Ich begann absichtlich, wie wenn ich die Frage überhört hätte, ihn meinerseits teilnahmsvoll und eilig zu befragen: wie es ihm gehe, was er mache, wie ihm in dem Krokodil zumute sei und wie es überhaupt im Innern des Krokodils aussehe. Das verlangte sowohl die Freundschaft als auch die gewöhnliche Höflichkeit. Aber er unterbrach mich eigensinnig und ärgerlich.

»Wie steht die Sache?« schrie er kreischend in dem Tone, in dem er mich gewöhnlich anherrschte und der mir diesmal besonders widerwärtig war.

Ich erzählte ihm das ganze Gespräch, das ich mit Timofej Semjonowitsch gefüht hatte, mit allen Einzelheiten. Während ich erzählte, bemühte ich mich, meiner Stimme einen etwas gekränkten Ton zu geben.

»Der Alte hat ganz recht«, antwortete Iwan Matwejewitsch mit derselben Bestimmtheit und Schroffheit, deren er sich in seinen Gesprächen mit mir stets bediente. »Bin sehr für praktische Leute und kann schlappe, süßliche Kerle nicht ausstehen. Will indes zugeben, daß auch deine Idee mit der Abkommandierung nicht so uneben ist. Bin in der Tat in der Lage, mancherlei zu berichten, sowohl in wissenschaftlicher als auch in moralischer Hinsicht. Aber das nimmt jetzt alles eine neue, unerwartete Gestalt an, und es lohnt sich nicht, bloß um des Gehaltes willen sich viel Mühe zu machen. Höre aufmerksam zu! Sitzt du?«

»Nein, ich stehe.«

»Setz dich auf irgend etwas, nötigenfalls auf den Fußboden, und höre aufmerksam zu!«

Ärgerlich ergriff ich einen Stuhl und stieß mit ihm, als ich ihn zurechtstellte, zornig gegen den Boden.

»Höre«, begann er in befehlshaberischem Tone, »das Publikum ist heute scharenweise hergekommen. Am Abend reichte der Raum nicht aus, und die Polizei erschien, um auf Ordnung zu halten. Um acht Uhr, d. h. früher als gewöhnlich, fand der Besitzer sogar für nötig, das Etablissement zu schließen und die Vorstellung abzubrechen, um das eingenommene Geld zu zählen und sich mit größerer Bequemlichkeit auf morgen vorzubereiten. Kann mir denken, daß morgen hier ein ordentlicher Jahrmarktstrubel sein wird. So ist denn die Annahme berechtigt, daß alle gebildeten Leute der Residenz, die Damen der höchsten Gesellschaftskreise, die ausländischen Gesandten, die Juristen usw. sich hier einfinden werden. Und noch mehr: aus den entlegensten Provinzen unseres weitausgedehnten Reiches werden Neugierige angereist kommen. Und das Resultat wird sein, daß ich der Gegenstand der allgemeinen Beachtung sein und, wenn auch verborgen, doch die erste Rolle spielen werde. Werde die müßige Menge belehren. Durch die Erfahrung belehrt, werde ich mich als Beispiel der Geistesgröße und der Demut dem Schicksal gegenüber hinstellen! Werde sozusagen ein Katheder sein, von dem herab ich die Menschheit belehren werde. Schon allein die naturwissenschaftlichen Mitteilungen, die ich über das von mir bewohnte Ungeheuer geben kann, sind überaus wertvoll. Und deshalb murre ich nicht über das, was mir heute widerfahren ist, sondern ich hoffe vielmehr mit Bestimmtheit auf eine glänzende Karriere.«

»Wird es dir auch nicht langweilig werden?« fragte ich boshaft.

Am meisten ärgerte ich mich darüber, daß er fast ganz aufgehört hatte, das Fürwort ›ich‹ zu gebrauchen; so wichtig kam er sich vor. Nichtsdestoweniger konnte ich mir auf die ganze Sache keinen Vers machen. »Wie kann dieser leichtfertige Patron nur so dicke tun!« flüsterte ich zähneknirschend vor mich hin. »Zum Dicketun ist hier doch wahrlich kein Anlaß, eher zum Weinen.«

»Nein«, antwortete er in scharfem Tone auf meine Frage. »Bin nämlich ganz von hohen Ideen erfüllt; kann erst jetzt in Muße über die Verbesserung des Schicksals der ganzen Menschheit nachdenken. Von einem Krokodil wird jetzt die Wahrheit und das Licht ausgehen. Unzweifelhaft werde ich eine neue, eigene Theorie der neuen nationalökonomischen Beziehungen aufstellen und werde darauf stolz sein; das habe ich bisher nicht gekonnt, weil mir die Amtstätigkeit und die vulgären gesellschaftlichen Zerstreuungen keine Zeit dazu ließen. Werde alle Einwände widerlegen und ein neuer Fourier sein. Apropos, hast du Timofej Semjonowitsch die sieben Rubel gegeben?«

»Ja, von meinem Gelde«, erwiderte ich und bemühte mich, durch den Ton meiner Stimme zum Ausdruck zu bringen, daß ich es von meinem eigenen Gelde bezahlt hatte.

»Ich werde es dir zurückgeben«, versetzte er hochmütig. »Ich erwarte unbedingt eine Gehaltserhöhung; denn wer sollte sonst eine erhalten, wenn ich keine bekäme? Ich bringe jetzt einen unermeßlichen Nutzen. Aber zur Sache! Meine Frau?«

»Du fragst wohl nach Jelena Iwanownas Befinden?«

»Meine Frau?!« schrie er noch einmal, diesmal geradezu kreischend.

Es war nichts zu machen! Fügsam, aber wieder mit Zähneknirschen, erzählte ich ihm, wie ich Jelena Iwanowna verlassen hatte. Er mochte mich nicht einmal bis zu Ende hören.

»Habe mit ihr besondere Absichten«, begann er ungeduldig. »Wenn ich *hier* berühmt sein werde, so will ich, daß sie *dort* berühmt sei. Gelehrte, Dichter, Philosophen, reisende Mineralogen, Staatsmänner werden, nachdem sie sich am Morgen mit mir unterredet haben, abends ihren Salon frequentieren. Von der nächsten Woche an muß bei ihr jeden Abend Empfang sein. Mein verdoppeltes Gehalt wird ihr die Mittel dazu gewähren, und da dabei nur Tee gereicht zu werden braucht, der von Lohndienern präsentiert werden kann, so wird es ganz gut gehen. Sowohl hier als auch dort wird man von mir reden. Ich habe längst einen Anlaß herbeigewünscht, der alle Leute dahin bringen könnte, von mir zu sprechen; aber ich konnte das nicht erreichen, da ich durch meine unbedeutende Stellung und meinen niedrigen Rang in Fesseln geschlagen war. Jetzt aber ist das alles dadurch erreicht, daß ein Krokodil in ganz gewöhnlicher Manier zugeschluckt hat. Jedes Wort von mir wird Beachtung finden, jeder meiner

Aussprüche überdacht, weitergegeben, gedruckt werden. Jetzt werde ich zeigen, was ich bin! Nun werden die Menschen endlich einsehen, welch ein Genie sie in den Eingeweiden dieses Ungeheuers haben verschwinden lassen. ›Dieser Mann hätte ein ausländischer Minister sein und ein Königreich regieren können‹, werden die einen sagen. ›Und dieser Mann hat kein ausländisches Königreich regiert; wie schade, wie schade!‹ werden die andern versetzen. Worin, worin bin ich denn schlechter als ein Garnier-Pagès und ähnliche Leute? . . . Meine Frau soll ein Pendant zu mir bilden: Ich zeichne mich durch Verstand aus und sie sich durch Schönheit und Liebenswürdigkeit. ›Sie ist bezaubernd; *daher* ist sie seine Frau‹, werden die einen sagen. ›Sie ist bezaubernd, *weil* sie seine Frau ist‹, werden die anderen jenen Satz korrigieren. Jedenfalls soll sich Jelena Iwanowna gleich morgen das Konversationslexikon kaufen, das unter Andrej Krajewskijs Redaktion erschienen ist, damit sie über alle Themata reden kann. Vor allen Dingen soll sie täglich den Leitartikel der ›Petersburger Nachrichten‹ lesen und ihn mit dem im ›Golos‹ vergleichen. Ich nehme an, daß der Eigentümer des Krokodils sich wird bereit finden lassen, auch mich mitsamt dem Tiere manchmal in den glänzenden Salon meiner Frau zu bringen. Ich werde dann mit dem Kasten mitten in der prächtigen Assemblee dastehen und mit geistreichen Bemerkungen um mich werfen, die ich mir schon am Vormittag aussinnen kann. Den Staatsmännern werde ich meine Projekte mitteilen, mit den Dichtern in Versen reden; im Verkehr mit den Damen werde ich amüsant und liebenswürdig sein, aber natürlich durchaus moralisch, da ich ja für ihre Männer völlig ungefährlich bin. Allen andern werde ich als ein Beispiel gehorsamer Ergebung in das Schicksal und in den Willen der Vorsehung dienen. Meine Frau werde ich zu einem glänzenden Gestirn am literarischen Himmel machen; ich werde sie in den Vordergrund rücken und dem Publikum ihr Wesen erklären; als meine Frau muß sie notwendig die höchsten Vorzüge besitzen, und wenn man mit Recht Andrej Alexandrowitsch unsern russischen Alfred de Musset nennt, so wird man mit noch größerem Rechte sie unsere russische Eugénie Tour nennen.«

Ich muß gestehen, dieser Unsinn hatte zwar eine gewisse Ähnlichkeit mit dem, was Iwan Matwejewitsch auch sonst zu reden pflegte; aber es kam mir doch der Gedanke, daß er jetzt vielleicht Fieber habe und phantasiere. Es war dies Iwan Matwejewitsch, wie er gewöhnlich und alle Tage war, aber durch ein zwanzigfaches Vergrößerungsglas gesehen.

»Mein Freund«, fragte ich ihn, »hoffst du denn auf ein langes Leben? Und überhaupt, sage mal: bist du gesund? Wie ißt du, wie schläfst du, wie atmest du? Ich bin dein Freund, und du mußt selbst sagen, dein Fall ist in hohem Grade unnatürlich und infolgedessen meine Wißbegierde nur zu natürlich.«

»Es ist müßige Neugier, weiter nichts«, antwortete er schroff; »aber du sollst zufriedengestellt werden. Du fragst, wie ich mich in den Eingeweiden des Untiers eingerichtet habe. Erstens hat sich zu meiner Verwunderung herausgestellt, daß das Krokodil vollständig leer ist. Sein Inneres besteht sozusagen aus einem großen, leeren Sacke, der aus Gummi verfertigt ist, in der Art wie die Gummiwaren, die in der Gorochowaja-Straße, in der Morskaja-Straße und, wenn ich nicht irre, auf dem Wosnessenskij-Prospekt in den Schaufenstern ausgelegt sind. Du mußt dir doch selbst sagen: könnte ich wohl sonst in ihm Platz finden?«

»Ist es möglich?« rief ich in begreiflicher Verwunderung. »Ist das Krokodil wirklich vollkommen leer?«

»Vollkommen«, versetzte Iwan Matwejewitsch nachdrücklich und in strengem Tone. »Und aller Wahrscheinlichkeit nach beruht diese seine Einrichtung auf den Naturgesetzen selbst. Das Krokodil besitzt nur einen Rachen, der mit spitzen Zähnen besetzt ist, und zu dem Rachen noch einen sehr langen Schwanz; das ist alles, tatsächlich alles. In der Mitte zwischen diesen seinen beiden Endstücken befindet sich ein leerer Raum, der mit einer Art von Kautschuk umspannt ist; wahrscheinlich ist es tatsächlich Kautschuk.«

»Aber die Rippen, der Magen, die Därme, die Leber, das Herz?« unterbrach ich ihn ordentlich ingrimmig.

»Nichts, schlechterdings nichts von alledem ist hier vorhanden und wahrscheinlich nie vorhanden gewesen. All das ist nur müßige Phantasie leichtfertiger Reisender. In derselben Weise wie ein Hämorrhoidarius sein Gummi-Sitzkissen aufbläst, kann auch ich jetzt das Krokodil aufblasen. Es ist unglaublich dehnbar. Sogar du könntest als Hausfreund neben mir Platz finden, wenn du eine so hochherzige Gesinnung besäßest, und auch dann würde Raum übrig sein. Ich denke sogar daran, nötigenfalls Jelena Iwanowna hier hereinkommen zu lassen. Übrigens steht eine solche leere Beschaffenheit des Krokodils durchaus im Einklang mit den Lehren der Naturwissenschaft. Denn setzen wir z. B. den Fall, es würde dir die Aufgabe gestellt, ein neues Krokodil zu konstruieren, so würde natürlich die Frage vor dich hintreten: Welches ist die Haupteigenschaft des Krokodils? Die Antwort ist klar: daß es Menschen verschlingt. Wie kann man es nun durch die Konstruktion erreichen, daß es imstande sei, Menschen zu verschlingen? Die Antwort ist noch klarer: dadurch, daß man in ihm einen leeren Raum konstruiert. Es ist schon längst durch die Physik festgestellt, daß die Natur keine Leere duldet. In Übereinstimmung damit muß das Innere des Krokodils leer sein, damit das Tier die Leere nicht duldet und folglich alles, was ihm vorkommt, verschlingt und sich damit anfüllt. Und das ist die einzige vernünftige Ursache, warum alle Krokodile uns Menschen verschlingen. Anders verhält es sich mit der Konstruktion des menschlichen Organismus: Je leerer z. B. der Kopf eines Menschen ist, um so weniger empfindet er das Verlangen, sich anzufüllen; das ist eben nur eine Ausnahme von der allgemeinen Regel. All das ist mir jetzt klar wie der Tag; zu dieser ganzen Einsicht bin ich durch meinen eigenen Verstand und durch meine eigene Erfahrung gelangt, indem ich mich sozusagen in den

Eingeweiden der Natur, in ihrer Retorte befinde und auf ihren Pulsschlag achte. Sogar die Etymologie stimmt zu meiner Ansicht; denn selbst der Name Krokodil bedeutet Gefräßigkeit. Krokodil, crocodillo, ist offenbar ein italienisches Wort, das vielleicht aus der Zeit der alten ägyptischen Pharaonen stammt und offenbar von dem französischen Verbum ›croquer‹ herkommt, welches ›essen‹ und überhaupt ›als Nahrung gebrauchen‹ bedeutet. All dies beabsichtige ich dem in Jelena Iwanownas Salon versammelten Publikum in einer ersten Vorlesung vorzutragen, sobald man mich in diesem Kasten dorthin transportiert haben wird.«

»Lieber Freund, möchtest du nicht jetzt wenigstens ein Abführmittel nehmen?« rief ich unwillkürlich.

»Er fiebert, er fiebert, er redet im Fieber!« sagte ich mir erschrocken im stillen.

»Unsinn!« antwortete er verächtlich, »und überdies wäre das in meiner jetzigen Situation ganz unangebracht. Übrigens wußte ich es halb und halb im voraus, daß du von einem Abführmittel zu reden anfangen würdest.«

»Aber, lieber Freund, wie ... wie nimmst du denn jetzt Nahrung zu dir? Hast du heute zu Mittag gegessen?«

»Nein, aber ich bin satt und werde höchstwahrscheinlich jetzt nie mehr Nahrung zu mir nehmen. Und dies ist ebenfalls völlig begreiflich: Indem ich mit meiner Person das ganze Innere des Krokodils ausfülle, mache ich das Tier für immer satt. Jetzt braucht es mehrere Jahre nicht gefüttert zu werden. Andrerseits teilt es, da es selbst von meiner Person satt ist, natürlicherweise auch mir alle Lebenssäfte aus seinem Körper mit, ein Vorgang von derselben Art, wie wenn manche raffinierten Koketten ihren ganzen Körper zur Nacht mit rohen Koteletts bedecken und dann, nachdem sie am Morgen ein Bad genommen haben, frisch, elastisch, vollsaftig und bezaubernd sind. Auf diese Weise empfange ich, während ich mit meiner Person das Krokodil ernähre, umgekehrt auch von ihm Nahrung; mithin ernähren wir einander wechselseitig. Aber da es sogar für ein Krokodil schwer ist, einen solchen

Menschen wie mich zu verdauen, so muß es selbstverständlich dabei ein gewisses Magendrücken (obwohl es gar keinen Magen hat) empfinden, und dies ist der Grund, weshalb ich, um dem Ungeheuer nicht unnötig Schmerz zu bereiten, mich nur selten von einer Seite auf die andere drehe; obwohl ich mich umdrehen könnte, unterlasse ich es dennoch aus Humanität. Das ist der einzige Übelstand in meiner jetzigen Lage, und in gewissem Sinne hat Timofej Semjonowitsch recht, wenn er von mir sagt, ich läge bequem auf der Seite. Aber ich werde zeigen, daß man, auch wenn man bequem auf der Seite liegt, ja noch mehr, daß man nur, wenn man bequem auf der Seite liegt, dem Schicksal der Menschheit eine andere Wendung geben kann. Alle großen Ideen und Richtungen unserer Zeitungen und Journale sind offenbar von Leuten geschaffen, die sich in dieser Haltung befanden. Ich erfinde jetzt ein vollständiges, besonderes System, und du glaubst gar nicht, wie leicht das ist! Man braucht sich nur allein in irgendeinen Winkel zurückzuziehen oder auch nur in ein Krokodil hineinzusteigen und die Augen zuzumachen, und sogleich erfindet man ein vollständiges Paradies für die ganze Menschheit. Vorhin, als ihr weggegangen wart, machte ich mich sofort ans Erfinden und habe schon drei Systeme erfunden; jetzt mache ich das vierte fertig. Allerdings muß man zuerst alles umstürzen; aber vom Innern eines Krokodils aus ist ein solcher Umsturz so leicht zu bewerkstelligen! Ja, noch mehr: vom Innern eines Krokodils aus wird alles gewissermaßen deutlicher sichtbar ... Übrigens gibt es in meiner Situation doch noch einzelne, wenn auch nur unbedeutende Mängel: Im Innern des Krokodils ist es etwas feucht, und alles ist von Schleim überzogen; auch riecht es etwas nach Gummi, ganz wie meine vorjährigen Überschuhe. Aber das ist auch alles; weiter sind keine Übelstände vorhanden.«

»Iwan Matwejewitsch«, unterbrach ich ihn, »all das klingt so wunderbar, daß ich es kaum glauben kann. Beabsichtigst du denn wirklich, dein ganzes Leben lang nicht mehr zu Mittag zu essen?«

»Ach, um was für Torheiten machst du dir Sorge, du niedrigdenkender Hohlkopf! Ich rede mit dir von großen Ideen, und du ... So wisse denn, daß ich schon allein durch die großen Ideen gesättigt werde, die die mich umgebende Nacht erhellen. Übrigens hat der sehr gutherzige Besitzer des Untiers nach Beratung mit seiner sehr gutherzigen Frau schon vorhin beschlossen, jeden Morgen in den Rachen des Krokodils ein pfeifenartig gebogenes Metallröhrchen hineinzuschieben, durch das ich dann Kaffee oder Bouillon mit aufgeweichter Semmel einsaugen kann. Das Röhrchen ist bereits in der Nachbarschaft bestellt; aber meiner Ansicht nach ist das ein überflüssiger Luxus. Ich hoffe, mindestens tausend Jahre zu leben, wenn es richtig ist, daß das Leben der Krokodile so lange dauert; gut, daß ich daran denke: Sieh doch gleich morgen in einer Naturgeschichte nach und teile mir mit, was über diesen Punkt darin steht; denn ich könnte mich irren und das Krokodil mit irgendeinem anderen Mineral verwechseln. Nur ein Gedanke macht mir einigermaßen Sorge: Da ich einen Tuchanzug am Leibe und Stiefel an den Füßen habe, so kann mich das Krokodil offenbar nicht verdauen. Überdies bin ich am Leben und widersetze mich daher dem Verdautwerden mit meiner ganzen Willenskraft; denn es ist begreiflich, daß ich nicht in das verwandelt werden möchte, worin jede Nahrung verwandelt wird, da dies doch für mich gar zu erniedrigend sein würde. Aber ich fürchte eines: In dem Zeitraum von tausend Jahren wird das Tuch meines Rockes, leider russisches Fabrikat, vielleicht vermodern, und wenn ich dann unbekleidet bin, werde ich möglicherweise trotz all meiner Entrüstung anfangen verdaut zu werden, und obgleich ich dies bei Tage um keinen Preis erlauben und zulassen werde, so wird mich doch bei Nacht, im Schlafe, wo der Wille den Menschen verläßt, das erniedrigende Schicksal einer Kartoffel, eines Pfannkuchens oder eines Kalbskoteletts treffen können. Diese Vorstellung versetzt mich in Raserei. Schon aus diesem einen Grunde müßte man den Zolltarif ändern und den Import englischer Tuche begünstigen, die stärker sind und daher der Natur länger widerstehen werden, falls jemand in ein Krokodil hineingerät. Bei der ersten Gelegenheit werde ich meinen Gedanken irgendeinem Staatsmann und gleichzeitig auch den Redakteuren unserer politischen Petersburger Zeitungen mitteilen. Sie sollen davon ein tüchtiges Geschrei machen! Ich hoffe, daß das nicht der einzige Gedanke sein wird, den sie nun von mir entlehnen werden. Ich sehe vorher, daß jeden Morgen ein ganzer Haufe dieser Leute, mit großen Notizbüchern ausgerüstet, sich um mich drängen wird, um meine Gedanken über die gestrigen Telegramme zu erhaschen. Kurz, ich sehe die Zukunft im rosigsten Lichte.«

»Hitziges Fieber, hitziges Fieber!« flüsterte ich vor mich hin.

»Und die Freiheit, lieber Freund?« sagte ich mit dem Wunsche, seine Ansicht vollständig kennenzulernen. »Du befindest dich ja sozusagen in einem Gefängnisse, während doch der Mensch sich der Freiheit erfreuen soll.«

»Du bist dumm«, antwortete er. »Die Wilden lieben die Unabhängigkeit; die Weisen lieben die Ordnung; es gibt aber keine Ordnung ohne ...«

»Iwan Matwejewitsch, bitte, mäßige dich!«

»Schweig und höre!« kreischte er, ärgerlich darüber, daß ich ihn unterbrochen hatte. »Noch niemals hat sich mein Geist so hoch hinaufgeschwungen wie jetzt. In meiner engen Behausung fürchte ich nur eines: die literarische Kritik der dicken Monatsschriften und den Spott unserer Witzblätter. Ich fürchte, daß leichtsinnige Besucher, Dummköpfe und Neider und überhaupt die Nihilisten versuchen werden, mich lächerlich zu machen. Aber ich werde dagegen meine Maßregeln treffen. Mit Ungeduld erwarte ich die morgigen Äußerungen des Publikums und besonders die Meinungen der Tagespresse. Mach mir gleich morgen Mitteilung von dem, was die Zeitungen sagen!«

»Gut; ich werde gleich morgen einen ganzen Pack Zeitungen herbringen.«

»Morgen ist es doch wohl noch zu früh, als daß man Äußerungen in den Zeitungen erwarten könnte; dergleichen wird immer erst nach vier Tagen gedruckt. Aber komm von nun an jeden Abend durch die Hintertür vom Hofe aus her! Ich beabsichtige, dich als meinen Sekretär zu gebrauchen. Du sollst mir die Zeitungen und Journale vorlesen, und ich werde dir meine Gedanken diktieren und dir meine Aufträge geben. Besonders vergiß nicht die Telegramme! Sorge dafür, daß täglich alle europäischen Telegramme hier sind! Aber nun genug; wahrscheinlich möchtest du dich jetzt schlafen legen. Geh nach Hause und mach dir keine Sorgen über das, was ich soeben von der Kritik gesagt habe: Ich fürchte sie nicht; denn sie befindet sich selbst in einer kritischen Lage. Man braucht nur weise und tugendhaft zu sein, dann steht man auch mit Sicherheit alsbald weithin sichtbar da, wie auf einem hohen Piedestal. Wenn kein Sokrates, so doch ein Diogenes, oder auch beides zugleich: Das wird meine zukünftige Rolle in der Entwicklungsgeschichte der Menschheit sein.«

Mit solcher Leichtfertigkeit und Aufdringlichkeit (allerdings fieberte er ja!) beeilte sich Iwan Matwejewitsch mir seine Ansichten darzulegen, nach Art jener charakterschwachen alten Weiber, von denen man zu sagen pflegt, daß sie absolut nicht dichthalten können. Und auch alles, was er mir über das Krokodil mitgeteilt hatte, schien mir sehr verdächtig. Wie sollte es denn möglich sein, daß das Krokodil ganz leer war? Ich möchte darauf wetten, daß er damit nur aus Eitelkeit prahlte und zum Teil auch, um mich zu ärgern. Allerdings war er krank, und einen Kranken soll man respektieren; aber ich gestehe offen, daß ich Iwan Matwejewitsch nie habe leiden können. Mein ganzes Leben lang, schon von meiner Kindheit an, wünschte ich mich von seiner Bevormundung freizumachen, ohne daß ich doch diesen Wunsch hätte ausführen können. Tausendmal stand ich auf dem Sprunge, mich ganz von ihm loszusagen, und jedesmal zog es mich doch wieder zu ihm hin, wie wenn ich immer noch hoffte, ihm die Zähne zeigen und mich an ihm rächen zu können. Ein sonderbares Ding, diese Freundschaft! Ich kann positiv sagen, daß der Grund meines freundschaftlichen Verhaltens gegen ihn zu neun Zehnteln Ingrimm war. Diesmal schieden wir jedoch voneinander in gefühlvoller Weise.

»Ihr Freund ist ein sehr kluger Mensch!« bemerkte halblaut zu mir der Deutsche, der sich anschickte, mich hinauszubegleiten; er hatte die ganze Zeit über unser Gespräch aufmerksam mit angehört.

»Apropos«, sagte ich, »um es nicht zu vergessen: wieviel würden Sie wohl für Ihr Krokodil verlangen, falls man daran dächte, es Ihnen abzukaufen?«

Iwan Matwejewitsch, der meine Frage gehört hatte, wartete gespannt auf die Antwort. Offenbar wünschte er nicht, daß der Deutsche einen geringen Preis fordere; wenigstens räusperte er sich bei meiner Frage auf eine ganz besondere Art. Zuerst wollte der Deutsche überhaupt nichts davon hören; er wurde sogar ärgerlich.

»Niemand soll sich erdreisten, mir mein Krokodil abkaufen zu wollen!« schrie er zornig und wurde dabei rot wie ein gekochter Krebs. »Ich will das Krokodil nicht verkaufen. Ich gebe es nicht für eine Million Taler her. Ich habe heute hundertunddreißig Taler vom Publikum eingenommen, und morgen werde ich zehntausend Taler einnehmen, und dann täglich hunderttausend Taler. Ich will es nicht verkaufen.«

Iwan Matwejewitsch kicherte sogar vor Vergnügen.

Meinen Ärger unterdrückend (denn ich erfüllte die Pflicht eines wahren Freundes), wies ich den verrückten Deutschen kaltblütig mit Gründen des Verstandes darauf hin, daß seine Berechnungen nicht ganz richtig seien; wenn er täglich hunderttausend Taler einnehme, so werde nach vier Tagen ganz Petersburg bei ihm gewesen sein, und dann werde niemand mehr da sein, von dem er Geld einnehmen könne. Leben und Tod ständen in Gottes Hand; das Krokodil könne doch noch platzen oder Iwan Matwejewitsch könne krank werden und sterben usw. usw.

Der Deutsche wurde nachdenklich.

»Ich werde Ihrem Freunde Tropfen aus der Apotheke geben«, sagte er nach einiger Überlegung; »dann wird er nicht sterben.«

»Auf Tropfen ist auch kein Verlaß«, erwiderte ich. »Ziehen Sie aber auch das in Betracht, daß sich daraus ein Prozeß entwickeln kann! Iwan Matwejewitschs Gattin kann ihren Ehemann zurückverlangen. Sie möchten gern reich werden; aber beabsichtigen Sie auch, dieser Frau eine jährliche Pension zu zahlen?«

»Nein, das beabsichtige ich nicht!« antwortete der Deutsche in festem, entschiedenem Tone.

»Nein, das beabsichtigen wir nicht!« bestätigte seine Frau ordentlich ergrimmt.

»Wäre es also für Sie nicht besser, jetzt mit einem Mal eine zwar mäßige, aber dafür sichere, bestimmte Summe zu nehmen als sich aufs Ungewisse einzulassen? Ich halte es für meine Pflicht hinzuzufügen, daß ich Sie nur aus müßiger Neugier frage.«

Der Deutsche nahm seine Frau bei der Hand und entfernte sich mit ihr zum Zwecke der Beratung nach derjenigen Ecke, wo der Käfig mit dem größten und häßlichsten Affen der ganzen Kollektion stand.

»Nun, du wirst ja sehen!« sagte Iwan Matwejewitsch zu mir.

Was mich anlangt, so wünschte ich in diesem Augenblicke brennend, erstens den Deutschen gehörig durchzuprügeln, zweitens noch brennender, seine Frau durchzuprügeln, und drittens am allerbrennendsten, Iwan Matwejewitsch für seine grenzenlose Eigenliebe ganz besonders gründlich durchzuprügeln. Aber was wollte alles Bisherige besagen im Vergleich mit der Antwort des habgierigen Deutschen!

Nachdem er sich mit seiner Frau beraten hatte, forderte er für sein Krokodil fünfzigtausend Rubel in Staatsschuldscheinen der letzten inländischen Prämienanleihe, ein steinernes Haus in der Gorochowaja-Straße, mit einer eigenen Apotheke, und außerdem noch den Rang eines russischen Obersten.

»Siehst du wohl?« rief Iwan Matwejewitsch triumphierend. »Ich habe es dir ja gesagt! Abgesehen von der letzten, sinnlosen Forderung, der Beförderung zum Obersten, hat der Mann vollkommen recht; denn er hat ein völliges Verständnis für den jetzigen Wert des von ihm gezeigten Ungeheuers. Die nationalökonomischen Maximen gehen über alles!«

»Aber ich bitte Sie!« rief ich ärgerlich dem Deutschen zu. »Wofür wollen Sie denn zum Obersten ernannt werden? Sie haben doch keine Heldentat ausgeführt, sich keinen Kriegsruhm erworben und überhaupt nicht gedient! Muß man Sie da nicht für verrückt halten?«

»Verrückt!« rief der Deutsche gekränkt. »Nein, ich bin ein sehr kluger Mensch; aber Sie sind sehr dumm! Ich verdiene den Rang eines Obersten, weil ich ein Krokodil zeige, in dem ein lebendiger Hofrat drinsitzt, und so ein Krokodil kann kein Russe zeigen! Ich bin ein außerordentlich kluger Mensch und will unter allen Umständen Oberst werden!«

»Also leb wohl, Iwan Matwejewitsch!« rief ich, zitternd vor Wut, und verließ, beinah laufend, das Krokodilzimmer.

Wäre ich noch eine Minute länger geblieben, so hätte ich (das fühlte ich) irgend etwas Unverantwortliches getan. Ich konnte es nicht länger ertragen, die sinnlosen Hoffnungen dieser beiden Narren mit anzuhören. Die kalte Luft erfrischte mich und milderte einigermaßen meine Empörung. Endlich spuckte ich energisch fünfzehnmal nach beiden Seiten aus, nahm eine Droschke, fuhr nach Hause, zog mich aus und warf mich aufs Bett. Am meisten ärgerte ich mich darüber, daß ich mich hatte zu seinem Sekretär machen lassen. Nun konnte ich da in Erfüllung der Pflicht eines wahren Freundes mich jeden Abend zu Tode langweilen! Ich hatte die größte Lust, mich dafür durchzuprügeln, und als ich bereits das Licht ausgelöscht und mich mit der Bettdecke zugedeckt hatte, versetzte ich mir wirklich mehrere Faustschläge gegen den Kopf und andere Körperteile. Dies brachte mir einige Erleichterung, und ich versank endlich in einen sogar recht festen Schlaf, weil ich sehr müde war. Die ganze Nacht über träumte mir nur von Affen; aber kurz vor Tagesanbruch träumte mir von Jelena Iwanowna . . .

Viertes Kapitel

Von Affen hatte mir, wie ich vermute, deswegen geträumt, weil ich solche bei dem Krokodilmanne in Käfigen gesehen hatte; daß ich aber von Jelena Iwanowna träumte, das stand auf einem besonderen Blatte.

Ich will gleich von vornherein sagen: ich liebte diese Dame; aber ich beeile mich, beeile mich mit der größten Beschleunigung, zur Erklärung hinzuzufügen: ich liebte sie wie ein Vater, nicht mehr und nicht weniger. Ich schließe das daraus, daß ich oftmals ein unwiderstehliches Verlangen verspürte, sie auf das Köpfchen oder das rote Bäckchen zu küssen. Und obwohl ich dies nie zur Ausführung brachte, so hätte ich doch, wie ich bekenne, mich nicht einmal geweigert, sie auf die Lippen zu küssen. Und nicht bloß auf die Lippen, sondern auch auf die Zähnchen, die immer, sobald sie lachte, so reizend zum Vorschein kamen, wie eine Reihe schöner, auserlesener Perlen. Und sie lachte erstaunlich oft. Iwan Matwejewitsch pflegte sie in Augenblicken der Zärtlichkeit sein allerliebstes Närrchen zu nennen, eine im höchsten Grade zutreffende, charakteristische Bezeichnung. Sie war ein Dämchen wie von Marzipan; Punktum. Darum war es mir völlig unbegreiflich, wie dieser selbe Iwan Matwejewitsch jetzt auf den Einfall kam, in seiner Gattin unsere russische Eugénie Tour zu finden. Jedenfalls brachte mein Traum, wenn ich die Affen dabei nicht berücksichtige, auf mich den angenehmsten Eindruck hervor, und als ich mir bei meinem morgendlichen Täßchen Tee alle Ereignisse des gestrigen Tages noch einmal durch den Kopf gehen ließ, beschloß ich, sofort auf dem Wege zu meinem Dienstlokal zu Jelena Iwanowna zu gehen, wozu ich übrigens als Hausfreund verpflichtet war.

In einem kleinen, vor dem Schlafzimmer gelegenen Zimmerchen, das bei ihnen der »kleine Salon« genannt wurde, obwohl ihr »großer Salon« gleichfalls nur klein war, saß auf einem kleinen, eleganten Sofa an einem kleinen Teetischchen in einem luftigen halboffenen Morgenrock Jelena Iwanowna und trank ihren Kaffee aus einem kleinen Täßchen, in das sie einen winzigen Zwieback eintauchte. Sie war berückend schön, schien mir aber etwas nachdenklich zu sein.

»Ach, Sie sind es, Sie böser Mensch!« begrüßte sie mich mit einem zerstreuten Lächeln. »Setzen Sie sich, Sie Ungeheuer, und trinken Sie mit mir Kaffee. Nun, was haben Sie gestern angefangen? Sind Sie auf dem Maskenball gewesen?«

»Sind Sie vielleicht dort gewesen? ... Ich gehe zu dergleichen Vergnügungen nicht ... zudem habe ich gestern unsern Gefangenen besucht ...«

Ich seufzte und machte, während ich die Tasse Kaffee in Empfang nahm, eine fromme Miene.

»Wen? ... Was für einen Gefangenen? ... Ach ja! ... Der Ärmste! Nun, was macht er? Langweilt er sich? Aber wissen Sie ... ich wollte Sie fragen ... kann ich jetzt die Scheidung verlangen?«

»Die Scheidung!« rief ich entrüstet und hätte beinah den Kaffee überfließen lassen. »Dahinter steckt der Brünette!« dachte ich im stillen mit Ingrimm.

Es existierte nämlich ein brünetter Herr, mit einem Schnurrbärtchen, der in der Abteilung für Bauwesen angestellt war, schon sehr viel bei dem Ehepaar verkehrte und es vortrefflich verstand, Jelena Iwanowna zum Lachen zu bringen. Ich muß gestehen, ich haßte diesen Menschen und zweifelte nicht im geringsten daran, daß er gestern mit Jelena Iwanowna zusammengewesen war, entweder auf dem Maskenballe oder vielleicht auch hier, und ihr allen möglichen Unsinn vorgeredet hatte!

»Aber wie soll denn das werden?« sagte Jelena Iwanowna auf einmal hastig, und es klang, als ob es ihr jemand eingelernt hätte. »Wie soll das werden? Er sitzt da in dem Krokodil und wird vielleicht im Leben nicht wiederkommen, und ich soll hier auf ihn warten! Ein Ehemann muß im Hause wohnen; aber in einem Krokodil ...«

»Aber das ist doch nur ein unvorhergesehener Zufall ...«, begann ich in sehr begreiflicher Erregung.

»Ach nein, sagen Sie nichts; ich will nichts hören!« schrie sie; sie war plötzlich ganz zornig geworden. »Sie sind immer mein Gegner, Sie häßlicher Mensch! Mit Ihnen ist nichts anzufangen; Sie können einem nie einen Rat geben! Mir sagen schon fremde Menschen, es werde mir die Scheidung bewilligt werden, weil Iwan Matwejewitsch jetzt doch kein Gehalt mehr bekommen wird.«

»Jelena Iwanowna! Sind Sie es wirklich, die ich so reden höre?« rief ich pathetisch. »Welcher schändliche Mensch hat Ihnen so etwas einflüstern können? Eine Scheidung aus einem so nichtigen Grunde, wie der Wegfall des Gehalts, ist ja ein Ding der Unmöglichkeit. Und der arme, arme Iwan Matwejewitsch glüht ordentlich vor Liebe zu Ihnen, selbst in den Eingeweiden jenes Ungeheuers. Noch mehr: er schmilzt vor Liebe dahin wie ein Stückchen Zucker. Noch gestern abend, während Sie sich auf dem Maskenball amüsierten, erwähnte er, nötigenfalls werde er sich vielleicht dazu entschließen, Sie als seine angetraute Gattin zu sich in das Innere des Tieres zu rufen, um so mehr, da das Krokodil sehr geräumig sei und nicht nur für zwei, sondern sogar für drei Personen Platz biete ...«

Und nun erzählte ich ihr ungesäumt diesen ganzen interessanten Teil meines gestrigen Gespräches mit Iwan Matwejewitsch.

»Wie? Wie?« rief sie erstaunt. »Auch ich soll da zu Iwan Matwejewitsch hineinkriechen? Ist das eine Idee! Und wie soll ich denn überhaupt hineinkriechen, mit Hut und Krinoline? Mein Gott, was für eine Dummheit! Und was für eine

Figur werde ich dabei machen, wenn ich da hineinkrieche und womöglich jemand dabei zusieht ... Das ist ja lächerlich! Und was soll ich denn da essen? ... Und ... und wie soll ich mich da verhalten, wenn ... Ach, mein Gott, was die beiden Menschen für Einfälle gehabt haben! ... Und was gibt es denn da für Amüsements? ... Sie sagen, es riecht da nach Gummi? Und wie soll ich mich verhalten, wenn ich mich da mit ihm zanke; soll ich dann doch neben ihm liegenbleiben? Pfui, wie abstoßend das alles ist!«

»Einverstanden, liebste Jelena Iwanowna; mit allen diesen Gründen bin ich vollkommen einverstanden«, unterbrach ich sie, indem ich mich bemühte, mit jenem erklärlichen Eifer zu sprechen, der den Menschen immer erfaßt, wenn er fühlt, daß die Wahrheit auf seiner Seite ist; »nur einen Umstand haben Sie bei diesen ganzen Erwägungen nicht gewürdigt, nämlich daß er ohne Sie nicht leben kann, da er Sie ja dorthin ruft. Also hier liegt Liebe vor, leidenschaftliche, treue, sehnsuchtsvolle Liebe ... Sie haben die Liebe nicht voll gewürdigt, liebe Jelena Iwanowna, die Liebe!«

»Ich will es nicht, ich will es nicht, und ich will auch nichts mehr davon hören!« rief sie und machte eine abwehrende Bewegung mit ihrem kleinen, hübschen Händchen, an dem die soeben gewaschenen und gebürsteten Nägelchen rosig schimmerten. »Sie garstiger Mensch! Sie werden mich noch zum Weinen bringen. Kriechen Sie doch selbst hinein, wenn Ihnen das Vergnügen macht! Sie sind ja sein Freund; nun, da legen Sie sich aus Freundschaft neben ihn, und disputieren Sie mit ihm das ganze Leben lang über irgendwelche langweiligen wissenschaftlichen Fragen! ...«

»Sie ziehen diesen Vorschlag ganz ohne Grund ins Lächerliche«, unterbrach ich mit würdigem Ernste das leichtsinnige Frauchen. »Iwan Matwejewitsch hat mich bereits aus eigener Initiative eingeladen, zu ihm dorthin zu kommen. Allerdings, Sie zieht Ihre Pflicht als Gattin dorthin, mich nur Edelmut des Herzens; aber als Iwan Matwejewitsch mir gestern von der außerordentlichen Dehnbarkeit des Krokodils erzählte, deutete er in sehr verständlicher Weise an, daß nicht nur für Sie beide, sondern sogar auch für mich als Hausfreund mit Ihnen zusammen dort Platz sei, zu dreien, wenn ich dazu Lust hätte, und deshalb . . .«

»Wie? Zu dreien?« rief Jelena Iwanowna, mich verwundert anblickend. »Wie werden wir denn da . . . Also alle drei werden wir da zusammen sein? Ha-ha-ha! Was seid Ihr beide doch für Dummköpfe! Ha-ha-ha! Ich werde Sie sicher dort die ganze Zeit über kneifen, Sie Taugenichts, ha-ha-ha! Ha-ha-ha!«

Sie warf sich gegen die Sofalehne zurück und lachte, bis ihr die Tränen kamen. Alles dies, die Tränen und das Lachen, war so bezaubernd, daß ich mich nicht mehr halten konnte und entzückt nach ihrem Händchen griff, um es zu küssen, was sie mir nicht verwehrte, obwohl sie mich zum Zeichen der Versöhnung leicht an den Ohren zog.

Darauf wurden wir beide ganz vergnügt, und ich erzählte ihr eingehend all die Pläne, die Iwan Matwejewitsch mir gestern entwickelt hatte. Die Idee von den Empfangsabenden und dem allabendlich offenen Salon gefiel ihr sehr.

»Nur werde ich sehr viele neue Toiletten brauchen«, bemerkte sie, »und daher ist es erforderlich, daß Iwan Matwejewitsch mir möglichst bald und möglichst viel Geld schickt . . . Aber . . . aber wie wird das aussehen«, fügte sie, bedenklich werdend, hinzu, »wie wird das aussehen, wenn er in dem Kasten zu mir hergetragen wird? Das wäre sehr lächerlich. Ich will nicht, daß man meinen Mann im Kasten herträgt. Da müßte ich mich zu sehr vor meinen Gästen schämen . . . Das will ich nicht; nein, das will ich nicht . . .«

»Apropos, um es nicht zu vergessen: war Timofej Semjonowitsch gestern abend bei Ihnen?«

»Ach ja, er war hier; er kam, um mich zu trösten, und denken Sie sich, wir haben die ganze Zeit zusammen ›Eigene Trümpfe‹ gespielt. Er setzte Konfekt ein; und wenn ich verlor, so küßte er mir die Hand. So ein Taugenichts, und denken Sie sich, es fehlte nicht viel, so wäre er mit mir auf den Maskenball gefahren! Wahrhaftig!«

»Die Wirkung des Enthusiasmus!« bemerkte ich; »und wer sollte auch von Ihnen nicht enthusiasmiert sein, Sie Zauberin!«

»Ach, nun kommen Sie mit Ihren Komplimenten! Warten Sie, ich werde Sie für unterwegs einmal kneifen. Ich habe das jetzt vorzüglich gelernt, einen zu kneifen. Nun? Wie gefällt Ihnen das? Ja, apropos, Sie sagen, Iwan Matwejewitsch habe gestern sehr viel von mir gesprochen?«

»N-n-nein, sehr viel, das kann ich eigentlich nicht sagen ... Ich muß Ihnen gestehen, er denkt jetzt mehr an das Schicksal der ganzen Menschheit und will ...«

»Na, mag er! Reden Sie nicht weiter davon! Gewiß langweilt er sich da schrecklich. Ich werde ihn auch einmal besuchen. Morgen will ich bestimmt hinfahren. Nur heute nicht: ich habe Kopfschmerzen, und außerdem wird dort so viel Publikum sein ... Die Leute werden sagen: ›Das ist seine Frau‹, und da geniere ich mich ... Leben Sie wohl! Am Abend sind Sie wohl dort?«

»Gewiß, gewiß, ich werde bei ihm sein. Er hat gewünscht, daß ich hinkomme und ihm die Zeitungen mitbringe.«

»Nun, das ist ja schön! Gehen Sie zu ihm, und lesen Sie ihm vor! Zu mir aber kommen Sie, bitte, heute nicht mehr her! Ich bin nicht wohl, und vielleicht mache ich auch einen Besuch. Nun, leben Sie wohl, Sie böser Mensch!«

»Der Brünette wird heute abend bei ihr sein«, dachte ich im stillen.

Auf dem Bureau ließ ich mir natürlich nicht merken, was ich für Mühe und Sorge hatte. Aber bald fiel es mir auf, daß einige fortschrittliche Zeitungen an diesem Morgen merkwürdig schnell bei meinen Kollegen von Hand zu Hand gingen und mit außerordentlich ernsten Mienen gelesen wurden.

Die erste, die in meine Hände kam, war der »Listok«, eine kleine Zeitung ohne jede besondere Richtung, sondern nur von allgemein humanem Charakter, weswegen sie bei uns stark verachtet, aber allerdings trotzdem gelesen wurde. Nicht ohne Erstaunen las ich darin folgendes:

»Gestern verbreiteten sich in unserer ausgedehnten, mit prächtigen Gebäuden geschmückten Residenz sehr merkwürdige Gerüchte. Ein gewisser Herr N., ein bekannter Gourmand aus der höheren Gesellschaft, dem wahrscheinlich die Küche bei Borel und im ...schen Klub langweilig geworden war, ging in die Passage, in einen Ausstellungsraum, wo ein gewaltiges, soeben erst nach der Residenz gebrachtes Krokodil gezeigt wird, und forderte, es solle ihm zum Mittagessen angerichtet werden. Nachdem er mit dem Besitzer gehandelt hatte, machte er sich sogleich an die Verzehrung desselben (d. h. nicht des Besitzers, eines sehr friedlichen, ordnungsliebenden Deutschen, sondern seines Krokodils), indem er von dem noch lebenden Tiere saftige Stücke mit einem Federmesser abschnitt und mit außerordentlicher Geschwindigkeit verschlang. Allmählich verschwand das ganze Krokodil in seinem feisten Wanste, und er schickte sich nunmehr an, auch den Ichneumon, den beständigen Begleiter des Krokodils, zu verzehren, wahrscheinlich in der Annahme, daß auch dieser ebenso wohlschmeckend sein werde. Wir haben durchaus nichts gegen dieses neue Gericht einzuwenden, das den ausländischen Feinschmeckern schon längst bekannt ist. Wir haben sogar vorausgesagt, daß man auch bei uns einen Versuch damit machen werde. Die englischen Lords, die nach Ägypten reisen, vereinigen sich dort zu ganzen Jagdgesellschaften, um Krokodile zu erbeuten, und genießen den Rücken des Ungeheuers wie Beefsteak, mit Senf, Zwiebeln und Kartoffeln. Die Franzosen, die mit Lesseps ins Land gekommen sind, ziehen die in heißer Asche gebackenen Pfoten vor, was sie übrigens den Engländern zum Trotz tun, die sich über sie lustig machen. Wahrscheinlich wird man bei uns sowohl den einen wie den andern Körperteil zu schätzen wissen. Unsererseits freuen wir uns über diesen neuen Zweig der gewerblichen Tätigkeit, an der es in unserm starken, vielgestaltigen Vaterlande noch so sehr mangelt. Nach diesem ersten Krokodil, das im Magen eines Petersburger Gourmands verschwunden ist, wird es wahrscheinlich nicht ein Jahr dauern, bis man sie bei uns zu Hunderten importiert. Und warum sollte man die Krokodile nicht bei uns in Rußland akklimatisieren? Wenn das Newawasser für diese interessanten Ausländer zu kalt ist, so gibt es ja in der Residenz Teiche und in der Umgegend Flüsse und Seen. Warum sollte man z. B. nicht Krokodile in Pargolowo halten oder in Pawlowsk, oder in Moskau in den Prjesnenskije-Teichen und in der Samotjoka? Sie würden einerseits unseren raffinierten Gourmands eine angenehme, gesunde Nahrung bieten und könnten andrerseits gleichzeitig die an diesen Teichen promenierenden Damen amüsieren und die Kinder durch ihre Erscheinung in der Naturgeschichte unterrichten. Aus der Haut des Krokodils können Futterale, Koffer, Zigarettenetuis und Brieftaschen hergestellt werden, und vielleicht würde mancher russische Tausender in fettigen Kreditscheinen, wie sie bei den Kaufleuten besonders beliebt sind, in Krokodilhaut aufbewahrt werden. Wir hoffen noch mehrmals auf diesen interessanten Gegenstand zurückzukommen.«

Ich hatte zwar etwas Derartiges geahnt; aber doch befremdete mich dieser übereilte Bericht. Da ich niemand zur Hand hatte, dem ich meine Empfindungen hätte mitteilen können, so wendete ich mich an den mir gegenüber sitzenden Prochor Sawwitsch und nahm wahr, daß dieser schon lange die Augen auf mich gerichtet hielt und den »Golos« in der Hand hatte, wie wenn er bereit wäre, ihn mir hinzureichen. Schweigend nahm er von mir den »Listok« in Empfang und gab mir den »Golos«, nachdem er in diesem durch einen kräftigen Strich mit dem Nagel einen Artikel bezeichnet hatte, auf den er wahrscheinlich meine Aufmerksamkeit lenken wollte. Dieser Prochor Sawwitsch war ein sehr sonderbarer Mensch: ein wortkarger alter Junggeselle, war er mit keinem von uns in irgendwelche Beziehungen getreten, redete auf dem Bureau fast mit niemand, hatte stets und über alles seine besondere Meinung, liebte es aber nicht, sie jemandem mitzuteilen. Er lebte ganz für sich allein. In seiner Wohnung war kaum je einer von uns gewesen.

Folgendes las ich an der bezeichneten Stelle des »Golos«:

»Es ist allgemein bekannt, daß wir Russen fortschrittsfreundlich und human sind und darin hinter dem westlichen Europa nicht zurückbleiben wollen. Aber trotz all unserer Bemühungen und trotz der Anstrengungen unserer Zeitung sind wir noch lange nicht ›reif geworden‹, wie das ein empörendes Vorkommnis bezeugt, das sich gestern in der Passage zugetragen hat und das wir schon vorausgesagt hatten. Es trifft in der Hauptstadt ein Ausländer ein und bringt ein ihm gehöriges Krokodil mit, das er in der Passage dem Publikum zu zeigen beginnt. Wir eilten sogleich hin, um diesen neuen Zweig nützlicher gewerblicher Tätigkeit, an der es unserm starken, vielgestaltigen Vaterlande überhaupt noch mangelt, freudig zu begrüßen. Da erscheint plötzlich gestern nachmittag um halb fünf Uhr in dem Ausstellungslokal des Ausländers ein ungewöhnlich dicker Herr in angetrunkenem Zustande, bezahlt das Eintrittsgeld und kriecht sogleich ohne irgendwelche vorgängige Bemerkung in den Rachen des Krokodils, das sich natürlich genötigt sieht, ihn hinunterzuschlucken, schon aus dem Triebe der Selbsterhaltung, um nicht zu ersticken. Nachdem der Unbekannte in das Innere des Krokodils hineingelangt ist, schläft er sofort ein. Weder das Geschrei des ausländischen Eigentümers noch das Wehklagen der Familie desselben, noch Drohungen, sich an die Polizei zu wenden, machen auf ihn irgendwelchen Eindruck. Aus dem Innern des Krokodils ist nur Lachen zu vernehmen sowie das Angebot, einen Belästiger durchpeitschen zu lassen (sic); das arme Säugetier aber, das eine solche Masse hat verschlingen müssen, vergießt vergebens Tränen. Ein ungebetener Gast ist schlimmer als ein Tatar; aber diesem Sprichwort zum Trotz will der dreiste Eindringling nicht hinausgehen. Wir wissen nicht, wie eine solche barbarische Handlungsweise zu erklären ist, die von unserer Unreife zeugt und uns in den Augen des Auslandes diskreditiert. Die Schwunghaftigkeit des russischen Wesens hat da einen würdigen Beleg gefunden. Man fragt sich, was der ungebetene Besucher eigentlich wollte. Wollte er eine warme, komfortable Wohnung haben? Aber es gibt in der Residenz eine Menge schöner Häuser mit billigen, sehr komfortablen Wohnungen, mit Wasserleitung aus der Newa und mit Gasbeleuchtung auf der Treppe; ja, nicht selten halten die Hauswirte sogar einen Portier. Wir lenken die Aufmerksamkeit unserer Leser noch auf die höchst barbarische Behandlung von Haustieren; dem ausländischen Krokodil fällt es natürlich schwer, eine solche Masse zu verdauen, und nun liegt es, dick aufgeschwollen, da und erwartet unter unerträglichen Leiden den Tod. In Westeuropa wird schon lange ein jeder, welcher Haustiere unmenschlich behandelt, gerichtlich bestraft. Aber obwohl wir gar manche westeuropäische Einrichtung herübergenommen haben, die Gasbeleuchtung, die Trottoirs, die Art des Häuserbaues, so können wir uns noch immer nicht von unserer veralteten Art zu denken losmachen.

›Die Häuser zwar sind neu, die Art zu denken alt‹, um mit dem Dichter zu reden. Aber nicht einmal die Häuser sind neu, wenigstens nicht die Treppen. Wir haben schon mehrmals in unserer Zeitung darauf hingewiesen, daß auf der Petersburger Seite im Hause des Kaufmanns Lukjanow die unteren Stufen der hölzernen Treppe verfault sind und sich gesenkt haben, so daß sie schon lange eine Gefahr für die bei ihm im Dienst stehende Soldatenfrau Afimja Skapidarowa bilden, die genötigt ist, oft die Treppe mit Wasser oder mit einer Tracht Holz hinaufzusteigen. Endlich hat unsere Voraussagung ihre Bestätigung gefunden: gestern abend um halb neun ist die Soldatenfrau Afimja Skapidarowa mit einer Suppenterrine hingefallen und hat sich das Bein gebrochen. Wir wissen nicht, ob Herr Lukjanow jetzt seine Treppe reparieren lassen wird; der Russe wird immer erst durch Schaden klug; aber das Opfer dieser üblen Eigenschaft ist wohl bereits ins

Krankenhaus gebracht worden. Ebenso werden wir nicht müde zu wiederholen, daß die Hausknechte, die auf der Wyborger Seite den Schmutz vom Trottoir fegen, die Beine der Passanten nicht beschmutzen dürfen; auch sollen sie den Schmutz in Haufen zusammenfegen, wie das in Westeuropa geschieht« usw. usw.

»Was soll das heißen?« sagte ich, indem ich Prochor Sawwitsch einigermaßen erstaunt anblickte; »was soll das heißen?«

»Was meinen Sie denn?«

»Aber ich bitte Sie! Statt Iwan Matwejewitsch zu bemitleiden, bemitleiden sie das Krokodil!«

»Nun, was ist dabei? Da haben sie nun sogar eine Bestie, ein ›Säugetier‹, bemitleidet; also worin stehen wir noch hinter Westeuropa zurück? Dort hat man ebenfalls viel Mitleid mit den Krokodilen. Hi-hi-hi!«

Nach diesen Worten versenkte sich der wunderliche Prochor Sawwitsch in seine Akten und sagte keine Silbe weiter.

Den »Golos« und den »Listok« steckte ich in die Tasche und suchte mir außerdem zur Abendunterhaltung für Iwan Matwejewitsch so viele alte Nummern der »Petersburger Nachrichten« und des »Golos« zusammen, als ich nur finden konnte, und obgleich es bis zum Abend noch lange hin war, schlich ich mich diesmal doch etwas früher aus dem Bureau fort, um mich nach der Passage zu begeben und wenigstens von weitem zu sehen, was dort vorgehe, und die verschiedenen Meinungen und Urteile der Leute anzuhören. Ich sagte mir vorher, daß dort ein großes Gedränge sein werde, und verbarg nach Möglichkeit mein Gesicht im Mantelkragen, weil ich mich ein bißchen schämte; so wenig sind wir noch daran gewöhnt, uns in der Öffentlichkeit zu bewegen. Aber ich fühle, daß ich kein Recht habe, angesichts eines so merkwürdigen, eigenartigen Begebnisses meine eigenen prosaischen Empfindungen zum Ausdrucke zu bringen.

Bobok

Diesmal gebe ich »Aufzeichnungen einer gewissen Person« wieder. Das bin nicht ich; es ist eine ganz andere Person. Ich meine, weiterer Vorrede bedarf es nicht.

Aufzeichnungen einer gewissen Person

Da hat mich doch vorgestern Semjon Ardaljonowitsch gefragt: »Sag mir, ich bitt dich: wirst du, Iwan Iwanytsch, irgendwann mal nüchtern sein?«

Ein seltsames Verlangen. Ich nehm's nicht übel, ich bin ein schüchterner Mensch; nun aber haben sie mich gar zum Verrückten gemacht. Ein Maler hat mich porträtiert; das hat sich so ergeben. »Immerhin«, sagt er, »du bist ein Literat.« Ich hab's geschehen lassen, er hat das Bild ausgestellt. Da krieg ich zu lesen: »Man beachte dieses kranke, von der Nähe des Wahnsinns gezeichnete Gesicht.«

Meinetwegen; aber so etwas drucken lassen, wie es gerade kommt? Gedrucktes muß immer edel klingen; da braucht es Ideale. Hier dagegen . . .

Sagt's wenigstens verblümt, dazu habt ihr die Redekunst. Nein, das Verblümte will man nicht mehr. Humor und schöne Wortkunst verschwinden heutzutage, und die Grobheit wird für Witz genommen. Ich nehm's nicht übel, bin ja nicht Gott weiß was für ein Literat, daß ich darüber verrückt werden müßte. Geschrieben hab ich einen kleinen Roman – sie haben ihn nicht gedruckt. Auch dann und wann ein Feuilleton – abgewiesen. Was hab ich die Feuilletons von Redaktion zu Redaktion getragen; überall heißt's: »Bei Ihnen fehlt's an Salz.«

»Was brauchtet ihr schon für Salz«, frag ich voll Spott, »attisches?«

Das begreifen sie nicht mal. Ich mach mich mehr ans Übersetzen, für Verleger, aus dem Französischen. Schreib auch Werbeanzeigen: »Seltenheit! Kupferroter Tee von eigenen

Pflanzungen . . .« Für eine Lobrede auf Seine Exzellenz den verstorbenen Pjotr Matwejewitsch hab ich schönes Geld eingestrichen. »Die Kunst, den Damen zu gefallen«, das habe ich auf Bestellung eines Verlegers abgefaßt. Von solcherart Büchern habe ich in meinem Leben ein halbes Dutzend herausgebracht. Voltaires Bonmots möchte ich gern zusammenstellen, aber ich fürchte, unseren Lesern sind sie nicht derb genug. Jetzt Voltaire – nein; begehrt sind heutzutage die Knüppelschwinger, kein Voltaire! Die letzten Zähne schlagen die einander ein! Da haben wir schon meine ganze literarische Tätigkeit. Höchstens kommt hinzu, daß ich uneigennützige Briefe an Redaktionen schicke, mit meiner vollen Unterschrift. Immerzu rate und ermahne ich, übe Kritik und weise den Weg. An die eine Redaktion habe ich vorige Woche einen Brief geschickt – das war in zwei Jahren der vierzigste; vier Rubel sind allein für Briefmarken draufgegangen. Ich habe so einen unleidlichen Charakter, das ist es.

Der Maler hat mich wohl nicht der Literatur wegen gemalt, sondern wegen meiner beiden symmetrischen Warzen auf der Stirn; das gilt als Phänomen. Es fehlt an Ideen, darum strapazieren sie jetzt die Phänomene. Und wie ihm auf dem Bild meine Warzen gelungen sind – sie leben förmlich. Das nennen sie Realismus.

Was den Wahnsinn betrifft, so haben sie voriges Jahr bei uns viele auf die Verrücktenliste gesetzt. Und mit welcher Redekunst: »Solch ein eigenwilliges Talent«, heißt es etwa, »und was stellt sich am Ende heraus . . . übrigens mußte man es längst vorhersehen . . .« Immerhin ziemlich fein gedreht, so daß man es vom rein künstlerischen Standpunkt geradezu loben könnte. Und die so etwas schreiben, stehen im Handumdrehn als die Gescheiten vor uns. O ja, um den Verstand bringen, das tun sie hier; gescheiter haben sie noch keinen gemacht.

Am gescheitesten ist, meine ich, wer wenigstens einmal im Monat sich selber einen Dummkopf nennt – eine heutzutage unerhörte Fähigkeit! Früher erkannte ein Dummkopf wenigstens einmal im Jahr sich selber als Dummkopf, heute aber – keine Spur. Sie haben das so durcheinandergebracht, daß man den Dummen nicht mehr vom Gescheiten unterscheidet. Das ist Absicht.

Da fällt mir ein Witz ein, den die Spanier prägten, als vor zweieinhalb Jahrhunderten die Franzosen bei sich die erste Irrenanstalt bauten: »Sie haben alle ihre Idioten in ein besonderes Haus gesteckt, um glauben zu machen, daß sie selber die Gescheiten seien.«

Wahrlich, wenn du einen andern ins Irrenhaus sperrst, beweist du noch lange nicht eignen Verstand. »K. ist verrückt geworden, das heißt, jetzt sind wir die Gescheiten.« Nein, das heißt es nicht.

Übrigens, zum Teufel ... was protz ich da mit meinem Verstand, ich schwatze und schwatze. Sogar der Hausmagd wird's zuviel. Gestern schaute ein Freund herein. Der sagte: »Deine Redeweise ändert sich, sie hat etwas Gezimmertes. Du schwingst die Axt und haust die Einleitung zurecht, als nächstes haust du eine Einleitung zur Einleitung, dann setzt du in Klammern etwas hinzu, schwingst die Axt und zimmerst weiter.«

Der Freund hat recht. Mit mir geschieht etwas Seltsames. Auch der Charakter ändert sich, und der Kopf tut weh. Ich fange an, wunderliche Dinge zu sehen und zu hören. Nicht gerade Stimmen, und doch vernehm ich's neben mir wie: bobok, bobok, bobok!

Was heißt: bobok? Ich muß mich zerstreuen.

Ich gehe spazieren, um mich zu zerstreuen, und gerate auf ein Begräbnis. Ein ferner Verwandter, Kollegienrat immerhin. Die Witwe, fünf Töchter, alle unverheiratet. Allein das Schuhzeug – was das kostet! Der Verstorbne hat ordentlich verdient, jetzt aber – die kleine Pension. Werden sich schön wundern. Mich haben sie immer unfreundlich behandelt. Jetzt wär' ich hier auch nicht mitgegangen, wenn sich's nicht so unerwartet gefügt hätte. Bis zum Friedhof gehe ich unter den anderen mit. Die wenden sich ab und tun stolz. Mein Aufzug ist in der Tat recht schäbig. Fünfundzwanzig Jahre, glaub ich, war ich nicht auf dem Friedhof. Ist das aber auch ein Ort!

Allein schon der Geruch. An Leichen sind fünfzehn zusammengekommen. Ausgestattet in verschiedenen Preislagen; sogar zwei Katafalke sind da, einer für einen General, einer für eine vornehme Dame. Viele Leidtragende, viele, die falsches Leid tragen, etliche, die offen Freude zeigen. Die Kirche hat keinen Grund zur Klage, sie hat Einkünfte. Aber der Geruch, der Geruch. Ich möchte hier kein Geistlicher sein.

Auf die Gesichter der Toten blicke ich mit Vorsicht, ich schone meine Empfindlichkeit. Mancher Ausdruck ist weich, mancher auch unangenehm. Lächelnde Züge sind durchweg häßlich, bei manchen sogar sehr. Ich mag das nicht, ich träum davon.

Während des Gottesdienstes gehe ich aus der Kirche an die Luft; der Tag ist trüb, aber trocken. Es ist auch kalt; nun ja, wir haben Oktober. Ich spaziere über den Friedhof. Die Gräber gibt's nach Klassen. Die dritte Klasse kostet dreißig Rubel – ganz odentlich und nicht sehr teuer. Die Gräber der ersten und der zweiten Klasse finden sich in der Kirche und unter der Vorhalle; für die wird man geschröpft. In der dritten Klasse werden diesmal sechs begraben, unter ihnen der General und die vornehme Dame.

Ich werfe einen Blick in die Gruben. Furchtbar – Wasser, und was für Wasser! Ganz grün und ... ach, na ja! Immer wieder schaufelt der Totengräber Wasser aus der Grube. Die Leute sind noch in der Kirche, ich schlendre derweil hinaus auf die Straße. Da kommt erst ein Armenhaus, wenig weiter ein Restaurant. Eher eine Kneipe, aber gar nicht schlecht – man kriegt zu trinken und auch etwas zu essen. Es herrscht Gedränge von den Trauergästen. Viel Fröhlichkeit tut sich da kund und aufrichtiges Mutschöpfen. Ich trinke etwas und esse einen Happen.

Dann nehme ich eigenhändig am Sargtragen von der Kirche zum Grabe teil. Warum werden die Toten im Sarg so schwer? Es heißt, da wirkt sich eine Art Trägheit aus – der Körper beherrscht sich nicht mehr selber . . . oder ähnlicher Unsinn. Es widerspricht der Mechanik und dem gesunden Menschenverstand. Ich mag's nicht, wenn bei uns Leute, die nichts als Allgemeinbildung haben, sich an Fachprobleme machen; bei uns gibt's das haufenweis. Zivilbeamte lieben es, über Angelegenheiten des Militärs, sogar der Feldmarschälle zu urteilen, und Menschen mit technischer Bildung äußern sich mehr über Philosophie und politische Ökonomie.

Zur häuslichen Trauerfeier fahr ich nicht. Ich bin stolz, und wenn man nur zur äußersten Not mit mir zu tun haben will, warum sollt' ich mich dann als Tischgast zu ihnen drängen, sei's auch zum Leichenmahl? Ich verstehe nur nicht, warum ich auf dem Friedhof geblieben bin; ich sitze auf einem Grabstein und bin entsprechend in Gedanken versunken.

Ich beginne mit der Moskauer Ausstellung und ende damit, daß ich im stillen das Thema »Staunen« abhandle. Über das Staunen komme ich zu diesem Schluß:

»Über alles staunen ist natürlich dumm; über nichts zu staunen macht sich viel schöner, und es entspricht nun einmal dem guten Ton. Im Grunde freilich ist es falsch. Ich meine, über nichts zu staunen, das ist viel dümmer, als über alles zu staunen. Außerdem: über nichts staunen ist fast dasselbe wie nichts achten. Ein dummer Mensch kann ja auch nicht achten.«

»Das wünsche ich gerade: zu achten. Ich *dürste* danach, zu achten«, hat mir erst kürzlich einer meiner Bekannten gesagt.

Er dürstet zu achten! Mein Gott, denke ich, was würde mit dir geschehen, wenn du es wagtest, das jetzt drucken zu lassen!

Dann verlier ich den Faden meiner Gedanken. Ich lese nicht gern die Inschriften auf Gräbern; es ist ewig dasselbe. Auf der Platte neben mir liegt der Rest eines belegten Brötchens – dumm und unpassend. Ich schieb's herunter, weil es doch kein Brot ist, sondern ein Imbißbrocken. Übrigens, Brot auf die Erde zu krümeln, das ist, glaube ich, keine Sünde, wohl aber auf den Fußboden. Muß mal im Suworinschen Kalender nachsehn.

Vermutlich habe ich lange gesessen, allzu lange, daß heißt eher halb gelegen auf dem langen Stein in Gestalt eines Marmorsarges. Und wie ist's nur gekommen, daß ich plötzlich so mancherlei hör? Anfangs hab ich nicht darauf geachtet, bin geringschätzig drüber weggegangen. Die Stimmen aber, die reden weiter. Ich höre – es sind dumpfe Laute, als lägen Kissen auf den Mündern; bei alledem sind die Worte gut zu verstehen, sie kommen ganz von nahem. Ich sammle mich, richte mich auf und beginne aufmerksam zu lauschen.

»Eure Exzellenz, so geht das einfach nicht, mit Verlaub. Sie haben Cœur angesagt, ich richte mich drauf ein, und plötzlich spielen Sie die Karo-Sieben. Das mit Karo hätte vorher vereinbart werden müssen.«

»Was denn, soll ich alles im Kopf behalten? Wo bleibt da der Reiz?«

»Aber Eure Exzellenz, ohne Verläßlichkeit und ohne Regeln geht es einfach nicht. Ordentliches Invitieren und Ansagen ist unbedingt nötig.«

»Hm, ja. Invitieren ... an diesem Ort.«

Was für entschiedene Worte! Höchst seltsam und unerwartet. Die eine Stimme gewichtig und solid, die andere irgendwie weich und beinahe süßlich; ich würde es nicht glauben, wenn ich's nicht selber hörte. Auf der häuslichen Trauerfeier bin ich offenbar nicht gewesen. Wie geht's nun aber zu, daß hier ein Kartenspiel gespielt wird, und was ist das für ein General? Daß es aus den Gräbern kommt, daran kann ich nicht zweifeln.

Ich beuge mich vor und lese die Inschrift auf dem Grabmal: »Hier ruht Generalmajor Perwojedow, Ritter der und der Orden.« Hm. »Gestorben im August soundso ... im Alter von siebenundfünfzig Jahren . . . Ruhe sanft, liebe Asche, bis zu einem frohen Morgen!«

Teufel, wirklich ein General! Auf dem andern Grab, aus dem die schmeichelnde Stimme gekommen ist, steht noch kein Gedenkstein; da liegt nur eine Platte. Also ein Neuling. Der Stimme nach ein Hofrat.

»Ocho, ocho!« läßt sich nun eine ganz neue Stimme vernehmen, ungefähr fünf Klafter vom Platz des Generals entfernt und unter einem ganz frischen Grabhügel hervor, die Stimme eines Mannes von ganz einfacher Art, gedämpft wie von Andacht und Rührung.

»Ocho, ocho!«

»Stößt es ihm wieder auf!« ertönt da mäkelnd und hochmütig die Stimme einer gereizten Dame, offenbar aus höheren Kreisen. »Eine Strafe ist das, neben diesem Krämer.«

»Nichts stößt mir auf, ich hab doch auch nichts gegessen oder getrunken; nichts weiter ist's als meine Natur. Und Sie, gnädige Frau, das sind Ihre Launen, die geben Ihnen hier keine Ruhe.«

»Warum haben Sie sich hierhergelegt?«

»Ich bin hergelegt worden, das haben die Frau und die Kinder besorgt, die kleinen, nicht ich selber. Des Todes Geheimnis! Um keinen Preis hätte ich mich neben Sie gelegt, für kein Geld. Jedenfalls lieg ich dank eignem Kapital, ich meine, was den Preis betrifft. Denn das können wir uns immer leisten: für unser Grab die dritte Klasse bezahlen.«

»Hast wohl gerafft, die Kunden übervorteilt?«

»Wie hätt' ich das bei Ihnen tun können, seit Januar haben wir ja fast keine Zahlung von Ihnen gekriegt. Der Saldo ist im Laden aufgeschrieben.«

»Das find ich wahrlich dumm: hier Schulden aufzurechnen. Sehr dumm! Steigen Sie hinauf, verlangen Sie das Geld von meiner Nichte – sie hat geerbt.«

»Wie denn jetzt verlangen, wohin denn hinaufsteigen. Beide sind wir über die Grenze und vor dem Gericht Gottes in Sünden gleich.«

»In Sünden!« äfft die Verstorbene verächtlich nach. »Unterlassen Sie's gefälligst, überhaupt mit mir zu reden!«

»Ocho, ocho!«

»Letztlich gibt der Krämer eben doch der Dame klein bei, Eure Exzellenz.«

»Warum auch nicht?«

»Nun ja, gewissermaßen, Eure Exzellenz, weil hier doch eine neue Ordnung herrscht.«

»Was denn für eine neue Ordnung?«

»Sozusagen sind wir ja gestorben, Eure Exzellenz.«

»Ach ja! Immerhin eine Ordnung ...«

Ich habe ihnen zu danken, sie haben mich tröstlich unterhalten, gewiß. Wenn es schon hier so weit gekommen ist, was kann ich da von der oberen Etage verlangen? Doch was für ein Treiben! Ganz gleich, ich horche weiter, wenn auch mit äußerster Entrüstung.

»Nein, könnt' ich wieder leben! Nein ... wissen Sie ... könnt' ich doch wieder leben!« So meldet sich eine neue Stimme, irgendwo im Raum zwischen dem General und der reizbaren Dame.

»Hören Sie, Eure Exzellenz, unser Freund singt sein altes Lied. Drei Tage lang bleibt er still und stumm, dann auf einmal: ›Könnt' ich wieder leben, könnt' ich's doch!‹ Und mit solchem, wissen Sie, mit solchem Appetit, hihi!«

»Und mit Leichtsinn.«

»Manchmal durchfährt es ihn, Eure Exzellenz, sonst, wissen Sie, ist er schon ganz am Verdämmern, seit April liegt er hier, und auf einmal: ›Könnt' ich wieder leben!‹«

»Jedenfalls ziemlich langweilig«, bemerkt die Exzellenz.

»Jawohl, Eure Exzellenz, höchstens daß man Awdotja Ignatjewna wieder aufziehn könnte, hihi?«

»O nein, bitte lassen Sie das. Ich kann das kreischende Zankweib nicht ausstehn.«

»Und ich wiederum kann Sie beide nicht ausstehn«, erwidert verächtlich das Zankweib. »Sie sind beide entsetzlich langweilig und verstehen nichts Ideales zu erzählen. Über Sie, Eure Exzellenz – plustern Sie sich nur nicht auf – weiß ich ein Geschichtchen: wie Sie einmal morgens von einem Lakaien mit dem Besen unter einem Ehebett hervorgeholt worden sind.«

»Ein widerliches Weib!« preßt der General durch die Zähne.

»Mütterchen, Awdotja Ignatjewna«, jammert plötzlich von neuem der Krämer, »du meine Gnädigste, trag mir nichts nach, sag mir: geh ich da durchs Fegefeuer, oder was sonst wird mit mir gemacht?«

»Fängt er wieder damit an, ich hab's geahnt; ich riech's ja, der Geruch kommt von ihm, der Geruch; er wirft sich hin und her!«

»Ich werf mich nicht herum, Mütterchen, es gibt auch von mir keinen besonderen Geruch, denn ich hab mich gut erhalten, bin am Körper, wie wir ihn haben, noch komplett; Sie aber, Gnädigste, sind ziemlich angegangen. Der Geruch ist wirklich unerträglich, sogar für hiesige Örtlichkeit. Aus Höflichkeit bleib ich stumm.«

»Der widerwärtige Verleumder! Stinkt selber furchtbar und schiebt's auf mich.«

»Ocho, ocho! Käme doch bald unsere Vierzigtagefeier, damit ich die weinenden Stimmen über mir höre, das Jammern der Gattin und das leise Schluchzen der Kinder!«

»Nach so etwas jammert er – sie werden sich den Bauch mit Kutja vollschlagen und abziehn. Ach, wenn doch einer erwachte!«

»Awdotja Ignatjewna«, nimmt der schmeichlerische Beamte das Wort. »Ein wenig Geduld noch, dann reden die Neulinge.«

»Sind junge Leute unter ihnen?«

»Auch junge, Awdotja Ignatjewna, sogar Jünglinge.«

»Wär' das schön.«

»Die haben wohl noch nicht angefangen zu reden?« erkundigt sich Seine Exzellenz.

»Noch nicht einmal die Vorgestrigen sind zu sich gekommen, Eure Exzellenz. Sie geruhen ja selbst zu wissen: sie bleiben manchmal eine Woche stumm. Ein Glück, daß gerade vorgestern, gestern und heute eine ganze Menge zugleich gebracht worden sind. Sonst sind ja zehn Klafter weit um uns herum nur Vorjährige.«

»Ja, eben.«

»Heute, Eure Exzellenz, wurde der Wirkliche Geheime Rat Tarassewitsch begraben. Ich hab's an den Stimmen herausgekriegt. Sein Neffe ist ein Bekannter von mir; vorhin hat er den Sarg mit heruntergelassen.«

»Wo liegt er denn?«

»Ungefähr fünf Schritt von Ihnen, Eure Exzellenz, links. Beinahe zu Ihren Füßen ... Wäre nicht schlecht, Eure Exzellenz, sich mit ihm bekannt zu machen.«

»Hm ... jedoch ... warum sollt ich als erster?«

»Den ersten Schritt wird doch er tun, Eure Exzellenz. Es wird ihm sogar schmeicheln. Überlassen Sie es mir, Eure Exzellenz, ich werde ...«

»Aach, ach ... ach, was ist mit mir?« ächzt plötzlich eine erschrockene, schwache Stimme, die mir neu ist.

»Ein Neuling, Eure Exzellenz, ein Neuling, Gott sei Dank, und so schnell! Manchmal bleiben sie eine Woche stumm.«

»Oh, anscheinend ein junger Mann!« kreischt Awdotja Ignatjewna.

»Ich ... wegen einer Komplikation, und so plötzlich!« stammelt wieder der Jüngling. »Noch gestern abend hat der Doktor Schulz gesagt: Bei Ihnen liegt eine Komplikation vor. Und schon am Morgen bin ich tot. Ach! Ach!«

»Na, nichts zu machen, junger Mann«, wendet sich der General gnädig und offenbar freudig an den Neuling. »Man muß sich hineinfinden! Willkommen in unserem, sozusagen, Tale Josaphat. Wir sind gute Menschen; Sie werden's erfahren und schätzen. Generalmajor Wassilij Wassiljew Perwojedow, zu Ihren Diensten.«

»Nein, nein, so geht das doch nicht! Ich bin Patient von Schulz; bei mir, wissen Sie, hat's eine Komplikation gegeben. Erst war's die Brust, ich kriegte Husten, war überhaupt erkältet: die Brust, eine Grippe ... und dann, ganz unerwartet ... ja eben, unerwartet.«

»Sie sagten, zuerst war's die Brust«, mischt sich behutsam der Beamte ein, als wolle er den Neuling aufmuntern.

»Ja, die Brust und Auswurf, dann kam plötzlich kein Auswurf mehr, ich kriegte keine Luft ... und, wissen Sie ...«

»Ich weiß, ich weiß. Aber wenn's die Brust ist, gehen Sie besser zu Eck, nicht zu Schulz.«

»Ich hatte, wissen Sie, immer vor, zu Botkin zu gehen ... und da ...«

»Na, Botkin schröpft«, bemerkt der General.

»Aber nein, mit Schröpfen kuriert er gar nicht; ich habe gehört, er hat einen ganz scharfen Blick und sagt alles voraus.«

»Die Bemerkung Seiner Exzellenz betraf das Honorar«, stellt der Beamte richtig.

»Nicht doch, es kostet nur drei Silberne. Und wie er untersucht ... und das Rezept ... Ich wollte unbedingt hin, weil man's mir so beschrieben hatte ... Wie denn nun, meine Herren: besser zu Eck oder zu Botkin?«

»Wie? Wohin?« Aus dem Leichnam des Generals gluckst ein angenehmes Lachen. Der Beamte begleitet es mit Fistelstimme.

»Lieber Junge, lieber, du meine Freude, wie hab ich dich lieb!« kreischt begeistert Awdotja Ignatjewna. »Legten sie doch so einen wie dich neben mich!«

Nein, das geht mir denn doch zu weit! Dies also wäre ein moderner Leichnam! Doch halt, ich will noch lauschen, keine übereilten Schlüsse ziehn. Dieser Neuling, dieser Grünschnabel – ich erinnere mich, wie er vorhin im Sarg aussah; er hatte den Ausdruck eines verlornen Kükens, die allerwiderlichste Miene! Aber erst mal weiter.

Weiter verwirrt und steigert sich das so sehr, daß ich gar nicht alles im Gedächtnis behalte; sehr viele kommen nämlich auf einmal zu sich. Aufgewacht ist ein Beamter vom Rang der Staatsräte, und sofort, ohne Verzug beginnt er mit dem General das Projekt einer neuen Unterkommission im Ministerium für ... zu erörtern und dazu die wahrscheinliche, mit der Unterkommissionsbildung verknüpfte Versetzung von Amtspersonen zu erwägen, womit er aufs allerhöchste die Teilnahme des Generals bewirkt. Ich gestehe, auch ich erfahre dabei viel Neues, so daß ich mich ein wenig über die Wege wundere, auf denen man manchmal in dieser Hauptstadt Neuigkeiten erfährt, die die Verwaltung betreffen. Halb zu sich kommt dann ein Ingenieur, doch lange noch murmelt er völligen Unsinn, so daß unsere Bekannten ihm nicht weiter zusetzen, sondern ihn seine Zeit abliegen lassen wollen. Schließlich sind auch an der vornehmen Dame, die an diesem Tag im Katafalk beerdigt worden ist, Anzeichen der besonderen Belebung wahrzunehmen, die das Grab bringt. Lebesjatnikow (es zeigt sich nämlich, daß der liebedienerische, mir verhaßte Hofrat, der neben dem General untergebracht worden ist, so heißt: Lebesjatnikow) gerät in große Aufregung und Verwunderung darüber, daß diesmal alle so bald erwachen. Ich gestehe, auch ich wundere mich. Einige der frisch Erwachten sind übrigens schon vorgestern begraben worden, so zum Beispiel ein blutjunges Mädchen, um die sechzehn, das immerzu kichert ... ekelhaft und lüstern kichert.

»Eure Exzellenz, der Geheime Rat Tarassewitsch erwacht!« verkündet Lebesjatnikow in äußerster Hast.

»Wie? Was?« näselt verächtlich der Geheime Rat, der zu sich gekommen ist. In seiner Stimme liegt etwas Launisches, Herrisches. Ich lausche neugierig, weil ich in den letzten Tagen einiges über diesen Tarassewitsch gehört habe – Sittenverderbliches und Alarmierendes im höchsten Grade.

»Es war, Eure Exzellenz, mit Verlaub, nur eine Bemerkung von mir.«

»Worum geht's? Was ist gefällig?«

»Einzig darum, mich nach dem Befinden Eurer Exzellenz zu erkundigen. Des Ungewohnten wegen fühlt sich jeder hier gewissermaßen beengt, mit Verlaub ... General Perwojedow wünscht die Ehre zu haben, die Bekanntschaft Eurer Exzellenz zu machen, und hofft ...«

»Nie gehört.«

»Ich bitte Sie, Eure Exzellenz, General Perwojedow, Wassilij Wassiljewitsch ...«

»Sie sind der General Perwojedow?«

»Nein, Eure Exzellenz, ich bin nur der Hofrat Lebesjatnikow, nichts weiter, zu Ihren Diensten. Der General Perwojedow jedoch ...«

»Unsinn! Bitte mich in Ruhe zu lassen.«

»Lassen Sie!« gebietet endlich würdevoll General Perwojedow selbst und setzt dem widerwärtigen Eifer seines Grabdienstlings ein Ende.

»Ist noch nicht richtig da, Eure Exzellenz, muß man bedenken; es ist ja das Ungewohnte. Richtig aufgewacht, nimmt er's anders.«

»Lassen Sie«, wiederholt der General.

»Wassilij Wassiljewitsch! He, Sie, Eure Exzellenz!« schreit auf einmal laut und übermütig unmittelbar neben Awdotja Ignatjewna eine ganz neue Stimme – die dreiste Stimme eines Lebemanns mit modisch trägem, unverschämt die Silben voneinander absetzendem Tonfall. »Ich beobachte Sie alle schon zwei Stunden; drei Tage lieg ich ja schon hier; kennen Sie mich noch, Wassilij Wassiljewitsch? Ich bin Klinewitsch; wir haben uns bei den Wolokonskijs gesehen, wo auch Sie, ich weiß nicht warum, Zutritt hatten.«

»Wie, Graf Pjotr Petrowitsch ... Sie hier? In so jungen Jahren? ... Tut mir aber leid!«

»Tut mir selber leid, ist mir aber auch egal, und ich will aus dem da alles rausholen, was drinsteckt. Ich bin nicht Graf, sondern Baron, bloß Baron. Wir sind so grindige kleine

Barone, aus der Lakaienschaft, ich weiß nicht warum ... pfeif drauf. Ich bin bloß ein Taugenichts der Pseudonoblesse und gelte als ›lieber Polisson‹. Mein Vater war irgend so ein General, und meine Mutter hat man einst en haut lieu empfangen. Ich hab mit dem Juden Sifel voriges Jahr falsche Papierchen im Wert von fünfzigtausend gemacht, dann hab ich ihn angezeigt, das Geld aber hat alles die Julka Charpentier de Lusignan mitgenommen, nach Bordeaux. Und stellen Sie sich vor, ich war schon richtig verlobt, mit Fräulein Schtschewalewskaja, in drei Monaten wird sie sechzehn, ist noch im Institut, an Mitgift kriegt sie neunzigtausend. Awdotja Ignatjewna, wissen Sie noch, wie Sie mich vor fünfzehn Jahren, als ich ein vierzehnjähriges Bürschlein vom Pagenkorps war, verführt haben?«

»Ach, das bist du, Halunke? Na, dich hat Gott geschickt, sonst wär's hier ...«

»Sie haben zu Unrecht Ihren Nachbarn, den Handelsmann, schlimmen Geruchs beschuldigt ... Ich habe nur geschwiegen und gelacht. Das kommt nämlich von mir, deshalb haben Sie mich auch im dicht vernagelten Sarg begraben.«

»Na, so ein Gauner! Ich freu mich trotzdem; Sie glauben gar nicht, Klinewitsch, Sie glauben gar nicht, wie sehr es hier an Leben und Witz fehlt.«

»Nun ja, nun ja, ich bin gesonnen, hier etwas Originelles einzuführen. Eure Exzellenz – ich meine nicht Sie, Perwojedow –, Exzellenz, die andere, Herr Tarassewitsch, Geheimer Rat! Lassen Sie von sich hören! Ich bin Klinewitsch, der Sie in der Fastenzeit zu Mademoiselle Fury gebracht hat, hören Sie?«

»Ja, Klinewitsch, ich freue mich sehr, und glauben Sie ...«

»Nicht für einen Groschen glaub ich Ihnen – pfeif drauf. Ich möchte Sie, lieber Alter, einfach abküssen, aber Gott sei Dank kann ich's nicht. Wissen Sie, meine Herrschaften, was dieser grand-père fertiggebracht hat? Vor drei oder vier Tagen ist er gestorben, und stellen Sie sich vor, ein Manko von vierhunderttausend an Staatsgeldern hat er hinterlassen. Für Witwen und Waisen war's bestimmt, und damit hat er, weiß nicht warum, allein gewirtschaftet, am Ende waren's acht Jahre, daß man keine Revision gemacht hatte. Ich mal mir aus, was sie dann für lange Gesichter kriegten und wie er in ihrer Erinnerung lebt. Nicht wahr, ein wollüstiger Gedanke! Das ganze letzte Jahr hab ich mich darüber gewundert, daß in so einem siebzigjährigen Wackelgreis mit Gicht in den Händen und den Beinen noch soviel Kraft zur Ausschweifung steckt – da haben wir die Lösung! Diese Witwen und Waisen – allein der Gedanke an sie hat ihn in Glut versetzen müssen! Ich hab's schon eine ganze Weile gewußt, einzig ich; die Charpentier hat's mir gesagt. Kaum hatt' ich's erfahren, da nahm ich ihn (es war in der Osterwoche) ganz freundschaftlich in die Zwinge: ›Rück fünfundzwanzigtausend raus, sonst hast du morgen Revision.‹ Aber stellen Sie sich vor, da fanden sich bei ihm nur dreizehntausend, so daß er, scheint's, sehr passend gestorben ist. Grand-père, grand-père, hören Sie?«

»Cher Klinewitsch, ich stimme Ihnen in allem zu, nur die Einzelheiten hätten Sie sich sparen können. Im Leben gibt es so viel Leid und Qual und so wenig Entgelt . . . ich wünschte mir schließlich Ruhe, und wie ich sehe, läßt sich auch aus diesem hier allerlei Gewinn ziehen . . .«

»Ich wette, er wittert schon die Katisch Berestowa!«

»Wen? – Was für eine Katisch?« Die Stimme des Alten zitterte lüstern.

»Was für eine Katisch? Na hier die, links, fünf Schritt von mir, von Ihnen sind's zehn. Sie ist schon den fünften Tag hier, und wenn Sie wüßten, grand-père, was das für ein Luderchen ist . . . aus gutem Hause, gebildet und – ein Monster, ein Monster in höchstem Grade! Dort hab ich sie keinem gezeigt, ich wußte als einziger . . . Katisch, melde dich!«

»Hihihi!« meldet sich eine dünne Mädchenstimme, mit brüchigem Klang und irgendwie, als wären Nadelstiche drin. »Hihihi!«

»So ein Blon-din-chen?« stammelt keuchend der grandpère.

»Hihihi!«

»Mir ... mir hat schon längst ...«, stammelt und keucht der Alte weiter, »der Traum von einem Blondinchen gefallen ... um die fünfzehn ... und gerade unter solchen Umständen.«

»So ein Ungeheuer!« ruft Awdotja Ignatjewna.

»Genug!« entscheidet Klinewitsch. »Ich sehe, das Material ist hervorragend. Wir wenden die Sache hier unverzüglich zum Bessern. Vor allem gilt's, die verbliebene Zeit fröhlich zu verbringen. Aber welche Zeit? He, Sie, Beamter, Lebesjatnikow – ich glaube, ich habe gehört, daß Sie so heißen!«

»Jawohl, Lebesjatnikow, Hofrat, Semjon Jewsejitsch, zu Ihren Diensten und sehr-sehr-sehr erfreut.«

»Pfeif drauf, ob Sie erfreut sind, jedenfalls scheinen Sie hier alles zu kennen. Sagen Sie erstens (ich wundre mich vom ersten Tag an darüber): Wie kommt's, daß wir hier sprechen? Wir sind doch gestorben. Dabei sprechen wir; man könnte meinen, wir bewegten uns auch, aber eigentlich tun wir's nicht: sprechen nicht, bewegen uns nicht. Was ist das für Gaukelei?«

»Dies, wenn Sie's wünschten, Herr Baron, könnte Ihnen besser als ich Platon Nikolajewitsch erklären.«

»Was für ein Platon Nikolajewitsch? Keine Ausflüchte, zur Sache!«

»Platon Nikolajewitsch, unser einheimischer, unser hiesiger Philosoph, Naturkundler und Magister. Er hat einige philosophische Büchlein herausgebracht; aber vor drei Monaten ist er endgültig eingeschlafen, so daß wir ihn keinesfalls mehr wachrütteln können. Einmal in der Woche brummt er ein paar sinnlose Worte.«

»Zur Sache, zur Sache!«

»Er erklärt all dies mit einer höchst einfachen Tatsache, nämlich: daß wir oben, als wir noch lebten, fälschlicherweise den dortigen Tod für den Tod hielten. Der Körper lebt hier sozusagen noch einmal auf, die Reste des Lebens konzentrieren sich, doch nur im Bewußtsein. Da setzt sich – ich verstehe das nicht recht auszudrücken – das Leben gleichsam durch Trägheit fort. Alles ist nach seiner Meinung irgendwo im Bewußtsein konzentriert und setzt sich noch zwei oder drei Monate fort, manchmal sogar ein halbes Jahr . . . Hier ist zum Beispiel einer, der ist schon fast ganz zersetzt, aber einmal in sechs Wochen brummt er plötzlich ein einziges Wort vor sich hin, natürlich ein sinnloses: bobok, bobok. Also glimmt in ihm immer noch ein winziges Fünkchen Leben.«

»Ziemlich dumm. Und wie kommt es: Ich hab keinen Geruchssinn, und doch nehm ich Gestank wahr?«

»Das . . . hehe . . . Gerade hier wird unser Philosoph nebelhaft. Über den Geruchssinn hat er bemerkt, was wir wahrnehmen, das sei sozusagen moralischer Gestank – hehe! Gleichsam Gestank der Seele; wir hätten die zwei, drei Monate, uns zu fassen . . . das sei sozusagen ein letztes Erbarmen . . . Bloß, mir scheint, Herr Baron, das ist schon mystisches Gestammel, höchst verzeihlich in seiner Lage.«

»Genug. Ich bin sicher, das Weitere ist alles Unsinn. Jedenfalls zwei oder drei Monate Leben . . . und letzten Endes: bobok. Ich schlage allen vor, diese beiden Monate so angenehm wie möglich zu verbringen, und dafür sollten sich alle auf der veränderten Grundlage einrichten. Meine Herrschaften! Ich schlage vor, jede Scham aufzugeben.«

»O ja, tun wir das, geben wir jede Scham auf!« lassen sich viele Stimmen vernehmen, und seltsamerweise höre ich auch ganz neue; also müssen inzwischen manche erwacht sein. Mit besonderem Eifer bekundet in dröhnendem Baß seine Zustimmung der nun ganz erwachte Ingenieur. Das Mädchen Katisch kichert freudig.

»Oh, wie gern ich jede Scham aufgebe!« ruft begeistert Awdotja Ignatjewna.

»Hören Sie, wenn schon Awdotja Ignatjewna sich nicht mehr schämen will . . .«

»Nein, nein, nein, Klinewitsch, ich habe mich geschämt; dort – ja. Hier aber möchte ich schrecklich, schrecklich gern mich nicht mehr schämen.«

»Ich verstehe, Klinewitsch«, dröhnt der Baß des Ingenieurs. »Sie schlagen vor, hier dieses – sozusagen – Leben auf neuen und nunmehr vernünftigen Prinzipien einzurichten.«

»Ist mir ziemlich egal! Was das betrifft, sollten wir auf Kudejarow warten. Den hat man gestern gebracht. Wacht er auf, wird er Ihnen alles erklären. Das ist so eine Person, eine hünenhafte! Morgen, glaub ich, schleppen sie noch einen Naturkundler herbei, dann wohl einen Offizier und, wenn ich nicht irre, in drei, vier Tagen einen Feuilletonisten, anscheinend mitsamt dem Redakteur. Hol sie im übrigen der Teufel. Jedenfalls wird sich von uns ein Häufchen besonderer Art zusammenfinden; alles regelt sich dann von selbst. Einstweilen will ich, daß nicht gelogen wird. Nichts weiter will ich, denn das ist die Hauptsache. Auf der Erde leben und nicht lügen – das ist nicht möglich; denn Leben und Lügen bedeutet dasselbe. Hier aber werden wir, damit's lustig wird, nicht lügen. Hol's der Teufel, muß doch seinen Sinn haben: das Grab! Wir werden alle laut unsere Geschichten erzählen und uns ihrer überhaupt nicht schämen. Zuallererst erzähle ich von mir. Ich, wissen Sie, gehöre zu den Lüsternen. Dort oben war alles mit fauligen Stricken gebunden. Weg mit den Stricken, leben wir diese beiden Monate in der schamlosesten Wahrheit! Zeigen wir uns nackt!«

»Zeigen wir uns nackt, nackt!« schreien alle lauthals.

»Schrecklich, schrecklich gern will ich mich nackt zeigen!« kreischt Awdotja Ignatjewna.

»Ah ... ah ... Ah, ich sehe, hier geht's lustig zu. Ich will nicht zu Eck!«

»Nein, könnt' ich wieder leben, nein, wissen Sie, könnt' ich wieder leben!«

»Hihihi!« kichert Katisch.

»Hauptsache: Keiner kann uns was verbieten, mag auch Perwojedow, wie ich sehe, sich erzürnen; mit der Hand erreicht er mich doch nicht. Grand-père, sind Sie einverstanden?«

»Völlig, völlig einverstanden, und zwar mit dem größten Vergnügen, doch mit der Einschränkung, daß Katisch mit ihrer Bi-o-graphie beginnen soll.«

»Ich protestiere, protestiere ganz entschieden«, erklärt mit Nachdruck General Perwojedow.

»Eure Exzellenz!« fängt eilig und aufgeregt mit unterwürfiger Stimme der Widerling Lebesjatnikow an zu stammeln, begierig, den General umzustimmen. »Eure Exzellenz, es ist sogar vorteilhaft für uns, wenn wir zustimmen. Hier, wissen Sie, dieses Mädchen ... da ist schließlich allerlei Pikantes ...«

»Ein junges Mädchen, das schon, aber ...«

»Bei Gott, Eure Exzellenz, es ist vorteilhafter. Wenigstens mal sehn, wie's geht.«

»Nicht einmal im Grab geben sie Ruhe.«

»Erstens, General, spielen Sie im Grab Karten, und zweitens werden wir auf Sie ein-fach pfei-fen«, skandiert Klinewitsch.

»Verehrter Herr, ich muß doch bitten, sich nicht zu vergessen.«

»Was? Sie kommen nicht an mich ran, ich aber kann Sie von hier aus necken wie Julkas Bologneserhündchen. Überhaupt, meine Herrschaften, was spielt er hier den General? General war er dort, hier ist er ein Dreck!«

»Nein, kein Dreck ... ich bin auch hier ...«

»Hier verfaulen Sie im Sarg, und von Ihnen bleiben sechs Messingknöpfe.«

»Bravo, Klinewitsch, hahaha!« lärmen die Stimmen.

»Ich habe meinem Herrscher gedient ... ich habe den Degen ...«

»Mit Ihrem Degen können Sie Mäuse aufspießen; außerdem haben Sie ihn nie gezogen.«

»Ganz gleich, ich habe einen Teil vom Ganzen gebildet.«

»Als ob's nicht mancherlei Teile vom Ganzen gäbe.«

»Bravo, Klinewitsch, bravo, hahaha!«

»Ich weiß gar nicht, was das soll: der Degen«, vermeldet der Ingenieur.

»Vor den Preußen, da reißen wir aus wie die Mäuse; die zerrupfen uns in Flaum und Flusen!« schreit eine entfernte und mir unbekannte Stimme, die sich indessen vor Begeisterung fast verschluckt.

»Der Degen, mein Herr, das ist die Ehre!« setzt der General noch einmal energisch an, aber nur ich vernehme ihn noch. Es hat sich ein langes und wildes Brüllen, Toben und Tosen erhoben, und nur das bis zur Hysterie ungeduldige Kreischen Awdotja Ignatjewnas hebt sich noch ab.

»Nur schnell, schnell! Wann fangen wir endlich an, alle Scham abzutun!«

»Ocho, ocho, wahrlich, die Seele geht durchs Fegefeuer!« ertönt die Stimme jenes Mannes von ganz einfacher Art, und ...

Und da muß ich niesen. Das geschieht unwillkürlich und unvermittelt; die Wirkung ist überwältigend: Alles verstummt, es wird friedhofsstill; das Gewesene ist fort wie ein Traum. Nun herrscht wirklich Grabesstille. Ich glaube nicht, daß sie sich meinetwegen geschämt haben – es war doch beschlossen, sich nicht zu schämen! Ich warte fünf Minuten – kein Wort, kein Laut. Man wird auch nicht vermuten müssen, sie hätten Angst vor einer Anzeige bei der Polizei. Was könnte hier die Polizei ausrichten? Unwillkürlich sage ich mir, sie müßten eben doch ein Geheimnis haben, das den Sterblichen unzugänglich ist und das sie sorgsam vor jedem von ihnen verbergen.

Nun, denk ich, meine Lieben, ich besuch euch wieder. Und damit verlasse ich den Friedhof.

Nein, das kann ich nicht auf sich beruhen lassen, nein, wahrlich, nein! Dieses »bobok« macht mich nicht irre (es hat sich nun gezeigt, was daran ist!).

Sittenverderbnis an einem solchen Ort, Sittenverderbnis im letzten Trachten, Sittenverderbnis verwelkter und verwesender Leichname und – nicht einmal die letzten Augenblicke des Bewußtseins schonend! Gegeben, geschenkt sind ihnen diese Augenblicke und ... Vor allem aber, vor allem: an einem solchen Ort! Nein, das kann ich nicht hinnehmen.

Ich werde auch zu Gräbern der anderen Klassen gehn, werde überall horchen. Das ist es ja, überall muß man horchen, nicht bloß an dem einen Ende, damit man sich einen Begriff verschafft. Womöglich finde ich auch Tröstliches.

Zu diesen da kehr ich jedenfalls auch zurück. Sie haben ihre Lebensläufe und mancherlei Anekdoten versprochen. Ekelhaft! Aber ich gehe hin, unbedingt. Ehrensache!

Ich bring's zur Zeitschrift »Grashdanin«; dort ist jetzt auch ein Redakteur porträtiert worden. Womöglich drucken sie's.

Die Sanfte

Eine phantastische Erzählung

Vorwort des Verfassers

Ich bezeichne diese Erzählung als »phantastisch«, obwohl sie meiner Ansicht nach im höchsten Maße real ist. Allein es ist in ihr dennoch viel Phantastisches enthalten, und zwar in der Form, in der die Erzählung abgefaßt ist, und hierüber halte ich es für notwendig, einige Worte vorher zu sagen.

Es handelt sich nämlich darum, daß dies weder eine Erzählung ist, noch etwa eine Aufzeichnung. Stellen Sie sich einen Ehemann vor, in dessen Wohnung seine Frau auf dem Tisch liegt, eine Selbstmörderin, die einige Stunden zuvor aus dem Fenster gesprungen ist. Er ist bestürzt und noch nicht dazu gekommen, sich zu fassen. Er schreitet in seinen Zimmern auf und ab, bemüht, in den Sinn des Vorgefallenen recht einzudringen, »seine Gedanken auf einen Punkt zu konzentrieren«. Er ist zudem ein eingewurzelter Hypochonder, einer von denen, die mit sich zu reden pflegen. Und nun redet er eben mit sich selber, er erzählt sich das Ganze, bemüht, es sich selber zu erklären. Trotz der scheinbaren Folgerichtigkeit seiner Rede widerspricht er sich dennoch einige Male, sowohl hinsichtlich der Logik als auch in bezug auf die Gefühle. Er rechtfertigt sich selber, er beschuldigt sie und verliert sich dabei in nebensächlichen Erörterungen: man wird sowohl einer gewissen Roheit der Gedanken und des Herzens begegnen als auch dem tiefsten Gefühle. Nach und nach gelingt es ihm in der Tat, sich den Sachverhalt zu erklären und »seine Gedanken auf einen Punkt zu konzentrieren«. Die Reihe der von ihm heraufbeschworenen Erinnerungen führt ihn schließlich unabwendbar zur Wahrheit: die Wahrheit aber muß unabwendbar seinen Verstand und sein Herz erheben. Gegen das Ende verändert sich sogar der Ton der

Erzählung, verglichen mit dem verhältnismäßig verworrenen Anfang. Ziemlich klar und bestimmt steigt vor dem Unglücklichen die Wahrheit auf, faßbar zum mindesten für ihn selber.

Solcher Art ist das Thema. Es muß freilich bemerkt werden, daß der Prozeß der Erzählung im Laufe von einigen Stunden vor sich geht, hie und da von Pausen und Abschweifungen unterbrochen und keineswegs in durchgehaltener Form, denn bald spricht er mit sich selber, bald wiederum wendet er sich scheinbar an einen unsichtbaren Zuschauer, der gewissermaßen seinen Richter darstellt. So pflegt es allerdings auch in der Wirklichkeit stets zu sein. Wenn ein Stenograph ihm zugehört und alles aufgezeichnet hätte, so würde das Ergebnis wohl etwas unebener und unfertiger geworden sein, als ich es niedergeschrieben habe, allein mir will fast scheinen, daß die psychologische Ordnung möglicherweise die gleiche geblieben wäre. Die Annahme nun, daß ein Stenograph alles niedergeschrieben haben könnte (worauf ich das Aufgezeichnete überarbeitet hätte), ist eben das, was ich in dieser Erzählung als phantastisch bezeichne. In der Kunst hat man ähnliche Dinge schon häufig zugelassen: so zum Beispiel hat Victor Hugo in seinem Meisterwerk »Der letzte Tag eines zum Tode Verurteilten« fast den gleichen Kunstgriff angewandt, denn obwohl er die Annahme stenographischer Aufzeichnungen vermeidet, hat er sich eine noch größere Unwahrscheinlichkeit erlaubt, indem er die Fiktion zuläßt, daß ein zum Tode Verurteilter nicht nur die Möglichkeit, sondern auch Zeit dazu hat, ein Tagebuch nicht nur seines letzten Tages zu führen, sondern sogar der letzten Stunde und buchstäblich der letzten Minute. Allein, wenn er dieser Phantasie nicht Spielraum gegeben hätte, so bestünde das Werk selber nicht – das allerrealste und allerwahrhaftigste von den Werken, die er im Laufe seines Lebens geschrieben.

Erstes Kapitel

1. Wer ich war und wer sie war

Solange sie noch hier ist – ist alles noch gut; ich kann mich ihr nähern und sie immer wieder anschauen; morgen aber, wenn man sie fortträgt – wie soll ich dann allein bleiben? Sie liegt jetzt im Saal auf einem Tisch, den man aus zwei L'hombre-Tischen zusammengestellt hat, der Sarg kommt morgen, ein weißer Sarg mit weißem Gros de Naples, übrigens handelt es sich gar nicht darum ... Ich gehe in einem fort auf und ab und will es mir erklären. Es sind jetzt schon sechs Stunden vergangen, daß ich es mir erklären will, allein es gelingt mir immer noch nicht, meine Gedanken auf einen Punkt zu konzentrieren. Die Sache ist nämlich die, daß ich in einem fort auf und ab gehe ... Es kam so. Ich will alles der Ordnung nach erzählen. (Ordnung muß sein!) Meine Herrschaften, ich bin nicht im entferntesten ein Schriftsteller, das sehen Sie ja, das tut übrigens nichts zur Sache, ich will erzählen, so gut ich es verstehe. Darin beruht ja auch mein ganzes Grauen, daß ich alles verstehe!

Wenn Sie es genau wissen wollen, das heißt, wenn man es von allem Anfang an betrachten will, so war es so, daß sie einfach zu mir kam, Sachen zu versetzen, um damit ihre Inserate im »Golos« zu bezahlen, so und so nämlich, und sie sei eine Gouvernante, bereit, eventuell auch nach auswärts zu gehen oder Stunden im Hause zu erteilen und so weiter und so weiter. So war das anfangs, und natürlich konnte ich sie von den andern nicht erst unterscheiden: sie kam wie alle anderen, nun und so weiter. Einige Zeit darauf hatte ich sie mir freilich bereits gemerkt. Sie war so schmal, mit blonden Haaren und von mittelhohem Wuchs, sie benahm sich mir gegenüber ziemlich ungeschickt und machte stets einen verlegenen Eindruck (ich glaube allerdings, daß sie mit allen Fremden so war, und es versteht sich, daß ich ihr gleichgültig war, wie dieser und jener, das heißt in Hinsicht auf den Menschen und nicht den Pfandverleiher). Wenn sie ihr Geld erhalten hatte, drehte sie sich sogleich um und ging. Und immer wortlos. Die anderen stritten zuweilen, baten und feilschten, um mehr zu erlösen; diese dagegen tat nichts dergleichen, was man ihr gab, das nahm sie ... Mir scheint, ich bringe alles durcheinander ... Gewiß; die Sachen, die sie mir brachte, waren es, die zunächst mein Erstaunen erweckten: silberne, vergoldete Ohrringe, ein windiges kleines Medaillon – alles Gegenstände, kaum mehr wert als einen Zwanziger. Sie wußte selber, daß ihre Sachen einen Zehner wert waren, aber, ich konnte es ihrem Gesicht ansehen, Kostbarkeiten für sie – und in der Tat alles, was ihr von ihrem Papa und ihrer Mama geblieben war, das erfuhr ich später. Ein einziges Mal nur gestattete ich mir, über ihre Sachen ein wenig zu spotten. Das heißt: sehen Sie, ich gestatte mir das im allgemeinen nie, ich verhalte mich dem Publikum gegenüber stets wie ein Gentleman: wenig Worte, höflich und gemessen. »Gemessen, gemessen und gemessen.« Sie erlaubte sich nämlich eines Tages, mir die Überreste (wahrhaftig die Überreste) einer alten Jacke aus Hasenpelz zu bringen – da konnte ich es nicht verbeißen und sagte ihr plötzlich etwas, das wie ein Witz klang. Mein Gott, wie sie rot wurde! Ihre Augen, die blau, groß und versonnen waren – wie blitzten sie plötzlich auf! Allein sie sagte kein Wort, sie nahm ihre »Überreste« – und ging. Bei dieser Gelegenheit fiel sie mir zum ersten Male besonders auf, und ich mußte zum ersten Male an sie auf gewisse Art denken, das heißt nämlich auf besondere Art. Ja: ich kann mich auch noch an einen weiteren Eindruck erinnern, das heißt, wenn Sie so wollen, an den Haupteindruck, an die Synthese des Ganzen: und zwar, daß sie noch furchtbar jung sei, so jung, daß man hätte glauben können, sie wäre erst vierzehn Jahre alt. Und dabei war sie doch damals nur drei Monate weniger als sechzehn Jahre alt. Übrigens wollte ich gar nicht das sagen, und die Synthese lag keineswegs hierin. Tags darauf kam sie wieder. Ich erfuhr später, daß sie mit der Jacke sowohl zu Dobronrawow als auch zu Moser gegangen war, aber da diese außer Goldsachen nichts annehmen, wollten sie mit ihr gar nicht erst verhandeln. Ich hatte jedoch schon einmal eine Gemme von ihr angenommen (ein recht windiges Stück) – und war selbst darüber erstaunt: denn außer Gold und Silber nehme ich im allgemeinen ebenfalls nichts an, ihr aber ließ ich die Gemme durchgehen. Dies war der zweite Gedanke, den ich mir über sie machte, dessen kann ich mich noch gut entsinnen. Diesmal, das heißt, nachdem sie bei Moser gewesen war, brachte sie mir eine Zigarrenspitze aus Bernstein – der Gegenstand war an sich nicht übel, etwas für Liebhaber, aber für unsereinen völlig wertlos, denn wir haben ja nur für Gold Interesse. Ich empfing sie ziemlich streng, da mir ja die gestrige Revolte noch erinnerlich war. Meine Strenge beruht darin, daß ich besonders trocken bin. Trotzdem jedoch konnte ich, als ich ihr die zwei Rubel aushändigte, mich nicht enthalten, ihr mit einer gewissen Gereiztheit zu sagen: »Das tu ich nämlich nur für Sie, solch einen Gegenstand hätte Ihnen Moser nicht abgenommen.« Die Worte »für Sie« unterstrich ich besonders, und zwar in einem gewissen Sinne. Ärgerlich war ich. Sie wurde aufs neue über und über rot, als sie dieses »für Sie« hörte, allein sie entgegnete nichts, sie schmiß mir nicht einmal das Geld hin, sondern sie nahm es – ja, ja, die Armut! Aber wie rot sie dabei geworden war! Ich begriff, daß es ihr einen Stich versetzt hatte. Als sie sich bereits zum Gehen wandte, mußte ich mich allerdings plötzlich fragen: »War dieser Triumph über sie wirklich die zwei Rubel wert? Hahaha!« Ich kann mich noch gut erinnern, daß ich mir diese Frage zweimal vorlegte: »War er es wert? War er es wirklich wert?« Lachend entschied ich schließlich die Frage im bejahenden Sinne. Es machte mir damals großen Spaß. Allein, es war kein schlechtes Gefühl: ich tat es ja mit Überlegung und Absicht; ich wollte sie nur auf die Probe stellen, denn mir waren plötzlich gewisse Gedanken hinsichtlich ihrer Person durch den Kopf gegangen. Dies war übrigens mein dritter besonderer Gedanke über sie.

... Schön, und so nahm denn alles seinen Gang. Es versteht sich, daß ich mir alsbald Mühe gab, auf Umwegen alles über sie in Erfahrung zu bringen, und daß ich mit besonderer Ungeduld auf ihr Kommen wartete. Ich sah ja voraus, daß sie bald kommen würde. Und als sie dann kam, ließ ich mich mit ungewöhnlicher Höflichkeit in ein liebenswürdiges Gespräch mit ihr ein. Ich habe nämlich eine gute Erziehung genossen und habe Manieren. Hm. Bei dieser Gelegenheit machte ich die Bemerkung, daß sie gut und sanft sei. Die Guten und Sanften nämlich können sich nie lange widersetzen und werden zwar nicht gerade sehr offenherzig, wissen aber nie, wie sie ein Gespräch vermeiden sollen: freilich antworten sie wenig, allein sie antworten, und zwar je länger, desto mehr, man darf dabei nur nicht müde werden, wenn man es nötig hat. Es versteht sich, daß sie selber mir damals keinerlei Erklärungen gab. Das vom »Golos« und das andere erfuhr ich erst danach. Sie inserierte damals sozusagen mit letzter Kraft, anfangs natürlich noch voller Hochmut, und zwar: »Gouvernante, eventuell auch nach auswärts, Bedingungen werden in geschlossenen Briefen erbeten«, später hieß es schon anders: »Mit allem einverstanden, sowohl Stunden zu erteilen als auch Gesellschafterin zu sein und nach dem Hauswesen zu sehen, versteht auch Kranke zu pflegen und zu nähen«, und so weiter und so weiter, immer das gleiche! Es versteht sich, daß sie das alles erst nach und nach ihren Inseraten hinzufügte, endlich aber, als die Verzweiflung schon nahe herangerückt war, hieß es sogar »ohne Gehalt gegen Verpflegung«. Nichts, sie fand keine Stellung! Da entschloß ich mich, sie zum letzten Male auf die Probe zu stellen: ich entfaltete den soeben erschienenen »Golos« und zeigte ihr folgendes Inserat: »Junge Person, vater- und mutterlos, sucht Stellung als Gouvernante für kleine Kinder, am liebsten bei älterem Witwer. Ist auch bereit, im Hauswesen tätig zu sein.«

»Schauen Sie, das wurde heute morgen eingerückt, bis heute abend findet die bestimmt eine Stellung. So muß man inserieren.«

Sie wurde aufs neue über und über rot, wiederum blitzten ihre Augen auf, sie kehrte sich ab und ging. Gefiel mir ausgezeichnet. Im übrigen war ich schon damals meiner Sache sehr sicher und hatte keine Furcht mehr: Zigarrenspitzen würde ihr keiner abnehmen. Aber sogar mit den Zigarrenspitzen war es schon aus. Ganz richtig, zwei Tage darauf kam sie wieder und war so blaß und aufgeregt – ich wußte gleich, daß bei ihr zu Hause was los war, und so war es auch in der Tat. Ich will gleich erklären, was los war, zuvor aber muß ich in meine Erinnerung zurückrufen, wie es kam, daß ich damals auftrumpfte und dadurch in ihren Augen wuchs. Dieser Entschluß war mir ganz plötzlich gekommen. Die Sache ist die, daß sie mir damals das Heiligenbild da brachte (sie hatte sich endlich entschlossen, es zu bringen) ... Ach, hören Sie nur, hören Sie! Jetzt hat es nämlich richtig angefangen, bisher habe ich alles durcheinandergebracht ... Die Sache ist die, daß ich mich jetzt an alles erinnern will, an jede solche Kleinigkeit, an jeden Zug. Ich will nämlich meine Gedanken auf einen Punkt konzentrieren und kann und kann es nicht, denn da sind diese kleinen Züge, die kleinen Züge ...

Es war ein Muttergottesbild. Die Gottesmutter mit dem Kinde, ein Familienstück aus alter Zeit, mit silbernen, vergoldeten Beschlägen – Wert – sechs Rubel mochte es wert sein. Ich sah, daß das Heiligenbild ihr teuer war, sie versetzte das ganze Stück, ohne die Beschläge abzulösen. Ich sagte ihr: »Sie täten besser daran, die Beschläge abzulösen und das Bild wieder mitzunehmen; es ist vielleicht doch nicht ganz recht, weil es ein Heiligenbild ist.« – »Ist es Ihnen denn untersagt?« – »Nein, untersagt ist es gerade nicht, ich meine nur, daß vielleicht Sie selber ...« – »Schön, lösen Sie sie ab.« – »Hören Sie mal, ich werde sie nicht ablösen, sondern das Bild dort im Heiligenschrein aufstellen«, sagte ich, nachdem ich ein wenig nachgedacht, »mag es bei den anderen Heiligenbildern unter dem brennenden Lämpchen stehen (seitdem ich mein Leihkontor eröffnet habe, brennt immer das Lämpchen über dem Heiligenschrein), und kurz und gut, nehmen Sie zehn

Rubel.« – »Ich brauche keine zehn, geben Sie mir fünf, ich werde es unbedingt auslösen.« – »Sie wollen keine zehn? Das Bild ist es wert«, fügte ich hinzu, denn ich bemerkte, daß es in ihren Augen wieder aufblitzte. Sie schwieg. Ich überreichte ihr fünf Rubel.

»Sie sollten auf niemand herabschauen, ich bin selber einmal in einer ähnlichen Klemme gewesen, und sogar in einer schlimmeren, und daß Sie mich jetzt bei einem solchen Geschäfte kennenlernen ... das ist nach all dem, was ich durchgemacht ...« – »Sie nehmen also Rache an der Gesellschaft? Wie?« unterbrach sie mich plötzlich mit ziemlich beißendem Spott, in dem übrigens dennoch viel Unschuldiges lag, das heißt nur so ganz im allgemeinen, denn mich unterschied sie damals keineswegs von den anderen Menschen, somit konnte also auch nichts eigentlich Kränkendes in ihren Worten liegen. – Aha! mußte ich denken, so eine bist du, dein Charakter wird mir klar, du gehörst zu der neuen Bewegung. – »Schauen Sie«, fügte ich sogleich halb scherzhaft, halb geheimnisvoll hinzu: »Ich – ich bin ein Teil von jener Kraft, die stets das Böse will und stets das Gute schafft ...«

Hastig und mit großer Neugierde, in der übrigens ebenfalls viel Kindliches war, blickte sie mich an. »Warten Sie ... Was war das doch? Von wo haben Sie das? Das habe ich schon irgendwo gehört ...« – »Zerbrechen Sie sich nicht den Kopf, es sind die Ausdrücke, mit denen sich Mephistopheles dem Faust vorstellt. ›Faust‹ haben Sie doch gelesen?« – »Un... unaufmerksam.« – »Mit anderen Worten, Sie haben ihn nicht gelesen. Sie sollten ihn lesen. Im übrigen bemerke ich auf Ihren Lippen wieder den spöttischen Zug. Ich bitte Sie, nicht etwa anzunehmen, daß ich so geschmacklos wäre, mich Ihnen als Mephistopheles vorzuführen, um damit meine Rolle als Pfandleiher auszuschmücken. Pfandleiher bleibt Pfandleiher. Weiß ich.« – »Sie sind so sonderbar ... Ich hatte durchaus nicht im Sinne, Ihnen etwas Derartiges zu sagen ...«

Sie hatte mir eigentlich sagen wollen: ich hätte nicht erwartet, daß Sie so gebildet seien – sie sagte es freilich nicht, aber ich wußte, daß sie es gedacht hatte; ich hatte einen ausgezeichneten Eindruck auf sie gemacht. »Schaun Sie«, fügte ich hinzu, »man kann auf jedem Gebiete Gutes tun. Ich spreche natürlich nicht von mir, denn außer Schlimmem habe ich nichts getan, dennoch ...« – »Natürlich kann man auf jedem Fleck Gutes tun«, sagte sie und warf mir einen schnellen und durchdringenden Blick zu. »Freilich auf jedem Fleck«, fügte sie plötzlich hinzu. Oh, ich erinnere mich, wie sehr erinnere ich mich an all diese Augenblicke! Und ich will noch hinzufügen, daß, wenn diese Jugend, diese liebe Jugend etwas Verständiges und Durchdrungenes sagen will, daß sie dann plötzlich allzu aufrichtig und naiv auf ihrem Gesicht lesen läßt: »schau mal, wie verständig und durchdrungen ich jetzt zu dir spreche« – und zwar nicht etwa aus Eitelkeit, wie zum Beispiel unsereiner, sondern man sieht sofort, daß sie selber all das unendlich schätzt, daran glaubt und es respektiert, und daß sie davon überzeugt ist, daß auch die anderen es genauso, wie sie es tut, respektieren. Oh, Aufrichtigkeit! Mit ihr erringt sie ihre Siege. Es war besonders bezaubernd, dies bei ihr wahrzunehmen!

Ich weiß noch alles, ich habe nichts vergessen! Als sie fort war, entschloß ich mich sogleich. Noch am selben Tage begab ich mich auf meinen abschließenden Erkundigungsgang und erfuhr die letzten, die sozusagen laufenden Details über sie; die vorigen Details hatte ich von Lukerja, die damals Dienstmädchen bei ihnen war und die ich schon einige Tage zuvor bestochen hatte, erfahren. Und zwar waren diese Details so schauderhaft, daß ich gar nicht verstehen kann, wie es ihr möglich gewesen war, so zu lachen, wie sie vorhin gelacht hatte, und sich für die Worte des Mephistopheles zu interessieren, obwohl über ihr ein solches Unheil schwebte. Freilich, so ist die Jugend! Ja freilich, eben das dachte ich damals von ihr, stolz und froh, denn es liegt doch etwas Großartiges darin: man hängt zwar am Rande des Verderbens, und dennoch schimmern Goethes große Worte. Ein Tropfen Großartigkeit liegt immer in der Jugend, und sei er auch nach der falschen Seite hin gerichtet. Das heißt, ich spreche ja nur von ihr, einzig und allein von ihr. Und was die Hauptsache ist, ich sah sie schon damals als mein an und zweifelte ganz und gar nicht mehr an meiner Macht. Wissen Sie, dies ist der allerwollüstigste Gedanke, wenn man nicht mehr zu zweifeln braucht.

Allein, was ist mit mir los! Wenn ich so weitermache, wann werde ich mich je auf einen Punkt konzentrieren? Schneller doch, schneller – mein Gott, es handelt sich doch gar nicht darum!

2. Der Heiratsantrag

Ich will mit einem Worte die »Details«, die ich über sie erfuhr, mitteilen: ihr Vater und ihre Mutter waren schon lange zuvor gestorben, vor drei Jahren etwa, und seit jener Zeit war sie unter der Obhut ihrer recht unordentlichen Tanten. Das heißt, es ist viel zuwenig, diese nur unordentlich zu nennen. Die eine Tante ist Witwe mit einer vielköpfigen Familie, sechs Kinder, von denen eines kleiner ist als das andere, die zweite ist eine alte Jungfer und ziemlich liederlich. Beide sind liederlich. Ihr Vater war Beamter, der freilich als Schreiber angefangen und es nur bis zum persönlichen Adel gebracht hatte – kurz und gut: es stand alles zu meinen Gunsten. Ich mußte für sie so etwas wie eine Erscheinung aus der oberen Welt sein: immerhin war ich doch ein verabschiedeter Stabshauptmann eines glänzenden Regimentes, erblicher Edelmann, unabhängig und dergleichen mehr, was aber mein Leihkontor anlangte, so mußten die Tanten sich eigentlich mit großer Achtung dazu stellen. Drei Jahre lang lebte sie bei den Tanten in Sklaverei, und trotzdem hatte sie es fertiggebracht, irgendwo ein Examen zu bestehen – fertiggebracht, es zu bestehen, sich die Zeit abgestohlen, es zu bestehen, ungeachtet ihrer tagtäglichen erbarmungslosen Arbeit – das bedeutete doch zweifellos, daß von ihrer Seite aus ein Bestreben da war, Höheres und Edleres zu erreichen! Und weswegen wollte ich sie denn heiraten? Im übrigen, hol' mich doch der Kuckuck, darüber läßt sich auch nachher reden ... Handelt es sich denn darum! – Sie unterrichtete die Kinder der Tanten, nähte die Wäsche, und zum Schluß wusch sie nicht nur die Wäsche, sondern mußte, mit ihrer schwachen Brust, sogar die Fußböden scheuern. Die Tanten schlugen sie und hielten ihr jedes Stück Brot vor. Es endete damit, daß sie sie verkaufen wollten. Pfui! ich verzichte auf den Schmutz der Einzelheiten. Sie hat mir das alles einige Zeit danach selber auf das genaueste erzählt. Ein ganzes Jahr lang wurde dieses Dasein von einem benachbarten dicken Kaufmann beobachtet, aber es war kein gewöhnlicher Kaufmann, es war einer mit zwei Läden. Zwei Frauen hatte er bereits abgemurkst und suchte nun die dritte, da fiel ihm diese in die Augen: »sanft ist sie und in Armut aufgewachsen, und ich will ja nur meiner verwaisten Kinder wegen heiraten.« In der Tat, er hatte mutterlose Kinder. So freite er denn, mit den Tanten kam er bald überein, dabei war er fünfzig Jahre alt; sie war natürlich entsetzt. Um jene Zeit begann sie ihrer Inserate im »Golos« wegen, mich häufiger zu besuchen. Schließlich erreichte sie, daß die Tanten ihr wenigstens ein bißchen Zeit zum Überlegen ließen. Dies Tröpfchen Zeit wurde ihr zwar gewährt, aber ein weiteres wurde ihr nicht mehr gegeben, sondern man peinigte sie immer mehr: »Auch ohne deinen überflüssigen Mund wissen wir nicht mehr, wie wir uns sattfressen sollen.« Das wußte ich bereits alles und traf noch am gleichen Tage nach dem Vorfall des Morgens meinen Entschluß. An jenem Abend machte der Kaufmann dort Besuch, er hatte aus seinem Laden ein Pfund Konfekt im Wert von einem halben Rubel mitgebracht; sie saß bei ihm, ich aber holte derweilen Lukerja aus der Küche und befahl ihr, zum Fräulein zu gehen und ihr zuzuflüstern, daß ich vor dem Tore sei und ihr etwas von der unaufschiebbarsten Art sagen müßte. Ich war mit mir ungemein zufrieden. Und überhaupt war ich an jenem Tage furchtbar zufrieden.

Und dortselbst vor dem Tore erklärte ich ihr, die schon darüber erstaunt war, daß ich sie hinausgerufen hatte, in Gegenwart von Lukerja, daß ich es für ein Glück und für eine Ehre halten würde . . . Und zweitens: sie solle sich nicht über meine Art wundern, und am Tore stünde ein Mensch, »ein Mensch geradeheraus, der alle Einzelheiten der Angelegenheit erforscht hat«. Es war keine Lüge, daß ich geradeheraus sei. Hol' es übrigens der Kuckuck. Und zwar sprach ich nicht nur anständig, das heißt wie ein Mensch von Erziehung, sondern auch originell, und das war die Hauptsache, und ist es denn etwa Sünde, so etwas offen einzugestehen? Ich will mich selber richten und richte mich auch. Ich muß pro und kontra sprechen dürfen, und tue es. Auch späterhin habe ich stets mit Vergnügen daran gedacht, obwohl es dumm war: ich erklärte ihr geradeheraus und ohne die geringste Verlegenheit, daß ich erstens weder besonders begabt, noch besonders gescheit sei, und vielleicht sogar nicht einmal besonders gut, sondern daß ich ein ziemlich billiger Egoist sei (wie gut kann ich mich noch an diesen Ausdruck erinnern, ich hatte ihn mir unterwegs ausgedacht und war sehr darüber befriedigt), und daß vielleicht sehr, sehr viel Unangenehmes auch in anderer Hinsicht in mir läge. All das sagte ich mit einem eigenartigen Stolz, man weiß ja, wie so etwas gesagt wird. Ich hatte natürlich genügend Takt, um mich, nachdem ich freimütig meine Fehler eingestanden, nicht auch auf eine Schilderung meiner Tugenden einzulassen: »dafür freilich habe ich dies und das und jenes.« Ich sah, daß sie sich zunächst noch entsetzlich fürchtete, aber ich milderte nichts, im Gegenteil, als ich sah, wie sehr sie sich fürchtete, verstärkte ich alles absichtlich nur noch mehr: ich sagte ihr geradeheraus, daß sie wohl stets satt sein würde, aber daß es weder Kleider, noch Theater, noch Bälle geben würde, höchstens später vielleicht, wenn mein Ziel erreicht wäre. Der strenge Ton, mit dem ich zu ihr sprach, riß mich entschieden fort. Ich fügte hinzu, allerdings tat ich es so belanglos als möglich, daß, wenn ich mich schon mit einer solchen Beschäftigung befasse, das heißt, dies Leihkontor hätte, ich wenigstens ein Ziel haben müßte, und zwar sei da ein gewisser Umstand ... Aber hatte ich vielleicht nicht recht, so zu sprechen: ich hatte doch in der Tat ein solches Ziel, und es war in der Tat solch ein Umstand vorhanden. Nur Geduld, meine Herrschaften, mein Leben lang war ich selber der, der dieses Leihkontor am meisten verachtet hat, in Wirklichkeit aber, obwohl es komisch ist, mit solchen geheimnisvollen Redensarten zu sich selbst zu sprechen, »rächte ich mich an der Gesellschaft«, tatsächlich, tatsächlich, tatsächlich! Mithin war ihr Spott am Morgen, daß ich mich »räche«, ungerechtfertigt. Das heißt, schauen Sie einmal, wenn ich ihr mit direkten Worten gesagt hätte: »Ja, ich räche mich an der Gesellschaft«, und sie wie heute morgen aufgelacht hätte, das wäre in der Tat komisch gewesen. Da ich jedoch nur die indirekte Andeutung machte, indem ich die geheimnisvolle Phrase steigen ließ, stellte sich bald heraus, daß es hierdurch möglich gewesen war, ihre Phantasie zu bestechen. Zu dem kommt, daß ich schon damals keine Furcht mehr hatte: ich wußte doch, daß der fette Kaufmann ihr unter allen Umständen widerlicher sein mußte als ich, und daß ich, so wie ich dort vor dem Tore stand, ihr als Befreier vorkommen mußte. Das verstand ich nur zu gut. O ja, der Mensch versteht alle Gemeinheiten immer nur zu gut! Aber waren es auch wirklich Gemeinheiten? Und darf man einen Menschen deswegen richten? Und hatte ich sie etwa nicht schon damals lieb? Warten Sie: es versteht sich, daß ich kein Sterbenswörtchen darüber fallen ließ, daß es vielleicht eine Wohltat sei, die ich ihr erwiese: im Gegenteil, o ganz im Gegenteil: »Ich bin es, dem eine Wohltat erwiesen wird, und nicht etwa Sie.« Genau so habe ich es damals nämlich ausgesprochen, ich konnte es nicht verbeißen, und es klang vielleicht dumm, denn ich bemerkte eine flüchtige Falte auf ihrem Gesicht. Alles in allem aber hatte ich entschieden gewonnen. Aber warten Sie, da ich schon einmal an diesen ganzen Schmutz denke, so will ich auch meine letzte Schweinerei nicht unerwähnt lassen: derweil ich vor ihr stand, wollte mir dies eine nicht aus dem Kopf: du bist hoch, schlank, wohlerzogen und schließlich sogar nicht einmal häßlich, ohne dabei aufzuschneiden. Das war es, was mir durch den Kopf ging. Es versteht sich von selber, daß sie noch dort vor dem Tore mir ihr Jawort gab. Freilich . . . ich muß allerdings hinzufügen: dortselbst vor dem Tore überlegte sie lange, bevor sie mir dieses Ja sagte. Sie dachte so tief nach, so sehr dachte sie nach, daß ich sie eigentlich schon fragen wollte: »Nun, wie steht's?« – und in der Tat, ich konnte mich nicht zurückhalten und fragte sie dreist: »Also, wie steht es?«

»Einen Augenblick, ich muß noch überlegen.«

Und hatte dabei ein so ernsthaftes Gesichtchen, ein solches – daß ich darin eigentlich hätte lesen können! Ich aber fühlte mich sogar gekränkt: Ist es denkbar, dachte ich, daß sie zwischen mir und diesem Kaufmann noch wählen kann? Oh, damals verstand ich es noch nicht! Nichts, rein gar nichts verstand ich damals! Und bis auf den heutigen Tag habe ich es nicht verstanden! Ich weiß noch, Lukerja kam mir nachgelaufen, als ich bereits fortging, hielt mich unterwegs an und sagte mir atemlos: »Gott soll es Ihnen vergelten, Herr, daß Sie unser liebes Fräulein nehmen, aber sagen Sie ihr nichts dergleichen, sie ist nämlich stolz.« Stolz, ja das war sie! Ich muß nämlich sagen, daß ich die Stolzen liebe. Die Stolzen sind nämlich besonders schön, wenn . . . also wenn man an seiner Macht über sie schon nicht mehr zweifelt, nicht wahr? O niedriger, o ungeschickter Mensch! Oh, wie ich zufrieden war! Aber wissen Sie, damals, als sie so vor dem Tore stand und überlegte, ob sie mir Ja sagen sollte, und ich mich darüber wunderte, wissen Sie auch, daß sie damals ganz gut folgenden Gedanken hätte haben können: »Wenn schon hier wie dort mir nichts als Unglück beschieden ist, wäre es nicht besser, sich gleich das Schlimmste herauszusuchen, das heißt den dicken Kaufmann, damit er mich wenigstens schneller im

Trunk totschlüge!« Nicht wahr? Was denken Sie, hätte ihr dieser Gedanke nicht kommen können?

Aber auch jetzt begreife ich noch nichts, auch jetzt begreife ich noch gar nichts! Sagte ich nicht soeben, daß ihr so ein Gedanke hätte kommen können: von den beiden Übeln das schlimmere zu wählen, das heißt den Kaufmann? Jedoch, wer denn war eigentlich schlimmer für sie – ich oder der Kaufmann? Der Kaufmann oder der Pfandleiher, der Goethe zitierte? Das ist die Frage! Ist es wirklich eine Frage? Verstehst denn du nicht einmal das: die Antwort liegt ja dort auf deinem Tisch vor dir, du aber sagst – Frage! Übrigens, zum Kuckuck mit mir! Es handelt sich gar nicht um mich . . . Und außerdem, was geht es mich denn jetzt an – ob es sich, oder ob es sich nicht um mich handelt? Das werde ich schon gar nicht mehr entscheiden können. Besser, schlafen zu gehen. Der Kopf tut weh . . .

3. Der Edelste zwar der Menschen, aber ich kann selber doch nicht so recht daran glauben

Nicht schlafen können. Woher auch, in meinem Kopf hämmert ein Puls. Ich möchte alles erfassen können, den ganzen Schmutz. Oh, dieser Schmutz! Oh, aus welchem Schmutz ich sie damals herauszog! Das mußte sie doch schließlich begreifen, sie mußte doch meine Tat zu schätzen wissen! Freilich gab es auch andere Gedanken, die mir zusagten, so zum Beispiel, daß ich einundvierzig alt sei und sie erst sechzehn. Es fesselte mich sehr, dieses Empfinden unserer Ungleichheit; sehr süß war es, sehr süß.

Unsere Hochzeit zum Beispiel wollte ich à l'anglaise machen, das heißt absolut nur zu zweit, wobei höchstens noch zwei Zeugen zugegen sein durften, von denen Lukerja der eine sein sollte, und danach sogleich in den Zug und, zum Beispiel, meinetwegen nach Moskau (wo ich übrigens geschäftlich zu tun hatte) auf zwei Wochen ins Hotel. Sie lehnte sich dagegen auf, sie gestattete es nicht, und so sah ich mich denn gezwungen, die Tanten aufzusuchen, um ihnen meinen Respekt zu erweisen, als ihren Anverwandten, aus deren Hand ich sie empfing. Ich gab nach und zollte den Tanten das Gebührende. Ja, ich schenkte diesen Geschöpfen sogar je hundert Rubel und versprach ihnen noch mehr, von welchem Umstand ich ihr, versteht sich, nichts sagte, um sie nicht durch die Niedrigkeit des Ganzen zu kränken. Die Tanten wurden sofort windelweich. Es gab auch einen Streit wegen der Aussteuer: sie hatte ja selber nichts, fast buchstäblich nichts, aber sie wollte auch nichts. Immerhin gelang es mir, ihr zu beweisen, daß es nicht ginge, so ganz und gar nichts zu haben, und darum kaufte ich ihr die Aussteuer, denn wer sonst hätte das für sie getan? Übrigens, zum Kukkuck mit mir. Trotzdem gelang es mir, ihr einige meiner Gedanken mitzuteilen, schon aus dem Grunde, damit sie sie wenigstens kennenlerne. Mag sein, daß ich damit zu voreilig war. Das wichtigste war, daß sie von allem Anfang an, wie sehr sie sich auch Mühe gab, fest zu bleiben, mir stets voller Liebe begegnete und mir, wenn ich sie des Abends aufsuchte, nach einem entzückten Empfang, mit dem ihr eigenen Stammeln (oh, dieses bezaubernde Stammeln der Unschuld!) von ihrer Kindheit erzählte, von ihrer Jugend, von ihrem Elternhause, von Vater und Mutter. Ich aber schüttete in diesen Rausch alsbald kaltes Wasser. Darin eben lag meine Idee. Jubel beantwortete ich mit Schweigen, allerdings mit einem wohlwollenden ... allein sie bemerkte immerhin ziemlich schnell, worin der Unterschied bestand, und hielt mich für ein Rätsel. Das war ja für mich die Hauptsache, ich wollte für sie ein Rätsel sein! Und es kann sein, daß ich diese ganze Dummheit nur deswegen begangen habe, um ihr ein Rätsel aufzugeben! Erstens einmal Strenge – unter dem Zeichen dieser gemessenen Strenge führte ich sie in mein Haus ein. Mit einem Wort, obwohl ich recht zufrieden war, schuf ich damals doch ein ganzes System. Oh, es quoll ganz von selber aus mir heraus, dieses System, ohne daß ich die geringste

Anstrengung zu machen brauchte. Anders wäre es auch nicht gegangen, aus unabweisbaren Umständen heraus war ich gezwungen, es zu erschaffen, dieses System nämlich – warum sollte ich mich denn selber verleumden! Das System stimmte durch und durch. Nein, und wissen Sie, wenn man schon einen Menschen richten will, muß man, bevor man ihn richtet, den ganzen Sachverhalt kennen ... Hören Sie also.

Womit soll ich nur anfangen, denn es ist wirklich recht schwer. Wenn man erst einmal beginnt, sich zu rechtfertigen – das ist nicht leicht. Schauen Sie einmal: da verachtet die Jugend zum Beispiel das Geld – somit legte ich denn sogleich das ganze Schwergewicht auf das Geld; ich bestand immer mehr auf dem Gelde. Und zwar bestand ich so sehr darauf, daß sie nach und nach immer schweigsamer wurde. Sie öffnete nur immer weiter die großen Augen, sie hörte, sie schaute und verstummte schließlich. Schauen Sie einmal, die Jugend ist großmütig, ich meine die ordentliche Jugend, sie ist großmütig und leidenschaftlich, aber es ist wenig Duldsamkeit in ihr, kaum geht ihr etwas gegen den Strich – da hat sie alsbald nur noch Verachtung dafür. Ich aber wollte Großzügigkeit, ich wollte ihr diese Großzügigkeit direkt ins Herz einimpfen, sie sozusagen ihrer Herzensanschauung einimpfen, verstehen Sie? Nehmen wir ein ganz simples Beispiel: Wie hätte ich zum Beispiel einem solchen Charakter wie ihr mein Leihkontor faßbar machen können? Es versteht sich von selber, daß ich nicht direkt davon anfing, denn sonst hätte es ja geklungen, als ob ich meines Leihkontors wegen sie um Verzeihung bäte, nein, ich ging sozusagen mit Stolz vor, ich sprach fast ohne Worte. Ich bin ein großer Künstler, ohne Worte zu sprechen, mein ganzes Leben ist ein Gespräch ohne Worte, und ich habe in mir selber ganze Tragödien wortlos erlebt. Oh, bin ich denn etwa nicht auch unglücklich gewesen! Mich hatten alle verstoßen, verstoßen und vergessen, und doch war niemand, niemand da, der es gewußt hat. Und plötzlich kam diese Sechzehnjährige und schnappte von gemeinen Menschen so viel Einzelheiten über mich auf, so daß sie dachte, sie wüßte alles, und dennoch war das Verborgene in der Brust dieses Menschen verborgen geblieben! Ich schwieg in einem fort, besonders aber, besonders schwieg ich mit ihr, ich schwieg bis zum gestrigen Tage – warum schwieg ich nur? Ich schwieg als ein stolzer Mensch. Ich wollte, daß sie es selbst erführe, und zwar ohne mein Dazutun, nicht etwa aus den Erzählungen von Schuften, sondern, daß sie selber darauf käme, was das für ein Mensch sei, und ihn selber erfasse! Da ich sie in mein Haus nahm, verlangte ich vollen Respekt. Ich wollte, sie solle mich meiner Leiden wegen anbeten – und ich war dessen wert. Oh, ich war schon seit je stolz, ich wollte seit je entweder alles oder nichts! Und weil ich eben kein halber Glückssucher war, sondern immer mehr wollte – deswegen eben war ich gezwungen, damals so zu handeln: »Komm selber darauf und lerne mich richtig einschätzen!« Denn Sie müssen doch zugeben, daß, wenn ich selber begonnen hätte, es ihr zu erklären und zu soufflieren, vor ihr zu schwänzeln und um ihre Achtung zu flehen – daß es dann genau so gewesen wäre, als bäte ich um ein Almosen ... Im übrigen aber ... im übrigen, wieso komme ich darauf, überhaupt davon zu sprechen!

Dumm, dumm, dumm und dumm! Geradeheraus und erbarmungslos (und ich betone, daß es erbarmungslos war) erklärte ich ihr damals in zwei Worten, daß Großmut der Jugend zwar bezaubernd, aber keinen Groschen wert sei. Warum sie nichts wert sei? Weil sie gar zu billig zu haben sei, weil man sie erhält, ohne gelebt zu haben, weil dies sozusagen die »ersten Eindrücke des Daseins« sind, aber laßt euch einmal anschauen, wie ihr werdet, wenn ihr die Arbeit kennengelernt habt! Billige Großmut ist ja so leicht, und billig ist es sogar, sein Leben hinzugeben; denn es ist ja nur das Blut, das schäumt, und ein Übermaß an Kraft, und weil man so leidenschaftlich nach Schönheit strebt! Nein, nein, doch machen Sie sich dagegen an eine arbeitsame, wortlose, unhörbare Tat der Großmut ohne Glanz, aber voll Verleumdung, die ein großes Opfer verlangt und kein Fünkchen von Ruhm einträgt – an eine Tat, durch die Sie, strahlender Mensch, vor den Augen aller als Schuft dastehen, während Sie in Wirklichkeit ehrenhafter als alle Menschen auf der Welt sind –, machen Sie sich einmal an solch eine Tat, aber ich wette, Sie werden es lieber ablehnen! Ich jedoch – ich tat mein ganzes Leben nichts anderes, als daß ich mir eine solche Tat aufbürdete. – Anfangs stritt sie mit mir, und zwar wie, nach und nach aber verstummte sie immer mehr, sie verstummte sogar ganz, und nur ihre Augen öffneten sich furchtbar weit beim Zuhören, ihre großen, großen Augen, ihre aufmerksamen Augen. Und außerdem . . . außerdem konnte ich plötzlich ein Lächeln an ihr bemerken, ein mißtrauisches, stummes und ungutes Lächeln. Und mit eben diesem Lächeln brachte ich sie in mein Haus. Es ist freilich wahr, daß es außer diesem einen keinen andern Ausweg mehr für sie gab . . .

4. Nichts als Pläne und Pläne

Wer von uns beiden hat damals eigentlich angefangen?

Eigentlich keiner. Es begann ganz von selber, und zwar schon beim ersten Schritt. Ich sagte bereits, daß ich sie mit Strenge in mein Haus brachte, allein ich milderte diese bereits beim ersten Schritt. Noch in jener Zeit, als sie meine Braut war, hatte ich ihr erklärt, daß sie sich mit der Entgegennahme der Pfänder und mit dem Auszahlen des Geldes werde befassen müssen, und damals entgegnete sie hierauf kein Wort (bemerken Sie das, bitte). Aber nicht genug damit – sie ging sogar voller Eifer ans Werk. Die Wohnung freilich und die Möbel – alles das blieb unverändert. Die Wohnung bestand aus zwei Zimmern; das eine von ihnen war ein großer Saal, von dem ein Teil für das Leihkontor hergerichtet worden war, das andere Zimmer, das ebenfalls groß war, war unser gemeinsames Wohn- und Schlafzimmer. Meine Möbel waren ziemlich dürftig; sogar die Tanten besaßen bessere. Mein Heiligenschrein mit dem Lämpchen befand sich im Saal, und zwar dort, wo das Leihkontor war; in meinem Zimmer stand ein Schrank, in dem einige Bücher waren, und ein Kasten, dessen Schlüssel ich bei mir trug; nun, und außerdem natürlich noch ein Bett, Tisch und Stühle. Noch in der Zeit, da sie meine Braut war, sagte ich ihr, daß ich für unsern Unterhalt, das heißt für meine und ihre Beköstigung und die von Lukerja, die ich zu mir gelockt hatte, nicht mehr als einen Rubel täglich aussetzen könnte: »Ich muß nämlich in drei Jahren dreißigtausend Rubel ersparen, und auf andere Weise läßt sich kein Geld zurücklegen.« Sie hatte nichts dagegen, ich selber war es, der den Betrag um dreißig Kopeken erhöhte. Genau so mit dem Theater. Noch in der Brautzeit hatte ich ihr gesagt, daß es mit dem Theater nichts wäre, trotzdem jedoch bestimmte ich späterhin, daß es einmal im Monat Theater geben dürfte, und zwar anständig, Parkettplätze. Wir gingen dreimal ins Theater und sahen »Die Jagd nach dem Glück« und »Singvögel«, wie mir scheint. (Oh, hol' es doch der Kuckuck, hol's der Kuckuck!) Wortlos gingen wir hin und wortlos kehrten wir heim. Weswegen eigentlich, weswegen kam das, daß wir bereits von allem Anfang an schwiegen? Denn im Anfang gab es ja noch keinen Streit, und trotzdem dieses Schweigen. Ich kann mich noch gut daran erinnern, wie sie mich heimlich mit Seitenblicken anschaute; kaum hatte ich das bemerkt, da legte ich mich nur noch mehr aufs Schweigen. Es ist freilich wahr, das mit dem Schweigen, das kam von mir und nicht von ihr. Von ihrer Seite aus gab es ein- oder zweimal sogar Ausbrüche, sie warf sich mir um den Hals, um mich zu umarmen; aber da diese Ausbrüche krankhaft und hysterisch waren und ich ein gefestigtes Glück brauchte, das auf Achtung begründet war, nahm ich sie nur kalt auf. Und hatte auch recht: denn noch jedesmal nach solchen Ausbrüchen gab es am nächsten Tage Streit zwischen uns.

Das heißt, es war wiederum kein eigentlicher Streit, sondern nur Schweigen, und außerdem – außerdem gab es mit jedem Male eine immer dreistere Miene bei ihr. »Rebellion und Unabhängigkeitsgelüst« – das war es, allein sie verstand es nicht gut. Ja, dieses sanfte Gesicht wurde immer dreister und dreister. Sie können mir glauben, ich wurde ihr immer garstiger, ich habe es studiert. Daran aber, daß ihre Ausbrüche sie fortrissen, daran konnte es keinen Zweifel geben. Wie war es zum Beispiel möglich, daß sie, die aus solchem Schmutz und solcher Armut kam, die die Fußböden gescheuert hatte, plötzlich über unsere Armut die Nase rümpfte! Und schauen Sie nur: es war ja gar keine Armut, es war Sparsamkeit, und wo es nötig war, da gab es sogar Überfluß, in der Wäsche zum Beispiel, und was die Sauberkeit anlangt. Es war schon seit je meine Ansicht, daß Reinlichkeit des Mannes die Frau fesseln müsse. Im übrigen war es weniger die Armut, über die sie herfiel, als mein angeblicher Geiz, mit dem ich mein Sparsystem betrieb: »Er hat sich anscheinend ein Ziel gestellt, er will seinen eisernen Charakter beweisen.« Mit einem Male wollte sie nichts mehr vom Theater wissen. Und immer schlimmer und schlimmer die spöttische Falte ... ich aber vertiefte mein Schweigen, ich vertiefte mein Schweigen noch mehr.

Rechtfertige ich mich etwa? Es war das Leihkontor. Erlauben Sie mal: ich wußte doch, daß eine Frau und zumal eine von sechzehn Jahren, sich nur zu gern dem Manne völlig unterwirft. Es gibt keine Originalität bei Frauen, dies ist für mich ein Axiom, sogar jetzt, sogar jetzt noch ist dies ein Axiom für mich! Spricht das etwa dagegen, was jetzt dort im Saale auf dem Tisch liegt! Eine Wahrheit bleibt eine Wahrheit, und selbst Mill kann dagegen nichts ausrichten! Denn ein liebendes Weib, o freilich, ein liebendes Weib vergöttert sogar noch die Laster, sogar noch die Übeltaten des geliebten Mannes. Er selber wird keine solchen Rechtfertigungen für seine Verbrechen finden, wie sie sie zu finden imstande ist. Großmütig ist das, aber keineswegs originell. Lediglich dadurch, daß sie nicht originell sind, haben sich Frauen zugrunde gerichtet. Und was soll es, ich wiederhole, daß Sie hierbei dort auf den Tisch weisen? Ja, ist denn das etwa originell, was sich dort auf dem Tisch befindet? Oh – oh! Hören

Sie: ich war damals von ihrer Liebe mehr als überzeugt. Sie hatte sich mir doch damals an den Hals geworfen. Mithin liebte sie mich doch, oder vielmehr, sie wünschte zu lieben. Ja, so war es auch: sie wollte lieben, sie suchte Liebe. Und die Hauptsache war schließlich, daß von meiner Seite aus gar keine solchen Verbrechen vorlagen, für die man irgendwelche Entschuldigungen hätte suchen müssen. Sie meinen: ein Pfandleiher, und alle sagen das gleiche. Aber was ist denn dabei, daß ich Pfandleiher bin? Das kann doch nur bedeuten, daß es offenbar Gründe gegeben hat, wenn der Großmütigste unter den Menschen zu einem Pfandleiher geworden ist. Sehen Sie, meine Herrschaften, es gibt gewisse Ideen ... das heißt, sehen Sie, wenn man gewisse Ideen aussprechen und in Worte fassen wollte, so würde etwas entsetzlich Dummes dabei herauskommen. Man müßte sich über sich selber schämen. Und warum eigentlich? Kein Grund vorhanden. Darum nur, weil wir alle ein Dreck sind und die Wahrheit nicht vertragen können oder was weiß ich. Ich sagte soeben »der Großmütigste unter den Menschen«. Das klingt lächerlich, und dennoch ist es so und nicht anders. Denn das ist doch Wahrheit, das ist die wirklichste, die allerwahr- und wahrhaftigste Wahrheit! Ja, ich hatte das Recht zu wünschen, mein Leben sorglos zu gestalten und darum dieses Leihkontor zu eröffnen. »Ihr habt mich verstoßen, ihr, Menschen, das heißt, mit verächtlichem Schweigen habt ihr mich fortgejagt. Meine leidenschaftliche Zuneigung habt ihr mit einer Kränkung für mein ganzes Leben beantwortet. Somit habe ich doch das volle Recht, eine Wand zwischen mir und euch aufzurichten, diese dreißigtausend Rubel zusammenzukratzen und irgendwo in der Krim am Ufer des südlichen Meeres zwischen Bergen und Weingärten mein Leben zu beschließen, auf meiner eigenen Besitzung, die ich mir für diese dreißigtausend zu kaufen gedenke, und vor allen Dingen fern von euch, wenn auch ohne Haß gegen euch, mit einem Ideal in der Seele, mit einer herzlich geliebten Frau und mit Familie, wenn Gott die mir schenken wird, und – den Landleuten der

Umgebung helfend.« Natürlich ist es gut, daß ich das jetzt zu mir selber sage, denn hätte es was Dümmeres geben können, als wenn ich ihr das damals laut ausgemalt hätte? Daher mein stolzes Schweigen, daher kam es, daß wir so oft stumm nebeneinander saßen. Denn was hätte sie von dem allen verstehen können? Sechzehn Jahre, die früheste Jugend – was hätte sie von meinen Rechtfertigungen, was von meinen Leiden verstehen können? In diesem Alter scheint es nur Gradlinigkeit zu geben, Unkenntnis des Lebens, billige jugendliche Überzeugungen, die Hühnerblindheit der »edlen Herzen«, und, was die Hauptsache war – da war ja mein Leihkontor, und also basta (aber war ich denn etwa in meinem Leihkontor solch ein Bösewicht, sah sie es denn nicht selber mit an, wie ich handelte und daß ich niemand übervorteilte?)! Oh, wie grausam ist doch die Wahrheit auf dieser Welt! Diese Reizende, diese Sanfte, dieser Himmel – sie war ein Tyrann, der unerträgliche Tyrann meiner Seele und außerdem mein Peiniger! Ich würde mich selber anschwärzen, wollte ich das nicht aussprechen! Sie meinen vielleicht, ich hätte sie nicht geliebt? Schauen Sie: nur eine bittere Ironie des Schicksals und der Natur kam dabei heraus! Wir sind ja verdammt, das Leben der Menschen ist überhaupt verdammt! (Und das meine im besonderen!) Ich begreife ja jetzt, daß ich irgendwo einen Fehler gemacht haben muß! Denn es kam dabei etwas heraus, was nicht hätte herauskommen sollen. Alles war doch klar, klar wie der Himmel war mein Plan: »Rauh, stolz, braucht keinerlei moralischen Zuspruch, leidet wortlos.« So war es doch auch, ich log ja nicht, ich log nicht! »Sie wird späterhin selber einmal einsehen, daß es nichts als Großmut war, die sie nur nicht wahrzunehmen vermochte – und wenn sie das endlich erfaßt haben wird, so wird sie mich zehnmal mehr schätzen und mit gefalteten Händen vor mir in den Staub sinken.« So war der Plan. Und trotzdem muß ich dabei etwas vergessen oder außer acht gelassen haben. Irgend etwas muß ich nicht recht gemacht haben. Aber genug damit, genug! Wen könnte ich jetzt noch um Verzeihung bitten? Aus ist aus. Faß dir ein Herz, Mensch, und sei stolz! Nicht du bist schuld!

Was ist dabei, ich will die Wahrheit sagen, ich fürchte mich nicht, der Wahrheit fest ins Antlitz zu schauen: nur sie ist schuld daran, einzig und allein nur sie! ...

5. Die Sanfte rebelliert

Der Streit begann damit, daß es ihr plötzlich in den Kopf kam, das Geld nach ihrem Gutdünken auszuzahlen und die Gegenstände höher einzuschätzen als sie wert waren; zweimal ließ sie sich dabei sogar herab, mit mir über dieses Thema zu streiten. Ich erklärte mich nicht einverstanden. Und bei dieser Gelegenheit war es, daß die Hauptmannsfrau hereinschneite. Da kam also die alte Hauptmannsfrau und brachte ein Medaillon – ein Geschenk ihres verstorbenen Mannes, für sie mithin ein teures Andenken. Ich gab ihr dreißig Rubel dafür. Sie jammerte auf das kläglichste und bat inständig, das Ding doch ja aufzuheben, versteht sich von selber, wir heben es auf. Kurz und gut, fünf Tage darauf kam sie wieder, um es gegen ein Armband umzutauschen, das keine acht Rubel wert war; natürlich lehnte ich das ab. Vermutlich hatte sie schon damals etwas in den Augen meiner Frau gelesen, denn als ich einmal nicht da war, kam sie wieder, und meine Frau tauschte ihr das Medaillon aus. Ich erfuhr es noch am gleichen Tage und sprach mit ihr darüber, und zwar sprach ich sanft, aber fest und verständlich. Sie saß auf dem Bett, schaute den Fußboden an und klopfte mit der rechten Fußspitze auf den Teppich (das machte sie immer so); ein unfreundliches Lächeln krümmte hierbei ihre Lippen. Darauf erklärte ich ruhig und ohne die Stimme zu erheben, daß das Geld mein sei, und daß ich das Recht habe, das Leben mit meinen Augen anzuschauen, und daß ich, als ich sie damals gebeten, in mein Haus zu kommen, nichts vor ihr verheimlicht hätte.

Sie jedoch sprang plötzlich auf, sie bebte am ganzen Körper und begann – was meinen Sie –, sie begann mit einmal mit den

Füßen zu stampfen; sie war wie ein Tier, es war ein Anfall, sie war ein Tier in einem Anfall von Tobsucht. Ich war vor Staunen starr; diesen Ausfall hätte ich niemals erwartet. Trotzdem ließ ich mich nicht hinreißen, ich machte nicht einmal eine Bewegung, sondern erklärte ihr nur mit derselben ruhigen Stimme wie zuvor, daß ich sie von nun ab davon entbinde, mir in meinem Geschäfte beizustehen. Sie lachte mir dreist ins Gesicht und verließ die Wohnung.

Die Sache ist nämlich die, sie hatte nicht das Recht, aus der Wohnung zu gehen. Ohne mich keinen Schritt, das hatten wir schon während der Brautzeit ausgemacht. Sie kehrte erst gegen Abend zurück; ich blieb stumm.

Tags darauf lief sie bereits am frühen Morgen fort, und am folgenden Tage das gleiche. Ich schloß mein Leihkontor und begab mich zu den Tanten. Seit dem Tage meiner Hochzeit hatte ich die Beziehungen zu ihnen abgebrochen – weder ließ ich sie zu uns, noch gingen wir zu ihnen. Aber es stellte sich heraus, daß sie bei ihnen nicht gewesen war. Sie hörten mich neugierig an, hinterher aber verspotteten sie mich obendrein. »Das geschieht Ihnen«, sagten sie, »ganz recht.« Ich hatte dies Gelächter erwartet. Bei dieser Gelegenheit bestach ich die jüngere Tante, die alte Jungfer nämlich, mit hundert Rubeln und gab ihr fünfundzwanzig sofort als Vorschuß. Zwei Tage darauf kam sie zu mir. »Ein Offizier, Leutnant Jefimowitsch, Ihr gewesener Regimentskamerad«, sagte sie, »ist in diese Sache verwickelt.« Ich war sehr überrascht. Denn dieser Jefimowitsch hatte mir mehr als die anderen im Regiment Böses getan, vor einem Monat aber war er, der schamlose Kerl, zweimal zu mir unter dem Vorwand, etwas versetzen zu wollen, ins Leihkontor gekommen, und schon damals, ich kann mich dessen genau entsinnen, hatte er mit meiner Frau zu scherzen angefangen. Damals war ich auf ihn zugegangen und hatte ihm gesagt, er solle schon in Hinsicht auf unsere früheren Beziehungen sich nicht mehr erdreisten, zu mir zu kommen; kein anderer Gedanke war mir in den Kopf gekommen, damals hielt ich ihn einfach für einen unverschämten Kerl. Nun aber teilte mir die Tante mit, daß meine Frau mit ihm bereits eine Zusammenkunft vereinbart hätte und daß die ganze Angelegenheit von einer früheren Bekannten der Tante, der Witwe Julija Samsonowna, die zudem eine Oberstenwitwe war, ins Werk gesetzt würde – »zu ihr nämlich«, sagte sie, »geht Ihre Frau jetzt«.

Ich will dies Bild nicht weiter ausmalen. Mich kostete die ganze Sache gegen dreihundert Rubel, dafür jedoch war es in zwei Tagen bereits so weit, daß ich das Recht erhielt, im Nebenzimmer hinter der angelehnten Tür zu stehen und das erste Rendezvous, das meine Frau unter vier Augen mit Jefimowitsch haben sollte, zu belauschen. In Erwartung dieses Umstandes gab es freilich am Abend vorher noch eine kurze, aber für mich nur allzu bedeutsame Szene.

Sie kehrte erst gegen Abend zurück, setzte sich aufs Bett, sah mich spöttisch an und klopfte mit der Fußspitze auf den Teppich. Ich sah sie an, und da kam mir plötzlich der Gedanke, daß sie eigentlich diesen ganzen letzten Monat, oder vielmehr die zwei letzten Wochen gar nicht ihren eigentlichen Charakter, sondern, man kann wohl sagen, einen völlig entgegengesetzten Charakter bekundet hätte: sie war ein rasendes, angriffslustiges Wesen geworden, das zwar nicht gerade schamlos war, aber dafür unordentlich, und das den Unfrieden wollte. Und Unfrieden sogar heraufbeschwor. Freilich war ihr ihre eigene Sanftmut hierbei im Wege. Wenn eine solche toll wird, merkt man trotzdem, wenn sie auch jedes Maß überschreitet, daß sie sich nur selber aufstachelt, sich selber in Hitze redet, und daß sie dennoch weder mit ihrer Keuschheit noch mit ihrer Scham fertig werden kann. Darum geschieht es auch, daß solche zuweilen so sehr über die Schnur hauen, daß man seinem eigenen kontrollierenden Verstande nicht mehr glauben will. Eine Seele dagegen, die sich bereits an das Laster gewöhnt hat, wird immer bestrebt sein, alles zu mildern, sie wird es zwar viel schlimmer treiben, aber sie wird versuchen, Anstand und Sitte zu wahren und sogar den Anschein erwecken wollen, als sei sie Ihnen überlegen.

»Sagen Sie, ist es wahr, daß man Sie aus dem Regiment gejagt hat, weil Sie zu feige waren, ein Duell anzunehmen?« fragte sie plötzlich, den Streit vom Zaune brechend, wobei ihre Augen funkelten. – »So ist es; laut dem Ehrengericht der Offiziere wurde ich aufgefordert, aus dem Regiment auszutreten, obwohl ich vorher schon selber um meinen Abschied gebeten hatte.« – »Also fortgejagt als Feigling?« – »Ja, ich wurde wegen Feigheit verurteilt. Aber ich lehnte das Duell nicht als Feigling ab, sondern weil ich mich einem tyrannischen Urteil nicht unterwerfen und jemand fordern wollte, von dem ich mich keineswegs beleidigt fühlte. Merken Sie sich«, dies konnte ich nicht verbeißen, »daß es bedeutend mehr Mut beweist, sich gegen eine solche Tyrannei aufzulehnen und alle Folgen hiervon zu tragen, als jedes nur beliebige Duell anzunehmen.«

Ich hatte mich nicht zurückhalten können, diese Phrase hatte ich gewissermaßen zu meiner Rechtfertigung ausgesprochen, sie aber wollte ja nichts anderes, als diese neue Erniedrigung. Sie lachte boshaft.

»Und ist es wahr, daß Sie drei Jahre lang wie ein Vagabund sich auf den Straßen Petersburgs herumgetrieben und die Menschen um einen Zehner angebettelt haben, und unter Billardtischen übernachteten?« – »Ich habe auch im Wjasemskijschen Hause auf dem Heumarkt übernachtet. Ja, das ist so; nach meiner Regimentszeit hat es in meinem Leben viel Schmach und Erniedrigung gegeben, aber freilich keine moralische Erniedrigung, denn ich selber habe meine eigenen Handlungen damals am meisten gehaßt. Es war nichts als ein Sinken meines Willens und meines Verstandes, hauptsächlich hervorgerufen durch meine verzweifelte Lage. Allein, das ist jetzt vorüber ...« – »Oh, jetzt freilich sind Sie wer – ein Kapitalist!«

Das heißt, eine Anspielung auf mein Leihkontor. Aber jetzt hatte ich mich wieder im Zaum. Ich sah, daß sie eine für mich erniedrigende Auseinandersetzung herbeiführen wollte – und ließ es nicht dazu kommen. Im gleichen Augenblick klingelte jemand, der etwas versetzen wollte, und ich ging zu ihm in den Saal. Erst nachher, es war eine Stunde darauf, blieb sie, nachdem sie sich plötzlich angezogen hatte, um auszugehen, vor mir stehen und sagte: »Vor der Hochzeit haben Sie mir hiervon nichts gesagt.«

Ich gab keine Antwort; sie ging fort.

Tags darauf stand ich also in jenem Zimmer hinter der Tür und hörte zu, wie sich mein Schicksal entscheiden mußte, in meiner Tasche aber steckte ein Revolver. Sie hatte sich nett angezogen und saß am Tisch, Jefimowitsch machte ihr auf seine Art den Hof. Und was meinen Sie: es kam dabei heraus (ich muß das zu meiner Ehre sagen), es kam dabei genau das heraus, was ich vorausgefühlt und vorhergesehen hatte, obwohl ich mir dessen nicht ganz bewußt geworden war, daß ich es vorausfühlte und voraussah. Ich weiß nicht, ob ich mich ganz verständlich ausdrücke.

Folgendes kam dabei heraus. Ich mußte eine ganze Stunde lang zuhören, eine ganze Stunde hindurch dem Zweikampf beiwohnen, den die edelste und erhabenste Frau mit dem weltlichsten, verdorbensten und stumpfesten Geschöpf und seiner kriechenden Seele ausfocht. Und woher eigentlich, mußte ich überrascht denken, woher weiß diese Naive, diese Sanfte, diese Wortlose das alles? Der geistreichste Verfasser von Komödien aus der großen Welt hätte diese Szene nicht besser schaffen können, mit ihrem Spott, ihrem naiven Gelächter und der heiligen Verachtung, die die Tugend für das Laster hat. Und wieviel Glanz war dabei in ihren Worten und sogar noch in dem kleinsten Wörtchen; welcher Witz in ihren schnellen Antworten, wieviel Wahrheit in ihren Urteilen. Und dennoch zu gleicher Zeit, wieviel mädchenhafte Einfalt. Sie lachte ihn wegen seiner Gesten und Anträge glatt aus. Und er, der mit der Absicht gekommen war, die Sache roh zu Ende zu führen, und keinerlei Widerstand erwartete, er saß nun auf einmal dumm da. Anfangs sah es fast so aus, als wäre es von ihrer Seite nichts als Koketterie – »die Koketterie eines zwar verderbten, aber geistreichen Geschöpfes, um dadurch an Wert zu gewinnen«. Aber nein, sonnengleich erstrahlte die Wahrheit, und kein Zweifel war mehr am Platze. Es war nichts als Haß gegen mich, übertriebener und leidenschaftlicher Haß, der sie, die Unerfahrene, dazu gebracht hatte, in dieses Rendezvous einzuwilligen, kaum jedoch war es so weit, da gingen ihr plötzlich die Augen auf. Es war nichts als der krampfhafte Wunsch, mich wodurch immer zu verletzen, aber obwohl sie sich zu diesem Schmutz bereit erklärt hatte, konnte sie ihn zum Schluß dennoch nicht mehr ertragen. Und wie hätte sie, die Sündlose und Reine, die noch an Ideale glaubte, irgendein Jefimowitsch oder wer immer von diesen Geschöpfen aus der Gesellschaft verführen können? Im Gegenteil, er rief bei ihr nichts als Lachen hervor. In ihrem Herzen stieg alsbald die ganze Wahrheit auf, und der Unwille darüber war es, der sie zu ihren Sarkasmen trieb. Ich wiederhole, der Narr saß zum Schluß finster wie eine Nachteule da und antwortete ihr kaum mehr, so daß ich sogar zu fürchten begann, daß er am Ende wagen könnte, sie aus niedriger Rachsucht zu beleidigen. Und ich wiederhole ebenfalls: es muß zu meiner Ehre gesagt werden, daß ich diese ganze Szene fast ohne Erstaunen anzuhören vermochte. Es war fast, als wäre ich dabei nur auf Bekanntes gestoßen. Es war fast, als wäre ich nur deswegen hingegangen, um das zu erleben. Denn ich war ja hingegangen, ohne an irgendeine Anschuldigung zu glauben, obwohl ich den Revolver in die Tasche gesteckt hatte – dies ist die lautere Wahrheit! Und wie hätte ich auch darauf kommen können, sie mir anders vorzustellen? Weswegen liebte ich sie denn so, weswegen schätzte ich sie und weswegen hatte ich sie denn geheiratet? Oh, freilich, davon hatte ich mich nur zu sehr überzeugt, wie sehr sie mich damals haßte, allein auch davon hatte ich mich überzeugt, wie völlig makellos sie war. Ich machte dem Auftritt ein Ende, indem ich die Tür öffnete. Jefimowitsch sprang auf, ich nahm ihren Arm und bat sie, mit mir fortzugehen. Jefimowitsch gewann die Beherrschung zurück und brach plötzlich in ein lautes und schallendes Gelächter aus: »Oh, gegen die geheiligten Gattenrechte kann ich nicht aufkommen, führen Sie sie fort, führen Sie sie nur fort! Und hören Sie«, rief er mir nach, »wenn es sich auch für einen anständigen Menschen nicht schickt, sich mit Ihnen zu schlagen, so will ich doch aus Achtung vor Ihrer Dame Ihnen zur Verfügung stehen ... Wenn Sie freilich den Mut dazu aufbringen sollten ...«

»Sie hören es!« sagte ich, indem ich sie auf einen Augenblick an der Schwelle zurückhielt.

Auf dem ganzen Wege bis zu unserem Hause kein Wort weiter. Ich führte sie am Arm, und sie widerstrebte nicht. Ganz im Gegenteil, sie war unendlich überrascht, aber freilich nur, bis wir unsere Wohnung erreicht hatten. Zu Hause setzte sie sich auf einen Stuhl und starrte mich an. Sie war ungewöhnlich blaß; zwar hatte sie ihre Lippen alsbald zum Spott verzogen, in ihrem Blick aber lag etwas wie eine feierliche und wilde Herausforderung, denn, mir scheint, sie war damals in den ersten Minuten im Ernst davon überzeugt, daß ich sie mit einem Revolverschuß töten würde. Ich jedoch nahm schweigend den Revolver aus der Tasche und legte ihn auf den Tisch. Sie sah mich an und sah den Revolver an. (Bemerken Sie, bitte: dieser Revolver war ihr nicht mehr unbekannt. Ich hatte ihn damals gekauft, als ich mein Leihkontor eröffnete, er war immer geladen. Denn als ich damals mein Leihkontor eröffnete, hatte ich beschlossen, mir weder große Hunde noch einen kräftigen Diener zu halten, wie es zum Beispiel Moser tut. Den Leuten, die zu mir kommen, öffnet die Köchin. Trotzdem jedoch darf einer, der unser Gewerbe betreibt, unter keinen Umständen auf das Mittel zur Verteidigung verzichten, und so hatte ich mir denn den geladenen Revolver zugelegt. Bereits in den ersten Tagen, die sie in meinem Hause zubrachte, bekundete sie ein großes Interesse an diesem Revolver und fragte mich aus, ich aber erklärte ihr sowohl die Konstruktion als auch sein System und überredete sie sogar einmal, nach dem Ziel zu schießen.

(Bemerken Sie das bitte.) Ohne ihrem erschreckten Blick Beachtung zu schenken, legte ich mich halb entkleidet aufs Bett. Es hatte mich sehr mitgenommen; es ging zudem bereits auf elf Uhr. Sie blieb immer noch auf dem gleichen Fleck regungslos sitzen, und zwar etwa eine Stunde lang, dann löschte sie die Kerze und legte sich ebenfalls angezogen auf den Diwan, der an der Wand stand. Es war das erstemal, daß sie sich nicht zu mir ins Bett legte – bitte, bemerken Sie auch das . . .

6. Schreckliche Erinnerung

Und jetzt die schreckliche Erinnerung . . . Ich erwachte frühmorgens, ich glaube, es war um die achte Stunde, im Zimmer war es schon fast ganz hell. Ich erwachte sehr plötzlich, ich war sofort bei vollem Bewußtsein und öffnete die Augen. Sie stand am Tisch, in der Hand hielt sie den Revolver. Sie hatte nicht bemerkt, daß ich erwacht war, und sah nicht, daß ich sie anschaute. Und mit einem Male sah ich, daß sie mit dem Revolver in der Hand sich auf mich zu bewegte. Schleunigst schloß ich die Augen und stellte mich, als läge ich im tiefsten Schlaf.

Dicht vor meinem Bett blieb sie stehen. Ich konnte alles hören; es war eine Totenstille eingetreten, und doch hörte ich diese Stille. Plötzlich geschah eine krampfhafte Bewegung – und da mußte ich wider meinen Willen die Augen öffnen. Sie sah mich fest an, sie sah mir gerade in die Augen, der Revolver lag schon an meiner Schläfe. Unsere Blicke begegneten sich. Aber wir sahen einander nicht länger als nur einen Augenblick an. Gewaltsam schloß ich die Augen aufs neue und beschloß im selben Augenblick mit all meiner seelischen Kraft, mich nicht mehr zu bewegen und meine Augen nicht wieder zu öffnen, was immer auch kommen möge. – In der Tat, es gibt solche Fälle, in denen ein tief schlafender Mensch plötzlich die Augen öffnet und sogar auf eine Sekunde den Kopf erhebt und sich im Zimmer umschaut, einen Augenblick darauf aber liegt sein Kopf bewußtlos wieder auf dem Kissen, und er schläft ein, ohne sich an irgend etwas zu erinnern. Und als ich, der ich ihrem Blick begegnet war und den Revolver auf meiner Schläfe gespürt haben mußte, nun aufs neue die Augen schloß und regungslos wie ein fest Schlafender dalag – da konnte sie freilich mit Bestimmtheit annehmen, daß ich in der Tat schliefe und nichts bemerkt hätte, um so mehr, als es völlig unwahrscheinlich war, daß einer, der das gesehen, was ich sah, in einem solchen Augenblick wieder die Augen schließt.

Ja, freilich unwahrscheinlich. Immerhin jedoch bestand die Möglichkeit, daß sie die Wahrheit erraten könnte – dieser Gedanke fuhr mir im gleichen Augenblick durch den Kopf. Oh, welch ein Chaos von Gedanken und Empfindungen durchzuckte in weniger als einem Augenblick meinen Geist, es lebe die Elektrizität des menschlichen Gedankens! Denn in dem Falle (so wenigstens kam es mir vor), daß sie die Wahrheit erraten hätte und nunmehr wüßte, daß ich nicht schliefe, in diesem Falle hätte ich sie ja bereits mit meiner Bereitschaft, den Tod zu erleiden, erdrücken müssen, und dann mußte ihre Hand ja versagen. Die neue außergewöhnliche Empfindung konnte ihre Entschlossenheit zum Scheitern bringen. Man erzählt, daß Menschen, die auf einer Höhe stehen, sich irgendwie nach unten gezogen fühlen, in den Abgrund hinein. Ich denke, daß viele Selbstmorde und auch Morde nur aus dem Grunde geschahen, weil die Hand bereits den Revolver hielt. Dies ist der gleiche Abgrund, ein Abhang von fünfundvierzig Grad Abschüssigkeit, auf dem man sich nicht halten kann, sondern abgleiten muß, denn ein Etwas ist da, das unbezwingbar veranlaßt, den Hahn abzudrücken. Trotzdem jedoch konnte das Bewußtsein, daß ich alles gesehen hätte, alles wüßte und wortlos den Tod von ihr erwartete, sie auf der abschüssigen Fläche noch aufhalten.

Die Stille hielt immer noch an, plötzlich aber empfand ich auf meiner Schläfe neben den Haaren die kalte Berührung des Eisens. Sie werden mich jetzt sicher fragen: ob ich eigentlich fest davon überzeugt war, daß ich gerettet würde? Ich will Ihnen bekennen, als stünde ich vor Gott: ich hatte nicht die geringste Hoffnung mehr, höchstens etwa eine Chance gegen hundert. – Warum also dann den Tod erleiden wollen? Ich dagegen frage: was sollte mir das Leben, nachdem das von mir vergötterte Wesen den Revolver gegen mich erhoben hatte? Und außerdem wußte ich mit der ganzen Inbrunst meines Daseins, daß jetzt in diesem Augenblick zwischen uns beiden ein Kampf vor sich ging, ein schrecklicher Zweikampf auf Tod und Leben, der Zweikampf mit dem gleichen gestrigen Feigling, der von seinen Kameraden seiner Feigheit wegen davongejagt worden war. Das wußte ich, und sie mußte es auch wissen, wenn sie die Wahrheit erraten hatte, daß ich nicht schliefe.

Es kann freilich sein, daß es gar nicht so war, es kann sein, daß ich damals nichts dergleichen dachte, trotzdem jedoch mußte es auch ohne bewußte Gedanken so sein, denn ich habe ja späterhin nichts anderes getan, als zu jeder Stunde meines Lebens nur noch hieran gedacht.

Sie werden mir jetzt eine neue Frage stellen: warum ich sie nicht von dem Verbrechen zurückgehalten hätte? Oh, die gleiche Frage habe ich mir im Laufe der Zeit wohl tausendmal gestellt – und zwar jedesmal, wenn ich, kalte Schauer im Rücken empfindend, an diese Minute zurückdachte. Damals jedoch war nichts als dunkle Verzweiflung in meiner Seele: ich ging zugrunde, ich ging ja selber zugrunde, wen hätte ich da noch zurückhalten können? Und woher wollen Sie wissen, ob es damals überhaupt mein Wunsch war, jemand zurückzuhalten? Woher wollen Sie wissen, was ich damals eigentlich fühlte?

Immerhin brodelte mein Bewußtsein; die Sekunden flogen, und immer noch herrschte die Totenstille; immer noch stand sie vor mir – und plötzlich erbebte ich vor Hoffnung! Ich schlug hastig die Augen auf. Sie war nicht mehr im Zimmer. Ich erhob mich vom Bett; jetzt hatte ich gesiegt – sie aber, sie war auf ewig geschlagen.

Ich begab mich ins andere Zimmer zum Samowar. Der Samowar wurde bei uns stets im ersten Zimmer aufgestellt, den Tee pflegte sie immer selber auszuschenken. Schweigend nahm ich am Tisch Platz, und schweigend empfing ich ein Glas Tee von ihr. Erst nach etwa fünf Minuten blickte ich sie an. Sie war furchtbar bleich, noch blasser als gestern, und sah mich an. Mit einem Male aber – mit einem Male bemerkte sie, daß ich sie ansah, und da flog ein blasses Lächeln über ihre blassen Lippen, während gleichzeitig eine verzagte Frage in ihren Augen aufstieg: »Mithin zweifelt er immer noch und fragt sich selber: ob er es wisse oder nicht, ob er es gesehen oder nicht gesehen habe?« Gleichgültig wandte ich die Augen ab. Nach dem Tee schloß ich mein Leihkontor, ging auf den Markt und kaufte eine eiserne Bettstelle und Wandschirme. Nach Hause zurückgekehrt, ließ ich das Bett im Saal aufschlagen und es mit Wandschirmen abtrennen. Es war ein Bett für sie, aber ich sagte ihr kein Wort hierüber. Denn auch ohne Worte begriff sie, und zwar eben infolge dieses Bettes, daß ich »alles gesehen und alles wußte« und daß kein Zweifel mehr am Platze war. Nachts ließ ich den Revolver auf dem Tisch liegen wie stets zuvor. Als es Nacht wurde, legte sie sich schweigend in ihr neues Bett: die Ehe war gelöst, sie war »besiegt, aber ihr war noch nicht verziehen«. Nachts begann sie zu phantasieren, und am Morgen brach ein hitziges Fieber bei ihr aus. Sechs Wochen lang mußte sie das Bett hüten.

Zweites Kapitel

1. Traum des Stolzes

Lukerja erklärte mir soeben, sie wolle nicht länger bei mir bleiben und werde mich sogleich nach der Beerdigung der gnädigen Frau verlassen. Ich habe fünf Minuten lang auf den Knien gelegen und gebetet, ich wollte eigentlich eine Stunde lang beten, aber ich muß immer denken und denken, und es sind nichts als kranke Gedanken und ein kranker Kopf – wie soll man dabei beten – es wäre Sünde! Sonderbar ist nur, daß ich nicht schlafen mag: nach einem großen, nach einem allzugroßen Jammer, nach den ersten heftigsten Ausbrüchen will man doch stets schlafen. Man sagt sogar, daß die zum Tode Verurteilten während ihrer letzten Nacht meist tief schlafen. So gehörte es sich auch, die Natur hat das so eingerichtet, denn sonst würden ja die Kräfte nicht ausreichen ... Ich legte mich auf den Diwan, aber schlafen konnte ich nicht ...

Die sechs Wochen, während sie krank lag, pflegten wir sie Tag und Nacht – ich, Lukerja und eine ausgebildete Pflegerin aus dem Krankenhause, die ich eigens hierfür angestellt hatte. Mir war keine Summe zuviel, ja, es machte mir sogar Vergnügen, für sie zu verschwenden. Ich ließ den Doktor Schröder kommen und zahlte ihm für jede Visite zehn Rubel. Als sie endlich das Bewußtsein wiedererlangt hatte, zeigte ich mich immer seltener. Im übrigen: ist es etwa nötig, dies auszumalen? Nachdem sie schließlich das Bett verlassen durfte, richtete sie sich still und wortlos in meinem Zimmer an einem eigenen Tisch ein, den ich für sie in dieser Zeit gekauft hatte ... Ja, es ist wahr, wir beide waren völlig verstummt; das heißt, wir sprachen wohl manchmal, aber stets nur über die gewöhnlichsten Dinge. Ich sprach absichtlich möglichst wenig, doch ich bemerkte sehr gut, daß auch sie froh war, wenn sie nicht gezwungen wurde, ein übriges zu sagen. Dies kam mir von ihrer Seite völlig natürlich vor: »Sie ist allzu erschüttert und allzu besiegt«, dachte ich, »und ich muß ihr freilich Zeit lassen, zu vergessen und sich wieder einzugewöhnen.« Auf diese Weise schwiegen wir beide, innerlich aber bereitete ich mich in jeder Minute auf die mögliche Zukunft vor. Ich glaubte, daß es bei ihr das gleiche wäre, und es war für mich stets ungemein interessant, erraten zu können, woran sie wohl im gleichen Augenblick denken mochte.

Ich muß noch einiges hinzufügen: Oh, es weiß natürlich kein Mensch, wieviel ich ertragen mußte, während ich, derweil sie krank war, um sie litt. Aber ich litt still für mich, erstickte meinen Jammer in meiner Brust und verbarg ihn selbst vor Lukerja. Ich konnte es mir nicht vorstellen, ich konnte es mir nicht einmal denken, daß sie sterben könnte, ohne alles erfahren zu haben. Nachdem sie aus aller Gefahr war und ihre Gesundheit zurückzukehren begann, kam ich, ich kann mich noch sehr wohl erinnern, schnell und ganz zur Ruhe. Und nicht genug damit, ich entschloß mich, unsere Zukunft hinauszuschieben, und zwar auf eine möglichst lange Zeit, und inzwischen alles so zu lassen, wie es war. Ja, freilich, damals geschah mir etwas Sonderbares und Eigenartiges, ich weiß nicht, wie ich es anders bezeichnen soll: ich hatte triumphiert, und schon der Gedanke daran schien völlig ausreichend für mich zu sein. So verging der Winter. Oh, ich war zufrieden wie noch nie zuvor, und zwar den ganzen Winter über.

Schauen Sie: es gab einen einzigen furchtbaren äußern Umstand in meinem Leben, der mich bis zu jener Zeit, das heißt bis zur Katastrophe meiner Frau, jeden Tag und jede Stunde bedrückt hatte, und zwar – der Verlust meines guten Namens und jener Austritt aus dem Regiment. Um es in zwei Worten auszudrücken: es war eine tyrannische Ungerechtigkeit gegen mich gewesen. Es ist freilich wahr: die Kameraden liebten mich nicht, denn ich hatte einen schweren Charakter und vielleicht sogar einen lächerlichen Charakter, obwohl es häufig vorzukommen pflegt, daß jenes, das für Sie erhaben ist und tief verborgen von Ihnen verehrt wird, von der Schar Ihrer Kameraden aus irgendeinem Grunde für nichts gehalten wird. Oh, nicht einmal in der Schule bin ich jemals geliebt worden. An keinem Ort und von keinem Menschen bin ich je geliebt worden. Also kann auch Lukerja mich nicht lieben. Und war auch der Vorfall im Regiment vielleicht die Folge meiner Unbeliebtheit, so trug er dennoch ohne Zweifel nur zufälligen Charakter. Ich sage das aus dem Grunde, weil es nichts Kränkenderes und Unerträglicheres geben kann, als durch einen Zufall zugrunde zu gehen, der auch ebensogut nicht hätte sein können, von einer unglücklichen Verkettung von Umständen, die sich ebensogut wie Wolken hätten verziehen können. Für ein intelligentes Geschöpf ist es erniedrigend. Der Vorfall spielte sich folgendermaßen ab.

Ich war im Theater und begab mich während einer Pause zum Büfett. Da plötzlich erschien der Husar A-w und erzählte in Gegenwart aller dort anwesenden Offiziere und des Publikums zwei anderen Husaren, die sich dortselbst befanden, mit lauter Stimme, daß soeben der Hauptmann meines Regiments Besumzew es im Korridor zu einem Skandal hätte kommen lassen und »anscheinend betrunken« sei. Es wurde nichts weiter darüber gesprochen, außerdem stimmte es gar nicht, denn weder war der Hauptmann Besumzew betrunken noch war der Skandal ein Skandal gewesen. Die Husaren sprachen von anderen Dingen, womit dieses Gespräch sein Ende fand, aber tags darauf drang die Anekdote auch bis zu uns, und sogleich wurde bei uns darüber gesprochen, daß am Büfett von den Offizieren unseres Regimentes nur ich allein anwesend war, und daß ich, als der Husar A-w sich so dreist über den Hauptmann Besumzew geäußert, ihn eigentlich durch eine Bemerkung hätte zurechtweisen müssen. Allein, aus welchem Grunde denn? Wenn er sein Mütchen am Besumzew kühlen wollte, so war das doch die Privatangelegenheit der beiden, warum hätte ich mich da einmischen sollen? Die Offiziere aber stellten sich auf den Standpunkt, daß es keineswegs eine Privatangelegenheit wäre, sondern daß sie das ganze Regiment anginge, und daß, da kein anderer Offizier unseres Regimentes außer mir zugegen gewesen sei, hierdurch für alle am Büfett anwesenden Offiziere und für das Publikum der Beweis erbracht sei, daß es in unserem Regiment Offiziere gäbe, die weder hinsichtlich ihrer eigenen Ehre noch der des Regimentes von besonderer Empfindlichkeit wären. Ich konnte mich dieser Ansicht nicht anschließen. Man gab mir zu verstehen, daß ich auch jetzt noch alles wieder gutmachen könnte, wenn ich sogleich, obwohl es spät war, eine formelle Erklärung von A-w verlangen würde. Ich wünschte das keineswegs und lehnte erzürnt diese Zumutung hochmütig ab. Außerdem reichte ich alsbald mein Abschiedsgesuch ein – dies ist der ganze Sachverhalt. Stolz, aber gebrochenen Geistes trat ich aus dem Regiment aus. Mein Geist war erschöpft, und auch mein Wille gab nach. Zu gleicher Zeit geschah es, daß mein in Moskau lebender Schwager unser kleines Vermögen durchgebracht hatte und somit auch meinen Anteil – es war zwar nur ein winziger Anteil, aber ich saß dadurch ohne eine Kopeke auf der Straße. Ich hätte zwar in Privatdienste treten können, aber ich tat es nicht: nach der glänzenden Uniform, die ich getragen, konnte ich mich nicht entschließen, irgendwo bei der Eisenbahn zu dienen. Und somit – eine Schande so gut wie die andere, Schmach ist Schmach, Erniedrigung ist Erniedrigung, und zwar je schlimmer, desto besser – das war das Los, das ich erwählte. Es folgten drei Jahre trübster Erinnerungen und dazu das Wjasemskijsche Haus. Da starb plötzlich vor anderthalb Jahren eine reiche Alte in Moskau, meine Pate, und vermachte mir neben den anderen Erben, für mich völlig unerwartet, dreitausend Rubel. Ich überlegte und entschied damals mein Schicksal. Ich entschloß mich, das Leihkontor zu eröffnen und nicht erst auf die Verzeihung der Menschen zu warten: erst Geld, dann einen eigenen Winkel schaffen und schließlich ein neues Leben fern von allen Erinnerungen, dies war mein Plan. Und dennoch quälten mich die düstere Vergangenheit und meine auf immer verlorene Ehre jede Stunde, ja jede Minute. Damals heiratete ich. Ob es ein Zufall war oder nicht, weiß ich nicht. Als ich sie in mein Haus brachte, dachte ich, daß es ein Freund wäre, den ich zu mir nähme, und wie ungemein brauchte ich damals einen Freund. Allein das eine war mir klar, daß ich den Freund erst vorbereiten, erst umgestalten und sogar besiegen müsse. Und konnte ich denn dieser Sechzehnjährigen mit ihren Vorurteilen alles so auf einmal erklären? Wie, zum Beispiel, hätte ich ohne die zufällige Hilfe jener schrecklichen Katastrophe mit dem Revolver sie davon überzeugen können, daß ich kein Feigling sei und daß man mich im Regiment zu Unrecht als Feigling bezeichnet habe? Die Katastrophe war mir sehr zupaß gekommen. Indem ich vor dem Revolver nicht zurückschauderte, hatte ich mich an meiner ganzen dunklen Vergangenheit gerächt. Und obwohl niemand auch nur das geringste davon erfahren hatte, sie hatte es erfahren, und das war alles für mich, denn sie war alles für mich, alle Hoffnungen meiner Zukunft hatte ich in meinen Träumen auf sie gesetzt. Sie war der einzige Mensch, den ich für mich vorbereitete, einen andern brauchte ich ja nicht – und nun hatte sie alles erfahren; sie hatte zum mindesten erfahren, daß es unrecht von ihr gewesen war, sich so übereilt meinen Feinden anzuschließen. Dieser Gedanke entzückte mich. In ihren Augen konnte ich kein Schuft mehr sein, sie konnte mich höchstens als sonderbaren Menschen ansehen, aber auch dieser Gedanke war mir nach all dem, was vorgefallen, gar nicht mehr so unangenehm: sonderbar sein ist kein Laster, ganz im Gegenteil, zuweilen zieht es die weiblichen Charaktere sogar erst recht an. Mit einem Wort, ich schob die Lösung des Ganzen absichtlich noch hinaus: alles, was geschehen war, war mehr als genügend, um mich zu beruhigen, und barg so viele Zukunftsbilder und ein ausreichendes Material für meine Träume. Denn das ist ja das Schlimme, daß ich ein Träumer bin: für mich war ausreichend Material da, von ihr aber glaubte ich, daß sie warten würde.

Auf diese Weise verstrich der ganze Winter in einer ständigen Erwartung. Ich liebte es, sie insgeheim zu beobachten, wenn sie an ihrem Tischchen saß. Sie war stets mit einer Arbeit beschäftigt, meist mit der Wäsche, abends aber las sie zuweilen Bücher, die sie aus meinem Schrank nahm. Die Bücher im Schrank mußten ebenfalls Zeugnis zu meinen Gunsten ablegen. Sie ging fast niemals aus. Nach dem Mittagessen führte ich sie um die Zeit der Abenddämmerung täglich spazieren, wir machten uns Bewegung, aber nicht mehr so völlig wortlos wie zuvor. Und zwar bemühte ich mich, den Anschein zu erwecken, als schwiegen wir nicht, sondern als sprächen wir im besten Einvernehmen, allein, wie ich bereits vorhin erwähnte, wir waren alle beide darauf aus, alle Erörterungen zu vermeiden. Ich tat das absichtlich, aber, es sei notwendig, dachte ich wenigstens, ihr »Zeit zu lassen«. Es ist freilich sonderbar, allein auch nicht ein einziges Mal, und zwar fast bis zum Ende des Winters, war mir der Gedanke in den Kopf gekommen, daß ich, obwohl ich sie oft insgeheim anschaute, während des ganzen Winters kein einziges Mal bemerken konnte, daß auch sie mich ansah! Ich dachte, es sei nichts als ihre Schüchternheit. Zudem kam, daß sie nach ihrer Krankheit in der Tat ungemein schüchtern und sanft und gewissermaßen kraftlos aussah. Nein, nein, wart es nur ab, und – »und einmal wird sie selbst zu dir kommen . . .«

Dieser Gedanke entzückte mich unwiderstehlich. Ich muß hinzufügen, daß ich mich zuweilen willkürlich aufhetzte und daß es mir dann in der Tat gelang, meine Verfassung und meinen Verstand so weit zu bringen, daß ich mich fast von ihr gekränkt fühlte. Das setzte sich einige Zeit hindurch fort. Und dennoch gelang es dem Haß nicht, auszureifen, geschweige denn in meiner Seele Wurzel zu fassen. Außerdem fühlte ich ja, daß dies nicht viel mehr als ein Spiel war. Denn auch damals, als ich Bett und Wandschirm kaufte und unsere Ehe auflöste, hatte ich nie und nimmer eine Verbrecherin in ihr gesehen. Und nicht etwa deswegen, weil ich ihr Vergehen etwa als leichtsinnig verurteilt hätte, sondern weil ich schon damals im Sinn hatte, ihr ganz und gar zu verzeihen, vom ersten Tage an, sogar noch vor dem Tage, da ich das Bett gekauft. Kurz und gut, es war sonderbar von mir, denn im allgemeinen beurteile ich alles Moralische streng. Sie war in meinen Augen so sehr besiegt, so erniedrigt worden, sie war so erdrückt, daß sie mir manchmal qualvoll leid tat, obwohl ich nicht leugnen kann, daß mir trotz alledem der Gedanke an ihre Erniedrigung durchaus gefiel. Der Gedanke an diese unsere Ungleichheit gefiel mir . . . Ich hatte in diesem Winter Gelegenheit, bewußt einige gute Werke zu tun. Ich kassierte zwei Schuldnern ihre Schuld und gab einer armen

Frau Geld, ohne dafür ein Pfand zu nehmen. Ich hatte meiner Frau hiervon nichts gesagt und hatte es keineswegs getan, damit sie es erfahre; aber die Frau kam ganz von selber, um mir zu danken, und lag fast auf den Knien vor mir. Auf diese Weise kam es heraus; mir schien, daß das mit der Frau ihr entschieden Freude gemacht hatte.

Der Frühling rückte näher heran, es war schon Mitte April, die Winterfenster wurden herausgenommen, und helle Sonnenflecken lagen in unseren schweigsamen Zimmern. Aber immer noch hingen Schleier vor mir und verschleierten meinen Verstand. Verhängnisvolle, entsetzliche Schleier! Wie kam das nur, daß all das plötzlich von meinen Augen fiel und ich mit einem Male sehend wurde und alles verstand? War es vielleicht nur ein Zufall, war der Tag des Schicksals gekommen, oder hatte ein Sonnenstrahl in meinem stumpf gewordenen Geiste Gedanken und Ahnung angezündet? Nein, weder Gedanke noch Ahnung waren es, es war nichts als eine Ader, die plötzlich zu pulsen begann, eine Ader, die bis dahin wie tot gelegen hatte, begann zu beben, lebte auf und erhellte meine ganz stumpf gewordene Seele und meinen teuflischen Hochmut. Damals war mir, als müßte ich von meinem Platz aufspringen. Außerdem kam es ja auch so unerwartet und so plötzlich. Es geschah gegen Abend, nach dem Mittagessen, etwa um fünf Uhr . . .

2. *Die Schleier fallen plötzlich*

Noch zwei Worte. Schon vor einem Monat hatte ich wahrgenommen, daß sie zuweilen in den Zustand einer sonderbaren Versonnenheit fiel, man konnte es nicht mehr Schweigen nennen, sondern es war schon Versonnenheit. Auch das hatte ich ganz unverhofft bemerkt. Sie saß damals mit einer Arbeit beschäftigt und hielt den Kopf gebeugt, sie konnte nicht bemerken, daß ich sie ansah. Und mit einem Male überkam es mich, wie schmal und mager sie geworden, wie blaß ihr Gesicht und wie weiß ihre Lippen seien, dies alles im ganzen genommen und dazu noch ihre Versonnenheit frappierten mich ganz außerordentlich und urplötzlich. Ich hatte auch schon ab und zu vorher ihren dünnen und trockenen Husten gehört, zumal des Nachts. Ich stand auf und ging sofort zu Schröder, um ihn zu bitten, zu mir zu kommen, ihr sagte ich davon kein Wort.

Schröder kam tags darauf. Sie war sehr erstaunt und schaute bald Schröder und bald mich an.

»Ich bin ja ganz gesund«, sagte sie mit einem unsichern Lächeln.

Schröder untersuchte sie nicht eingehend (diese Mediziner sind zuweilen von einer herablassenden Nachlässigkeit), sondern sagte mir nur im Nebenzimmer, es sei nichts als eine Folgeerscheinung ihrer Krankheit und es wäre gut, mit dem anbrechenden Frühling irgendwohin ans Meer zu fahren, oder wenn das nicht ginge, in eine Sommerfrische zu gehen. Mit einem Wort, er wußte weiter nichts zu sagen, außer, daß es Schwäche sei oder etwas Derartiges. Als Schröder fort war, sagte sie plötzlich, wobei sie mich furchtbar ernst anschaute: »Ich bin ganz und gar gesund.«

Allein nachdem sie das gesagt, wurde sie über und über rot, augenscheinlich schämte sie sich. Es war ganz augenscheinlich nichts anderes als Scham. Oh, jetzt freilich versteh ich es: sie schämte sich, daß ich noch immer ihr Mann sei und für sie sorge, als sei ich wirklich und wahrhaftig ihr Mann. Damals aber verstand ich das nicht und schrieb ihr Erröten einer Art Demut zu (die Schleier!).

Einen Monat darauf, an einem hellen, sonnigen Tage, saß ich um fünf Uhr vor meiner Kasse und rechnete. Da hörte ich plötzlich, wie sie, die in unserem Wohnzimmer mit einer Arbeit beschäftigt an ihrem Tische saß, leise, leise ... zu singen begann. Dies war neu und machte einen erschütternden Eindruck auf mich, ja, ich kann es bis heute nicht recht fassen. Bis dahin hatte ich sie nämlich fast nie singen gehört, außer etwa in den allerersten Tagen, nachdem sie in mein Haus gekommen war, zu jener Zeit, da wir noch ausgelassen sein konnten und mit dem Revolver nach dem Ziel schossen. Damals war ihre Stimme noch stark und klangvoll, sie sang zwar nicht sehr richtig, aber es klang angenehm, und es war ein gesunder Ton. Jetzt jedoch klang das Liedchen so schwach – oh, ich will zwar nicht sagen, daß es herzzerreißend klang (es war irgendeine Romanze), aber es machte den Eindruck, als wäre in ihrer Kehle etwas gesprungen oder gebrochen, als hätte sie die Beherrschung über ihr Stimmchen verloren und als wäre das Liedchen selber irgendwo krank. Sie sang halblaut, und plötzlich bei einem höheren Tone brach ihre Stimme, es war so ein armseliges Stimmchen und es brach so jammervoll; sie hustete ein wenig und begann darauf aufs neue leise – leise, kaum hörbar, zu singen ...

Es kann sein, daß man über meine Aufregungen lachen wird, dennoch wird niemals jemand begreifen, weswegen ich mich so aufregte. Nein, ich kann nicht sagen, daß sie mir leid getan hätte, dies war zunächst etwas völlig anderes. Denn zum mindesten im Anfang, in den allerersten Minuten war es nichts als Staunen, was ich empfand und eine furchtbare Verwunderung, furchtbar und sonderbar, krankhaft und im Grunde genommen fast rachsüchtig: »Sie singt, und noch dazu in meiner Gegenwart! Hat sie mich am Ende gar vergessen?«

Einige Augenblicke saß ich völlig erschüttert auf meinem Stuhl, dann stand ich plötzlich auf, nahm meinen Hut und ging hinaus, ohne zu wissen, was ich tue. Zum mindesten wußte ich nicht, warum und wozu. Lukerja reichte mir meinen Mantel.

»Sie singt?« Unwillkürlich stellte ich Lukerja diese Frage. Aber sie verstand mich nicht und sah mich an, ohne mich zu begreifen; übrigens war ich wohl in der Tat nicht ganz verständlich.

»Ist es zum erstenmal, daß sie heute singt?«

»Wenn Sie nicht da sind, singt sie zuweilen«, entgegnete Lukerja.

Ich weiß noch alles. Ich eilte die Treppe hinunter, war auf der Straße und ging, wohin meine Augen schauten. Ich ging bis zur Ecke und starrte vor mich hin. Menschen gingen vorüber und stießen mich, aber ich fühlte es nicht. Ich rief einen Kutscher an und sagte ihm, er solle mich zur Polizeibrücke fahren, ich wußte freilich nicht, warum. Doch plötzlich überlegte ich es mir anders und gab ihm einen Zwanziger. »Weil ich dich umsonst bemüht habe«, sagte ich und lachte ihn sinnlos an, aber in meinem Herzen ging plötzlich etwas auf, das fast wie ein Rausch war.

Ich kehrte um und eilte nach Hause zurück. Der gesprungene, schwächliche, abgebrochene Ton hallte plötzlich aufs neue in meiner Seele nach. Es verschlug mir den Atem. Es fielen von meinen Augen die Schleier! Wenn sie in meiner Gegenwart zu singen begonnen hatte, so mußte sie mich wohl vergessen haben, das war mir klar und furchtbar zugleich. Und das war es, was mein Herz empfand. Trotzdem aber schimmerte ein Rausch in meiner Seele und überwand die Angst.

Oh, Ironie des Schicksals! Was, wenn nicht dieser Rausch, hätte während des ganzen Winters in meiner Seele sein sollen, aber wo hatte denn ich selber nur während des Winters gesteckt? War ich denn überhaupt im Besitz meiner Seele gewesen? Ich eilte die Treppe hinan, so schnell ich konnte, doch ob ich schüchtern ins Zimmer trat, weiß ich nicht mehr recht. Ich weiß nur, daß der ganze Fußboden unter mir in Bewegung geraten zu sein schien und daß mir war, als schwimme ich in einem Strome. Flüchtig und ohne Neugierde schaute sie mich an, und es war nicht einmal ein Blick, sondern nicht viel mehr als eine gewöhnliche und gleichgültige Geste, mit der man aufblickt, wenn jemand ins Zimmer tritt.

Ich ging geradewegs auf sie zu und setzte mich wie ein Geistesgestörter dicht neben sie auf den Stuhl. Sie schaute mich hastig an, sie schien erschrocken zu sein: ich ergriff ihre Hand und weiß nicht mehr, was ich ihr sagte, das heißt, ich wollte ihr etwas sagen, aber ich konnte es nicht; denn ich konnte nicht einmal mehr richtig sprechen. Meine Stimme brach und versagte mir den Dienst. Außerdem wußte ich nicht, was ich ihr hätte sagen sollen, ich rang nur nach Atem.

»Sprechen wir doch ... weißt du ... sag irgendwas!« stammelte ich plötzlich etwas völlig Törichtes, denn oh, war mir etwa nach Verstand zumute? Sie erbebte aufs neue und prallte im heftigsten Schreck zurück, ohne mich dabei anzublicken, plötzlich aber, plötzlich las ich in ihren Augen ein strenges Erstaunen. Ja, es war Staunen, und es war streng. Sie sah mich mit großen Augen an. Ihre Strenge, ihr strenges Staunen zermalmte mich: »So willst du also auch noch Liebe? Liebe willst du?« – diese Frage las ich aus ihrem Staunen, obwohl sie keinen Laut von sich gab. Aber ich las ja alles, alles las ich. Alles in mir erbebte, und ich stürzte zu ihren Füßen nieder. Ja freilich, ich fiel vor ihr nieder. Sie sprang hastig auf, doch mit ungewöhnlicher Kraft hielt ich sie an beiden Händen zurück.

Wie voll und ganz begriff ich meine Verzweiflung, oh, wie sehr begriff ich sie! Aber glauben Sie mir, in meinem Herzen brodelte gleichzeitig ein so unaufhaltsamer Rausch, daß ich daran fast zu sterben glaubte. Vor Glück und vor Seligkeit küßte ich ihre Füße. Ja, vor grenzenlosem und unendlichem Glück, obwohl ich mir sehr wohl der ganzen Ausweglosigkeit meiner Verzweiflung bewußt war. Ich weinte und sagte etwas zu ihr, doch ich konnte ja nicht sprechen. Ihre anfängliche Angst und ihr Staunen wurden plötzlich von einem besorgten Gedanken abgelöst, so schien es mir, von einer ungewöhnlichen Frage, und sie schaute mich sonderbar an, ja fast ein wenig wild, denn da war etwas, das sie schneller erfassen wollte, und dabei lächelte sie. Sie schämte sich furchtbar, daß ich ihre Füße küßte und zog sie fort, aber im gleichen Augenblick küßte ich die Stelle auf dem Fußboden, auf der ihr Fuß geruht hatte. Sie sah das und mußte plötzlich vor Scham lachen. (Sie wissen doch, das gibt es, daß man vor Scham lacht.) Ein hysterischer Anfall war im Anzuge, ich sah es, ihre Arme zitterten krampfhaft, allein ich dachte nicht daran und stammelte in einem fort, daß ich sie liebe und daß ich nicht mehr aufstehen würde, »laß mich dein Gewand küssen . . . laß mich dein ganzes Leben lang vor dir knien . . .« Ich weiß nichts mehr, ich erinnere mich an nichts mehr, und plötzlich begann sie zu schluchzen und wand sich in einem Krampfe; ein schrecklicher hysterischer Anfall war über sie gekommen. Ich hatte sie erschreckt.

Ich trug sie zu ihrem Bett. Als der Anfall vorüber war, setzte sie sich im Bett auf, es war schrecklich zu sehen, wie zerschlagen sie aussah; sie ergriff meine Hände und bat, ich solle mich beruhigen: »Lassen Sie doch, quälen Sie sich nicht länger, beruhigen Sie sich!« und mußte aufs neue weinen. Den ganzen Abend verbrachte ich an ihrer Seite. Ich sprach in einem fort davon, daß ich sie nach Boulogne bringen wolle, wo sie im Meer baden würde, und zwar schon sehr bald, spätestens nach zwei Wochen, daß sie so ein gebrochenes Stimmchen hätte, ich hätte es neulich gehört; daß ich mein Leihkontor schließen oder an Dobronrawow verkaufen würde und daß jetzt ein neues Leben beginnen solle, das wichtigste jedoch sei, nach Boulogne, nach Boulogne! Sie hörte zu und war immer noch sehr ängstlich. Ja, sie schien sich immer mehr und mehr zu fürchten. Für mich aber war die Hauptsache etwas ganz anderes, das nämlich, daß ich immer mehr und immer unaufhaltsamer den Wunsch in mir aufsteigen spürte, zu ihren Füßen zu liegen und den Boden zu küssen, auf dem ihre Füße geruht, und anbetend vor ihr zu knien, »mehr will ich nicht, ich werde dich um nichts mehr bitten«, wiederholte ich in einem fort, »du sollst mir nicht antworten, du brauchst mich nicht einmal mehr zu bemerken, laß mich nur aus einem Winkel auf dich schauen, mach mich zu deinem Gegenstand, zu deinem Hündchen . . .« Sie weinte nur.

»Und dabei dachte ich doch, Sie würden mich jetzt so lassen«, entrang es sich ihr unwillkürlich – und zwar so unwillkürlich, daß sie vielleicht nicht einmal bemerkte, daß sie es gesagt hatte, und doch – oh, es war das wichtigste, es war das allerverhängnisvollste ihrer Worte und gleichzeitig das für mich an jenem Abend allerverständlichste; nachdem sie es aber gesagt hatte, war mir, als hätte ein Messer mein Herz geritzt! Alles wurde mir hierdurch erklärlich, alles, allein derweil sie noch neben mir, noch vor meinen Augen war, regte sich immer noch unaufhaltsam die Hoffnung in mir, und ich war furchtbar glücklich. Oh, an jenem Abend hatte ich sie furchtbar erschöpft, ich begriff das nur zu gut, allein ich dachte unaufhörlich, daß ich sofort alles gutmachen würde. Als es endlich Nacht wurde, war sie schon ganz von Kräften gekommen, ich überredete sie, sich schlafen zu legen, und sie schlief auch alsbald fest ein. Ich dachte eigentlich, daß sie phantasieren würde, doch es war nur ganz schwach. In dieser Nacht war ich fast unaufhörlich auf den Beinen, ununterbrochen schlich ich auf Pantoffeln an ihr Bett, um nach ihr zu schauen. Und wie mußte ich beim Anblick dieses kranken Wesens auf der ärmlichen Bettstatt, dem Eisenbett, das ich damals um drei Rubel für sie gekauft hatte, jetzt die Hände ringen. Ich kniete vor ihr nieder, allein ich wagte nicht mehr, die Füße der Schlafenden zu küssen (ohne ihre Einwilligung). Ich versuchte, Gott anzurufen, mußte aber wieder aufspringen. Lukerja betrachtete mich erstaunt und kam immer wieder aus der Küche. Schließlich ging ich zu ihr hinaus und sagte ihr, sie solle sich schlafen legen, und morgen würde etwas »völlig anderes« anheben.

Ich glaubte daran, ich glaubte blind, töricht und furchtbar. Oh, es war Entzücken, es war Rausch, was mich überströmte! Ich wartete nur noch auf morgen. Und ich glaubte vor allem an keinerlei Unglück mehr, obwohl alle Symptome dagegen sprachen. Trotz der Schleier, die gefallen waren, wollte meine Vernunft scheinbar immer noch nicht ganz zurückkehren und kehrte noch lange, lange nicht zurück – oh, bis heute, bis zum heutigen Heute! Freilich, wie sollte sie auch, wie hätte sie zurückkehren können: denn meine Frau war ja noch am Leben, sie war vor meinen Augen und ich vor den ihren: »Morgen wird sie aufwachen, und dann werde ich ihr alles sagen, und sie wird alles einsehen.« Dies waren meine damaligen Gedanken, sie waren klar und einfach, daher auch der Rausch! Und was die Hauptsache war, die Reise nach Boulogne stand ja bevor. Aus irgendeinem Grunde mußte ich in einem fort denken, daß Boulogne alles sei und daß in Boulogne sich etwas Endgültiges entscheiden würde. »Nach Boulogne, nach Boulogne!« ... Fast närrisch erwartete ich den Morgen.

3. Ich begreife es nur allzugut

Und noch lag das Ganze nur wenige Tage zurück, nicht mehr als fünf Tage, nur fünf Tage, es war am vergangenen Dienstag! Nein, nein, wenn sie mir nur noch ein wenig Zeit gegeben, nur ein kleines bißchen gewartet hätte, es wäre mir gelungen, das Dunkel zu zerstreuen! – Hatte sie sich denn nicht schon beruhigt? Tags darauf hörte sie mir doch bereits mit einem kleinen Lächeln zu, obwohl sie immer noch sehr befangen war ... Die Wahrheit zu gestehen, während dieser Zeit, dieser ganzen fünf Tage, war Befangenheit in ihr, oder war es Schamgefühl. Außerdem fürchtete sie sich, sie fürchtete sich sehr. Das will ich nicht bestreiten, ich will nicht wie ein Geistesgestörter widersprechen: sie hatte Angst, aber wie hätte sie auch anders können, als sich fürchten? Es war doch schon so lange her, daß wir einander entfremdet waren, wir hatten einander so sehr verloren, und nun plötzlich dies ... Aber ich beachtete es nicht, daß sie Furcht hatte, denn vor mir schimmerte ja das Neue! ... Es ist wahr, es ist zweifellos wahr, daß ich einen Fehler gemacht habe. Ja, vielleicht gab es sogar viele Fehler. Als wir am nächsten Morgen aufstanden, machte ich schon in aller Frühe (es war am Mittwoch) alsbald einen neuen Fehler: denn ich machte sie damals zu meinem Freunde. Es war Übereilung, es war viel, viel zu übereilt, aber eine Beichte war notwendig; sie war unumgänglich – ach wo, es war ja viel mehr als Beichte! Ich verbarg ihr nicht einmal das, was ich vor mir selber mein Leben lang verborgen. Ich sagte ihr geradeheraus, daß ich den ganzen Winter über völlig von ihrer Liebe überzeugt gewesen sei. Ich erklärte ihr, daß mein Leihkontor nur durch eine Schwächung meines Willens und Verstandes zu erklären sei, eine sehr persönliche Art der Selbstzerfleischung und der Selbstverherrlichung. Ich schilderte ihr, daß ich damals am Büfett in der Tat feige gewesen sei, und zwar wären sowohl mein Charakter als auch mein ewiger Argwohn daran schuld: die Situation hätte mich damals verwirrt und ebenso das Büfett; verwirrt hätte mich ferner auch dieses: wie es wohl sein würde, wenn ich plötzlich vorträte und ob es nicht komisch wirken würde? Meine Feigheit bezog sich nicht auf das Duell, sondern darauf, daß ich lächerlich wirken könnte ... Später aber hätte ich es nicht eingestehen wollen und die andern gequält, und auch sie hätte ich deshalb gequält und sie eigentlich nur geheiratet, um sie deswegen quälen zu können. Überhaupt muß ich sagen, daß ich die ganze Zeit über wie im Fieber sprach. Schließlich nahm sie meine Hände und bat mich, aufzuhören. »Sie übertreiben ... Sie quälen sich selber« – und wieder kamen ihr die Tränen, und wieder kam es zu Anfällen! Sie bat in einem fort, ich möge nichts dergleichen mehr sprechen und nicht mehr daran denken.

Aber ich achtete ihrer Bitten nicht, oder beachtete sie nur sehr wenig: vor mir standen der Frühling und Boulogne! Dort war die Sonne, dort war unsere neue Sonne, davon sprach ich am meisten! Mein Leihkontor wollte ich zusperren und meine Geschäfte Dobronrawow übergeben. Ich schlug ihr sogar plötzlich vor, alles den Armen zu schenken, mit Ausnahme der ursprünglichen dreitausend, die ich von meiner Pate erhalten hatte, mit diesem Gelde hätten wir nach Boulogne reisen können, heimgekehrt aber sollte dann ein neues arbeitsreiches Dasein beginnen. So machten wir es aus, denn sie erwiderte nichts ... sie lächelte nur. Und mir scheint fast, daß ihr Lächeln hauptsächlich einem Zartgefühl entsprang, um mich nicht zu sehr zu verletzen. Denn ich sah doch, daß ich ihr zur Last fiel, denken Sie nicht etwa, daß ich so dumm und ein solcher Egoist gewesen wäre, das nicht zu bemerken. Ich sah alles, alles bis auf den letzten Zug, ich sah und verstand es besser als alle; meine völlige Verzweiflung war ja nicht mehr zu verkennen!

Ich erzählte ihr immer nur von mir und von ihr. Ich sprach auch von Lukerja. Ich sagte ihr, wie ich damals geweint hätte . . . Oh, doch ich kam auch auf andere Themen, und ich war sogar bemüht, ihr gewisse Dinge nicht in die Erinnerung zurückzurufen. Und wurde sie denn nicht sogar ein- oder zweimal ordentlich lebendig, ich weiß es ja noch gut, ich weiß es! Warum sagen Sie denn, daß ich wohl geschaut, aber nichts gesehen hätte? Wäre nur dieses eine nicht geschehen, es hätte alles wieder auferstehen müssen. Erzählte sie mir denn nicht noch vorgestern, als das Gespräch auf die Lektüre kam, was sie in diesem Winter gelesen hätte – erzählte sie es etwa nicht, und lachte sie etwa nicht, als sie sich an die Szene zwischen Gil Blas und dem Erzbischof von Granada erinnerte? Und zwar mit einem solchen Kinderlachen, einem lieben Lachen, wie vordem in der Brautzeit (welch ein Augenblick! welch ein Augenblick!); wie froh war ich darüber! Das mit dem Erzbischof hat mich übrigens ungemein überrascht: sie hatte also im Winter so viel Geistesgegenwart und Frieden in sich gefunden, um über das Meisterwerk lachen zu können. Also war klar, daß sie sich schon völlig zu beruhigen begonnen, schon ganz und gar den Glauben gefunden hatte, daß ich sie nunmehr so lassen würde. »Ich dachte doch, Sie würden mich jetzt so lassen« – das war es ja, was sie mir damals am Dienstag gesagt hatte! Oh, ein Gedanke eines zehnjährigen Mädchens! Und dabei glaubte sie doch, glaubte, daß in der Tat alles so bleiben würde: sie an ihrem Tisch und ich an meinem und so weiter, bis wir beide sechzig Jahre alt wären. Und nun plötzlich – plötzlich näherte ich mich ihr, und zwar als Gatte, und der Gatte braucht Liebe! Oh, welch ein Mißverständnis, oh, meine Blindheit!

Mein Fehler bestand auch darin, daß ich sie so voller Entzücken anschaute; ich hätte mich eher zurückhalten sollen, denn mein Rausch ängstigte sie. Aber hielt ich mich denn etwa nicht zurück, ich küßte ja ihre Füße nicht mehr. Ich gab ihr kein einziges Mal zu verstehen, daß ... nun, daß ich der Gatte sei, ich wollte sie ja nur anbeten! Andererseits war es mir völlig unmöglich, ganz und gar zu schweigen, es war doch ausgeschlossen, wortlos zu bleiben! Ich sagte ihr ziemlich unvermittelt, daß das Gespräch mit ihr ein großer Genuß sei und daß ich sie für unbeschreiblich, unbeschreiblich gebildeter und entwickelter halte als etwa mich. Sie errötete sehr und entgegnete mir voller Verlegenheit, daß ich übertreibe. Da beging ich die Narrheit, denn ich konnte es nicht länger verbeißen, und sagte ihr, wie begeistert ich damals gewesen sei, als ich hinter der Tür jenen Zweikampf belauscht hätte, den Zweikampf der Unschuld mit jener Kreatur, und wie mich dabei ihr Verstand, ihr blendender Geist bei all ihrer kindlichen Einfalt entzückt hätte. Sie fuhr ordentlich zusammen, stammelte aufs neue, daß ich übertreibe, und plötzlich glitt es wie ein Schatten über ihr Gesicht, sie schlug die Hände davor und brach in Schluchzen aus ... Und hier konnte ich mich nicht länger beherrschen: ich fiel aufs neue vor ihr nieder und begann aufs neue ihre Füße zu küssen, und wiederum endigte alles mit einem Anfall, genau wie am Dienstag. Das war gestern abend, am nächsten Morgen aber ...

Am nächsten Morgen? Wahnwitziger, dieser nächste Morgen war ja heute, war ganz vor kurzem, war vorhin!

Hören Sie und versuchen Sie zu verstehen: Als wir uns heute morgen zum Samowar setzten (nach dem gestrigen Anfall nämlich), überraschte mich ihre Ruhe sogar, das war es! Denn ich hatte die ganze Nacht vor Furcht wegen des Gestrigen gezittert. Und plötzlich trat sie auf mich zu, stellte sich vor mich hin, faltete die Hände (es war ja noch vorhin, noch vorhin!) und sagte, daß sie eine Verbrecherin sei, sie wüßte das nur zu gut, und daß ihr Verbrechen sie den ganzen Winter über gepeinigt hätte und auch jetzt noch peinige ... sie schätze meine Großmut nur zu sehr ... »ich werde Ihre treue Frau sein, und werde Sie achten ...« Ich jedoch sprang wie ein Toller auf und umarmte sie! Ich küßte sie, ich küßte ihr Gesicht und ihre Lippen, und zwar wie ein Mann küßt, zum ersten Male nach der langen Trennung. Und warum nur bin ich vorhin fortgegangen, obwohl nur für zwei Stunden ... unsere Auslandspässe ... Oh, mein Gott! Fünf Minuten nur, fünf Minuten früher zurückkehren! ... Und diese Volksmenge vor unserem Tor und diese Blicke, mit denen sie mich anschauten ... o mein Gott!

Lukerja erzählte mir (oh, Lukerja werde ich um nichts in der Welt gehen lassen, sie weiß alles, sie hat den ganzen Winter miterlebt, sie wird mir alles erzählen), sie sagte mir, daß bald, nachdem ich das Haus verlassen und vielleicht nicht mehr als zwanzig Minuten vor meiner Rückkehr, sie plötzlich zur gnädigen Frau ins Zimmer gegangen sei, um etwas zu fragen, ich weiß nicht mehr was, und da hätte sie gesehen, daß sie ihr Heiligenbild (jenes selbe Bild der Mutter Gottes) hervorgeholt und vor sich auf den Tisch gestellt habe, und es hätte so ausgesehen, als hätte die gnädige Frau noch soeben davor gebetet. »Was haben Sie, gnädige Frau?« – »Nichts, Lukerja, geh nur!« – »Wart, Lukerja!« mit diesen Worten ging sie auf sie zu und küßte sie. »Gnädige Frau, sind Sie jetzt glücklich?« – »Ja, Lukerja!« – »Der gnädige Herr hätte schon längst kommen sollen, Sie um Verzeihung zu bitten ... Gott sei Dank, daß Sie sich endlich versöhnt haben.« – »Schon gut, Lukerja, geh nur, Lukerja«, und lächelte, aber es war ein sonderbares Lächeln. Es war so sonderbar, daß Lukerja zehn Minuten darauf wieder hereinkam, um nach ihr zu schauen: »An der Wand stand sie, dicht neben dem Fenster, den Arm an die Mauer gelehnt und den Kopf auf dem Arm, so stand sie da und dachte nach. Und so tief in Gedanken stand sie da, daß sie gar nicht gehört hat, daß auch ich dort stand und sie aus dem Nebenzimmer anschaute. Mir schien, als ob sie dabei lächle. Sie stand, dachte nach und lächelte. Ich schaute sie an, kehrte darauf leise um und ging hinaus, ich war ganz in Gedanken, aber plötzlich hörte ich, wie ein Fenster geöffnet wurde. Ich wollte sofort zurück, um ihr zu sagen, ›draußen ist es kühl, gnädige Frau, erkälten Sie sich nur nicht‹, da plötzlich sah ich, daß sie auf dem Fensterbrett stand, sie stand in dem offenen Fenster mit dem Rücken zu mir und hielt das Heiligenbild in ihren Armen. Das Herz blieb mir stehen, ich schrie: ›Gnädige Frau, gnädige Frau!‹ Sie hörte es, machte eine Bewegung, als wollte sie sich zu mir umdrehen, doch sie drehte sich nicht um, sondern trat nach vorn, preßte das Heiligenbild an die Brust – und stürzte sich aus dem Fenster.« Ich weiß nur noch dies eine, daß sie, als ich vors Tor kam, noch warm war. Sie schauten mich alle an. Sie hatten anfangs geschrien, mit einem Male aber wurden sie ganz still und machten mir Platz, und ... und da sah ich sie mit dem Heiligenbild liegen. Ich kann mich noch ganz dunkel darauf besinnen, daß ich schweigend herantrat und sie lange, lange anschaute. Rings scharten sich alle um mich und redeten auf mich ein. Lukerja war ebenfalls dort, doch sah ich sie nicht. Sie erzählt, sie hätte mit mir gesprochen. Ich kann mich immer nur an den einen kleinen Bürger erinnern: er schrie mir in einem fort zu: »Eine kleine Handvoll Blut ist aus ihrem Mund gekommen, nicht mehr als eine kleine Handvoll, eine Handvoll!« und zeigte mir dabei dortselbst das Blut auf den Steinen. Mir scheint, ich habe das Blut mit dem Finger berührt und den Finger dabei befleckt, ich mußte ihn immerzu anschauen, den Finger (das weiß ich noch gut), jener aber schrie immer weiter: »Eine kleine Handvoll, eine Handvoll!«

»Was soll das mit der Handvoll?« soll ich, so sagt man, ihm laut zugeschrien haben und sei dabei mit erhobenen Armen auf ihn losgegangen ...

Oh, wahnsinnig, wahnsinnig! Mißverständnis! Unwahrscheinlich! Unmöglich!

4. Nicht mehr als fünf Minuten zu spät

Vielleicht nicht? Ist es denn etwa wahrscheinlich? Ist es möglich, zu sagen, daß das möglich sei? Weswegen nur, warum nur ist diese Frau gestorben?

Oh, so glauben Sie mir doch, ich kann alles verstehen, aber weswegen sie gestorben ist – das ist dennoch die Frage. Erschrak sie vielleicht vor meiner Liebe und fragte sie sich selber ernsthaft, ob sie sie annehmen oder nicht annehmen solle, jedenfalls ertrug sie die Frage nicht länger und starb lieber. Ich weiß schon, ich weiß, es ist nicht nötig, sich hierüber den Kopf zu zerbrechen: sie hatte zu viele Versprechungen gegeben und Angst bekommen, daß sie sie nicht halten könne – das ist klar. Es gibt hier einige Umstände, die ganz und gar schrecklich sind.

Denn weswegen ist sie eigentlich gestorben? Trotz allem bleibt diese Frage offen. Sie hämmert, die Frage, sie hämmert in meinem Gehirn. Ich hätte sie ja auch so gelassen, wenn sie gewollt hätte, daß alles so bliebe. Aber sie konnte daran nicht glauben, das war es! – Nein – nein, ich lüge, es war gar nicht das. Sondern einfach deswegen, weil sie mir gegenüber ehrlich sein und mich lieben mußte, ganz und gar lieben, nicht so, wie sie den Kaufmann geliebt hätte. Und da sie viel zu keusch und viel zu rein war, um auf solch eine Liebe einzugehen, wie der Kaufmann sie brauchte, so wollte sie mich nicht betrügen. Sie wollte mich nicht mit einer halben Liebe oder gar einer viertel Liebe unter der Maske der ganzen Liebe betrügen. Man war eben zu ehrlich, das war es! Und ich wollte ihr damals Großzügigkeit des Herzens einimpfen, können Sie sich noch daran erinnern? Sonderbare Idee.

Ich wäre begierig, zu wissen, ob sie mich wohl geachtet hat? Ich weiß nicht, hat sie mich verachtet oder nicht? Ich meine, sie hat mich nicht verachtet. Sehr sonderbar: warum eigentlich ist mir während des ganzen Winters nie der Gedanke in den Kopf gekommen, daß sie mich verachten könnte? Ich war in hohem Maße bis zu der Minute vom

Gegenteil überzeugt, in der sie mich damals mit strengem Erstaunen anblickte. Mit strengem nämlich. Damals begriff ich mit einem Male, daß sie mich verachtete. Begriff es unwiderruflich und auf immer! Ach, hätte sie doch, hätte sie mich nur verachtet, meinetwegen das ganze Leben lang – wenn sie nur jetzt noch lebte! Noch vorhin ist sie durch dieses Zimmer gegangen und sprach mit mir. Ich kann es ganz und gar nicht verstehen, wie sie sich aus dem Fenster stürzen konnte! Und wie hätte ich das auch fünf Minuten zuvor annehmen können? Ich rief Lukerja herein. Ich werde Lukerja um keinen Preis jetzt von mir lassen, um keinen Preis!

Oh, wir hätten wohl noch übereinkommen können. Wir waren zwar während des Winters einander sehr fremd geworden, aber war es denn unmöglich, daß wir uns wieder aneinander gewöhnt hätten? Warum nur, warum hätten wir nicht wieder zusammenkommen und aufs neue ein neues Leben beginnen können? Ich bin großmütig, sie war es auch – da haben wir schon den Berührungspunkt! Vielleicht nur noch wenige Worte, zwei Tage vielleicht noch, nicht mehr, und sie hätte alles verstanden. Das kränkendste dabei ist, daß alles ein Zufall war – ein simpler barbarischer, blinder Zufall. Zu kränkend! Fünf Minuten nur, nicht mehr als fünf Minuten zu spät gekommen! Wenn ich fünf Minuten früher heimgekommen wäre – der Augenblick wäre wie ein Wölkchen vorübergezogen, und ihr wäre nie wieder so etwas in den Kopf gekommen. Und es hätte gewiß damit geendet, daß sie alles verstanden hätte. Jetzt jedoch wieder diese leeren Zimmer und wieder allein sein. Das Uhrpendel tickt, ihn geht das Ganze nichts an, ihm tut nichts leid. Es ist niemand da – das ist ein Jammer!

Ich gehe auf und ab, in einem fort auf und ab. Ich weiß schon, ich weiß, Sie brauchen es mir nicht erst zu sagen: es kommt Ihnen lächerlich vor, daß ich mich über den Zufall beklage und über die fünf Minuten? Ist es denn nicht ganz augenscheinlich? So überlegen Sie doch: sie hat nicht einmal ein paar Worte hinterlassen, wie etwa »niemand trägt an meinem Tode die Schuld«, wie alle es zu tun pflegen. Hätte sie denn nicht wenigstens daran denken können, daß man sogar Lukerja verdächtigen würde: »du warst allein mit ihr im Zimmer, du hast sie aus dem Fenster gestoßen«. Man hätte sie mindestens schuldlos eingesperrt, wenn nicht vier Personen aus den Fenstern des Flügels und vom Hof aus gesehen hätten, wie sie mit dem Heiligenbilde im Arm dastand und hinuntersprang. Aber auch das ist ja nichts als Zufall, daß dort Menschen standen und es mit ansahen. Nein, nein, nichts als ein Augenblick war das Ganze, ein einziger besinnungsloser Augenblick. Nichts als ein plötzliches Hirngespinst! Was ist denn dabei, daß sie vor dem Heiligenbild gebetet hat? Das bedeutet noch nicht, daß sie sterben mußte. Der ganze Augenblick hat vielleicht nicht länger als zehn Minuten gewährt, der Augenblick des Entschlusses nämlich – als sie da an der Wand stand, den Kopf auf dem Arm, und dabei lächelte. Da schoß ihr plötzlich jener Gedanke durch den Kopf und verwirrte sie ganz und gar – und sie, sie konnte ihm nicht widerstehen.

Was Sie auch sagen, es ist klar, daß es ein Mißverständnis war. Sie hätte mit mir schon noch leben können. Aber wie, wenn es vielleicht Blutarmut war? Vielleicht nur eine Folge von Blutarmut, eine Erschöpfung der Energie zum Leben? Sie war während des Winters sehr matt geworden, das ist es . . .

Zu spät!!!

Wie schmal sie im Sarge aussieht, wie spitz ihr Näschen geworden ist! Die Wimpern liegen pfeilgerade. Und wie eigen sie hinuntergestürzt ist – nichts gebrochen, nichts zertrümmert! Nichts mehr als einzig die »kleine Handvoll Blut«. Nämlich ein Dessertlöffel voll. Innere Erschütterung. Sonderbarer Gedanke: Wäre es vielleicht möglich, sie nicht zu beerdigen? Denn wenn man sie forttragen wird, so . . . o nein, es ist unmöglich, daß man sie forttragen wird! Oh, ich weiß freilich nur zu gut, daß man sie forttragen wird, ich bin nicht verrückt und phantasiere auch nicht im Fieber, ganz im

Gegenteil, noch niemals funkelte mein Verstand so wie jetzt, aber wie soll das möglich sein, daß aufs neue niemand mehr im Hause sein wird, aufs neue die zwei Zimmer und aufs neue ich allein mit meinen Pfändern. Fieberphantasie, Fieberphantasie, dies ist wirklich eine Fieberphantasie! Zu Tode gequält habe ich sie, das ist es!

Was sollen mir jetzt noch eure Gesetze? Was sollen mir eure Gewohnheiten, eure Sitten, euer Leben, euer Staat, euer Glauben? Mag mich einer eurer Richter richten, mag man mich auch vors Gericht schleppen, vor euer öffentliches Gericht, ich werde trotzdem sagen, daß ich nichts anerkenne. Der Richter wird mir zurufen: »Schweigen Sie, Offizier!« Ich jedoch werde zurückrufen: »Wo hast du jetzt deine Macht, mich zum Gehorsam zu zwingen? Wie durfte ein dunkles und unbelebtes Naturgesetz das zerschlagen, was mir am teuersten war? Was sollen mir jetzt noch eure Gesetze? Ich bin fertig mit euch.« Oh, mir ist alles gleichviel!

Blind, blind! Tot, und kann mich nicht mehr hören! Du weißt nicht, in welch ein Paradies ich dich versetzt hätte. Ein Paradies war in meiner Seele, ich hätte es um dich herum aufgehen lassen! Du hättest mich vielleicht nicht geliebt, schon gut, was wäre dabei? Alles wäre so geworden, alles wäre so geblieben. Wenn du nur mit mir wie mit einem Freunde gesprochen hättest, freuen hätten wir uns können und lachen und einander freudig in die Augen blicken. Das wäre ein Leben geworden. Und wenn du einen anderen liebgewonnen hättest – was wäre dabei! Du wärest lachend an seiner Seite gegangen, ich aber hätte von der anderen Straßenseite aus zugeschaut ... Oh, alles, alles, nur daß sie noch einmal die Augen aufschlüge! Auf einen Augenblick, nur auf einen noch! Daß sie mich noch einmal so anschauen könnte wie vorhin, als sie vor mir stand und den Schwur ablegte, eine treue Frau zu sein! Oh, ein Blick nur, und sie würde alles verstehen! Blinder Zufall! Oh, Naturgesetz! Die Menschen auf Erden sind einsam – das ist ein Unglück! »Regt sich im Felde noch eine Sterbensseele?« so ruft der Held der russischen Sagen. Auch ich rufe es, kein Held, und niemand antwortet mir. Man sagt, die Sonne belebe das Weltall. Aber seht sie euch nur an, die Sonne, wenn sie aufgeht, ist sie vielleicht kein Leichnam? Alles ist tot und überall sind Tote. Nur die einsamen Menschen, und ringsherum das Schweigen – da habt ihr die Erde! »Menschen, liebet einander« – hat das nicht jemand gesagt? Wessen Gebot ist das wohl? Das Pendel tickt gefühllos und widerwärtig. Zwei Uhr nachts. Ihre kleinen Schuhe stehen vor dem Bett, als warteten sie auf sie … Nein, im Ernst, wenn man sie morgen forttragen wird, was soll dann ich?

Der Traum eines lächerlichen Menschen

Eine phantastische Erzählung

1

Ich bin ein lächerlicher Mensch. Man nennt mich jetzt einen Verrückten. Das würde eine Rangerhöhung sein, wenn ich nicht für die Leute immer noch ebenso lächerlich bliebe wie vorher. Aber jetzt ärgere ich mich nicht mehr darüber; jetzt sind sie mir alle lieb, und sogar wenn sie über mich lachen – und dann sind sie mir eigentümlicherweise sogar besonders lieb. Ich würde selbst mit ihnen lachen, nicht sowohl über mich als aus Liebe zu ihnen, wenn mir nicht bei ihrem Anblick so traurig ums Herz würde. Traurig deswegen, weil sie die Wahrheit nicht kennen; ich aber kenne die Wahrheit. Ach, was für ein drückendes Gefühl ist es, der einzige zu sein, der die Wahrheit kennt! Aber sie haben dafür kein Verständnis. Nein, sie haben dafür kein Verständnis.

Früher grämte ich mich sehr darüber, daß ich ein lächerlicher Mensch zu sein schien. Oder vielmehr nicht schien, sondern war. Ich bin immer lächerlich gewesen und weiß das; vielleicht war ich es schon von meiner Geburt an. Vielleicht wußte ich schon als Siebenjähriger, daß ich lächerlich war. Dann besuchte ich die Schule, dann die Universität, und merkwürdig: je mehr ich lernte, um so mehr erkannte ich, daß ich lächerlich bin. So daß schließlich mein ganzes Universitätsstudium für mich gewissermaßen nur die Bedeutung hatte, mir in dem Maße, wie ich mich in dasselbe vertiefte, zu beweisen und klarzumachen, daß ich lächerlich bin. Ähnlich wie in der Wissenschaft ging es mir auch im Leben. Mit jedem Jahre wuchs und befestigte sich in mir eben dieses selbe Bewußtsein meiner lächerlichen Erscheinung in jeder Beziehung. Von allen und immer wurde über mich gelacht. Aber keiner von ihnen wußte oder ahnte, daß, wenn ein Mensch auf der Welt mehr als alle andern meine Lächerlichkeit erkannte, dieser Mensch ich selbst war, und eben dies war für mich das Kränkendste, daß sie das nicht wußten. Aber daran war ich selbst schuld: Ich war immer so stolz, daß ich das nie und um keinen Preis jemandem gestehen wollte. Dieser Stolz wuchs in mir mit den Jahren, und wenn es sich so gefügt hätte, daß ich mir erlaubt hätte, irgendwem, mochte es sein, wer es wollte, zu gestehen, daß ich lächerlich sei, so würde ich, wie ich glaube, sogleich, noch an demselben Abend mir aus meinem Revolver eine Kugel vor den Kopf geschossen haben. Oh, wie litt ich in meiner Knabenzeit unter der Furcht, ich könnte mich nicht beherrschen und würde es auf einmal meinen Kameraden selbst gestehen! Aber seit ich anfing, ein junger Mann zu werden, änderte sich das: Obgleich ich mit jedem Jahre meine schreckliche Eigenschaft immer deutlicher erkannte, so wurde ich doch aus irgendwelchem Grunde etwas ruhiger. Ich sage: aus irgendwelchem Grunde, weil ich bis auf den heutigen Tag nicht imstande bin anzugeben, woher es eigentlich kam. Vielleicht daher, daß in meiner Seele ein furchtbarer Gram über einen Umstand heranwuchs, der unendlich viel höher war als mein ganzes Ich: Es war das nämlich die Überzeugung, die sich bei mir herausgebildet hatte, daß auf der Welt überall alles ganz egal ist. Ich hatte dies schon vor sehr langer Zeit geahnt; aber die volle Überzeugung stellte sich im letzten Jahre ganz plötzlich ein. Ich fühlte auf einmal, daß es mir ganz egal sein würde, ob die Welt existierte oder es nirgends etwas gäbe. Ich begann mit meinem ganzen Wesen zu merken und zu fühlen, daß es um mich herum nichts gab. Anfangs schien es mir immer, daß es wenigstens vorher vieles gegeben habe; aber dann erriet ich, daß es vorher ebenfalls nichts gegeben habe, sondern mir das nur aus irgendwelchem Grunde so vorgekommen sei. Allmählich gelangte ich zu der Überzeugung, daß es auch niemals etwas geben werde. Damals hörte ich auf einmal auf, mich über die Menschen zu ärgern, und begann, sie fast gar nicht mehr zu bemerken. Wirklich, das äußerte sich sogar in den geringsten Kleinigkeiten; es passierte zum Beispiel nicht selten, daß ich, wenn ich auf der Straße ging, mit den Leuten zusammenstieß. Und nicht etwa infolge tiefen Nachdenkens: worüber hätte ich denn auch nachdenken sollen? Ich hatte damals ganz aufgehört nachzudenken: mir war alles egal. Und wenn ich wenigstens schwierige Fragen zu lösen versucht hätte; aber ich gab mich mit keiner solchen ab, und doch: wie viele gab es ihrer? Aber mir war alles egal, und die schwierigen Fragen entfernten sich sämtlich aus meinem Gesichtskreise.

Und siehe da, nach diesen Vorgängen da erkannte ich die Wahrheit. Ich erkannte die Wahrheit im vorigen November, genau am dritten November, und seit der Zeit erinnere ich mich an jeden Augenblick meines Lebens. Es war an einem trüben, ganz trüben Abend; er war so trübe, wie er überhaupt nur sein kann. Ich kehrte damals zwischen zehn und elf Uhr abends nach Hause zurück, und wie ich mich erinnere, ging mir gerade der Gedanke durch den Kopf, daß es gar nicht trüber sein könne. Selbst in rein physischer Hinsicht. Es hatte den ganzen Tag über geregnet, und das war ein ganz kalter, häßlicher Regen gewesen, sogar, wie ich mich erinnere, ein grimmiger Regen mit einer ausgesprochenen Feindseligkeit gegen die Menschen; aber da hörte er nach zehn Uhr auf einmal auf, und es begann eine furchtbare Feuchtigkeit, feuchter und kälter als zur Zeit des Regens, und von allen Dingen ging eine Art Dampf aus, von jedem Steine auf der Straße und aus jeder Quergasse, wenn man von der Straße aus ganz tief, so weit wie nur möglich, in sie hineinblickte. Es kam mir auf einmal der Gedanke, daß, wenn überall das Gas ausginge, das angenehmer sein würde; mit der Gasbeleuchtung fühle sich das Herz nur noch trauriger, weil diese das alles sichtbar mache. Ich hatte an diesem Tage fast nichts zu Mittag gegessen und hatte vom Beginn des Abends an bei einem Ingenieur gesessen, und bei ihm waren auch noch zwei Freunde gewesen. Ich hatte immerzu geschwiegen und war ihnen wohl recht langweilig vorgekommen. Sie redeten über irgendeinen strittigen Gegenstand und wurden dabei auf einmal sogar hitzig. Aber eigentlich war ihnen die Sache ganz egal, das sah ich, und daß sie hitzig wurden, war nur so äußerlich. Ich sprach ihnen das denn auch ganz unvermittelt aus: »Meine Herren«, sagte ich, »die Sache ist Ihnen ja doch ganz egal.« Sie fühlten sich nicht beleidigt, sondern lachten alle über mich. Das kam daher, daß ich es ohne jeden Vorwurf gesagt hatte, einfach weil es mir selbst ganz egal war. Sie sahen nun ein, daß es mir ganz egal war, und wurden ganz vergnügt.

Als ich auf der Straße an das Gas dachte, blickte ich zum Himmel hinauf. Der Himmel war furchtbar dunkel; aber man konnte deutlich zerrissene Wolken unterscheiden und zwischen ihnen abgrundtiefe schwarze Flecke. Auf einmal bemerkte ich in einem dieser Flecke ein Sternchen und begann aufmerksam nach ihm hinzusehen. Das tat ich deshalb, weil dieses Sternchen mir einen Gedanken eingab: Ich beschloß, mir in dieser Nacht das Leben zu nehmen. Ich hatte das schon zwei Monate vorher fest beschlossen, mir trotz meiner Armut einen schönen Revolver gekauft und ihn gleich an jenem Tage geladen. Aber nun waren schon zwei Monate vergangen, und er lag immer noch im Kasten; aber alles war mir dermaßen egal, daß ich mir schließlich vornahm, einen Augenblick abzuwarten, wo mir nicht alles so egal sein würde – warum ich so verfuhr, das weiß ich nicht. Und auf diese Weise hatte ich diese zwei Monate hindurch jede Nacht, wenn ich nach Hause zurückkehrte, gedacht, daß ich mich erschießen würde. Ich wartete immer auf den betreffenden Augenblick. Und da gab mir nun dieses Sternchen den Gedanken ein, und ich beschloß, daß es unbedingt in dieser Nacht geschehen solle. Aber warum das Sternchen mir den Gedanken eingab, das weiß ich nicht.

Und siehe da, als ich zum Himmel aufblickte, da faßte mich plötzlich dieses kleine Mädchen an den Ellbogen. Die Straße war schon leer und fast kein Mensch auf ihr zu sehen. In der Ferne schlief ein Droschkenkutscher auf seinem Gefährt. Das kleine Mädchen war etwa acht Jahre alt; sie hatte keinen Mantel, sondern nur ein dürftiges Kleidchen und ein kleines Tüchelchen und war ganz durchnäßt; namentlich aber bemerkte ich ihre nassen, zerrissenen Schuhe und erinnere mich ihrer auch jetzt. Sie fielen mir ganz besonders in die Augen. Sie begann auf einmal mich am Ellbogen zu zupfen und mich zu rufen. Sie weinte nicht, sondern stieß nur abgerissene Worte hervor, die sie nicht ordentlich aussprechen konnte, da sie am ganzen Leibe in leisem Fieberschauer zitterte. Sie war aus irgendwelchem Grunde in Angst und schrie verzweifelt: »Mein Mamachen! Mein Mamachen!« Ich wendete mich einen Augenblick nach ihr um, sagte jedoch kein Wort und setzte meinen Weg fort; sie aber lief mir nach und zupfte mich, und in ihrer Stimme lag jener Klang, der bei sehr geängsteten Kindern die höchste Verzweiflung bedeutet. Ich kenne diesen Klang. Obgleich sie die Worte nicht zu Ende sprach, verstand ich doch, daß ihre Mutter irgendwo im Sterben lag oder sich mit ihnen dort irgend etwas anderes Schreckliches zugetragen hatte und sie aus dem Hause gelaufen war, um jemanden zu rufen, irgendwelche Hilfe für ihre Mutter zu finden. Aber ich folgte ihr nicht; im Gegenteil kam mir auf einmal der Gedanke, sie wegzujagen. Zuerst sagte ich ihr, sie solle sich einen Schutzmann suchen. Aber sie faltete auf einmal bittend die Händchen, lief schluchzend und atemlos immer neben mir her und wich nicht von mir. Und da stampfte ich mit den Füßen und schrie sie an. Sie rief nur: »Ach, Herr, ach, Herr! ...« Aber plötzlich verließ sie mich und rannte, so schnell sie nur konnte, über die Straße hinüber; dort war ein anderer Passant sichtbar geworden, und sie lief offenbar von mir zu ihm hin.

Ich stieg nach meinem fünften Stock hinauf. Ich wohne bei Mietern, welche möblierte Zimmer vermieten. Ich habe ein ärmliches, kleines Zimmer mit einem halbrunden Dachfenster. Das Meublement: ein mit Wachstuch bezogenes Sofa, ein Tisch, auf dem meine Bücher liegen, zwei Stühle und ein bequemer Lehnstuhl, alt, sehr alt, aber so ein richtiger Großvaterstuhl. Ich setzte mich hin, zündete eine Kerze an und überließ mich meinen Gedanken. Nebenan, in dem Nachbarzimmer, das von dem meinigen nur durch eine dünne Zwischenwand getrennt ist, dauerte das wüste Treiben noch fort. Es war schon seit mehr als zwei Tagen im Gange. Dort wohnte ein pensionierter Hauptmann, und bei ihm war Besuch, etwa sechs Menschen niedrigen Standes; sie tranken Branntwein und spielten mit alten Karten Stoß. In der vorhergehenden Nacht hatte es Prügelei gegeben, und ich weiß, daß zwei von ihnen sich längere Zeit bei den Haaren gehabt hatten. Die Wirtin wollte sich schon beklagen; aber sie fürchtet sich gewaltig vor dem Hauptmann. Von sonstigen Untermietern ist bei uns nur noch eine kleine, magere Dame von auswärts vorhanden, mit drei kleinen Kindern, die schon bei uns krank geworden sind. Sie und die Kinder fürchten sich vor dem Hauptmann bis zum Ohmächtigwerden und zittern und bekreuzen sich die ganze Nacht über; ja, das kleinste Kind hat vor Angst sogar schon einen Krampfanfall bekommen. Dieser Hauptmann hält, wie ich genau weiß, manchmal die Passanten auf dem Newskij-Prospekt an und bittet um Almosen. Zum Militärdienst wird er nicht wieder angenommen; aber merkwürdigerweise (und im Hinblick darauf erzähle ich dies eben) hat er in dem ganzen Monat, seit er bei uns wohnt, bei mir keinerlei Gefühl des Ärgers erregt. Einer näheren Bekanntschaft mit ihm bin ich allerdings gleich von vornherein ausgewichen, und auch ihm selbst wurde die Unterhaltung mit mir schon beim ersten Male langweilig; aber mochten sie auch hinter der Zwischenwand ein noch so großes Geschrei verüben und mochten ihrer dort auch noch so viele anwesend sein – mir war das immer ganz egal. Ich sitze die ganze Nacht auf und höre diese Menschen wirklich nicht; bis zu dem Grade vergesse ich sie. Ich durchwache ja jede Nacht bis zum Morgengrauen und treibe das so schon ein Jahr lang. Ich sitze die ganze Nacht am Tische im Lehnstuhl und tue nichts. Bücher lese ich nur bei Tage. Ich sitze da und denke nicht einmal etwas; ich sitze eben bloß; allerlei Gedanken gehen mir durch den Kopf, und ich lasse sie nach ihrem Belieben gewähren. Die Kerze brennt in der Nacht vollständig herunter. Ich setzte mich still an den Tisch, nahm den Revolver heraus und legte ihn vor mich hin. Ich erinnere mich, daß, als ich ihn hinlegte, ich mich fragte: »Ja?« und mir mit aller Bestimmtheit antwortete: »Ja.« Das hieß also: ich werde mich erschießen. Ich wußte, daß ich mich in dieser Nacht bestimmt erschießen würde; aber wie lange ich bis dahin noch am Tische sitzen würde, das wußte ich nicht. Und ich hätte mich auch sicherlich erschossen, wäre nicht jenes kleine Mädchen gewesen.

2

Sehen Sie, wenn mir auch alles egal war, so fühlte ich doch zum Beispiel den Schmerz. Hätte mich jemand geschlagen, so würde ich Schmerz empfunden haben. Ebenso auch in geistiger Hinsicht: hätte sich etwas sehr Trauriges ereignet, so würde ich Mitleid empfunden haben, ebenso wie damals, als mir noch nicht im Leben alles egal war. Ich hatte auch soeben Mitleid empfunden: einem Kinde würde ich doch unbedingt geholfen haben. Warum hatte ich denn aber dem kleinen Mädchen nicht geholfen? Infolge eines Gedankens, der damals in meinem Kopfe entstanden war: als sie mich zupfte und rief, da trat mir auf einmal eine Frage entgegen, und ich konnte sie nicht beantworten. Es war eine müßige Frage; aber ich ärgerte mich. Ich ärgerte mich infolge der Schlußfolgerung, daß, wenn mein Entschluß feststehe, meinem Leben in dieser Nacht ein Ende zu machen, mir eigentlich alles in der Welt jetzt in höherem Grade als sonst je egal sein müsse. Warum fühlte ich denn nun auf einmal, daß mir nicht alles egal war und ich das kleine Mädchen bemitleidete? Ich erinnere mich, daß ich großes Mitleid mit ihr hatte; ich empfand davon sogar einen seltsamen, zu meiner Lage ganz und gar nicht passenden Schmerz. Ich verstehe es allerdings nicht, diese meine damalige momentane Empfindung besser wiederzugeben; aber die Empfindung dauerte auch zu Hause fort, als ich mich schon an den Tisch gesetzt hatte, und ich war in einer so gereizten Stimmung wie seit lange nicht. Eine Überlegung knüpfte sich an die andere. Es war mir klar, daß, wenn ich ein Mensch und noch keine Null war und mich einstweilen noch nicht in eine Null verwandelt hatte, daß ich dann lebte und folglich imstande war, zu leiden, mich zu ärgern und über meine Handlungen Scham zu empfinden. Nun gut. Aber wenn ich mich zum Beispiel nach zwei Stunden tötete, was hatte ich dann mit diesem kleinen Mädchen zu tun, und was ging mich dann das Schamgefühl und überhaupt alles in der Welt an? Ich verwandle mich in eine Null, in eine absolute Null. Und mußte denn das Bewußtsein, daß ich alsbald völlig aufhören würde zu existieren und somit auch nichts anderes mehr existieren würde, mußte nicht dieses Bewußtsein die Wirkung haben, das Gefühl des Mitleides mit dem kleinen Mädchen und das Gefühl der Scham über die begangene Gemeinheit aufzuheben? Eben deshalb hatte ich ja mit den Füßen gestampft und das unglückliche Kind mit grimmiger Stimme angeschrien, weil ich gleichsam zu mir sagte: Ich empfinde nicht nur kein Mitleid, sondern ich kann sogar jetzt eine unmenschliche Gemeinheit begehen, da in zwei Stunden alles erloschen sein wird. Können Sie es glauben, daß ich sie darum anschrie? Ich bin jetzt beinah überzeugt davon. Es war mir klar, daß das Leben und die Welt gleichsam von mir abhingen. Ich kann es auch so ausdrücken: Die Welt war jetzt einzig und allein für mich gemacht; wenn ich mich erschoß, so hörte auch die Welt wenigstens für mich auf zu existieren. Um gar nicht einmal davon zu reden, daß es vielleicht wirklich nach meinem Tode für niemanden mehr etwas gab und die ganze Welt, sobald mein Bewußtsein erlosch, sogleich wie eine Vision, wie ein bloßes Attribut meines Bewußtseins mit erlosch und verschwand; denn vielleicht waren diese ganze Welt und alle diese Menschen lediglich ich selbst allein. Ich erinnere mich, daß, während ich so dasaß und nachdachte, ich alle diese neuen Fragen, die sich eine nach der andern herandrängten, nach einer andern Seite herumdrehte und etwas ganz Neues ersann. So zum Beispiel trat mir ein seltsamer Gedanke entgegen: Wenn ich früher auf dem Monde oder auf dem Mars gelebt und dort die schmählichste, ehrloseste Tat begangen hätte, die man sich nur vorstellen kann, und dort für diese Tat in einer Weise beschimpft und entehrt worden wäre, wie man es höchstens manchmal in einem ängstlichen Traume zu empfinden und sich vorzustellen vermag, und wenn ich dann, auf die Erde versetzt, die Erinnerung an das auf dem andern Himmelskörper Getane bewahrte und außerdem wüßte, daß ich dorthin niemals und unter keinen Umständen zurückkehren werde: würde mir dann, wenn ich von der Erde aus nach dem Monde hinblickte, alles ganz egal sein oder nicht? Würde ich über meine Tat Scham empfinden oder nicht? Die Fragen waren müßig und überflüssig, da der Revolver schon vor mir lag und ich mit meinem ganzen Wesen wußte, daß ›es‹ bestimmt geschehen werde; aber sie machten mir den Kopf warm, und ich wurde ganz wütend. Ich hatte die seltsame Vorstellung, ich könne jetzt nicht eher sterben, ehe ich nicht über dies und das ins klare gekommen sei. Kurz, dieses kleine Mädchen rettete mich; denn infolge dieser Fragen verschob ich das Erschießen. Bei dem Hauptmann war unterdessen auch alles ruhig geworden: sie hatten mit dem Kartenspiel aufgehört, schickten sich an, sich schlafen zu legen, brummten aber einstweilen noch und schimpften einander in müder, lässiger Weise. Und da schlief ich plötzlich ein, was mir vorher noch nie begegnet war; ich schlief am Tische, im Lehnstuhl ein. Ich schlief vollständig, ohne es zu merken, ein. Die Träume sind bekanntlich sehr seltsame Dinge: manches tritt einem mit erschreckender Deutlichkeit vor Augen, mit kunstvoll feiner Ausarbeitung der Einzelheiten, während man über anderes hinwegspringt, als wenn man es gar nicht bemerkte, zum Beispiel über Raum und Zeit. Die Träume lenkt, glaube ich, nicht der Verstand, sondern der Wille, nicht der Kopf, sondern das Herz; aber doch, was für verschmitzte Dinge hat manchmal mein Verstand im Traume angegeben! Es gehen mitunter mit ihm im Traume ganz unbegreifliche Dinge vor. Mein Bruder ist zum Beispiel vor fünf Jahren gestorben. Ich sehe ihn mitunter im Traume: Er nimmt an meinen Angelegenheiten lebhaften Anteil, wir führen darüber eifrige Gespräche; aber dabei weiß ich und erinnere ich mich während der ganzen Dauer des Traumes vollkommen, daß mein Bruder gestorben und begraben ist. Wie geht es nun zu, daß ich mich nicht darüber wundere, daß er, obwohl er tot ist, sich doch neben mir befindet und eifrig mit mir redet? Warum erhebt mein Verstand dagegen keinerlei Einspruch? Aber genug davon! Ich komme jetzt zu meinem Traume. Ja, mir träumte damals dieser Traum, am dritten November! Die Leute necken mich jetzt damit, daß es ja nur ein Traum gewesen sei. Aber ist es denn nicht ganz egal, ob es ein Traum war oder nicht, wenn dieser Traum mir die Wahrheit verkündet hat? Denn wenn man einmal die Wahrheit erkannt und gesehen hat, so weiß man ja, daß sie die Wahrheit ist, und daß es keine andere gibt und keine andere geben kann, ob man nun schläft oder wacht. Na, mag es auch nur ein Traum gewesen sein, meinetwegen; aber dieses Leben, das Sie so lobpreisen, wollte ich durch Selbstmord auslöschen, und mein Traum, mein Traum – oh, er hat mir ein neues, großes, erneuertes, starkes Leben offenbart!

Hören Sie nun!

3

Ich habe gesagt, daß ich einschlief, ohne es zu merken, und ich hatte sogar die Empfindung, als führe ich fort, über dieselben Gegenstände nachzudenken. Auf einmal träumte mir, daß ich den Revolver nahm und ihn im Sitzen gerade auf mein Herz richtete – auf das Herz, nicht auf den Kopf; und doch hatte ich mir vorher vorgenommen gehabt, mich unbedingt in den Kopf zu schießen, und zwar speziell in die rechte Schläfe. Nachdem ich die Waffe gegen meine Brust gerichtet hatte, wartete ich eine oder zwei Sekunden, und meine Kerze, der Tisch und die Wand begannen auf einmal vor meinen Augen sich zu bewegen und zu schwanken. Ich gab so schnell wie möglich den Schuß ab.

Im Traume fällt man manchmal von einer Höhe hinab, oder man wird ermordet oder geschlagen; aber man fühlt niemals einen Schmerz, es müßte denn sein, daß man sich selbst tatsächlich irgendwie am Bette stößt; dann fühlt man einen Schmerz und erwacht fast immer infolgedessen. So war es auch in meinem Traume: einen Schmerz fühlte ich nicht; aber ich hatte die Empfindung, als ob mit meinem Schusse alles in mir erschüttert und alles auf einmal erloschen und es rings um mich herum furchtbar dunkel geworden sei. Ich war anscheinend blind und stumm geworden, und so lag ich nun auf etwas Festem, ausgestreckt, auf dem Rücken, sah nichts und konnte nicht die geringste Bewegung machen. Um mich herum wurde gegangen und geschrien; der Hauptmann sprach in tiefem Baß, die Wirtin in ihrem Diskant – und auf einmal wieder eine Unterbrechung, und da trug man mich schon im geschlossenen Sarge. Und ich fühlte, wie der Sarg schaukelte, und dachte darüber nach, und plötzlich überraschte mich zum ersten Male der Gedanke, daß ich ja gestorben war, vollständig gestorben, daß ich das wußte und nicht bezweifelte, daß ich nicht sah und mich nicht bewegte, aber dabei doch fühlte und dachte. Indessen söhnte ich mich bald damit aus, nahm, wie im Traume gewöhnlich, die Wirklichkeit ohne Widerspruch hin.

Und siehe, da ließ man mich in eine Gruft hinab und schüttete Erde darauf. Alle gingen weg; ich war allein, ganz allein. Ich bewegte mich nicht. Wenn ich mir früher im Wachen vorgestellt hatte, wie ich begraben werden würde, so hatte ich mit dem Begriffe des Grabes immer nur die Empfindung der Feuchtigkeit und Kälte verbunden. So auch jetzt: ich fühlte, daß mir sehr kalt war, namentlich an den Zehenspitzen; aber weiter fühlte ich nichts.

Ich lag, und merkwürdig: ich erwartete nichts, sondern nahm es ohne Widerspruch hin, daß ein Toter nichts zu erwarten hat. Aber es war feucht. Ich weiß nicht, wieviel Zeit verging – eine Stunde oder einige Tage oder viele Tage. Aber da fiel plötzlich auf mein linkes geschlossenes Auge ein durch den Sargdeckel hindurchgesickerter Wassertropfen; ihm folgte nach einer Minute ein anderer, darauf nach einer Minute ein dritter und so weiter und so weiter, immer in Abständen von einer Minute. Ein starker Unwille entbrannte plötzlich in meinem Herzen, und auf einmal fühlte ich in ihm einen physischen Schmerz: »Das ist meine Wunde«, dachte ich; »das ist von dem Schusse; da sitzt die Kugel ...« Die Tropfen aber fielen immer noch jede Minute, und gerade auf mein geschlossenes Auge. Und ich rief auf einmal, nicht mit der Stimme (denn ich konnte mich nicht bewegen), sondern mit meinem ganzen Wesen zu dem, nach dessen Herrscherwillen das alles mit mir vorging:

»Wer du auch sein magst, aber wenn du bist und wenn etwas Vernünftigeres existiert als das, was sich jetzt vollzieht, so laß dieses Vernünftigere auch hier stattfinden. Wenn du mich aber für meinen unvernünftigen Selbstmord durch die Garstigkeit und Sinnlosigkeit eines weiteren Daseins strafst, so wisse, daß keine Qual, die mir zuteil werden mag, jemals der Geringschätzung wird gleichkommen können, die ich schweigend empfinden werde, und wenn die Qual Millionen Jahre dauern sollte! ...«

So rief ich und verstummte dann. Fast eine ganze Minute lang dauerte das tiefe Schweigen, und es fiel sogar noch ein Tropfen herunter; aber ich wußte, ich wußte und glaubte mit unerschütterlicher Festigkeit, daß sich jetzt sofort alles sicherlich ändern werde. Und siehe da, auf einmal tat sich mein Grab auf. Das heißt, ich weiß nicht, ob es durch Aufgraben geöffnet wurde; aber ich wurde von einem dunklen, mir unbekannten Wesen ergriffen, und wir befanden uns plötzlich im Weltenraume. Ich wurde auf einmal wieder sehend: Es war tiefe Nacht, und noch niemals, noch niemals hatte es eine solche Dunkelheit gegeben! Wir flogen im Weltenraume schon fern von der Erde dahin. Ich fragte den, der mich trug, nach nichts; ich wartete und war stolz. Ich gab mir selbst die Versicherung, daß ich mich nicht fürchtete, und wollte bei dem Gedanken, daß ich mich nicht fürchtete, beinahe vergehen vor Entzücken. Ich erinnere mich nicht, wie lange wir so flogen, und habe keine Vorstellung davon: es geschah alles so wie immer im Traume, wenn man sich über Raum und Zeit und über die Gesetze des Daseins und der Vernunft hinwegsetzt und nur bei denjenigen Punkten verweilt, von denen das Herz träumt. Ich erinnere mich, daß ich auf einmal in der Dunkelheit einen kleinen Stern erblickte. »Ist das der Sirius?« fragte ich; ich konnte mich nicht beherrschen, obgleich ich eigentlich nach nichts fragen wollte. »Nein, das ist jener selbe Stern, den du zwischen den Wolken sahst, als du nach Hause zurückkehrtest«, antwortete mir das Wesen, das mich trug. Ich wußte, daß es eine Art von Menschenantlitz hatte. Seltsamerweise liebte ich dieses Wesen nicht; ja, ich empfand sogar eine tiefe Abneigung gegen dasselbe. Ich hatte ein vollständiges Nichtsein erwartet und mich in dieser Voraussetzung ins Herz geschossen. Und nun befand ich mich in den Händen eines Wesens, das allerdings kein menschliches Wesen war, aber doch *war*, existierte. »Also gibt es auch jenseits des Grabes ein Leben!« dachte ich mit der seltsamen Leichtfertigkeit des Traumes; aber das eigentliche Wesen meines Herzens blieb im tiefsten Grunde unverändert. »Und wenn ich denn«, dachte ich, »von neuem sein und wieder nach jemandes unwiderstehlichem Willen leben muß, so will ich mich nicht besiegen und erniedrigen lassen!« – »Du weißt, daß ich mich vor dir fürchte, und verachtest mich wohl deswegen?« sagte ich auf einmal zu meinem Gefährten; ich vermochte diese erniedrigende Frage, die ein Bekenntnis einschloß, nicht zurückzuhalten und fühlte im Herzen meine Erniedrigung wie einen Nadelstich. Er antwortete nicht auf meine Frage; aber ich fühlte plötzlich, daß ich nicht verachtet, nicht verlacht und nicht einmal bemitleidet wurde und daß unser Weg ein unbekanntes, geheimnisvolles Ziel hatte, das zu mir allein in Beziehung stand. Die Angst wuchs in meinem Herzen. Stumm, aber unter Qualen teilte sich mir etwas von meinem schweigsamen Gefährten mit und durchdrang mich gewissermaßen. Wir flogen in dunklen, unbekannten Räumen. Schon längst sah ich die dem Auge bekannten Gestirne nicht mehr. Ich wußte, daß es in den himmlischen Räumen Sterne gibt, von denen die Strahlen erst in Tausenden, ja Millionen von Jahren zur Erde gelangen. Vielleicht durchflogen wir schon diese Räume. Ich erwartete etwas mit einer furchtbaren Unruhe, die mein Herz marterte. Und auf einmal erschütterte mich ein bekanntes und im höchsten Grade angenehmes Gefühl; ich erblickte auf einmal unsere Sonne! Ich wußte, daß das nicht *unsere* Sonne sein konnte, von der *unsere* Erde geboren ist, und daß wir uns von unserer Sonne in einer unendlichen Entfernung befanden; aber ich erkannte auf irgendwelche Weise mit meinem ganzen Wesen, daß dies eine vollständig ebensolche Sonne war wie die unsrige, ihre Wiederholung, ihre Doppelgängerin. Ein angenehmes, wonniges Gefühl des Entzückens erfüllte meine Seele: Die verwandte Kraft des Lichtes, eben jenes Lichtes, welches mich geboren hatte, fand ihren Widerhall in meinem Herzen und erweckte es zu neuem Leben, und ich empfand zum erstenmal seit meinem Begräbnis in mir wieder Leben, das frühere Leben.

»Aber wenn das die Sonne ist, wenn das eine ganz ebensolche Sonne ist wie die unsrige«, rief ich, »wo ist denn dann die Erde?« Und mein Gefährte wies auf einen kleinen Stern hin, der in der Dunkelheit mit smaragdenem Glanze schimmerte. Wir flogen gerade auf ihn zu.

»Sind solche Wiederholungen im Universum wirklich möglich, ist das wirklich ein Naturgesetz? Und wenn das dort die Erde ist, ist es dann wirklich eine ebensolche Erde wie die unsrige ... eine ganz ebensolche unglückliche, arme, aber doch teure und ewig geliebte Erde, die eine ebensolche qualvolle Liebe zu sich sogar bei ihren undankbarsten Kindern erweckt wie die unsrige?« rief ich, zitternd vor unbezwinglicher, enthusiastischer Liebe zu jener heimischen früheren Erde, die ich verlassen hatte. Das Bild der armen Kleinen, gegen die ich mich so häßlich benommen hatte, schimmerte vor meinem geistigen Blicke auf.

»Du wirst alles sehen«, antwortete mein Gefährte, und eine Art von Traurigkeit war aus dem Klange seiner Stimme herauszuhören. Aber wir näherten uns schnell dem Planeten. Er wuchs vor meinen Augen; ich unterschied schon den Ozean, die Umrisse Europas, und auf einmal flammte das seltsame Gefühl einer großen, heiligen Eifersucht in meinem Herzen auf: »Wie kann es nur eine derartige Wiederholung geben, und wozu? Ich liebe nur jene Erde, die ich verlassen habe, und auf der Spritzflecken meines Blutes zurückgeblieben sind, als ich Undankbarer durch einen Schuß in mein Herz mein Leben auslöschte; und ich kann nur sie lieben. Niemals, niemals habe ich aufgehört, sie zu lieben, und sogar in jener Nacht, als ich mich von ihr trennte, habe ich sie vielleicht mit größerer Qual geliebt als je. Gibt es auch auf dieser neuen Erde Qualen? Auf unserer Erde können wir nur mit Qualen und nur durch Qualen lieben! Wir verstehen nicht anders zu lieben und kennen keine andere Liebe. Mich verlangt nach Qual, um zu lieben. Es verlangt mich, ich dürste in diesem Augenblicke danach, nur jene Erde, die ich verlassen habe, unter Tränenströmen zu küssen; ich will kein Leben auf einer andern Erde; ich lehne ein solches ab! ...«

Aber mein Gefährte hatte mich schon verlassen. Ich befand mich plötzlich, ohne daß ich selbst bemerkt hätte wie, auf dieser andern Erde im hellen Lichte eines paradiesisch schönen, sonnigen Tages. Ich glaube, ich stand auf einer jener Inseln, die auf unserer Erde den griechischen Archipel bilden, oder irgendwo am Gestade des Festlandes, das an diesem Archipel liegt. Oh, alles war ganz so wie bei uns; aber alles schien zu strahlen wie an einem Festtage, wie wenn endlich ein großer, heiliger Triumph erreicht wäre. Das freundliche, smaragdgrüne Meer plätscherte leise an den Ufern und küßte sie mit offensichtlicher, beinah bewußter Liebe. Hohe, schöne Bäume standen da im vollen Schmucke ihrer Blüte, und ihre zahllosen Blätter bewillkommneten mich (davon bin ich überzeugt) mit ihrem leisen, freundlichen Rauschen und schienen Worte der Liebe zu sprechen. Der Rasen leuchtete von bunten, duftenden Blumen. Kleine Vögel flogen scharenweise in der Luft umher, setzten sich mir ohne Furcht auf die Schultern und auf die Hände und schlugen mich fröhlich mit ihren allerliebsten, flatternden Flügelchen. Und endlich erblickte und erkannte ich die Menschen dieser glücklichen Erde. Sie kamen von selbst zu mir, umringten mich und küßten mich. Diese Kinder der Sonne, diese Kinder ihrer Sonne, o wie schön waren sie! Niemals hatte ich auf unserer Erde eine solche Schönheit beim Menschen gesehen. Höchstens bei unseren Kindern in ihren ersten Lebensjahren könnte man einen entfernten, wiewohl nur schwachen Schimmer dieser Schönheit finden. Die Augen dieser glücklichen Menschen leuchteten in klarem Glanze. Ihre Gesichter strahlten von Verstand und einer schon zur völligen Beruhigung gelangten Erkenntnis; aber diese Gesichter waren heiter; aus den Stimmen und den Worten dieser Menschen klang eine kindliche Freude heraus. Oh, sofort, beim ersten Blicke auf ihre Gesichter, verstand ich alles, alles! Das war die nicht durch den Sündenfall entweihte Erde; auf ihr lebten sündlose Menschen; sie lebten in einem ebensolchen Paradiese wie das, in welchem nach den Überlieferungen der ganzen Menschheit auch unsere sündigen Ureltern ursprünglich gelebt hatten, nur mit dem Unterschiede, daß die ganze Erde hier überall ein und dasselbe Paradies war. Diese Menschen umdrängten mich mit fröhlichem Lachen und liebkosten mich; sie führten mich in ihre Wohnungen, und jeder von ihnen wollte mich beruhigen. Oh, sie befragten mich nach nichts, sondern wußten, wie mir schien, schon alles und wünschten so schnell wie möglich den Ausdruck des Leidens von meinem Gesichte zu verscheuchen.

4

Ich sage noch einmal: Na, mag es auch nur ein Traum gewesen sein! Aber die Empfindung der Liebe dieser unschuldigen Menschen ist mir für alle Zeit verblieben, und ich fühle, daß ihre Liebe sich auch jetzt von dort auf mich ergießt. Ich selbst habe diese Menschen gesehen, sie kennengelernt, mich von ihrem Wesen überzeugt, sie liebgewonnen und nachher um sie gelitten. Oh, ich begriff sofort, sogar damals schon, daß ich sie in vieler Hinsicht überhaupt nicht verstehen würde; mir als modernem russischem Fortschrittler und garstigem Petersburger schien es zum Beispiel unerklärlich, daß sie, die doch so viel wußten, unsere Wissenschaft nicht besaßen. Aber ich begriff bald, daß ihr Wissen durch andere Einsichten genährt und zur Vollkommenheit gebracht wurde als bei uns auf der Erde, und daß ihre Bestrebungen ebenfalls ganz andere waren. Sie wünschten nichts und waren in ihren Seelen ruhig; sie strebten nicht nach Erkenntnis des Lebens in der Weise, wie wir es zu erkennen streben; denn ihr Leben hatte bereits einen vollen Inhalt. Aber ihr Wissen war tiefer und höher als bei unserer Wissenschaft; denn unsere Wissenschaft sucht zu erklären, was das Leben eigentlich ist; sie strebt selbst danach, es zu erkennen, um andere zu lehren, wie sie leben sollen; jene aber wußten auch ohne Wissenschaft, wie sie zu leben hatten, und das begriff ich; aber ihr Wissen konnte ich nicht begreifen. Sie wiesen auf ihre Bäume hin, und ich vermochte den Grad von Liebe, mit dem sie sie betrachteten, nicht zu begreifen: sie redeten von ihnen gerade so, als ob es ihnen ähnliche Wesen wären. Und wissen Sie, vielleicht irre ich mich nicht, wenn ich sage, daß sie mit ihnen sprachen! Ja, sie kannten die Sprache der Bäume, und ich bin überzeugt, daß auch diese die Sprache der Menschen verstanden. Von der gleichen Art war auch ihr Verhältnis zu der ganzen übrigen Natur, zu den Tieren, welche friedlich mit ihnen zusammen lebten, sie nicht anfielen und sie liebten, da sie durch die Liebe derselben überwunden waren. Sie wiesen auf die Sterne hin und sagten zu mir etwas von diesen, was ich nicht begreifen konnte; aber ich bin überzeugt, daß sie auf irgendeine Weise mit den himmlischen Sternen in Verbindung standen, nicht nur durch ihre Gedanken, sondern auf irgendwelchem lebendigen Wege. Oh, diese Menschen trachteten nicht danach, daß ich sie verstehen möchte; sie liebten mich auch ohne das; aber andrerseits wußte ich, daß auch sie mich niemals verstehen würden, und darum redete ich mit ihnen fast gar nicht von unserer Erde. Ich küßte nur vor ihren Augen jene Erde, die sie bewohnten, und bezeigte ihnen selbst ohne Worte meine hohe Verehrung, und sie sahen das und ließen es geschehen, daß ich es tat, und schämten sich nicht darüber, daß ich sie deswegen verehrte, weil sie selbst mich so sehr liebten. Sie grämten sich nicht um meinetwillen, wenn ich ihnen manchmal unter Tränen die Füße küßte, mir freudig im Herzen bewußt, mit wie starker Liebe sie die meinige erwiderten. Mitunter fragte ich mich erstaunt, wie es zuging, daß sie während der ganzen Zeit einen solchen Menschen wie mich nicht kränkten und kein einziges Mal in einem solchen Menschen wie mir ein Gefühl der Eifersucht und des Neides erweckten. Oftmals fragte ich mich, wie es zuging, daß ich, so ein Prahler und Lügner, zu ihnen nicht von meinen Kenntnissen sprach, von denen sie sicherlich keinen Begriff hatten, und nicht den Wunsch hegte, sie in Erstaunen zu versetzen, sei es auch nur aus Liebe zu ihnen. – Sie waren ausgelassen und fröhlich wie Kinder. Sie schweiften in ihren schönen Hainen und Wäldern umher; sie sangen ihre schönen Lieder; sie nährten sich von leichter Kost, von den Früchten ihrer Bäume, dem Honig ihrer Wälder und der Milch der sie liebenden Tiere. Für ihre Nahrung und für ihre Kleidung wendeten sie nur wenig und nur leichte Arbeit auf. Es gab bei ihnen Liebe, und es wurden Kinder geboren; aber niemals bemerkte ich bei ihnen Ausbrüche jener *grausamen* Wollust, die fast allen Menschen auf unserer Erde eigen ist, allen und jedem, und die die einzige Quelle fast aller Sünden unserer Menschheit ist. Sie freuten sich über die Kinder, die sich bei ihnen einstellten, wie über neue Teilnehmer an ihrer Glückseligkeit. Es gab unter ihnen keine Streitigkeiten und keine Eifersucht, und sie begriffen nicht einmal, was das war. Ihre Kinder waren die Kinder aller, da alle eine einzige Familie bildeten. Es gab bei ihnen fast gar keine Krankheiten, obgleich es den Tod bei ihnen gab; sondern ihre Greise verschieden so sanft, als ob sie einschliefen, von Menschen, die ihnen Lebewohl sagten, umgeben, sie segnend, ihnen zulächelnd und selbst von deren heiterem Lächeln geleitet. Trauer und Tränen habe ich dabei nicht gesehen; es zeigte sich dabei nur eine bis zum Entzücken gesteigerte Liebe; aber dieses Entzücken war ein ruhiges, vollbefriedigtes, kontemplatives. – Man konnte denken, daß sie mit ihren Verstorbenen sogar noch nach deren Tode in Verbindung standen und daß die Gemeinschaft, in der sie mit ihnen während des Erdenlebens gestanden hatten, durch den Tod nicht aufgehoben wurde. Sie verstanden mich kaum, als ich sie nach dem ewigen Leben fragte, waren aber von diesem offenbar so fest überzeugt, daß das für sie keine Streitfrage bildete. Sie hatten keine Tempel, standen aber in einer Art von steter, lebendiger, ununterbrochener Gemeinschaft mit dem Universum; sie hatten keinen Glauben, aber dafür das feste Wissen, daß, sobald ihre irdische Freude zu den Grenzen der irdischen Natur gelangt sei, für sie eine noch größere Steigerung der Beziehungen zum Universum eintrete. Sie erwarteten diesen Augenblick mit Freude, aber ohne Ungeduld, ohne sich mit Schmerz nach ihm zu sehnen, sondern sie schienen ihn schon in ihren Herzen zu ahnen und machten einander von diesen Ahnungen Mitteilung. Wenn sie abends hingingen, um sich schlafen zu legen, sangen sie gern harmonische, wohlklingende Chorlieder. In diesen Liedern gaben sie alle ihre Gefühle wieder, die der scheidende Tag in ihnen erregt hatte, priesen ihn und nahmen von ihm Abschied. Sie priesen die Natur, die Erde, das Meer, die Wälder. Sie verfaßten gern Lieder aufeinander und lobten einander wie Kinder; das waren ganz einfache Lieder; aber sie kamen aus dem Herzen und fanden den Weg zum Herzen. Und nicht nur in den Liedern priesen sie einander, sondern auch ihr ganzes Leben füllten sie, wie es schien, damit aus, daß sie einander liebten und bewunderten. Es war eine Art von wechselseitiger, allgemeiner, gemeinschaftlicher Verliebtheit. Manche ihrer triumphierenden, begeisterten Lieder blieben mir überhaupt fast unverständlich. Obwohl ich die Worte verstand, konnte ich doch nie in ihren ganzen Sinn eindringen. Der Sinn blieb für meinen Verstand unfaßbar; dafür drang er mir tief ins Herz, und zwar immer mehr und mehr. Ich sagte ihnen oft, ich hätte das alles früher schon längst geahnt; diese ganze Freude und Herrlichkeit habe sich mir schon auf unserer Erde durch eine süße Sehnsucht kundgetan, die sich zeitweilig bis zu unerträglichem Leide gesteigert habe; ich hätte sie alle und ihre Herrlichkeit in den Träumen meines Herzens und in den Phantasien meines Verstandes geahnt; ich hätte auf unserer Erde oft nicht ohne Tränen in die untergehende Sonne blicken können. Mit meinem Hasse gegen die Menschen unserer Erde sei immer ein Gefühl des Grames verbunden gewesen: ich hätte mich gefragt, warum ich sie nicht hassen könne, ohne sie zu lieben; warum ich nicht umhin könne, ihnen zu verzeihen, aber bei meiner Liebe zu ihnen doch Gram empfände; warum ich sie nicht hassend lieben könne? Sie hörten mich an, und ich sah, daß sie sich das, was ich sagte, nicht vorstellen konnten; aber ich bedauerte nicht, es ihnen gesagt zu haben: ich wußte, daß sie meinen Gram um diejenigen, die ich verlassen hatte, in seiner ganzen Größe begriffen. Ja, wenn sie mich mit ihrem freundlichen, von Liebe erfüllten Blicke ansahen, wenn ich fühlte, daß im Verkehr mit ihnen auch mein Herz ebenso unschuldig und rechtschaffen wurde wie die ihrigen, dann bedauerte ich es nicht, daß ich sie nicht verstand. Ich konnte kaum atmen vor der Empfindung der Fülle des Lebens, und ich betete schweigend für sie.

Oh, alle lachen mir jetzt ins Gesicht und versichern mir, solche Einzelheiten, wie ich sie jetzt wiedergäbe, könne man nicht einmal träumen; ich hätte in meinem Traume nur eine einzige Empfindung gehabt, die durch mein eigenes Herz in seinem irren Phantasieren hervorgerufen worden sei; die Einzelheiten aber hätte ich selbst erst nach dem Erwachen erdacht. Und als ich ihnen gestand, daß es vielleicht wirklich so zugegangen sei – o Gott, was schlugen sie da für ein Gelächter auf, und zu welcher Heiterkeit verhalf ich ihnen! O ja, allerdings hatte mich nur die eine Empfindung jenes Traumes überwältigt, und nur sie allein hatte sich in meinem wunden, blutenden Herzen erhalten; die wirklichen Bilder und Formen meines Traumes aber, das heißt diejenigen, die ich tatsächlich gerade während des Träumens sah, waren von einer so vollkommenen Harmonie, von einer so bezaubernden Schönheit und Wahrheit, daß ich nach dem Erwachen nicht imstande war, sie durch unsere schwachen Worte zu verkörpern; sie vergingen und verschwanden daher notwendigerweise in meinem Geiste, und ich war infolgedessen wirklich vielleicht selbst unbewußterweise gezwungen, die Einzelheiten nachher dichterisch zu rekonstruieren, wobei ich sie allerdings entstellte, namentlich da ich leidenschaftlich wünschte, sie so schnell wie möglich und wenigstens einigermaßen wiederzugeben. Aber andrerseits, wie kann man sich weigern, mir zu glauben, daß alles sich so verhielt? Vielleicht war es noch tausendmal besser, schöner, freudevoller, als ich es schildere? Mag es ein Traum gewesen sein; aber es war doch nicht möglich, daß das alles nicht gewesen sein sollte. Wissen Sie, ich werde Ihnen ein Geheimnis sagen: Vielleicht war das alles überhaupt kein Traum! Denn dort begab sich etwas Derartiges, etwas so erschreckend Wahrhaftiges, daß man es gar nicht hätte bloß träumen können. Mag auch mein Herz den Traum erzeugt haben; aber war denn mein Herz allein imstande, jenen schrecklichen wahren Vorgang zu erzeugen, der sich dann mit mir zutrug? Wie hätte ich allein diesen ausdenken oder mit dem Herzen träumen können? Konnten etwa mein kleinliches Herz und mein launenhafter, wertloser Verstand sich zu einer solchen Offenbarung der Wahrheit emporschwingen? Oh, urteilen Sie selbst: ich habe es bisher verschwiegen; aber jetzt will ich auch diese Wahrheit aussprechen. Die Sache ist die, daß ich ... sie alle verdarb!

5

Ja, ja, es endete damit, daß ich sie alle verdarb! Wie sich das vollziehen konnte, das weiß ich nicht; aber an die Sache selbst erinnere ich mich deutlich. Der Traum durchflog Jahrtausende und hinterließ bei mir nur eine Gesamtempfindung. Ich weiß nur, daß die Ursache des Sündenfalles ich war. Wie eine garstige Trichine, wie ein Pestatom, das ganze Reiche infiziert, so infizierte auch ich mit mir diese ganze vor meiner Ankunft so glückliche, sündlose Erde. Sie lernten lügen und gewannen die Lüge lieb und erkannten die Schönheit der Lüge. Oh, das begann vielleicht ganz harmlos, mit Scherz, mit Koketterie, mit verliebtem Spiel, wirklich vielleicht mit einem Atom; aber dieses Atom Lüge drang in ihre Herzen ein und gefiel ihnen. Darauf entstand schnell Sinnlichkeit; die Sinnlichkeit erzeugte Eifersucht, die Eifersucht Grausamkeit ... Oh, ich weiß nicht, ich erinnere mich nicht; aber bald, sehr bald floß das erste Blut: Sie staunten und erschraken und begannen sich voneinander zu trennen und abzusondern. Es bildeten sich Vereinigungen; aber diese richteten nun schon ihre Spitze gegeneinander. Es fingen Vorwürfe und Beschuldigungen an. Sie lernten die Scham kennen und erhoben die Scham zu einer Tugend. Es bildete sich der Begriff der Ehre heraus und erhob in jeder Vereinigung seine Fahne. Sie begannen die Tiere zu quälen, und die Tiere entfernten sich von ihnen in die Wälder und wurden ihre Feinde. Es begann der Streit um die Trennung, um die Absonderung, um die Persönlichkeit, um das Mein und Dein. Sie fingen an in verschiedenen Sprachen zu reden. Sie lernten das Leid kennen und gewannen das Leid lieb; sie dürsteten nach Qual und sagten, die Wahrheit lasse sich nur durch Qual erreichen.

Damals erschien bei ihnen auch die Wissenschaft. Als sie schlecht geworden waren, fingen sie an von Brüderlichkeit und Humanität zu reden und verstanden diese Ideen. Als sie Verbrecher geworden waren, erfanden sie die Gerechtigkeit und schrieben sich ganze Gesetzbücher, um die Gerechtigkeit aufrechtzuerhalten, und stellten, um die Gesetzbücher zu sichern, die Guillotine auf. Sie erinnerten sich kaum noch an das, was sie verloren hatten, und wollten nicht einmal daran glauben, daß sie jemals unschuldig und glücklich gewesen seien. Sie spotteten sogar über die Vorstellung von diesem ihrem früheren Glücke und nannten sie ein Hirngespinst. Sie konnten sich nicht einmal von der Art und Weise dieses Glückes ein Bild machen; aber es begab sich etwas Seltsames und Wunderliches: obwohl sie jeden Glauben an das frühere Glück verloren hatten und dieses ein Märchen nannten, begehrten sie doch dermaßen von neuem unschuldig und glücklich zu sein, daß sie sich vor dem Wunsche ihres Herzens wie Kinder hinwarfen, diesen Wunsch vergötterten, ihm Tempel erbauten und anfingen zu ihrer eigenen Idee, zu ihrem eigenen ›Wunsche‹ zu beten; und während sie von der Unmöglichkeit der Erfüllung und Verwirklichung dieses Wunsches vollkommen überzeugt waren, vergötterten sie ihn doch gleichzeitig unter Tränen und beugten die Knie vor ihm. Und doch, wenn es sich hätte begeben können, daß sie zu dem verlorenen Zustande der Unschuld und des Glückes zurückgekehrt wären, und wenn jemand ihn ihnen von neuem gezeigt und sie gefragt hätte, ob sie zu ihm zurückkehren wollten – so hätten sie diese Frage bestimmt verneint. Sie antworteten mir: »Mögen wir auch Lügner, Bösewichte und Ungerechte sein, wir *wissen* das und weinen darüber und quälen uns deswegen selbst, und wir martern und bestrafen uns vielleicht sogar mehr, als es jener barmherzige Richter tun wird, der uns richten wird und dessen Namen wir nicht kennen. Aber wir haben die Wissenschaft, und durch sie werden wir die Wahrheit von neuem finden; aber dann werden wir sie mit Bewußtsein aufnehmen. Das Wissen steht höher als das

Gefühl, die Erkenntnis des Lebens höher als das Leben. Die Wissenschaft wird uns Weisheit geben; die Weisheit wird die Gesetze aufdecken; die Kenntnis der Gesetze des Glückes aber steht höher als das Glück.« So redeten sie zu mir, und nach solchen Worten liebte jeder sich selbst mehr als alle andern, und sie konnten überhaupt nicht anders handeln. Jeder war mit solcher Eifersucht auf die Wahrung seiner Persönlichkeit bedacht, daß er sich mit aller Kraft bemühte, die Persönlichkeit der anderen zu erniedrigen und klein zu machen; und darein setzte er seine Lebensaufgabe. Es kam die Sklaverei auf; es kam sogar eine freiwillige Sklaverei auf: die Schwachen ordneten sich willig den Stärksten unter und bedangen sich dabei nur aus, daß diese ihnen helfen sollten, noch Schwächere, als sie selbst waren, zu unterdrücken. Es traten Gerechte auf, die zu diesen Menschen kamen und mit Tränen zu ihnen von ihrem Stolze, von dem Verluste des rechten Maßes und der Harmonie und von dem Verluste der Scham redeten. Man spottete über sie oder steinigte sie. Heiliges Blut floß auf den Schwellen der Tempel. Dafür aber erschienen Leute, die sich eine Art und Weise auszudenken versuchten, wie alle sich wieder so vereinigen könnten, daß ein jeder, ohne daß er aufzuhören brauchte, sich selbst mehr als alle andern zu lieben, gleichzeitig keinen andern störe und auf diese Art alle wie in einer einträchtigen Gesellschaft zusammen lebten. Ganze Kriege entstanden infolge dieser Idee. Alle Kriegführenden glaubten zu gleicher Zeit fest, daß die Wissenschaft, die Weisheit und der Trieb der Selbsterhaltung die Menschen endlich dazu zwingen würden, sich zu einer einträchtigen, vernünftigen Gesellschaft zu vereinigen; und darum bemühten sich einstweilen zur Beschleunigung der Sache die ›Weisen‹ möglichst schnell alle ›Unweisen‹, die ihre Idee nicht begriffen, auszurotten, damit sie dem Triumphe der Idee nicht hinderlich wären. Aber der Trieb der Selbsterhaltung wurde bald schwächer; es traten stolze, sinnliche Männer auf, die geradezu alles oder nichts forderten. Um alles zu erlangen, griffen sie zur Übeltat, und wenn es ihnen nicht glückte, zum Selbstmord. Es entstanden Religionen mit dem Kultus des Nichtseins und der Selbstvernichtung zum Zwecke der ewigen Ruhe im Nichts. Endlich wurden diese Menschen bei ihrer sinnlosen Bemühung müde, und auf ihren Gesichtern erschien der Ausdruck des Leidens, und diese Leute verkündeten, das Leiden sei Schönheit; denn nur im Leiden liege Sinn. Sie besangen das Leiden in ihren Liedern. Ich ging händeringend unter ihnen umher und weinte über sie; aber ich liebte sie vielleicht noch mehr als früher, wo auf ihren Gesichtern noch kein Ausdruck des Leidens lag und sie so unschuldig und so schön waren. Ich liebte ihre von ihnen entweihte Erde noch mehr als zu der Zeit, wo sie ein Paradies war, und nur weil auf ihr das Leid erschienen war. Ach, ich hatte immer Leid und Gram geliebt, aber nur für mich, für mich; aber über sie weinte ich, da ich sie bemitleidete. Die Arme nach ihnen ausstreckend, beschuldigte, verfluchte und verachtete ich in meiner Verzweiflung mich selbst. Ich sagte ihnen, ich sei es, der dies alles angerichtet habe, ich allein; ich hätte ihnen Sittenverderbnis, Ansteckung und Lüge gebracht! Ich flehte sie an, mich ans Kreuz zu schlagen; ich unterwies sie, wie man ein Kreuz macht. Ich vermochte nicht, ich hatte nicht die Kraft, mich selbst zu töten; aber ich wollte von ihnen Qualen empfangen; ich dürstete nach Qualen; ich dürstete danach, in diesen Qualen mein Blut bis auf den letzten Tropfen zu vergießen. Aber sie lachten nur über mich und hielten mich schließlich für einen Halbverrückten. Sie verteidigten mich, indem sie sagten, sie hätten nur das empfangen, was sie sich selbst gewünscht hätten, und alles, was jetzt bestände, habe sich mit innerer Notwendigkeit so gestaltet. Zuletzt erklärten sie mir, ich würde ihnen gefährlich und sie würden mich ins Irrenhaus setzen, wenn ich nicht schwiege. Da drang der Gram mit solcher Gewalt in meine Seele, daß mein Herz sich zusammenzog und ich sterben zu müssen glaubte ... nun, und da erwachte ich.

Es war schon Morgen; das heißt, hell geworden war es noch nicht; aber es war zwischen fünf und sechs Uhr. Ich kam zum Bewußtsein in jenem selben Lehnstuhl; meine Kerze war ganz heruntergebrannt; beim Hauptmann schliefen alle, und ringsum herrschte eine Stille, wie sie in unserer Wohnung nur selten vorkam. Das erste, was ich tat, war, daß ich im höchsten Erstaunen aufsprang; noch nie war mir etwas Ähnliches begegnet, nicht einmal, was unbedeutende Einzelheiten betraf: zum Beispiel war ich noch nie so in meinem Lehnstuhl eingeschlafen. Dann, während ich dastand und meine Gedanken sammelte, sah ich plötzlich vor mir meinen geladenen, schußfertigen Revolver schimmern; aber im nächsten Augenblick stieß ich ihn von mir! Oh, jetzt hatte ich das Leben nötig, das Leben! Ich hob die Arme in die Höhe und rief die ewige Wahrheit an; aber Tränen erstickten meine Stimme; Begeisterung, unermeßliche Begeisterung erhob mein ganzes Wesen. Ja, leben und – verkündigen! Oh, ein Verkündiger zu werden, beschloß ich gleich in jenem Augenblicke, und zwar natürlich fürs ganze Leben! Ich werde hingehen, um zu verkündigen; ich will verkündigen – was? Die Wahrheit; denn ich habe sie gesehen; ich habe sie mit meinen Augen gesehen; ich habe ihre ganze Herrlichkeit gesehen!

Und seitdem verkündige ich nun! Ich füge hinzu: ich liebe alle, die über mich lachen, mehr als alle übrigen. Warum ich das tue, das weiß ich nicht und kann ich nicht erklären; aber mag es meinetwegen so sein! Sie sagen, ich ginge auch jetzt schon fehl, und wenn ich jetzt schon so fehlginge, was werde dann erst in Zukunft geschehen? Um die reine Wahrheit zu sagen: ich gehe fehl, und vielleicht wird es in Zukunft noch schlimmer werden. Sicherlich werde ich noch mehrmals fehlgehen, bis ich gefunden haben werde, wie man verkündigen muß, das heißt, mit welchen Worten und mit welchen Taten; denn das richtig auszuführen ist sehr schwer. Ich sehe ja auch jetzt das alles sonnenklar; aber hören Sie: wer geht denn nicht fehl? Und dabei gehen doch alle nach ein und demselben Ziele; wenigstens streben alle nach ein und demselben Ziele, von dem Weisen bis zu dem gemeinsten Räuber, nur auf verschiedenen Wegen. Das ist eine alte Wahrheit; aber neu ist dabei dies: ich kann gar nicht so sehr fehlgehen. Denn ich habe die Wahrheit gesehen; ich habe sie gesehen und weiß, daß die Menschen schön und glücklich sein können, ohne daß sie darum die Fähigkeit, auf der Erde zu leben, verloren zu haben brauchen. Ich will und kann nicht glauben, daß das Böse der normale Zustand der Menschen sei. Alle lachen jedoch nur über diesen meinen Glauben. Aber wie kann sich jemand weigern, mir zu glauben: ich habe ja die Wahrheit gesehen – nicht daß ich sie mit dem Verstande erfunden hätte, sondern ich habe sie gesehen, wirklich gesehen, und ihre lebende Gestalt hat meine Seele auf ewig erfüllt. Ich habe sie in so vollendeter Totalität gesehen, daß ich nicht glauben kann, sie wäre bei den Menschen ein Ding der Unmöglichkeit. Und wie soll ich denn eigentlich fehlgehen? Ich werde ein wenig seitwärts geraten, gewiß, sogar öfters, und werde vielleicht sogar mit ungeeigneten Worten reden, aber nicht auf lange: die lebende Gestalt dessen, was ich gesehen habe, wird mich immer begleiten und mich immer wieder auf den richtigen Weg bringen und meine Schritte lenken. Oh, ich bin mutig, ich bin frisch; ich werde hingehen, ich werde hingehen, und wäre es auch auf tausend Jahre. Wissen Sie, ich wollte es sogar anfangs verheimlichen, daß ich sie alle verdorben habe; aber das wäre ein Fehler gewesen – gleich der erste Fehler! Aber die Wahrheit flüsterte mir zu, daß ich im Begriff sei zu lügen, und bewahrte mich und hielt mich auf rechter Bahn. Aber wie das Paradies herzustellen sei, das weiß ich nicht, weil ich nicht verstehe, es mit Worten darzustellen. Nach meinem Traume sind mir die richtigen Worte abhanden gekommen. Wenigstens die wichtigsten Worte, die notwendigsten. Aber mag das auch sein, ich werde hingehen und werde immer reden, unermüdlich; denn ich habe es doch mit meinen Augen gesehen, wenn ich auch nicht verstehe, das Gesehene mit Worten wiederzugeben. Aber gerade das können die Spötter nicht begreifen: »Er hat geträumt«, sagen sie,

»hat phantasiert, eine Halluzination gehabt.« Ach so ein Gerede! Ist denn das weise? Und sie sind so stolz! Ein Traum? Was ist denn ein Traum? Ist nicht unser Leben ein Traum? Ja, ich will noch mehr sagen: angenommen auch, daß sich das nie verwirklichen wird und das Paradies unmöglich ist (das sehe ich ja auch schon selbst ein!) – nun, so werde ich meine Lehre dennoch verkündigen. Aber dabei wäre es doch so einfach: an einem einzigen Tage, *in einer einzigen Stunde* könnte das alles mit einemmal in Ordnung kommen! Die Hauptsache ist: liebe die andern wie dich selbst; das ist die Hauptsache, das ist alles, weiter ist nichts mehr nötig: dann wirst du sofort wissen, was du zu tun hast. Und dabei ist das ja nur eine alte Wahrheit, die billionenmal wiederholt und gelesen, aber doch den Menschen nicht in Fleisch und Blut übergegangen ist! »Die Erkenntnis des Lebens steht höher als das Leben, die Kenntnis der Gesetze des Glückes höher als das Glück«, das ist die Anschauung, die bekämpft werden muß! Und ich werde sie bekämpfen. Wenn nur alle wollen, dann wird alles sogleich in Ordnung kommen.

Aber jenes kleine Mädchen habe ich ausfindig gemacht... Und ich werde hingehen! Ich werde hingehen!

Anmerkungen

Herr Prochartschin

6,12 *Peski:* abgelegener Bezirk im Osten Petersburgs.

11,27 *Twer:* das heutige Kalinin.

13,29–31 *ein Plan..., demzufolge gewisse Beamte..., ein Examen in allen Fächern würden ablegen müssen:* Nach einer Verordnung aus dem Jahr 1809 sollten Beamte zum Erhalt bürgerlicher Titel ein Examen ablegen. Diese Weisung, die der Reformer Michail Speranskij ausgearbeitet hatte, um das Bildungsniveau in der russischen Bürokratie zu heben, bestand allerdings nur auf dem Papier. In der Praxis wurde sie nie durchgesetzt.

17,35 f. *um des Rechtes willen »zu leiden gehabt habe«:* im zaristischen Rußland gebräuchliche Umschreibung für den Tatbestand, von der Geheimpolizei belangt worden zu sein.

20,3 *Noskispiel:* Kartenspiel, bei dem der Gewinner dem Verlierer mit den Karten auf die Nase schlägt.

24,22 *Fontanka:* einer der aus der Newa austretenden und halbkreisförmig in sie zurückführenden Kanäle.

26,36–27,5 *Kasperle, ... Teufel, ... Mohren, ... Petruschka ...:* das traditionelle Typenensemble des Puppentheaters, mit dem die Drehorgelmänner in Petersburg ihr Publikum unterhielten.

33,24 *»Man wird dir die Nase abbeißen ...«:* Anspielung auf Nikolaj Gogols Erzählung *Die Nase* (1836).

36,5 *Freigeist:* Dieser Begriff, der zunächst denjenigen bezeichnet, der den christlichen Glauben dem Urteil der Vernunft unterwirft, wurde im zaristischen Rußland auf all jene verwendet, die durch ihr kritisches Denken den Staat anzugreifen schienen. Der Verdacht der »Freigeisterei« konnte einen Betroffenen die berufliche Existenz kosten.

36,31 *ein Napoleon:* Unter dem Eindruck der Napoleonischen Kriege erhob sich im Zarenreich wie im übrigen Europa die Frage, ob sich die Großen der Weltgeschichte dem gleichen Recht unterzuordnen hätten wie die gewöhnlichen Menschen. Für seine Anhänger stellte Napoleon eine Persönlichkeit dar, durch die eine höhere Kraft wirkte. Wie interessant Dostojewskij diese Diskussion ist, zeigt, daß er sie bereits hier, wenn auch durch den ironisch gemeinten Vergleich des kleinen Beamten mit der historischen Größe, anspricht. In seinen späteren Werken, namentlich in dem

Roman *Schuld und Sühne*, wird der Autor die Problematik wiederholt und mit allem Ernst wiederaufgreifen.

47,14–16 *Ein Dichter hätte diesen ganzen so plötzlich erkalteten Winkel mit dem Nest einer Hausschwalbe vergleichen können:* Es folgt ein Zitat aus dem Gedicht *Die Schwalbe* (1792) von Gawriil Dershawin (1743–1816).

Ein schwaches Herz

49,7–9 *man diese Art der Anrede als ungehörig und ... familiär empfinden könnte:* Zur höflichen Anrede gehört in Rußland die Nennung von Vor- und Vatersnamen. Indem der Erzähler von dem Taufnamen Schumkows, Wassilij, die Diminutivform bildet und ihm das Patronymikon vorenthält, verstößt er gegen diese Gepflogenheit.

49,12 *da es aber genug Schriftsteller gibt...:* Anspielung Dostojewskijs auf die schablonenhafte Charakterisierungstechnik mancher Vertreter der »Natürlichen Schule«.

49,22 *Zivil anhatte:* Im zaristischen Rußland unter Nikolaus I. (1825–55) wurden zum Zweck der Disziplinierung die Vertreter des öffentlichen Lebens dazu gezwungen, im Dienst eine Uniform anzulegen. Das Tragen von Zivilkleidung war allein im privaten Bereich gestattet.

60,35 *Kolomna:* Vorstadt im Süden Petersburgs.

61,15 f. *Wosnessenskij-Prospekt:* große Straße in Petersburg.

97,9 *Wofür will man mich unter die Soldaten stecken?:* Bis zur Einführung der allgemeinen Wehrpflicht in Rußland (1874) wurden die Soldaten aus der steuerpflichtigen Bevölkerung zwangsrekrutiert. Weiterhin konnten Personen, die sich eines Vergehens schuldig gemacht hatten, eingezogen werden. Der Militärdienst war lang (25 Jahre, ab 1859 15 Jahre) und ungewöhnlich hart. Für viele bedeutete die Einberufung, daß sie ihre Angehörigen nie mehr wiedersahen.

Eine dumme Geschichte

106,10 *»Petersburger Seite«:* der am Nordufer der Newa gelegene Stadtteil, der dem Zentrum Petersburgs näher ist als die »Wyborger Seite«, die zu Dostojewskijs Zeit ein spärlich bebautes Vorstadtgelände darstellte.

108,35 f. *die neueinzuführenden Reformen:* Gemeint sind hier die Reformen, die in der Regierungszeit Alexanders II. (1855–81) durchgeführt wurden, insbesondere die Aufhebung der Leibeigenschaft (1861), die Justizreform (1864) und die Einführung der allgemeinen Wehrpflicht (1874).

110,20 *une existence manquée:* (frz.) eine verkrachte Existenz.

110,22 *Parleur:* (frz.) Schwätzer.
Phraseur: (frz.) Phrasendrescher.

114,6 f. *neuen Wein, der ... neuer Schläuche bedarf:* Anspielung auf Mk. 2,22.

116,32 *c'est le mot!:* (frz.) Das ist das (richtige) Wort!

116,33 *bon sens:* (frz.) gesunder Menschenverstand.

125,31 *Blanc-manger:* (frz.) weißer Pudding mit Mandeln.

126,21 f. *»Avancez, Messieurs, chaine de dames, balancez!«:* (frz.) »Schreiten Sie vor, meine Herren, Damenkette, Schwebeschritt!«

129,5 *Harûn-al-Raschids:* abbasidischer Kalif (786–809), unter dessen Herrschaft das Reich in voller Blüte stand. Seine Gerechtigkeit und Ritterlichkeit werden in den *Erzählungen aus Tausendundeiner Nacht* dargestellt.

137,33 *wenn man Herrn Panajew im Traum sieht:* In Scherbinas scherzhaftem *Traumbuch der zeitgenössischen russischen Literatur* (1855–57) wird prophezeit, ein Sichten des Journalisten, Schriftstellers und Kritikers Iwan Panajew im Traum bedeute, daß man seine Weste mit Kaffee beschmutzen oder ein halbes Dutzend holländischer Hemden kaufen werde.

138,8 f. *ein neues Lexikon:* gemeint ist hier das *Enzyklopädische Wörterbuch, zusammengestellt von russischen Gelehrten und Literaten*, dessen erster Band 1861 von Andrej Krajewskij ediert wurde. Die Herausgabe wurde 1863 mit dem sechsten Band abgebrochen.

138,17 *»Der Feuerbrand«:* Gemeint ist die satirische Zeitschrift *Der Funke*, die von 1859 bis 1864 von Nikolaj Stepanow und Wassilij Kurotschkin verlegt wurde.

140,23 *'nen Fisch riskieren:* Bezeichnung für einen Volkstanz, bei dem der Tänzer die Bewegungen eines Fisches an der Angel nachahmt.

146,16 *Fokin:* berühmter Cancan-Tänzer.

175,36 *un bon matin:* (frz.) eines schönen Morgens.

Das Krokodil

188,13 *»Petersburger Nachrichten«:* Gemeint sind hier die *Sankt Petersburger Nachrichten*, die von 1863 bis 1874 unter der Redaktion von Walentin Korsch erschienen. In den sechziger und siebziger Jahren vertraten sie liberale Positionen.

188,14 *»Golos«: Die Stimme*, ab 1863 von Andrej Krajewskij herausgegebene, zu ihrer Zeit in Rußland meistverbreitete bürgerlich-liberale Tageszeitung; wurde 1884 auf den Druck der Zensur hin eingestellt.

203,3 f. *ein neuer Fourier:* Die Ideen des französischen utopischen Sozialisten Charles Fourier (1772–1837) wurden nach dem Erscheinen von Nikolaj Tschernyschewskijs Roman *Was tun?* in der russischen Öffentlichkeit mit großem Interesse diskutiert.

204,9 *Garnier-Pagès:* Louis Antoine Garnier-Pagès (1803–78), französischer bürgerlicher Politiker, der an den Revolutionen von 1830 und 1848 teilgenommen hatte; 1848 Finanzminister, seit 1864 Mitglied des gesetzgebenden Korps.

204,15 f. *Konversationslexikon ... Krajewskijs:* vgl. 138,8 f.

205,1 *de Musset:* Alfred de M. (1810–57), französischer romantischer Dichter.

205,2 f. *Eugénie Tour:* russische Schriftstellerin und Autorin von publizistischen Artikeln (1815–92), in deren literarischem Salon sich Dichter und Gelehrte versammelten.

205,23 *Gorochowaja-, Morskaja-Straße:* große Einkaufsstraßen in Petersburg.

210,29 *Nihilisten:* durch Iwan Turgenjews Roman *Väter und Söhne* (1862) allgemein verbreiteter Ausdruck für die Vertreter des Materialismus.

214,18 *Hofrat:* bürgerlicher Rang der 7. Klasse.

220,35 *»Listok«:* Abkürzung für *Peterburgskij listok* (Petersburger Blättchen), eine 1864 gegründete Tageszeitung.

221,20 *Ichneumon:* marderähnliche Schleichkatze.

221,30 f. *Lesseps:* Ferdinand de L. (1805–94), französischer Ingenieur und Diplomat, leitete von 1859 bis 1869 den Bau des Suezkanals.

222,9 *Pargolowo:* Ausflugsort bei Petersburg.

222,10 *Pawlowsk:* Sommerresidenz des Zaren.

224,21 *›Die Häuser sind zwar neu, die Art zu denken alt‹:* Ausspruch des Helden Tschazkij in Alexander Gribojedows Komödie *Verstand schafft Leiden* (1824).

Bobok

226,11 *Ein Maler hat mich porträtiert:* Anspielung auf das Bildnis, das der berühmte Künstler Wassilij Perow von Dostojewskij anfertigte (1872).

228,26 *bobok:* lautmalerische Wortschöpfung für einen Blubberton.

228,29 *Kollegienrat:* bürgerlicher Rang der 6. Klasse.

229,13 *Auf die Gesichter der Toten blicke ich mit Vorsicht:* Im orthodoxen Rußland wurden die Toten bis zur Versenkung in das Grab offen aufgebahrt.

231,4 f. *Suworinschen Kalender:* Alexej Suworins *Russischer Kalender von 1872* (1872) stellt sowohl ein Nachschlagewerk dar als auch eine Sammlung von aktuellen Angaben zu Ökonomie und Politik.

231,23 *Invitieren:* Ersuchen.

232,1 f. *»Ruhe sanft, liebe Asche, bis zu einem frohen Morgen!«:* beliebtes Epitaph Nikolaj Karamsins aus dem Jahr 1792. Fjodor Dostojewskij und sein Bruder Michail schätzten es so, daß sie es in die Grabplatte ihrer Mutter eingravieren ließen.

234,23 *Vierzigtagefeier:* In der russisch-orthodoxen Kirche ist es Brauch, daß am vierzigsten Tag nach dem Ableben eines Menschen eine Seelenmesse an dessen Grab gehalten wird.

234,27 *Kutja:* Brei aus Graupen oder Reis und Honig, Zucker und Backpflaumen oder Rosinen, der in der Kirche geweiht und nach dem Abhalten der Seelenmesse von den Gläubigen verzehrt wird. Das Getreide soll die Auferstehung symbolisieren, während die Süßigkeiten die Wohltaten versinnbildlichen, die den Menschen im Jenseits erwarten.

235,8 f. *Wirkliche Geheime Rat:* bürgerlicher Rang der 2. Klasse.

235,34 *Tale Josaphat:* Nach dem Propheten Joel (4,2.12) ist das Tal »Joschafat« (»Jahwe richtet«) der Ort des endzeitlichen Gerichts.

236,11 f. *Eck ... Botkin:* berühmte Kapazitäten auf dem Gebiet der Medizin.

237,4 *Staatsräte:* bürgerlicher Rang der 5. Klasse.

239,3 *Polisson:* (frz.) Schelm, Schlingel.

239,4 *en haut lieu:* (frz.) höheren Ortes.

239,13 *vierzehnjähriges Bürschlein vom Pagenkorps:* Zögling des Petersburger Pagenkorps.

246,17 *»Grashdanin«: Der Staatsbürger*, 1872 gegründete Wochenzeitschrift in Petersburg, in der *Bobok* 1873 veröffentlicht wurde. Dostojewskij war von 1873 bis 1874 Redakteur des *Grashdanin*.

Die Sanfte

249,6 *L'hombre:* (frz.) Lomber. Kartenspiel.

261,29 *Hochzeit ... à l'anglaise:* Trauung ohne Hochzeitsgesellschaft.

264,28 *»ersten Eindrücke des Daseins«:* freies Zitat aus Puschkins Gedicht *Der Dämon* (1823).

264,31 f. *es ist ja nur das Blut, das schäumt, und ein Übermaß an Kraft:* frei zitiert nach Lermontows Gedicht *O trau dir, trau dir, junger Schwärmer, nicht ...* (1839).

266,15 f. *»Die Jagd nach dem Glück«:* Drama von Pjotr Jurkjewitsch (1876).

266,16 *»Singvögel«:* Gemeint ist hier die Operette *Périchole* (1868) von Jacques Offenbach (1819–80).

267,23 *Es gibt keine Originalität bei Frauen:* Der Pfandleiher polemisiert hier gegen die Frauenfrage, die durch die 1869 erschienene Übersetzung von John Stuart Mills Buch *Die Unterordnung der Frau* in der russischen Öffentlichkeit heftig entbrannt war.

292,14 *Boulogne:* Boulogne-sur-Mer, französische Hafenstadt. Dostojewskij besuchte das Seebad selbst im Sommer des Jahres 1862.

296,17 *Gil Blas:* Hauptgestalt des bedeutenden französischen, in Rußland sehr beliebten pikarischen Abenteuerromans *Histoire de Gil Blas de Santillane* (Geschichte des Gil Blas von Santillana, 1715–1735) von Alain-René Lesage (1668–1747).

304,3 f. *die Sonne ... ist sie vielleicht kein Leichnam?:* Das Bild der toten Sonne wird in der Offenbarung des Johannes heraufbeschworen (Offb. 6,12).

304,6 *»Menschen, liebet einander«:* Gebot Jesu (Joh. 15,12.17).

Der Traum eines lächerlichen Menschen

310,20 *Newskij Prospekt:* berühmte Prachtstraße in Petersburg.

328,14–18 *Es traten Gerechte auf ... Man spottete über sie oder steinigte sie:* Verweis auf das Schicksal derer, die Jesus folgen (Joh. 8,59; Agp. 14,5; 2. Kor. 11,25).

332,10 *liebe die andern wie dich selbst:* freie Wiedergabe des Gebots, das Jesus als das höchste ausgibt (Mk. 12,31).

Textnachweise

Herr Prochartschin. Aus: Fjodor M. Dostojewski: Sämtliche Erzählungen. Aus dem Russischen von E. K. Rahsin. München: Piper, 1984. (Serie Piper. 338.) S. 22–57. © 1980 R. Piper & Co. Verlag, München.

Ein schwaches Herz (übers. von Georg Schwarz). Aus: Fjodor Dostojewskij: Weiße Nächte. Frühe Prosa II. Deutsch von Wilhelm Plackmeyer und Georg Schwarz. Berlin/Weimar: Aufbau-Verlag, 1986. S. 25–80. © 1986 Aufbau-Verlag, Berlin und Weimar.

Eine dumme Geschichte. Aus: Fjodor M. Dostojewski: Sämtliche Erzählungen. Aus dem Russischen von E. K. Rahsin. München: Piper, 1984. (Serie Piper. 338.) S. 329–387. © 1980 R. Piper & Co. Verlag, München.

Das Krokodil. Aus: Fjodor Dostojewski: Der Traum eines lächerlichen Menschen und andere Erzählungen. Aus dem Russischen von Hermann Röhl. Frankfurt a. M.: Insel Verlag, 1986. (insel taschenbuch. 976.) S. 199–244. © 1986 Insel Verlag, Frankfurt a. M.

Bobok (übers. von Werner Creutziger). Aus: Fjodor Dostojewski: Das Krokodil. Drei Erzählungen. Berlin: Eulenspiegel Verlag, ^{2}1987. S. 136–163. © 1990 Aufbau-Verlag, Berlin und Weimar.

Die Sanfte. Eine phantastische Erzählung. Aus dem Russischen übertr. von Johannes von Guenther. Stuttgart: Reclam, 1981. (Universal-Bibliothek. 6570.) (Durchges. Ausg.) © 1948 Philipp Reclam jun. GmbH & Co., Stuttgart.

Der Traum eines lächerlichen Menschen. Eine phantastische Erzählung. Aus: Fjodor Dostojewski: Der Traum eines lächerlichen Menschen und andere Erzählungen. Aus dem Russischen von Hermann Röhl. Frankfurt a. M.: Insel Verlag, 1986. (insel taschenbuch. 976.) S. 329–355. © 1986 Insel Verlag, Frankfurt a. M.

Literaturhinweise

Bachtin, Michail: Probleme der Poetik Dostoevskijs. München 1985.

Bem, Alfred: Das Schuldproblem im künstlerischen Schaffen von Dostojevskij. In: Zeitschrift füt Slavische Philologie. Bd. 12. 1935. S. 251–277.

Braun, Maximilian: Dostojewskij. Das Gesamtwerk als Vielfalt und Einheit. Göttingen 1976.

Breger, Louis: Dostoevsky. The Author as Psychoanalyst. New York / London 1989.

Catteau, Jacques: Dostoyevsky and the Process of Literary Creation. Cambridge 1989.

Cox, Gary: Tyrant and Victim in Dostoevsky. Columbus (Ohio) 1984.

Dempf, Alois: Die drei Laster. Dostojewskis Tiefenpsychologie. München 1946.

Doerne, Martin: Gott und Mensch in Dostojewskijs Werk. Göttingen 1957.

Flick, Verena: Untersuchungen zur Ästhetik Dostoevskijs in seinen Romanen und Erzählungen. Diss. Heidelberg 1972.

Fridländer, Georgij: Ideal und Realität in der Ästhetik Dostoevskijs. In: Zeitschrift für Slawistik. Bd. 16. 1971. S. 812–826.

Gerhardt, Dietrich: Gogol und Dostojevskij in ihrem künstlerischen Verhältnis. Versuch einer zusammenfassenden Darstellung. München 1970. [Nachdruck der Ausgabe Leipzig 1941.]

Gerigk, Horst-Jürgen: Dostoevskijs Selbstverständnis als hermeneutisches Problem. In: Russian Literature. Bd. 4. 1973. S. 114–127.

– Die Gründe für die Wirkung Dostojewskijs. In: Dostoevsky Studies. Journal of the International Dostoevsky Society. Bd. 2. 1981. S. 3–26.

Gesemann, Gerhard: Das Goldene Zeitalter. Ein Kapitel über Dostojewski. In: Die Dioskuren. Bd. 2. 1923. S. 275–303.

– Der Träumer und der Andere. Ein Kapitel zur vergleichenden Gogol- und Dostojevskijforschung. In: Dostojevskij-Studien. Hrsg. von Dmitrij Čyževśkyj. Reichenberg 1931. S. 7–18.

Hermanns, Karl: Das Experiment der Freiheit. Grundfragen menschlichen Daseins in F. M. Dostojewskis Dichtung. Diss. Bonn 1957.

Holthusen, Johannes: Prinzipien der Komposition und des Erzählens bei Dostoevskij. Köln/Opladen 1969.

Jackson, Robert Louis: Dostoevsky's Quest for Form. A Study of His Philosophy of Art. New Haven / London 1966.
Kjetsaa, Geir: Dostojewskij. München 1986.
Kravchenko, Maria: Dostoevsky and the Psychologists. Amsterdam 1978.
Lavrin, Janko: Fjodor M. Dostojevskij in Selbstzeugnissen und Bilddokumenten. Reinbek bei Hamburg 1963. (rororo monographien. 88.)
Leatherbarrow, W.: Idealism and Utopian Socialism in Dostoyevsky's »Gospodin Prokharchin« and »Slaboe serdtse«. In: SEER. Bd. 58. 1980. S. 524–540.
Mann, Jurij: Die Romantik im Frühschaffen Dostoevskijs. Auf dem Weg zur Darstellung des Charakters. In: Zeitschrift für Slawistik. Bd. 16. 1971. S. 827–843.
Mochulsky, Konstantin: Dostoevsky. His Life and Works. Princeton 1967.
Müller, Ludolf: Dostojewski. Sein Leben – sein Werk – sein Vermächtnis. München 1982.
Neuhäuser, Rudolf: Fjodor Dostojewskij: Die Sanfte. In: Die russische Novelle. Hrsg. von Bodo Zelinsky. Düsseldorf 1982. S. 73–83.
– Das Frühwerk Dostoevskijs. Literarische Tradition und gesellschaftlicher Anspruch. Heidelberg 1979.
– Social Reality and the Hero in Dostoevskij's Early Works: Dostoevskij and Fourier's Psychological System. In: Russian Literature. Bd. 4. 1973. S. 18–36.
Nötzel, Karl: Das Leben Dostojewskis. Osnabrück 1967. [Neudruck der Ausgabe 1925.]
Philipps, Roger W.: Dostoevskij's »Bobok«: Dream of a Timid Man. In: SEEJ. Bd. 18. 1974. S. 132–142.
Schmid, Wolf: Der Textaufbau in den Erzählungen Dostoevskijs. Amsterdam 1986.
Seeley, Frank Friedeberg: Dostoyevsky's Women. In: SEER. Bd. 39. 1961. S. 291–312.
Somerwil-Ayrton, Shirley Kathlyn: Poverty and Power in The Early Works of Dostoevskij. Diss. Amsterdam 1988.
Terras, Victor: The Young Dostoevsky (1846–1849). A Critical Study. Den Haag / Paris 1969.
Timm, Johanna: Das Seinsverständnis der Helden in Dostoevskijs Bednye ljudi und in der Krotkaja. Diss. Kiel 1981.

Trubetzkoy, Nikolaj: Dostoevskij als Künstler. London / Den Haag / Paris 1964.
Tynjanov, Jurij: Dostoevskij und Gogol (Zur Theorie der Parodie). In: Russischer Formalismus. Hrsg. von Jurij Striedter. München 1971. S. 301–371.
Walder, Wolfram: F. M. Dostoevskijs Stellung innerhalb des russischen literarischen Realismus. In: Wiener Slavistisches Jahrbuch. Bd. 6. 1957/58. S. 35–45.
Zelinsky, Bodo: Die russische Novelle. In: Die russische Novelle. Hrsg. von Bodo Zelinsky. Düsseldorf 1982. S. 9–22.

Nachwort

I

Das 19. Jahrhundert stellt in der literarischen Entwicklung die Ära dar, in der sich die Erzählkunst gegenüber den anderen Genres in der Beliebtheit durchsetzte. Hatte Hegel noch in seinen *Vorlesungen über die Ästhetik* (1835–38) die Dramatik als die höchste Gattungsform gerühmt, da sie eine Synthese aus Lyrik und Epik bilde, so erfuhr letztere aufgrund der ihr eigenen Möglichkeit der Wirklichkeitserfassung seit der Epoche der Romantik immer größere Beachtung. Gefragt war jetzt eine tunlichst objektive Darstellung der Welt und der in ihr wirkenden Kräfte. Ähnlich den positivistischen Wissenschaften sollte die Dichtung die Realität ergründen, für deren Darbietung ein außenstehender Erzähler besser geeignet zu sein schien als die im Subjektiven befangenen Figuren im Drama oder das lyrische Ich.

Neben der französischen war es besonders die russische Literatur, der die Epik ihren Siegeszug verdankte. Schon bedeutende Vertreter der Romantik wie Puschkin und Lermontow traten nicht nur als Verfasser von Gedichten hervor, sondern gingen dazu über, ihre Anschauung von dem problematischen Zustand der Welt auf einer breiteren Ebene zu konkretisieren. Den Höhepunkt epischen Schaffens stellt in dieser Epoche das Werk Nikolaj Gogols dar. Hier wird das Treiben der Menschen in seiner Sinnlosigkeit entblößt. Allein der Erzähler vermag, das Absurde zu erfassen, das den in der fiktiven Welt Lebenden nicht bewußt ist. Was Gogol auf metaphysischer Ebene anlegte, mißverstanden seine Zeitgenossen als Sozialkritik. Akakij Akakijewitsch Baschmatschkin, der Held seiner berühmten Erzählung *Der Mantel* (1842), wurde als Opfer des Petersburger Staates verstanden und nicht, wie der Autor es gemeint hatte, als ein nichtiges Rädchen in einem sinnentleerten Getriebe. Soziales Engagement war in Mode. Und die Autoren und Kritiker, die es zum Hauptanliegen der Literatur erklärten, die Vertreter der sogenannten »Natürlichen Schule«, verurteilten jeden, der nicht auf die zeitgenössischen Mißstände hinwies.

Angeregt sahen sich die engagierten Literaten durch die utopischen Sozialisten und die sozialkritische Literatur Frankreichs. Zwar mochte die westeuropäische Gesellschaft anders strukturiert sein als die russische, doch gab es gerade im Zarenreich eine Unzahl von Menschen, die auf der Schattenseite des Lebens standen und ihre Not nicht artikulieren konnten. Es waren die Leibeigenen, die Armen in den Städten, die Bettler, Alkoholiker, Prostituierten und kleinen Beamten, für die sich die Dichter der »Natürlichen Schule« einsetzten. Das an sich Unästhetische wurde zum gefragtesten Thema einer Kunst, die es sich zur Aufgabe gestellt hatte, ihre Leserschaft zu erschüttern. Die Literatur übernahm damit eine Rolle, für die es im gesellschaftspolitischen Bereich Rußlands keine Entsprechung gab.

Als Mittel komprimierter und unmittelbarer Wirklichkeitserfassung war besonders die epische Kurzform beliebt. Hier konnte sich der Autor auf Ereignisse konzentrieren, die ausschnitthaft auf den gesellschaftlichen Hintergrund verwiesen. Die größte Meisterschaft erreichte auf diesem Gebiet Iwan Turgenjew, der in seinen *Aufzeichnungen eines Jägers* (1852) eine realistische Schilderung des russischen Landlebens, namentlich des Systems der Leibeigenschaft, gab.

Wenn Fjodor Michajlowitsch Dostojewskij (1821–81) auch seine große Berühmtheit auf dem Gebiet des Romans erlangte, so sind seine Erzählungen doch nicht weniger beachtenswert. Der Autor widmete sich in seinen kurzen, handlungsarmen Werken epischen Experimenten, die ihrer Zeit weit voraus waren. Dostojewskij stellte die menschliche Psyche in ihrer Abgründigkeit dar, ohne Ursachen für die einzelnen Befindlichkeiten aufzudecken. Der Rätselhaftigkeit menschlichen Daseins war eine Erzählhaltung angemessen, die sich einer letzten Wahrheit verschloß. Das bedeutete einen Verstoß gegen die Milieutheorie der »Natürlichen Schule«. Deren bedeutendster Kritiker, Wissarion Belinskij, der noch Dostojewskijs Erstlingswerk *Arme Leute* (1846) hoch gelobt hatte, sprach ihm deshalb sehr bald das Talent ab.

Obgleich der junge Autor auf die Wirkung seiner Kunst überaus bedacht war, blieb er dem eingeschlagenen Weg treu. Zwar kannte und liebte er die sozial engagierte Literatur sehr, doch gerieten die Motive, die er weiterverwerten wollte, stets unter einen überzeitlichen Aspekt, der ihn als Schüler Gogols auswies. Wie diesen interessierte Dostojewskij am stärksten die Frage, welchen Halt sich das Individuum im Universum sucht. Nach ihrer unterschiedlichen Beantwortung kann man drei Phasen in seinem Werk deutlich voneinander trennen.

II

In seinem Frühwerk (1846–49) orientiert sich Dostojewskij an sehr modern erscheinenden Seiten der romantischen Weltsicht. Danach ist das Individuum einem Kosmos ausgesetzt, der bar jedes Zentrums und aller Werte ist. Die existentielle Notlage, in die der Mensch angesichts des Absurden gerät, wurde von den Romantikern in der Darstellung von Grenzsituationen erfaßt. Namentlich das Phänomen des Todes macht ihn auf die Endlichkeit seines Daseins aufmerksam, aus der es kein Entrinnen gibt. Der Mensch reagiert mit Angst. Er entwickelt das Bedürfnis, aus der »Geworfenheit« (Heidegger) zu fliehen.

Diese existentielle Angst empfinden auch Dostojewskijs frühe Helden. Die kleinen Winkel, in die sie sich drücken, allegorisieren ihre tiefe innere Not, den Wunsch, sich vor der andrängenden Welt zu verbergen. Wer wie die Vertreter der »Natürlichen Schule« eine soziale Anklage hinter den Zeilen vermutet, mißversteht den Autor. Dieser intensiviert den Schwebezustand seiner Figuren, indem er sie auf die Suche nach einem Sinn im Leben schickt. Ihr stetes Scheitern offenbart die Grausamkeit der Welt und legt gleichzeitig das Wesen des Begehrten dar. Je nach dessen Beschaffenheit ist die Darstellung komisch oder tragisch.

Die pervertierte Sinnsuche seiner kleinen Beamten war ein Faktum, das die zeitgenössische Kritik dem Autor besonders übelnahm. Gefragt war soziales Mitleid – und nicht Spott. Dostojewskij wollte hingegen zeigen, in welchem Maß der Mensch sinkt, der sich in weltlichen Gütern wiederzufinden sucht. Wie wichtig ihm dieses Thema war, zeigt, daß er auch nach dem Mißerfolg des *Doppelgängers* (1846) an jenem festhielt.

Ein besonders bemerkenswertes Beispiel für die Entfaltung der Problematik und Dostojewskijs epische Kunst ist die Erzählung *Herr Prochartschin* (1846). Die Geschichte des beschränkten kleinen Amtsschreibers, der in scheinbarer Not dahinvegetiert und den Verstand verliert, als er um seine Stellung fürchtet, offenbart die Absurdität des Daseins. Herr Prochartschin hat, wie die erstaunten Mitbewohner nach seinem Tod feststellen müssen, so viel Geld zusammengespart, daß er sich problemlos hätte zur Ruhe setzen können. Um so rätselhafter ist für sie, daß ihre harmlosen Scherze den Helden regelrecht vernichtet haben. Was Dostojewskij hier wie in vielen späteren Werken zeigen will, ist die verhängnisvolle Macht des Geldes. Als Inkarnation aller Möglichkeiten wird es zum metaphysischen Unwert. Wer sich ihm hingibt, ist verloren. Konsequent wird die Gestalt des Helden in ihrer Verlorenheit gezeigt. Herr Prochartschin hat alle Lebenskraft für das Geld dahingegeben, hat es sich praktisch vom Munde abgespart. Sein Traum von dem brennenden Haus und der bildhafte Vergleich seiner Beine mit den verkohlten Ästen eines Baumes zeigen, daß ihn seine Obsession von innen her verzehrt hat. Folglich erscheint der spöttische Ton des Erzählers und der Konfiguranten durchaus angebracht.

Dostojewskijs Kritik verweilt aber nicht bei der pervertierten Sinnsuche des einzelnen. Das Streben des Herrn Prochartschin legt das Wesen einer Welt bloß, die ohne jedes Erbarmen ist. Sie begegnet dem Helden auf der Straße, in seinem Amt und schließlich in seiner Wohnung, die den eigentlichen Handlungsort der Erzählung darstellt. Die Menschen, die hier leben, lassen keine Privatheit zu. Sie bedrängen den, der anders ist als sie, verunglimpfen ihn und nutzen seine Schwächen aus. Eindringlich zeigt der Autor, wie verhängnisvoll sich das Gerede auf den Menschen auswirken kann, der seiner Mitwelt nicht gewachsen ist. Als der Held zugrunde geht, geschieht das, was Martin Heidegger in *Sein und Zeit* (1927) als Charakteristikum des Geredes ausmacht: Dieses entbindet den einzelnen von seiner Verantwortung. So fühlt sich denn auch keiner der Mitbewohner, die den Todeskampf Prochartschins beobachten, schuldig. Durch den Kunstgriff, das Geschehen aus der Sicht ebendieser Figuren zu perspektivieren, hebt Dostojewskij die Gefühllosigkeit der Welt hervor. Niemand erklärt das Wesen des Helden, auch nicht der Erzähler, der gemeinsame Sache mit dessen Mitbewohnern zu machen scheint. Herr Prochartschin äußert sich zwar in der direkten Rede, doch legt seine verstümmelte Sprechweise nur das Ausmaß seiner Entmenschlichung dar, die ihm in einem Alptraum durch beängstigende Bilder vor Augen geführt wird. Sein Tod verdeutlicht zweierlei: Zum einen ist der Mensch nicht lebensfähig, der seine Seele einem weltlichen Gut verschreibt. Zum anderen duldet die Welt nicht, daß man ihr höchstes Gut dadurch zweckentfremdet, indem man es der Zirkulation entzieht. Geld soll im Umlauf sein, damit es »arbeitet«. Das kann es in Herrn Prochartschins Matratze freilich nicht. Kaum ist der Held gestorben, als sein Besitz von der Welt auch schon ergriffen wird. Die Komik der Darstellung demonstriert sowohl die Häßlichkeit der Welt als auch die Lächerlichkeit sinnlosen Begehrens. Dostojewskij wendet sie auch in anderen Erzählungen an. Wann immer sich der Mensch von der Welt abgrenzt und gleichzeitig deren Güter begehrt, wird sein Handeln ironisiert.

Ganz anders verfährt der Autor bei den Helden, die sich auf positivem Weg von der Sinnlosigkeit ihres Daseins befreien wollen. Mit dem Gefühl der Liebe versuchen sie, Furcht und Einsamkeit zu überwinden. Doch ist die Macht der Welt zu stark, um von den kleinen, verängstigten Winkelmenschen gebrochen zu werden, deren vergebliches Bemühen die Befindlichkeit der Figuren Kafkas antizipiert.

Minuziös und quälend demonstriert Dostojewskij den ungleichen Kampf in seiner Erzählung *Ein schwaches Herz* (1848). Der kleine Beamte Wassja Schumkow ist ein stiller, demütiger Mann, der im Amt fleißig Kopierarbeiten verrichtet und anderen Menschen nur mit Achtung und Zuneigung begegnet. Als ihm durch seine Verlobung ein großes Glück widerfährt, zeigt sich ihm Schumkow nicht gewachsen. Die starke Liebe zu Lisa hindert ihn an der Fertigstellung eines Auftrages, die er seinem Vorgesetzten versprochen hat. Plötzlich hat die Zeit für den Helden eine andere Qualität bekommen. Sie ist unendlich kostbar geworden. Jede Minute, die er an seinem Schreibtisch und nicht bei Lisa sitzt, ist für Wassja quälend. Zwar versucht dieser, sich zur Arbeit zu zwingen, doch ist die Sehnsucht nach dem Glück zu stark, als daß sie mit guten Vorsätzen abgetötet werden könnte. Immer wieder eilt er zu der Verlobten und verliert dabei wertvolle Zeit. Die Furcht vor dem Vorgesetzten, den er wie einen Vater liebt und verehrt, raubt ihm schließlich den Verstand.

Der marternde Vorgang, der die Zeitlichkeit des menschlichen Daseins thematisiert, wird wie in *Herr Prochartschin* von außen perspektiviert. Der Freund des armen Wassja, Arkadij Nefedewitsch, beobachtet voller Grauen dessen unaufhaltsamen Verfall, der so grundlos erscheint. Dostojewskij psychologisiert auch hier nicht den Untergang des Helden. Wieder gebraucht der Autor die Bildersprache, um ein rätselhaftes Geschehen wenigstens andeutungsweise zu erhellen. Es ist das eisige Panorama Petersburgs, das Arkadij die Antwort eingibt. Während die Residenz in unwirklichem Glanz erstrahlt, ballt sich der warme Dampf, der von ihren Einwohnern erzeugt wird, zu dem Trugbild einer anderen Stadt zusammen. Dieses Bild allegorisiert, daß sich echte Wärme in Petersburg nicht halten kann, sich vielmehr als Fata Morgana zeigt.

Das Tragische an dem Fall Wassja Schumkows liegt darin, daß die Macht der Liebe, die ihm eigentlich Rettung versprach, zu seinem Verderben wird.

III

Dostojewskijs Kritik an dem sinnlosen Treiben der Welt hält in seinem Übergangswerk (1859–65) an. Sehr bald ist auch hier wieder die russische Metropole der bevorzugte Handlungsort, da sie ihre Einwohner wie keine andere Stadt im Scheinhaften gefangenhält. Was die dargestellte Welt von der des Frühwerks aber deutlich unterscheidet, ist der wachsende Zeitbezug. Der Autor beginnt, die einzelnen Phänomene, die er bisher aus der Literatur aufgriff und weiterverarbeitete, in ihren historischen Kontext zu stellen. Damit äußert er sein Anliegen, die Wirklichkeit zu ändern.

Dostojewskijs Entschluß, sich von der alleinigen Darstellung der Daseinsproblematik abzuwenden, erfolgte auch unter dem Eindruck der literarischen Entwicklung in Rußland. Als der Autor aus der sibirischen Verbannung heimkehrte, war er in Petersburg nahezu vergessen. Für seine ersten humoristischen Werke fand er nur mit Mühe einen Verleger. In der Öffentlichkeit blieben sie weitgehend unbeachtet. Gefragt war nun eine realistische Literatur, wie sie von Turgenjew, Tolstoj oder Saltykow-Schtschedrin geschrieben wurde. Seit dem Regierungsantritt Alexanders II. (1855) war die russische Öffentlichkeit zunehmend politisiert. Die Niederlage im Krimkrieg hatte die hoffnungslose Rückständigkeit des Landes unter Beweis gestellt. Reformen, namentlich die Aufhebung der Leibeigenschaft, waren unumgänglich geworden. Sie wurden überall diskutiert.

Dostojewskij nutzte die Gunst der Stunde. Seine *Aufzeichnungen aus einem Totenhaus* (1861) über das Martyrium der sibirischen Zuchthäusler kamen bei der lesenden Oberschicht gut an. Nichts verstieß mehr gegen die Vorstellung der »Humanität«, die das Lieblingswort eines jeden aufgeklärten Russen war, als das unglückliche Dasein derer, die als Bodensatz der Gesellschaft galten. Mit diesem Werk verschaffte sich der Autor wieder einen Namen im literarischen Leben.

Dennoch wurde er zu keinem Modeschriftsteller. Vielmehr brachte er den Mut auf, gerade die Menschen zu parodieren, die den Hauptteil des lesenden Publikums darstellten. Dostojewskij beargwöhnte den inneren Wandel des Landes, der sich nach westlichem Vorbild vollziehen sollte. Das materialistische Gedankengut aus Deutschland und Frankreich schien ihm zur Verwirklichung der Humanität nicht geeignet. Ganz im Gegenteil warf es seiner Meinung nach den Menschen auf sich selbst zurück und nährte jeglichen Egoismus. Mit dieser Einsicht fundierte Dostojewskij seine Auffassung von der Absurdität des Kosmos, die er in seinem Frühwerk gestaltete. Er änderte seine Sicht demnach nicht, sondern versuchte, sie ideologisch abzustützen.

Es ist also mehr der Weltzustand als das einzelne Individuum, der den Autor in seinem Übergangswerk interessiert. Er allegorisiert ihn in banalen und häßlichen Helden, die keine Opfer sind wie ihre Vorgänger im Frühwerk, sondern vielmehr Täter. Da ihr Scheitern aus ihrem Egoismus hervorgeht, ist es keineswegs tragisch. Ein humoristischer Grundton beherrscht die erzählerische Darbietung.

Die *Dumme Geschichte* (1862) entlarvt die wahren Absichten eines hohen Beamten, des Wirklichen Staatsrates Pralinskij, der sich überall mit seinem liberalen Gedankengut brüstet. Der Zufall führt ihn am Haus seines Untergebenen Pseldonimow vorbei, der Hochzeit feiert. Pralinskij denkt, daß es für sein aufklärerisches Image gut sei, sich unter die kleinen

Leute zu begeben. Doch sein Plan geht nicht auf. Die Hochzeitsgäste betrachten den Eindringling, der nicht zu ihnen gehört, voller Mißtrauen. Je freimütiger er sich dank des Alkoholkonsums gibt, um so mehr durchschauen sie seine wahren Absichten. Zum Opfer wird der Mensch, den der Wirkliche Staatsrat durch seine »Humanität« erheben wollte. Pseldonimow sieht sich gezwungen, nach dem peinlichen Ausgang des Abends sein Entlassungsgesuch einzureichen.

Hatte die *Dumme Geschichte* schon die Unversöhnlichkeit der Gegensätze in der russischen Gesellschaft bloßgelegt, so stellte das *Krokodil* (1865) einen regelrechten Angriff auf den Zeitgeist dar. Erzählt wird hier die Geschichte von dem Beamten Iwan Matwejewitsch, der eine Reise nach Europa bewilligt bekommt und im Bauch des Krokodils landet, das in der Petersburger Passage ausgestellt ist. Dostojewskij ironisiert hier alles, was in seiner Zeit beschworen wird. In ihrer Gier, sich selbst in das rechte Licht zu rücken, verraten die Figuren sämtliche Werte. Der Freund des Hauses wäre lieber der Hausfreund. Iwan Matwejewitsch plant, die Ehefrau in den Bauch des Reptils nachkommen zu lassen, und diese denkt an Scheidung. Das Fiasko geht aber weit über den privaten Bereich hinaus. Der Akt des Verschlingens hat vor allem wirtschaftliche Bedeutung. So erhöht der deutsche Besitzer des Krokodils das Eintrittsgeld, da jenes nun zu einer wahren Attraktion in Petersburg geworden ist. An ein Töten des Tieres denkt niemand, da es sich um lebendes Kapital handelt. Am allerwenigsten ist der Verschlungene an einer Beendigung seiner prekären Lage interessiert, weil er glaubt, sie diene seiner Karriere. Hatte es im Frühwerk noch Furcht und Todesangst gegeben, so ist die Sinnlosigkeit des Daseins nun so weit entwickelt, daß die Figuren die eigene Lebensbedrohung in Rechnung stellen, wenn sie der Bereicherung nutzt.

Letztlich ist das Krokodil eine Allegorie für Westeuropa, das den naiven Russen verschlingt und zersetzt. Wenn Iwan

Matwejewitsch in dessen Inneren eine vollständige Leere konstatiert, so charakterisiert er damit unbewußt den vom Verfasser bekämpften »nihilistischen« Kern des europäischen Gedankengutes.

IV

Dostojewskij hält auch in seinem Spätwerk (1866–80) an der Westeuropakritik fest, der er nun aber eine geänderte geistige Grundlage gibt. Der Kosmos ist jetzt nicht mehr, wie in den beiden ersten Werkphasen, absurd, sondern göttlich zentriert. Der Autor ordnet alle Erscheinungen in den christlichen Heilsplan ein. Nach seiner Vorstellung befindet sich Rußland in der apokalyptischen Endzeit, die von der Auseinandersetzung der himmlischen und irdischen Mächte bestimmt ist. Ihren Ausdruck findet diese in dem rasenden Anwachsen der Ich-Zentrierung des Menschen, die, von Westeuropa herkommend, alle Lebensbereiche ergreift. Dostojewskij glaubt fest an die Verheißung der Offenbarung, daß Christus in diesem Kampf bereits gesiegt hat. Um so wichtiger ist ihm die Entscheidung, die der einzelne Mensch für oder wider seine geistliche Rettung trifft.

Die christliche Fundierung der Welt stellt sicherlich eine Neuerung in Dostojewskijs Werk dar. Sie bedeutet aber keinen Bruch mit dem bisher Geschaffenen. Der Autor greift dieselben Phänomene wie bisher auf, wertet sie aber anders. Nach wie vor ist die Macht der Welt ein wichtiges Thema. Sie wird wie bisher in ihrer unheimlichen Bedrohung gezeigt. Doch durch ihre Zurückführung auf das Böse bekommt sie klarere Konturen.

Das gleiche betrifft das Menschenbild. Hatte es schon in den ersten beiden Schaffensperioden eine starke Betonung der Endlichkeit des Daseins gegeben, so wird diese nun in Hinblick auf ihren geistlichen Sinn gezeigt. Danach sind

Angst und Tod durch die Auferstehung Jesu Christi überwunden. Der Autor weiß, wie schwierig die existentiellen Fragen zu bewältigen sind. Daher stellt er sie in jedem seiner Werke aufs neue. Erstmals ist der Mensch bei Dostojewskij wirklich frei. Er hat die Wahl, sich für oder gegen Gott zu entscheiden. Wie schwer die Entscheidung ist, zeigen die fünf großen Romane.

In seinen Erzählungen konzentriert sich der Autor auf die Darstellung von Grenzsituationen, die in bezug auf die menschliche Freiheit zu sehen sind. Der Tod ist dabei das bevorzugte Thema, doch auch die Phänomene des Leidens, der Schuld, des Zufalls und des Schicksals werden in einer bisher nicht gekannten Dichte entfaltet.

Auf besondere Weise tritt die Todesthematik in *Bobok* (1873) hervor. Das Gespräch, das die frisch Beerdigten auf dem Friedhof führen, offenbart, daß der Mensch trotz des ihm drohenden endzeitlichen Gerichts dem Weltlichen verhaftet bleibt. Die Toten nutzen das »Tal Josaphat« nicht zu Einkehr und Buße, sondern wollen sich im Gegenteil von aller Moral befreien, von der sie sich auf Erden in ihrer Entfaltung behindert sahen. Indem Dostojewskij zeigt, welche entfesselnde Wirkung der Wegfall der Todesbedrohung zeitigt, antizipiert er Jean-Paul Sartres Darstellung der Hölle in dessen Drama *Bei verschlossenen Türen* (1944).

Eine analytische Funktion hat die Todesproblematik in den Erzählungen *Die Sanfte* (1876) und *Der Traum eines lächerlichen Menschen* (1877). In beiden Werken thematisiert der Autor das Phänomen des Selbstmordes, entwickelt es aber auf unterschiedliche Weise. Während der Ehemann der »Sanften«, die sich aus einem Fenster stürzt, die Ursachen für deren Tat ergründen möchte, läßt der Held der zweiten Erzählung durch die Erkenntnisse, die er im Traum gewinnt, von seinem Vorhaben ab, sich das Leben zu nehmen. Im einen Fall wird der vollzogene Selbstmord von außen, im anderen Fall der geplante Selbstmord von innen, vom potentiellen Täter her betrachtet und reflektiert.

Die Sanfte ist, wie der Untertitel verheißt, in jeder Hinsicht eine »phantastische« Erzählung. Zunächst verfremdet der Verfasser selbst sein außergewöhnliches Darbietungsverfahren, indem er vor Einsetzen der Handlung die Darstellbarkeit des inneren Monologs hinterfragt, aus dem jene eigentlich besteht. Das heißt: Dostojewskij bietet das Geschehen aus der Sicht einer Figur, ohne sie zum Erzähler zu machen. Der innere Monolog erweckt die Illusion der Simultaneität. Es scheint keinen Vermittler zu geben, der die Gedanken und Sinneseindrücke des Monologisierenden ordnet. Das bedeutet den Übergang zur Technik des Bewußtseinsstroms, eines Erzählverfahrens, das erst im 20. Jahrhundert zu voller Geltung kam. Seine ästhetische Funktion beruht auf dem Darstellungsvorgang selbst. Er ist die Handlung. In ihrem Verlauf bringt der sprechende Held sein vielschichtiges Wesen zum Ausdruck, das sich gleichermaßen durch Macht und Ohnmacht des Bewußtseins, durch Herrschsucht und Liebesfähigkeit auszeichnet.

Das »phantastische« Erzählverfahren macht ein letztes Verstehen unmöglich. Der Leser wird allein durch die Informationen des Pfandleihers über das Geschehen unterrichtet. Manches kann er sich denken. Vieles bleibt im dunkeln. Interessant ist die Breite in der Darstellung des Gewissenskonfliktes. Im Sprechvorgang selbst wird jenem klar, daß er seine Frau in den Tod getrieben hat. Der Autor zeigt in dem Pfandleiher einen Machtmenschen, dem es zunächst darum geht, andere zu besiegen. Diesem Drang ordnet der Held auch die Liebe unter. Als er endlich wahre Zuneigung zu seiner jungen Frau verspürt, ist es zu spät. Unfähig dazu, seine Gefühle zu erwidern, nimmt sie sich das Leben. Für den Pfandleiher bedeutet ihre Tat nicht nur den Verlust des geliebten Menschen. Letztlich stellt sie auch eine völlige Verweigerung dar. Damit wird die Frau zur Siegerin, der Mann zum Besiegten. Seine letzten Sätze offenbaren, in welchem Ausmaß er sich auf sie konzentriert, sie zur Rettung des eigenen Selbstwertgefühls mißbraucht hat.

Obgleich *Der Traum eines lächerlichen Menschen* ebenfalls im Untertitel als »phantastische« Erzählung bezeichnet wird, ist er traditioneller abgefaßt als *Die Sanfte*. Dostojewskij geht es hier nicht so sehr um die Darstellung einer besonderen Befindlichkeit als um die Entfaltung eines Phänomens, das in seinem Spätwerk zentral steht: den Antagonismus von Wahrheit und Lüge. Wie in seinen großen Romanen behandelt er diesen aber nicht abstrakt. Das Wesen von Wahrheit und Lüge, von Gut und Böse wird stets in seiner Wirkung auf den Menschen zur Ansicht gebracht. Der namenlose Held, der gleichzeitig als Ich-Erzähler fungiert, ist zwar keine individualisierte Figur, hat jedoch einen hohen typologischen Wert. Dostojewskij skizziert in ihm einen russischen Intellektuellen, der seine Scheu vor der Welt mit der Überlegung verbindet, daß es außer ihm nichts gebe. Die Vorstellung, daß mit seinem Tod auch alles andere erlösche, führt zu der Relativierung aller Werte. Das Leben scheint ebenso sinnlos geworden zu sein wie alle Anstrengungen, es zu bewahren. Dieser Gedanke führt zu der Absicht des »lächerlichen Menschen«, sich das Leben zu nehmen.

Doch wie im Fall seiner berühmten intellektuellen Helden, Raskolnikows oder Iwan Karamassows, zeigt Dostojewskij, daß sich die Wahrheit nicht auf gedanklichem Wege wegrationalisieren läßt. Das Gute regt sich unbewußt. Der potentielle Selbstmörder wird gewahr, daß ihm doch nicht alles so gleichgültig ist, wie er es sich wünschte. Als ihn ein kleines weinendes Mädchen nachts auf der Straße anspricht, weist er es zwar ab, doch kann er nicht verhindern, daß in ihm ein starkes Mitleidsgefühl aufsteigt. Die positive Empfindung hindert ihn letztlich daran, sich umzubringen. Weiterhin bietet sie den Anlaß für den Traum, der ihn zur Wahrheit zurückfinden läßt.

Die Vision, die dem »lächerlichen Menschen« hier offenbart wird, ist das Paradies auf Erden. Der Held entdeckt in seinem Traum eine Welt, deren Bewohner ein sündenfreies

Dasein führen. Dostojewskij weiß jedoch, daß zur menschlichen Existenz die Angst angesichts des Todes und der Wunsch zu ihrer Kompensation gehören. Beides fehlt in der Traumwelt. Die Menschen leben in völliger Unschuld, sind eins mit der Natur. Diese Harmonie durchbricht der Held, als er in die Idylle vordringt. Die Menschen entfernen sich von dem Urgrund allen Seins und entzweien sich untereinander. Dostojewskij präsentiert durch das Medium des Traums den Sündenfall, dessen Auswirkungen er bis in die Gegenwart zeitlich gerafft darbietet. Wenn die Vision von der ursprünglichen Unschuld auch Kraft spendet, so weiß der Autor doch, daß die Rettung der Welt allein in der Annahme des sündigen Menschen besteht. Die Liebe, die der Held nach dem Erwachen für alle seine Mitmenschen empfindet, bedeutet die Lösung vom Tod und die Hinwendung zum Leben. Die »Lächerlichkeit« der Titelfigur besteht in ihrem Verzicht auf Haß, Vergeltung und Entzweiung. Mit der Aufforderung, seinen Nächsten bedingungslos zu lieben, versöhnt der Verfasser Mensch und Welt.

V

Dostojewskijs Erzählungen spiegeln konzentriert die Entwicklung wider, die der Autor in seinen drei Werkphasen nimmt. Wenn auch die Grenzsituationen den Hauptgegenstand seiner Kurzprosa bilden, so ändert sich doch deren Darstellung merklich. Dostojewskij beleuchtet in wachsendem Maße die Seinsweise der Welt. Kommt diese noch im Frühwerk als ein undurchsichtiges, furchteinflößendes Gegenüber zur Geltung, so wird sie im Übergangswerk durch Individuen zur Ansicht gebracht, die ihr Wesen verkörpern. Die Figuren entblößen Weltlichkeit im höchsten Maße, ohne sich ihrer bewußt zu sein. Erst im Spätwerk zeigt der Verfasser eine Distanz zwischen den Helden und der Außenwelt. Jene beruht auf dem Phänomen der Freiheit.

Mit der Bewußtwerdung der Figuren ändert sich die Erzählkonvention. Hatte der Autor bereits im *Doppelgänger* den Versuch seines Helden, sich die Welt anzueignen, erzähltechnisch zum Ausdruck gebracht, so variierte er dieses Verfahren in seiner letzten Werkphase. Der innere Monolog des Pfandleihers in der *Sanften* stellt sich als der Versuch eines Menschen dar, das gedanklich zu umgehen, was er längst verstanden hat: seine Schuld. Auch zeigt Dostojewskij stets, mit wieviel Leid das Erreichen einer hohen Bewußtseinsstufe verbunden ist.

Die Revolutionierung der Erzählkunst gehörte zu den Gründen, weswegen viele Werke des Autors bei ihrem Erscheinen auf Ablehnung stießen. Besonders die Handlungsarmut rief Unverständnis hervor. Der Thematisierung der Daseinsproblematik in der Existenzphilosophie und der Hinwendung der Literaturwissenschaft zu deren Darstellungsmöglichkeiten ist es zu verdanken, daß Dostojewskijs Kurzepik heute die Wertschätzung zuteil wird, die ihr gebührt.

Birgit Harreß

Inhalt